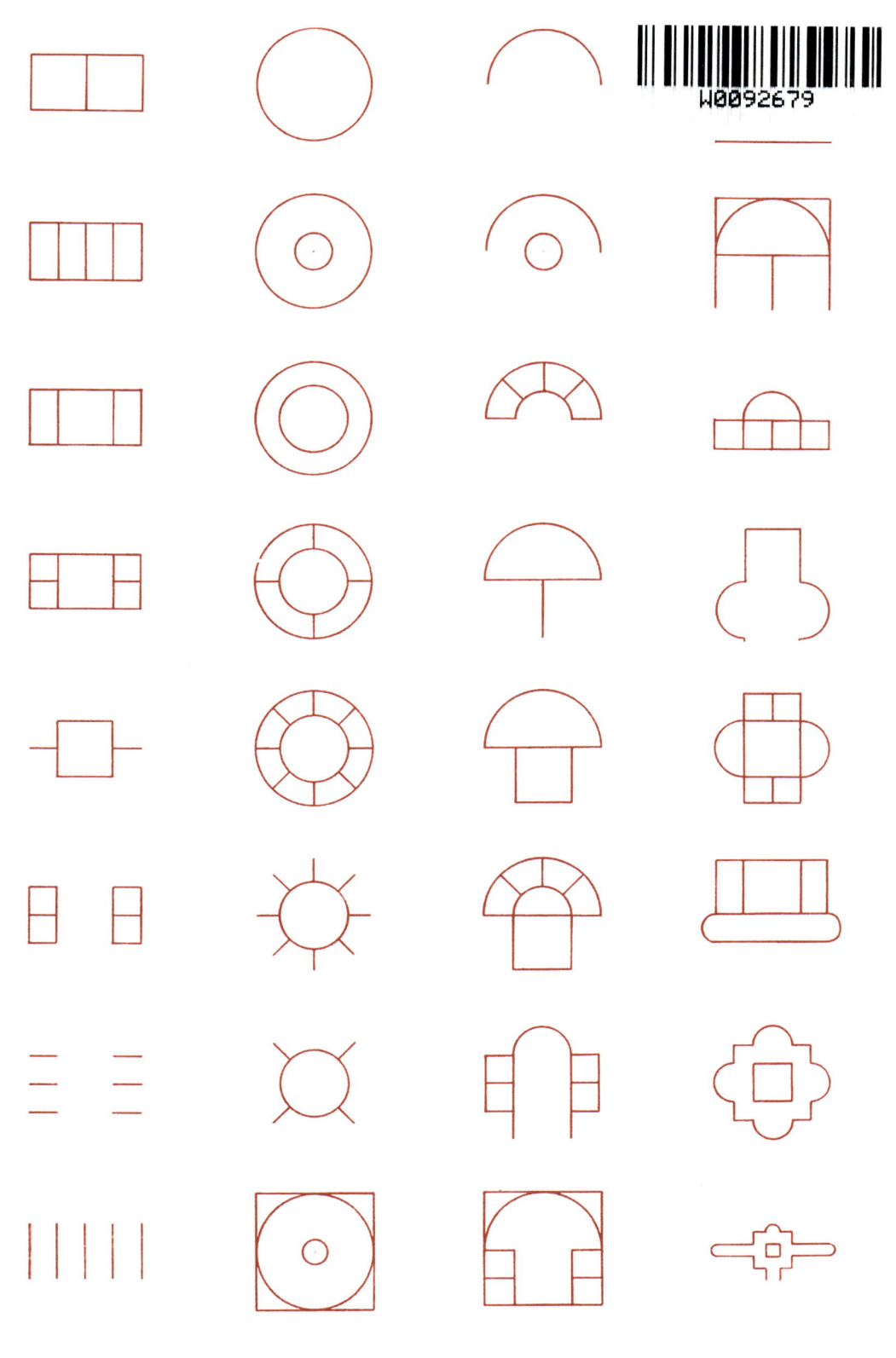

ÜBER ARCHITEKTEN

ALBERTI
BERLAGE
BOULLEE
UND LEDOUX
LE CORBUSIER
FISCHER VON ERLACH
GINZBURG
KAHN
JEFFERSON
LOOS
MIES VAN DER ROHE
PALLADIO
ROSSI
SCHINKEL
SMITHSONS
UNGERS
VENTURI
UND SCOTT BROWN
VITRUV
WREN
WRIGHT

ÜBER ARCHITEKTEN
LEBEN, WERK & THEORIE

LISELOTTE UNGERS

DUMONT

INHALT

VORWORT 6

VITRUV 12

LEON BATTISTA **ALBERTI** 30

ANDREA **PALLADIO** 41

SIR CHRISTOPHER **WREN** 59

FISCHER VON ERLACH 71

ETIENNE-LOUIS **BOULLÉE** UND
CLAUDE-NICOLAS **LEDOUX** 83

THOMAS **JEFFERSON** 103

KARL FRIEDRICH **SCHINKEL** 111

HENDRIK PETRUS **BERLAGE** 133

FRANK LLOYD **WRIGHT** 147

ADOLF **LOOS** 169

MIES VAN DER ROHE 188

LE **CORBUSIER** 216

MOISSEJ **GINZBURG** 251

LOUIS I. **KAHN** 267

ALISON UND PETER **SMITHSON** 289

ROBERT **VENTURI** UND
DENISE **SCOTT BROWN** 313

O.M. **UNGERS** 341

ALDO **ROSSI** 360

BIBLIOGRAFIE 383 BILDNACHWEIS 389

PERSONENREGISTER 390

»Architektur ist
ein Geisteszustand,
kein Beruf.«
Le Corbusier

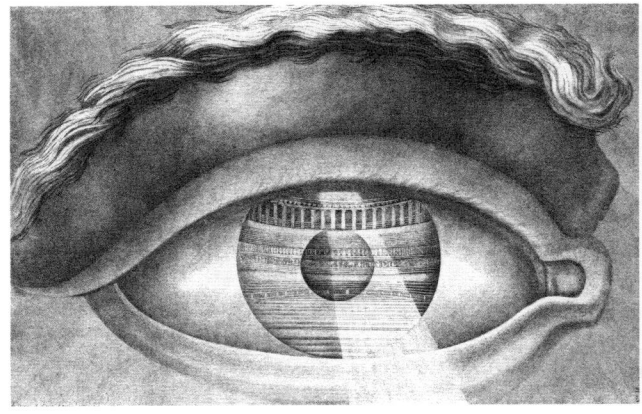

Etienne-Louis Boullée, Blick in den Innenraum des Theaters von Besançon

VORWORT

Wie zutreffend dieses Zitat ist, habe ich 50 Jahre lang aus unmittelbarer Nähe im Zusammenleben mit einem Architekten erlebt. Es interessierte mich deshalb zu erfahren, wie Leben und Arbeiten bei einer Reihe von bekannten Architekten in den vergangenen Jahrhunderten verlaufen ist oder noch verläuft.
Was ich in der dreijährigen Arbeit an diesem Buch entdeckt habe war nicht nur lehrreich, sondern auch spannend, denn trotz gleicher Tätigkeit sind die Schicksale der Einzelnen völlig verschieden voneinander.

Das vorliegende Buch beginnt mit Pollio Vitruvius, dem Architekten des Kaisers Augustus, der vermutlich von 90 bis 20 v. Chr. gelebt hat, etwa zur gleichen Zeit wie der große römische Dichter Vergil. Zwar gab es in der Antike durchaus schon bedeutende Baumeister, Originalmanuskripte sind von ihnen jedoch nicht überliefert. In der Bibliographie zu seinem Traktat erwähnt Vitruv immerhin 60 Namen von Architekten, deren technisches und theoretisches Wissen in sein eigenes Werk eingeflossen seien.
Vitruvs Ruhm verdankte sich nicht seinen ausgeführten Bauten – es war ohnehin nur ein einziger Tempel –, sondern seinem alle Themen der Architektur behandelnden zehnbändigen Traktat »De Architectura Libri Decem« (Zehn Bücher über Architektur). Die von ihm beschriebene Säulenordnung (IV. Buch) wurde in den Architekturbüchern der Renaissance in den verschiedensten Variationen dargestellt. Auch

seine berühmte Proportionsfigur – die einen Kreis bildende, von einem Quadrat umschlossene Figur eines Menschen – findet sich in den Abhandlungen Albertis, Vignolas, Palladios, Dürers und auch Wrens und wird heute leider – man müsste fast sagen bis zum Überdruss – als Logo gebraucht oder eher noch missbraucht. In der Renaissance wiederentdeckt und seitdem zu allen Zeiten und in verschiedenen Sprachen immer wieder neu herausgegeben und interpretiert, gilt Vitruv bis heute als der »Vater« der Architekturtheorie.

Das Buch endet mit Aldo Rossi. Nicht weil er der letzte schreibende Architekt gewesen wäre, sondern weil man hier eine Zäsur erkennen könnte, nach der eine jüngere Generation mit anderen Visionen und Aspekten ins Spiel kommt. Zum Beispiel der Niederländer Rem Koolhaas – »Visionär, Philosoph und Pragmatiker«. Gingen die Klassiker – wie O. M. Ungers oder Aldo Rossi – noch von den Vorstellungen der traditionellen europäischen Stadt aus, so akzeptiert Koolhaas das chaotische Wachstum der modernen Metropolen, die Mobilität und ständigen Veränderungen. Seine zwei wichtigsten Bücher »Delirious New York« und »Small, Medium, Large, Extra-Large« sind in den USA und weit darüber hinaus zu Kultbüchern geworden. Für ihn gilt, wie für alle in diesem Buch aufgeführten Architekten, dass sie ihre Zeit geprägt haben und umgekehrt von den Strömungen der Zeit beeinflusst wurden.

In Gesprächen und Diskussionen habe ich erfahren, dass sich viele Menschen – und keineswegs nur Architekten – für die Baukunst interessieren. Dabei beschränkt sich bei den meisten das Wissen auf mehr oder weniger oberflächliche Berichte in den Medien, die sich fast immer nur auf die aktuellen und neuesten »Kreationen« beziehen.

Das Wesen der Architektur liegt aber in *firmitas* (Dauerhaftigkeit oder Festigkeit), wie Vitruv es nennt, und unterliegt demnach nicht modischen Tendenzen. Jedenfalls galt das bisher in der Geschichte, und deshalb schreibt Christopher Wren um 1700: »*Der Architekt sollte sich dessen bewußt sein, daß diejenigen, die ihn beurteilen, nicht nur die Kritiker seiner Zeit sind, sondern auch diejenigen, die fünf Jahrhunderte nach ihm leben werden.*« Oder, wie Mies van der Rohe es ausdrückt: »*Architektur muß nicht jeden Montag neu erfunden werden.*« Ich möchte deshalb mit diesem Buch Aufmerksamkeit auf das Werk der Architekten lenken, das im Idealfall ein Gesamtkunstwerk ist. Und vielleicht kann es auch das Verständnis für die Bedeutung von Architektur vertiefen, die »eine große Sache ist«, wie Alberti schreibt, und für die bis vor nicht allzu langer Zeit ein Kanon von Grundlagen und Werten galt, der fast zwei Jahrtausende überstanden hat.

Eine der schwierigsten Aufgaben des Buches war es, aus der Zahl der vielen bedeutenden Architekten – und im letzten Jahrhundert auch Architektinnen –, die in diesen 2000 Jahren gewirkt haben, 20 Protagonisten auszuwählen. Die Auswahl ist notwendigerweise subjektiv, und ich berufe mich hier auf Frank Lloyd Wright, der gesagt hat: *»Kein Bericht über ein Thema – wie groß oder klein es auch sein mag – kann unpersönlich sein. Noch sollte es das.«*[1]

Das Gleiche gilt für die Auswahl der abgebildeten Werke der Baumeister. Einige haben ein so umfangreiches Œuvre hinterlassen – Frank Lloyd Wright beispielsweise über 300 Bauten –, dass es schwerfiel, sich auf wenige Beispiele zu beschränken, die dennoch einen exemplarischen Eindruck der Ausdrucksformen vermitteln.

Und auch die ausgewählten Zitate können nur Ausschnitte aus den theoretischen Positionen wiedergeben. So kann und will dieses Buch keinen Anspruch auf Vollständigkeit erheben, sondern es soll dazu anregen, sich mit dem einen oder anderen der beschriebenen Architekten intensiver zu beschäftigen. Vor allem möchte ich jedoch einen Eindruck von den großen Meistern vermitteln, die sich nicht allein mit dem Bauen zufrieden gegeben, sondern sich mit den Ideen und Gedanken vorhergehender Generationen beschäftigt haben. Auf dieser Grundlage haben sie eigene Regeln entwickelt, nach denen sie ihre Entwürfe gestaltet haben. Diese Regeln sind bei vielen ähnlich und beziehen sich auf Ordnung, Gesetzmäßigkeit, den Menschen, die Proportionen seines Körpers, Licht und Schatten, Landschaft, Natur oder historische Gegebenheiten.

Es gibt natürlich noch eine Vielzahl von herausragenden Baumeistern und Theoretikern, über die ich hier nicht berichten konnte, die aber doch erwähnt werden sollten.

Jean-Nicolas-Louis Durand (1760–1894) war Schüler von Etienne Boullée. Er hat zwar nur sehr wenig gebaut, seine Schrift »Précis des leçons d'architecture« ist jedoch das wichtigste Traktat des späten 18. Jahrhunderts und seine rationalistische Lehre hatte Einfluss bis weit ins 19. und 20. Jahrhundert.

Der Engländer John Soane (1753–1837), der neben einer umfangreichen Bautätigkeit noch Zeit fand, in Büchern und Vorlesungen seine Gedanken zur Architektur zu entwickeln, in denen er vor allem Einfachheit der Ornamente forderte, um den Gebäuden ein klares und einheitliches Äußeres zu verleihen.

Gottfried Semper (1803–1879), der Erbauer der berühmten, nach ihm benannten Oper in Dresden. Seine Bauten und seine Schriften machten ihn international bekannt. In den USA wird seine Theorie als »symbolischer Funktionalismus« bezeichnet.

Oder der Wiener Otto Wagner (1841–1918). Sein 1885 verfasstes Buch »Moderne Architektur« kann als Gründungsmanifest der Architektur des 20. Jahrhunderts bezeichnet werden. Er lehnte den Historismus ab und suchte das Schönheitsideal der eigenen Zeit. Seine städtebaulichen Ideen können als Vorbild für Le Corbusiers Theorie betrachtet werden. Von seinen vielen Bauten gehören zu den bekanntesten die Mietwohnhäuser an der Wiener Ringstraße, denen eine funktionale Ästhetik in Verbindung mit den Formen des Jugendstils großstädtische Eleganz verlieh. Sein Einfluss als Lehrer und Theoretiker reichte weit über Österreich hinaus.

Oder Bruno Taut (1880–1939). Taut begann als Expressionist. Als solcher baute er das zur Ikone gewordene Glashaus auf der Werkbundausstellung in Köln 1914, entsprechend dem Motto des mit ihm befreundeten Dichters Paul Scheerbart: »*Ohne einen Glaspalast ist das Leben eine Last.*« Zu Tauts expressionistischen Schriften gehören die Zeitschrift »Frühlicht«, die »Stadtkrone« (1919) und »Die alpine Architektur« – eine zeichnerische Darstellung der utopischen Bebauung der Alpen und ein Manifest, »alle Kriege zu beenden«. Nach dem Ersten Weltkrieg gehörte er zu den wichtigsten Vertretern des »Neuen Bauens« in Deutschland; er widmete sich dem Bau von Siedlungen des sozialen Wohnungsbaus in Berlin wie Onkel Toms Hütte und der Hufeisensiedlung, deren städtebauliche und architektonische Gestaltung heute noch überzeugend ist.

Zum Schluss dieser ebenfalls fragmentarischen Reihe sei Rudolf Schwarz genannt (1897–1961), der Kirchenbauer und spätere Stadtplaner aus Köln. Von den über 20 Kirchen soll als klassisches Beispiel die asketische Fronleichnamskirche in Aachen erwähnt werden. In seiner logischen und zugleich bildhaften Sprache, die er selbst als

»baumeisterliches Sprechen« bezeichnete, hat Schwarz sich nicht nur zu architektonischen und religiösen, sondern auch zu aktuellen Fragen der Zeit geäußert. Seine Themen reichen »Von der Bebauung der Erde« bis zu dem wichtigen Essay »Wegweisung der Technik«. Der Architekturtheoretiker Wolfgang Pehnt gibt seinem Buch über Rudolf Schwarz den Untertitel »Architekt einer anderen Moderne«.

In den USA – besonders an der Ostküste – gab es in den siebziger und achtziger Jahren eine lebhafte Architekturdiskussion, die vor allem von dem New Yorker Architekten Peter Eisenman (geb. 1932) initiiert wurde. In Berlin wurde er im vergangenen Jahr mit der Planung des Holocaust-Denkmals beauftragt. Er begründete 1967 das »Institute for Architecture and Urban Studies«, das die Zeitschrift »Oppositions« herausgab, ein vierteljährlich erscheinendes Journal für »Ideen und Kritik in der Architektur«. Es enthielt Beiträge von Architekten, Theoretikern und Kritikern, die sich sowohl mit historischen als auch mit aktuellen Themen befassten. So bot es ein intellektuelles Forum für architektonische Fragen wie beispielsweise die Beziehung zwischen Konzeptkunst und der Bedeutung des Konzepts im Entwurfsprozess.

Auch aus dieser wiederum unvollkommenen Aufzählung wird erkennbar, dass bei den großen Baumeistern Leben, Arbeiten und Denken voneinander zu trennen sind – zumindest war es bisher so, oder es sollte so sein.

In den letzten Jahren zeichnet sich jedoch eine Entwicklung ab, in der das über Jahrhunderte geltende Prinzip der Synopsis von Denken und Tun, oder dass das Bauen auf einem geistigen Fundament beruhen sollte, nicht mehr zu gelten scheint. So ist die folgende Beschreibung eines erfolgreichen jüngeren Architekten über seinen Entwurfsprozess wohl kein Einzelfall, sondern eher symptomatisch: *»Ich zeichne, kritzle und quatsche und dabei kommen die Entwürfe.«* Das ist der Zeitgeist, der sich auch in anderen Gebieten abzeichnet. Deshalb sind die heutigen Bauten nicht mehr für die Dauer angelegt, sondern das Verfallsdatum ist schon eingeplant. Nach spätestens 30 Jahren wird abgerissen oder gesprengt. Man mag diese Entwicklung bedauern; viele werden sie begrüßen und dem neuen Jahrtausend angemessen finden.

Dennoch gelten für dieses Buch die Worte von Paul Valéry, die dieser in seiner Schrift »Eupalinos oder Der Architekt« in einem fiktiven Dialog zwischen Sokrates und seinem Schüler Phaidros über die Vitruv'schen Begriffe der Festigkeit, Zweckmäßigkeit und Anmut – über *firmitas, utilitas, venustas* – sagt:

PHAIDROS: *Das wären allerdings die Kennzeichen eines vollkommenen Werkes.*
SOKRATES: *Nur die Architektur erfordert sie und bringt sie zu ihrer höchsten Entfaltung.*
PHAIDROS: *Ich sehe in ihr auch die vollkommenste aller Künste.*

Ich wünsche mir, dass dieses Buch das Verständnis für die Kunst der Architektur und für die Menschen, die in den letzten 2000 Jahre kleine und große Werke in diesem Geist erdachten und erschufen, wecken oder vertiefen wird.
Denn wie schon Perikles, der die Akropolis 500 Jahre vor Christus erbauen ließ, wusste, dass diese noch nach tausenden von Jahren von der Größe Athens künden würde, so schrieb in diesem Sinne Vitruv an Kaiser Augustus: »*Ein Reich erhält seine Bedeutung durch die Schönheit seiner Bauten.*«

Ich möchte mich bei Mathias bedanken, der mir viele Fragen – sei es über historische Zusammenhänge oder zeitgenössische Bezüge – beantworten konnte und mir damit sehr geholfen hat.

Hilde Bailer sei gedankt für ihre konstruktive Mitarbeit bei der Zusammenstellung der Manuskripte und die detektivische Arbeit in der Auffindung der vielen Bücher in unserer umfangreichen, aber leider nicht immer »wohlgeordneten« Bibliothek.

Köln, im Herbst 2002　　　　　　　　　　　　　　　　　LISELOTTE UNGERS

ANMERKUNGEN
1　Frank Lloyd Wright, Genius and Mobocracy, New York 1949.

L. VITRVVII POLLIONIS AD CAESAREM AGVSTVM DE ARCHITECTVRA LIBER PRIMVS.

Vum diuina mens tua: & numen Imperator Cæsar imperio potiretur orbis terrarum: inuictaq̃ uirtute cunctis hostibus stratis triũpho uictoriaq̃ tua ciues gloriarẽtur: & gentes omnes subactæ tuum spectarent nutum. P.Q.R. & Senatus liberatus timore amplissimis tuis cogitationibus: consiliisq̃ gubernaretur: non audebam tantis occupationibus de Architectura scripta: & magnis cogitationibus explicata ædere: metuens ne non apto tempore interpellans subirem tui animi offensionem. Quum uero attenderem te non solũ de uita cõmuni omnium curam. P.Q. rei constitutionem habere: sed etiam de priuatorum oportunitate: priuatorum publicorumq̃ ædificiorũ: ut ciuitas per te non solum prouinciis esset aucta: Verumetiam ut maiestas imperii publicorum ædificiorum egregias haberet auctoritates: Non putaui prætermittendum quin primo quoq̃ tempore de his rebus ea tibi æderem: Ideoq̃ q̃ primum parẽti tuo q̃ de eo fueram notus: & eius uirtutis studiosus. Quum autem cõcilium cælestium in sedibus imortalitatis eum dedicauisset: & imperium parentis in tuam potestatem transtulisset: Illud idem studium meum in eius memoria permanens in te contulit fauorem. Itaq̃ cum. M. Aurelio: & P. Numidico: & CN. Cornelio ad præparationem balistarum & scorpionum reliquorumq̃ tormẽtorum refectionem fui præsto: & cum eis semper cõmoda accepi: quæ cum mihi primo tribuisti: recognitionem per sororis commendationem seruasti. Quum ergo eo beneficio essem obligatus: ut ad exitum uitæ non haberem inopiæ timorem: hæc tibi scribere cœpi: q̃ animaduerti te multa ædificauisse: & nũc ædificare. Reliquo quoq̃ tempore & publicorum & priuatorum ædificiorum p̃ amplitudine rerum gestarum: ut posteris memoriæ traderentur: curam habiturum. Cõscripsi præscriptiones terminatas ut eas attendens & ante facta & futura qualia sint opera per te nota posses habere. Nanq̃ his uoluminibus aperui omnes disciplinæ ratiões.

De Architectis Instituendis Caput Primum.

Rchitecti est scientia pluribus disciplinis & uariis eruditiõibus ornata: cuius iudicio pbantur quæ a cæteris artibus pficiuntur opera. ea nascitur ex fabrica & rõcinatione. Fabrica est continuata ac trita usus meditatio quæ manibus pficitur: & materia uniuscuiusq̃ generis opus est ad ppositum deformatiõis. Ratiocinatio ãt est quæ res fabricatas sollerti ac ratione proportionis demonstrare: atq̃ explicare potest. Itaq̃ architecti qui sine litteris contenderant ut manibus essent exercitati: non potuerunt efficere ut haberent pro laboribus auctoritatem. Qui autem rõcinationibus & litteris solis confisi fuerunt: umbram non rem persequuti uidentur. At qui utrunq̃ perdidicerunt: uti omnibus armis ornati citius cum auctoritate: quod fuit propositum sunt assequuti. Cum in omnibus enim rebus: tum maxime in architectura hæc duo insunt quod significatur: & quod significat. Significatur proposita res de qua dicitur: hanc autem significat demonstratio rationibus doctrinarum explicata. quare uidetur utraque parte exercitatus esse debere qui se architectum profiteatur. Itaq̃

1. Vitruvius 1495. Zweite Ausgabe von Vitruv, Erste Seite des »Liber Primus«.

VITRUV *CA. 85 V. CHR. – †CA. 20 V. CHR.

Mit seinen zehn Büchern »De Architectura Libri Decem« ist Vitruv zum Begründer der Architekturtheorie geworden. Jedenfalls ist sein Lehrbuch das erste, das aus vorchristlicher Zeit überliefert wurde. Viele, oder man könnte sagen, alle, der in diesen Aufzeichnungen dargestellten Architekten haben sich mit seinen Theorien beschäftigt oder sie zumindest gut gekannt. Der Name Vitruv zieht sich wie ein roter Faden durch die Architekturgeschichte. Seine Postulate für ein Bauwerk, dessen Eigenschaften den Regeln der Baukunst entsprechen sollen und die Kategorien »firmitas, utilitas, venustas«, das heißt Festigkeit, Zweckmäßigkeit und Anmut zu erfüllen habe, finden sich in diesen und ähnlichen Begriffen bei den meisten Architekten. In den zehn Büchern von Leon Battista Alberti mit dem Titel »De Re Aedificatoria« ebenso wie bei Palladio, der vier Bücher über die Architektur schrieb und Vitruv seinen »Meister und Führer« nannte. Auch Fischer von Erlach, der große Barockbaumeister, führt Vitruv bei seinen Quellen auf. Die Reihe lässt sich fortführen; von Christopher Wren, Thomas Jefferson oder Karl Friedrich Schinkel – bei denen der Einfluss über Palladio geht – bis hin zu den »Modernen«, die alle mit den Lehren Vitruvs vertraut waren.
Lediglich Boullée übt Kritik an Vitruv, dem er vorwirft, dass er sein Augenmerk zu sehr auf das Handwerk richte und das Geistig-Künstlerische in der Architektur vernachlässige. Eine Position, die sich aus den unterschiedlichen Lebensläufen der beiden verstehen lässt: Vitruv

war viele Jahre seines Lebens als Ingenieur tätig, Boullée ist vor allem Theoretiker und Visionär. In den letzten Jahrzehnten schien Vitruv in Vergessenheit geraten zu sein, doch seit einiger Zeit wird er wieder häufiger zitiert. In Vorträgen, Reden, Aufsätzen und anderen akademischen Ausführungen beruft man sich gern auf ihn, und es scheint, dass er gleichsam zum »Goethe der Architektur« wird. Wie weit dieser Bezug auf Vitruv einer Kenntnis seiner Lehren entspricht, mag dahingestellt sein. Dennoch – es ist erfreulich, dass der »Vater« der Architekturtheorie wieder ins Bewusstsein gelangt ist, denn sein Traktat vermittelt nicht nur ein fundiertes Wissen über die Regeln der Baukunst, sondern zugleich über die Kultur und Geschichte der Antike.

Mit den »Zehn Büchern über die Architektur« beginnt auch die Reihe der Baumeister, die sowohl praktisch tätig waren als sich auch theoretisch mit den Grundlagen der Architektur beschäftigt haben.

Über das Leben Vitruvs, der später häufig Beinamen wie Lucius, Marcus oder Pollio erhielt, ist wenig bekannt. Geburtsjahr und Geburtsort können nur aufgrund von Hinweisen in seinen Büchern angenommen werden. So wird vermutet, dass er im Jahre 85 oder 84 vor Christus geboren wurde; über den Geburtsort – Verona oder Formia – streiten sich die Gelehrten.

Wie zu jener Zeit und auch in späteren Jahrhunderten noch häufig üblich, war er als Ingenieur und als Architekt tätig, zunächst in der Armee des Julius Cäsar und anschließend bei dessen Adoptivsohn Octavian, dem späteren Kaiser Augustus. Hier beschäftigte er sich mit der Herstellung und Überwachung der Geschütze und Wurfmaschinen, dann befasste er sich vor allem mit der Planung und Ausführung der Wasserleitungen für die Stadt Rom. Erst nach Beendigung seiner praktischen Tätigkeit begann er mit der Niederschrift seiner Bücher, die sich vermutlich über einen Zeitraum von zehn Jahren erstreckt hat, etwa von 33 bis 20 v. Chr. Angesichts des Umfangs der Bücher, der Vielfalt der Themen, der Kenntnisse der griechischen Quellen und der umfassenden Bildung auf allen Gebieten lässt sich ermessen, dass er viele Jahre intensiv an diesem Werk gearbeitet hat.

Er widmete seine zehn Bücher Kaiser Augustus, der ihm nach seinem Ausscheiden aus dem Heeresdienst ein »Gnadengehalt« ausgesetzt hatte, um ihm ein sorgenfreies Alter zu ermöglichen. So schreibt Vitruv in seiner Vorrede zum Ersten Buch:

Da ich also durch diesen Gnadenakt, durch den ich bis zu meinem Tode keine Furcht mehr vor Not zu haben brauchte, mich Dir verpflichtet fühlte, begann ich, diese Bücher für Dich zu schreiben; weil ich bemerkte, daß Du schon viel gebaut hast, jetzt noch baust und auch in der noch übrigbleibenden Zeit Deine Sorge öffentlichen und privaten Bauten zuwenden wirst, damit sie entsprechend der Größe Deiner Taten der Nachwelt zum Gedächtnis überliefert werden, habe ich festumrissene Vorschriften zusammengestellt, damit Du bei ihrer Beachtung die Beschaffenheit der Bauten, die Du schon geschaffen hast und noch schaffen wirst, selbst beurteilen kannst, denn ich habe in diesen Büchern alle Lehren der Baukunst dargelegt.[1]

Und wie die Griechen – besonders Perikles in Athen – wusste auch Vitruv um die Bedeutung der Architektur und ihrer Monumente für ein Staatswesen, wenn er schreibt:

Ein Reich erhält seine wahre Bedeutung durch die Schönheit seiner Bauten.[2]

Es war also Vitruvs Absicht, seine Gedanken über die Baukunst darzulegen, oder, wie August Rode es in seiner 1796 erschienenen Vitruv-Ausgabe übersetzt, »die ganze Theorie der Kunst in diesen Büchern vorzutragen«.[3] Vitruv beginnt alle zehn Bücher jeweils mit einer Vorrede, die aber wenig mit dem Inhalt des folgenden Buches zu tun hat, sondern sich vorwiegend mit Fragen der Architektur, der Kunst oder der griechischen Philosophie befasst.

Der folgende Überblick über die Themen der einzelnen Bücher vermittelt einen Eindruck von der vielfältigen Bildung, dem intensiven Studium Vitruvs und seinen Erfahrungen als Architekt und Ingenieur.

ERSTES BUCH: *Über die Ausbildung des Architekten; die ästhetischen Grundbegriffe der Architektur; die Auswahl des für die Bauten vorgesehenen Geländes nach klimatischen Gesichtspunkten, die für die Gesundheit der Menschen zuträglich sein müssen, sowie der Ausrichtung nach den Himmelsrichtungen.*

ZWEITES BUCH: *Über die Baumaterialien und die verschiedenen Arten des Mauerwerks.*

DRITTES BUCH: *Über Tempelbau und Tempelformen.*

VIERTES BUCH: *Über Säulenordnungen und die Anlage und Ausbildung von Tempeln.*

FÜNFTES BUCH: *Über die Gestaltung von Marktplätzen, Basiliken, Theatern und anderen öffentlichen Gebäuden.*

SECHSTES BUCH: *Über die Lage und Gestaltung von Privathäusern.*
SIEBTES BUCH: *Über die handwerklichen Methoden, die Verwendung von Baumaterialien, Wandmalerei und die Herstellung von Farben.*
ACHTES BUCH: *Über Gewässer, Quellen und den Bau von Wasserleitungen.*
NEUNTES BUCH: *Über Astronomie und Astrologie.*
ZEHNTES BUCH: *Über Maschinen, Wassermühlen und Kriegsmaschinen.*

Welch hohe Meinung Vitruv vom Beruf des Architekten hat, geht aus dem ersten Kapitel seines Ersten Buches hervor, das sich mit der Ausbildung des Baumeisters befasst und hier auszugsweise zitiert wird:

1. Des Architekten Wissen umfaßt mehrfache wissenschaftliche und mannigfaltige elementare Kenntnisse. Seiner Prüfung und Beurteilung unterliegen alle Werke, die von den übrigen Künsten geschaffen werden. Dieses (Wissen) erwächst aus fabrica *(Handwerk) und* ratiocinatio *(geistiger Arbeit). Fabrica ist die fortgesetzte und immer wieder (berufsmäßig) überlegt geübte Ausübung einer praktischen Tätigkeit, die zum Ziel eine Formgebung hat, die mit den Händen aus Werkstoff, je nachdem aus welchem Stoff das Werk besteht, durchgeführt wird. Ratiocinatio ist, was bei handwerklich hergestellten Dingen aufzeigen und deutlich machen kann, in welchem Verhältnis ihnen handwerkliche Geschicklichkeit und planvolle Berechnung innewohnt. 2. Daher konnten Architekten, die unter Verzicht auf wissenschaftliche Bildung bestrebt waren, nur mit den Händen geübt zu sein, nicht erreichen, daß sie über eine ihren Bemühungen entsprechende Meisterschaft verfügten. Die aber, die sich nur auf die Kenntnis der Berechnung symmetrischer Verhältnisse und wissenschaftliche Ausbildung verließen, scheinen lediglich einem Schatten, nicht der Sache nachgejagt zu sein. Die aber, die sich beides gründlich angeeignet haben, haben, da mit dem ganzen Rüstzeug ihres Berufes ausgestattet, schneller mit Erfolg ihr Ziel erreicht. 3. Wie nämlich auf allen Gebieten, so gibt es ganz besonders auch in der Baukunst folgende zwei Dinge: was angedeutet wird und was andeutet. Angedeutet wird der beabsichtigte Gegenstand (das Ziel), von dem man spricht. Diesen aber deutet an die mit wissenschaftlichen Methoden entwickelte Darstellung. Deshalb muß der, der sich als Architekt ausgeben will, in beidem geübt sein. Daher muß er begabt sein und fähig und bereit zu wissenschaftlich-theoretischer Schulung. Denn weder kann Begabung ohne Schulung noch Schulung ohne Begabung einen vollendeten Meister hervorbringen. Und er muß im schriftlichen Ausdruck gewandt sein, des Zeichenstiftes kundig, in der Geometrie ausgebildet sein, mancherlei geschichtliche Ereignisse kennen, fleißig Philosophen gehört haben, etwas von Musik verstehen, nicht unbewandert in der Heilkunde sein, juristische Entscheidungen kennen, Kenntnisse in der Sternkunde und vom gesetzmäßigen Ablauf der Himmelserscheinungen besitzen. 4. Die Gründe hierfür sind folgende: Schreibgewandt muß der Architekt sein, damit er durch schriftliche Erläuterungen (zu seinem Werk) ein dauerndes Andenken begründen kann. Zweitens muß er den Zeichenstift zu führen wissen, damit er um so leichter durch perspektivische Zeichnungen das beabsichtigte Aussehn seines Werkes darstellen kann. Die Geometrie aber bietet der Architektur mehrere Hilfen: und zwar vermittelt sie zuerst nach dem Gebrauch des Lineals den Gebrauch des Zirkels, wodurch sie ganz besonders das Aufzeichnen von Gebäuden auf dem Zeichenbrett und das Ausrichten rechter Winkel, waagerechter Flächen und gerader Linien erleichtert. Ferner wird, wenn man die Optik beherrscht, von bestimmten Stellen des Himmels das Licht richtig in die Gebäude geleitet. Durch die Arithmetik aber werden die Gesamtkosten der Gebäude errechnet, die Maßeinteilungen entwickelt, und die schwierigen Fragen der symmetrischen Verhältnisse werden auf geometrische Weise und mit geometrischen Methoden gelöst. 5. Mancherlei geschichtliche Ereignisse aber muß der Architekt kennen, weil die Architekten oft an ihren Bauten viel Schmuck anbringen, über deren Bedeutung sie denen, die danach fragen, warum sie ihn angebracht haben, Rechenschaft ablegen müssen. Die Philosophie aber bringt den vollendeten Architekten mit hoher Gesinnung hervor und läßt ihn nicht anmaßend, sondern eher umgänglich, billig denkend und zuverlässig, und, was das Wichtigste ist, ohne Habgier sein. Kein Werk kann nämlich in der Tat ohne Zuverlässigkeit und Lauterkeit der Gesinnung geschaffen werden. Er soll nicht begehrlich und nicht dauernd darauf aus sein, Geschenke zu bekommen, sondern er soll mit charakterlichem Ernst dadurch seine Würde wahren, daß er in gutem Ruf steht. Auch das nämlich schreibt die Philosophie vor. Außerdem gibt die Philosophie Aufklärung über das Wesen der Dinge.[4] […] 11. Da also diese Wissenschaft so umfassend ist, weil sie mit verschiedenen wissenschaftlichen Kenntnissen in großer Zahl ausgestattet ist und ein Übermaß davon in sich vereinigt, glaube ich, daß niemand sich mit Fug und Recht ohne lange Ausbildung Architekt nennen kann, sondern nur die, die von frühester Jugend an dadurch, daß sie auf dieser*

Stufenleiter der Wissenschaften emporgestiegen sind, durch die Kenntnisse sehr vieler Wissenschaften und Künste gefördert schließlich zur höchsten Stufe, der Architektur, gelangt sind.[5]

Die universelle Bildung, die Vitruv vom Architekten erwartet, finden wir in höchster Vollendung bei den großen Architekten der Renaissance und sicher auch noch bei den Baumeistern des 17., 18. und 19. Jahrhunderts. In der schnelllebigen und medienorientierten Zeit am Ende des 20. Jahrhunderts dagegen finden in der Architektur eher technologische als philosophische Fragen und eher spektakuläre als auf Maß und Proportion beruhende Lösungen das Interesse der meisten Architekten. Über die ästhetischen Grundbegriffe der Baukunst äußert sich Vitruv im zweiten Kapitel seines Ersten Buches:

DIE ÄSTHETISCHEN GRUNDBEGRIFFE DER BAUKUNST

1. *Die Baukunst besteht aus Ordinatio, die griechisch Taxis genannt wird, Dispositio, die die Griechen Diathesis nennen, Eurythmia, Symmetria, Decor und Distributio, die griechisch Oikonomia genannt wird.*

2. *Ordinatio ist die nach Maß berechnete Abmessung (der Größenverhältnisse) der Glieder eines Bauwerks im einzelnen und die Herausarbeitung der proportionalen Verhältnisse im ganzen zur Symmetrie. Diese wird aus der Quantitas, die griechisch Posotes heißt, hergestellt. Quantitas aber ist die Ableitung einer Maßeinheit aus dem Bauwerk selbst und die harmonische Ausführung des Gesamtbaues aus den einzelnen Teilen der Bauglieder.*

Dispositio ist die passende Zusammenstellung der Dinge und die durch die Zusammenstellung schöne Ausführung des Baues mit Qualitas. Die Formen der Dispositio, die die Griechen Ideen nennen, sind folgende: Ichnographia, Orthographia, Scaenographia. Ichnographia ist der unter Verwendung von Lineal und Zirkel in verkleinertem Maßstab ausgeführte Grundriß, aus dem (später) die Umrisse der Gebäudeteile auf dem Baugelände genommen werden. Orthographia aber ist das aufrechte Bild der Vorderansicht und eine den Maßstäben des zukünftigen Bauwerks entsprechende gezeichnete Darstellung in verkleinertem Maßstab. Scaenographia ferner ist die perspektivische (illusionistische) Wiedergabe der Fassade und der zurücktretenden Seiten und die Entsprechung sämtlicher Linien auf einen Kreismittelpunkt. Diese Formen entspringen dem Nachdenken und der Erfindung. Nachdenken ist die mit viel Eifer, Fleiß und unermüdlicher

Tätigkeit verbundene mit einem Glücksgefühl gepaarte Bemühung um die Lösung einer gestellten Aufgabe. Erfindung aber ist die Lösung dunkler Probleme und die mit beweglicher Geisteskraft gefundene Entdeckung von etwas Neuem. Dies sind die Begriffsbestimmungen der Dispositio.

3. Eurythmia ist das anmutige Aussehen und der in der Zusammensetzung der Glieder symmetrische Anblick. Sie wird erzielt, wenn die Glieder des Bauwerks in zusammenstimmendem Verhältnis von Höhe zu Breite und von Breite zu Länge stehen, überhaupt alle Teile der ihnen zukommenden Symmetrie entsprechen.

4. Symmetria ferner ist der sich aus den Gliedern des Bauwerks selbst ergebende Einklang und die auf einem berechneten Teil (modulus) beruhende Wechselbeziehung der einzelnen Teile für sich gesondert zur Gestalt des Bauwerks als Ganzem. Wie beim menschlichen Körper aus Ellenbogen, Fuß, Hand, Finger und den übrigen Körperteilen die Eigenschaft der Eurythmie symmetrisch ist, so ist es auch bei Ausführung von Bauwerken. Und vornehmlich bei heiligen Bauwerken wird entweder aus den Säulendicken oder dem Triglyphon oder auch dem Embater, bei der Balliste aus dem Bohrloch, das die Griechen Peritreton nennen, bei den Schiffen aus dem Zwischenraum zwischen zwei Ruderzapfen, den die Griechen Dipechyaia nennen, und ebenso bei den übrigen Bauwerken aus einzelnen Gliedern die Berechnung der Symmetrien gewonnen.

5. Decor ist das fehlerfreie Aussehn eines Bauwerks, das aus anerkannten Teilen mit Geschmack geformt ist. Decor wird durch Befolgung von Satzung, die die Griechen Thematismos nennen, oder durch Befolgung von Gewohnheit oder durch Anpassung an die Natur erreicht: durch Beachtung von Satzung, wenn dem Jupiter Fulgor, dem Himmel, der Sonne und dem Monde Gebäude unter freiem Himmel ohne Dach über der Cella errichtet werden. Denn dieser Götter Erscheinen und Wirken sehen wir gegenwärtig in dem offenen und lichtdurchfluteten Weltraum.[6]

Bei seinen Ausführungen über die *Symmetria,* die aus dem Einklang und den Wechselbeziehungen der einzelnen Teile des Bauwerks zum Ganzen besteht, verweist Vitruv darauf, dass sich auch die gleiche symmetrische *Eurythmia* beim menschlichen Körper erkennen lässt.

Im ersten Kapitel des Dritten Buches, das er den Symmetrien der Tempel widmet, beschreibt Vitruv, dass bei einem Mann, der mit ausgestreckten Armen und Beinen auf dem Rücken liegt, sich vom Nabel aus mit dem Zirkel ein Kreis um Finger und Zehen schlagen lässt, in dem sich ein Quadrat befindet.

ABB. 2–4

VON DEN SYMMETRIEN DER TEMPEL

1. Die Formgebung der Tempel beruht auf Symmetrie, an deren Gesetze sich die Architekten peinlichst genau halten müssen. Diese aber wird von der Proportion erzeugt, die die Griechen Analogia nennen. Proportion liegt vor, wenn den Gliedern am ganzen Bau und dem Gesamtbau ein berechneter Teil (modulus) als gemeinsames Grundmaß zu Grunde gelegt ist. Aus ihr ergibt sich das System der Symmetrien. Denn kein Tempel kann ohne Symmetrie und Proportion eine vernünftige Formgebung haben, wenn seine Glieder nicht in einem bestimmten Verhältnis zu einander stehen, wie die Glieder eines wohlgeformten Menschen. 2. Den Körper des Menschen hat nämlich die Natur so geformt, daß das Gesicht vom Kinn bis zum oberen Ende der Stirn und dem untersten Rande des Haarschopfes $1/_{10}$ beträgt, die Handfläche von der Handwurzel bis zur Spitze des Mittelfingers ebensoviel, der Kopf vom Kinn bis zum höchsten Punkt des Scheitels $1/_{8}$, von dem oberen Ende der Brust mit dem untersten Ende des Nackens bis zu dem untersten Haaransatz $1/_{6}$, von der Mitte der Brust bis zum höchsten Scheitelpunkt $1/_{4}$. Vom unteren Teil des Kinns aber bis zu den Nasenlöchern ist der dritte Teil der Länge des Gesichts selbst, ebensoviel die Nase von den Nasenlöchern bis zur Mitte der Linie der Augenbrauen. Von dieser Linie bis zum Haaransatz wird die Stirn gebildet, ebenfalls $1/_{3}$. Der Fuß aber ist $1/_{6}$ der Körperhöhe, der Vorderarm $1/_{4}$, die Brust ebenfalls $1/_{4}$. Auch die übrigen Glieder haben ihre eigenen Proportionen der Symmetrie, durch deren Beachtung auch die berühmten Maler und Bildhauer großen und unbegrenzten Ruhm erlangt haben. 3. In ähnlicher Weise aber müssen auch die Glieder der Tempel eine Symmetrie haben, die von ihren einzelnen Teilen her der Gesamtsumme der ganzen Größe genau entspricht. Ferner ist natürlicherweise der Mittelpunkt des Körpers der Nabel. Liegt nämlich ein Mensch mit gespreizten Armen und Beinen auf dem Rücken, und setzt man die Zirkelspitze an der Stelle des Nabels ein und schlägt einen Kreis, dann werden von dem Kreis die Fingerspitzen beider Hände und die Zehenspitzen berührt. Ebenso wie sich am Körper ein Kreis ergibt, wird sich auch die Figur des Quadrats an ihm finden. Wenn man nämlich von den Fußsohlen bis zum Scheitel Maß nimmt und wendet dieses Maß auf die ausgestreckten

Hände an, so wird sich die gleiche Breite und Höhe ergeben, wie bei Flächen, die nach dem Winkelmaß quadratisch angelegt sind. 4. Wenn also die Natur den menschlichen Körper so zusammengesetzt hat, daß seine Glieder in den Proportionen seiner Gesamtgestalt entsprechen, scheinen die Alten mit gutem Recht bestimmt zu haben, daß auch bei der Ausführung von Bauwerken diese ein genaues symmetrisches Maßverhältnis der einzelnen Glieder zur Gesamterscheinung haben. Als sie also bei allen *Bauwerken Vorschriften über die Formgebung überlieferten, (taten sie es) ganz besonders beim Tempelbau, da dieser Bauwerke Vorzüge und Mängel auf ewige Zeit Bestand zu haben pflegen.*[7]

Richard Sennett erklärt die Auffassung Vitruvs vom menschlichen Körper in seinem Buch »Fleisch und Stein« wie folgt: »*Ein Tempel sollte wie der Körper gleiche und einander gegenüberliegende Teile haben. Dies ist bei einem quadratischen Gebäude offensichtlich, doch die Römer waren Bogen- und Kuppelbauer. Die Genialität des Pantheons bestand darin, bilaterale Symmetrien in einen runden Raum zu bringen: Die beiden Nischen etwa, eine auf jeder Seite der Hauptnische gegenüber dem Eingang, sind bilateral symmetrisch. Außerdem glaubte Vitruv, der Architekt müsse Maßstab und Proportion in einem Gebäude von Maßstab und Proportion der menschlichen Körperteile ableiten. Vitruv dachte sich die Arme des Körpers mit den Beinen durch den Nabel und damit mit der Nabelschnur, der Quelle des Lebens, verbunden. Die Gliedmaßen können verlängert werden, so daß die einander gegenüberliegenden Arme und Beine jeweils eine gerade Linie bilden: die beiden Gliedmaßenlinien treffen dann im Bauchnabel aufeinander.*
Die Finger- und Zehenspitzen bilden die vier Eckpunkte eines Quadrats. Dies ist der Körper nach Vitruv, wie Leonardo und Serlio ihn später gezeichnet haben, ein Quadrat einem Kreis eingeschrieben, und dieses Prinzip des Vitruv kontrolliert das Innere des Pantheons.
So sah das römische Leitbild des Körpers aus, das Vitruv, wie wir sehen werden, aus vielen verschiedenen Quellen und alten Praktiken ableitete und kodifizierte. Indem er dieser idealen Ordnung folgte, konnte ein Architekt Gebäude nach einem menschlichen Maßstab schaffen. Überdies offenbarte die menschliche Geometrie etwas darüber, wie eine Stadt aussehen sollte.«[8]

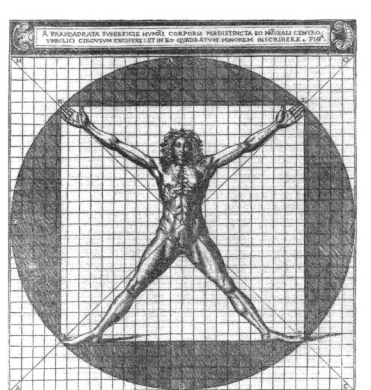

2

3

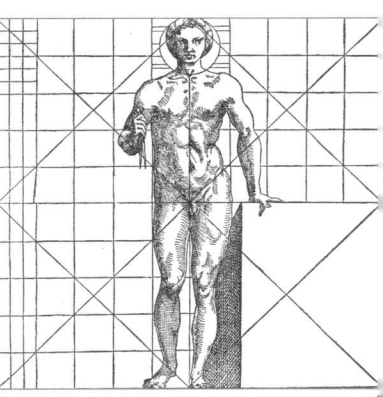

4

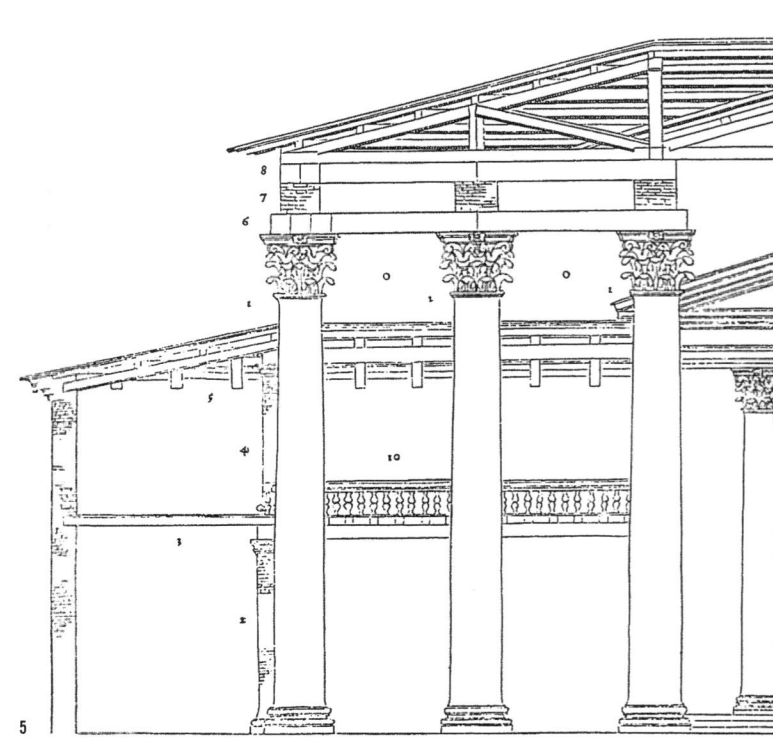

5

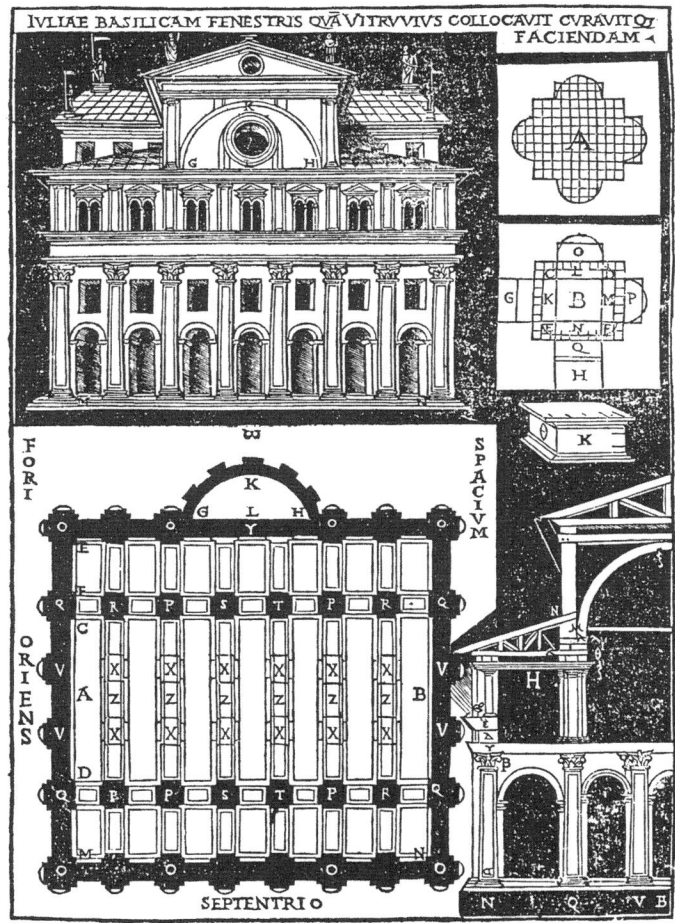

2. »Homo vitruviano«, aus der Como-Ausgabe von 1521,
   Liber Tertius (wahrscheinlich aus der Werkstatt Leonardo da Vincis).
3. »Homo vitruviano«, aus der Ausgabe von Giocondo, 1511.
4. »Homo vitruviano«, aus der Ausgabe von Perrault, 1673.
5. Rekonstruktion der Basilika von Fano, Längsschnitt von Barbaro, 1556.
6. Rekonstruktion der Basilika von Fano, Aufriss, Grundriss und
   Schnitt von Cesariano, 1521.

Diese Analogie zwischen den Proportionen der Tempel und denen des menschlichen Körpers hat in der Renaissance und auch danach zu den verschiedensten Proportionszeichnungen geführt, die sich sowohl in den vielen späteren Vitruv-Ausgaben als auch in den Traktaten von Leon Battista Alberti, Giovanni da Sangallo, Francesco di Giorgio, Palladio, bei Albrecht Dürer und vielen anderen finden. Die wunderbare Zeichnung aus der Como-Ausgabe stammt – so wird vermutet – aus der Werkstatt von Leonardo da Vinci.

Das Bild des *homo vitruviano* oder des *homo ad quadratum* wird auch heute noch vielfach verwandt, oft für die profansten Zwecke, ohne dass dessen Ursprung auch nur im entferntesten bekannt wäre.

ABB. 2–4

Erst im dritten Kapitel des Ersten Buches, das sich mit den Teilgebieten der Baukunst befasst, finden wir jene zentralen Begriffe Vitruvs, die bei allen Architekten und Theoretikern seit der Renaissance eine entscheidende Bedeutung besitzen: *firmitas* (Festigkeit), *utilitas* (Zweckmäßigkeit), *venustas* (Anmut).

Palladio nennt sie, da er italienisch schreibt: *la perpetuità* (Dauerhaftigkeit), *utilità o commodità* (Nützlichkeit oder Annehmlichkeit) und *bellezza* (Schönheit). In der Übersetzung von Fensterbusch heißt es:

DIE TEILGEBIETE DER BAUKUNST

1. *Die Baukunst selbst hat drei Teilgebiete: Ausführung von Bauten, Uhrenbau, Maschinenbau. Die Ausführung von Bauten hat zwei Unterabteilungen: die eine besteht in dem Bau von Stadtmauern und öffentlichen Gebäuden an öffentlichen Plätzen, die andere in der Ausführung von Privatgebäuden. Die öffentlichen Bauten teilen sich in drei Gruppen, von denen die eine der Verteidigung, die zweite der Gottesverehrung, die dritte dem allgemeinen Nutzen dient. Der Verteidigung dient die richtige Anlage von Stadtmauern, Türmen und Toren, ausgedacht, um dauernd feindliche Angriffe abzuwehren, der Gottesverehrung die Errichtung von Heiligtümern und heiligen Gebäuden der unsterblichen Götter, dem allgemeinen Nutzen die Einrichtung öffentlicher Anlagen zur allgemeinen Benutzung wie Häfen, Marktplätze, Säulenhallen, Badeanlagen, Theater, Wandelgänge und anderes, was zu denselben Zwecken an öffentlichen Plätzen angelegt wird. 2. Diese Anlagen müssen aber so gebaut werden, daß auf Festigkeit, Zweckmäßigkeit und Anmut Rücksicht genommen wird. Auf Festigkeit wird Rücksicht genommen sein, wenn die Einsenkung der*

> *Fundamente bis zum festen Untergrund reicht und die Baustoffe, welcher Art sie auch sind, sorgfältig ohne Knauserei ausgesucht werden; auf Zweckmäßigkeit, wenn die Anordnung der Räume fehlerfrei ist und ohne Behinderung für die Benutzung und die Lage eines jeden Raumes nach seiner Art den Himmelsrichtungen angepaßt und zweckmäßig ist; auf Anmut aber, wenn das Bauwerk ein angenehmes und gefälliges Aussehen hat und die Symmetrie der Glieder die richtigen Berechnungen der Symmetrien hat.*[9]

Dass Vitruv aber keineswegs nur Theoretiker, sondern auch ein erfahrener Praktiker war, beweist er in der Vorrede zu seinem Zehnten Buch. Hier berichtet er über ein griechisches Gesetz, das den Architekten dazu verpflichten sollte, die Baukosten einzuhalten. Es mag auch heute manchen leidgeprüften Bauherren geben, der ein solches Gesetz begrüßen würde.

> 1. *In der berühmten, großen griechischen Stadt Ephesus war, wie man berichtet, von den Vorfahren in alter Zeit ein Gesetz mit einer zwar harten, aber nicht ungerechten Bestimmung beschlossen worden. Wenn nämlich ein Architekt die Bauleitung für einen öffentlichen Bau übernimmt, gibt er eine Erklärung darüber ab, wieviel der Bau kosten wird. Nachdem der Baukostenanschlag der Behörde übergeben ist, wird sein Vermögen verpfändet, bis das Bauwerk fertig ist. Ist es aber fertig und die Baukosten haben dem Voranschlag entsprochen, dann wird der Architekt durch einen ehrenvollen Erlaß geehrt. Ferner wird, wenn nicht mehr als ein Viertel zum Baukostenanschlag hinzugelegt werden muß, dieses Viertel aus Staatsmitteln gedeckt, und der Architekt wird nicht mit einer Geldbuße bestraft. Wird aber bei der Bauausführung über ein Viertel mehr verbraucht, (als veranschlagt war,) dann wird zur Vollendung des Baues der Betrag aus dem Vermögen des Architekten beigetrieben. 2. Hätten doch die unsterblichen Götter es so gefügt, daß auch vom römischen Volk solch ein Gesetz nicht nur für öffentliche, sondern auch für private Bauten beschlossen wäre! Denn dann würden Leute, die vom Baufach nichts verstehen, nicht straflos herumlaufen, (um sich Bauaufträge zu verschaffen,) sondern es würden sich nur Leute, die durch eine sehr gründliche Ausbildung in wissenschaftlichen Methoden sachkundig sind, ohne Bedenken anheischig machen, die Baukunst auszuüben.*[10]

Die römische Urschrift von Vitruvs Büchern ist nicht erhalten. Es gibt etwa 55 – manche Wissenschaftler vermuten 80 – bekannte Abschriften seines Werks aus dem Mittelalter. Die älteste erhaltene Handschrift stammt aus dem 9. Jahrhundert; sie befindet sich heute im British Museum in London. Die Erfindung der Buchdruckerkunst traf zusammen mit dem im 15. und 16. Jahrhundert wieder erwachten Interesse an der griechischen und römischen Kultur, und so richtete sich die Aufmerksamkeit auch auf Vitruv und seine Lehren, die eine Renaissance der Architektur nach antikem Vorbild ermöglichten. Die erste gedruckte Ausgabe erschien 1484–86 in lateinischer Sprache in Rom, herausgegeben von Johann Silpicius. Danach wurden allein im 16. Jahrhundert 47 Ausgaben in lateinischer, italienischer, spanischer, deutscher und französischer Sprache gedruckt. Bis heute sind etwa 300 Vitruv-Ausgaben erschienen, auch in Spanisch, Polnisch und Holländisch und seit dem 17. Jahrhundert eine große Anzahl in englischer Sprache. Einige der schönsten Ausgaben seien hier genannt:
- die von Cesariano, die 1521 in Como gedruckt wurde und deren besonders schöne Holzschnitte aus der Werkstatt von Leonardo da Vinci stammen sollen; hier erscheint zum ersten Mal, wie schon erwähnt, die berühmte »Proportionsfigur«,
- die von Walter Ryff oder Rivius 1548 in Nürnberg in deutscher Sprache herausgegebene Ausgabe,
- die 1556 von Daniele Barbaro, einem Freund und Mäzen Palladios, in Venedig gedruckte italienische Ausgabe, die hervorragende Holzschnitte nach Palladio enthält.
- Barbaro hat 1584 noch eine weitere Ausgabe drucken lassen, die von ihm selbst und Palladio illustriert wurde.
Manche der Bücher erschienen in so kleinem Format, dass man sie fast als Taschenbücher bezeichnen könnte, und auch Nachdrucke gibt es von den frühen wichtigen Ausgaben. Wie intensiv Vitruvs Werk benutzt wurde, sieht man an den vielen handschriftlichen Anmerkungen, die sich in den Originalausgaben befinden. Es wurde also nicht nur wissenschaftlich genutzt, sondern auch als Hand- und Lehrbuch von Baumeistern und Ingenieuren.
Obgleich Vitruv viele Jahre seines Lebens praktisch tätig war, hat er selbst als Architekt vermutlich nur einen einzigen Bau entworfen und errichtet: die Basilika für die Kolonie Fano.

Fanum Fortunae war eine kleine Hafenstadt in der italienischen Region Pesaro-Urbino, die zur römischen Provinz Umbria gehörte und an die Ostküste der Adria grenzte. Vitruv beschreibt im ersten Kapitel seines Fünften Buches die Basilika exakt und detailliert:

6. Nicht weniger können Entwürfe von Basiliken von der Art höchste Würde und Anmut haben, wie ich die Basilika für die Kolonie Fano entworfen und unter meiner Leitung als Architekt habe bauen lassen. Deren Proportionen und Symmetrien sind so bestimmt: Das Mittelschiff ist zwischen den Säulen 120 Fuß lang, 60 Fuß breit. Der Säulenumgang um das Mittelschiff ist zwischen den Wänden und den Säulen 20 Fuß breit. Die Säulen haben eine durchlaufende Höhe einschließlich der Kapitelle von 50 Fuß, eine Dicke von 5 Fuß. An ihrer Rückseite (nach den Wänden zu) haben sie Pilaster, die 20 Fuß hoch, $2^{1}/_{2}$ Fuß breit und $1^{1}/_{2}$ Fuß dick sind, die die Balken tragen, auf denen die Decke des Säulenganges ruht. Über diesen stehen andere Pilaster, die 18 Fuß hoch, 2 Fuß breit und 1 Fuß dick sind, die ebenfalls Querbalken aufnehmen, die das Sparrenwerk und das Dach der Säulengänge tragen, das etwas tiefer unterhalb des Daches des Mittelschiffes eingefügt ist. 7. Der Raum, der zwischen den Balken auf den Pilastern und denen auf den Säulen übrig bleibt, ist für die Lichteinstrahlung durch die Säulenzwischenräume hindurch offen gelassen. An der Schmalseite des Mittelschiffs sind einschließlich der Ecksäulen rechts und links je 4 Säulen, an der Langseite, die dem Forum am nächsten ist, einschließlich derselben Ecksäulen 8, auf der anderen Seite mit den Ecksäulen 6, weil an dieser Stelle die beiden mittleren Säulen nicht gesetzt sind, damit sie nicht die Ansicht des »pronaon aedis Augusti« verhindern, das in der Mitte der Langwand der Basilika angelegt und auf die Mitte des Forums und auf den Jupitertempel gerichtet ist. 8. Das Tribunal, das sich in diesem Bau befindet, ist durch eine von (2) Kreisbögen gebildete gebogene Fläche gebildet, die (vorn) die Figur eines kleineren Halbkreises hat. Vorn ist der Durchmesser dieses Halbkreises 46 Fuß. Nach innen zu (zwischen dem kleineren und größeren Kreisbogen) beträgt die Tiefe der gebogenen Fläche 15 Fuß, damit die, die bei den Beamten stehen, die Geschäftsleute in der Basilika nicht behindern. Auf den Säulen liegen ringsum aus drei Balken von 2 Fuß Stärke zusammengesetzte Balken, und diese kröpfen von den dritten Säulen, die an der inneren Langseite stehen, auf die Eckpfeiler zurück, die vom Pronaon vorspringen und rechts und links den Halbkreis berühren. 9. Auf diesen Balken sind über den Kapitel-

len Pfeiler von 3 Fuß Höhe und jederseits 4 Fuß Breite auf Unterlagen angeordnet. Über diesen liegen ringsum eichene Balken (Unterzüge), die aus 2 Hölzern zusammengefügt sind und von denen jedes Holz 2 Fuß stark ist. Hierüber liegen, in Richtung auf die Säulenschäfte, die Anten und die Wände des Pronaon, die Dachbinder mit den Streben, und sie tragen ein Dach der ganzen Basilika, ein zweites, das von der Mitte (des Hauptdaches) über das Pronaon verläuft. 10. So bietet die sich kreuzende, doppelte Giebelanlage, außen Dach, innen ein hohes Mittelschiff, ein anmutiges Bild. Ferner erspart die Weglassung des Schmucks eines Säulengebälks und der Anordnung der oberen Säulen mit ihrem Mauergürtel eine mühevolle, beschwerliche Arbeit und vermindert so zu einem großen Teil die Summe der Baukosten. Die Säulen selbst aber, die in durchgehender Höhe bis unter das Dachgebälk durchgeführt sind, scheinen die Großzügigkeit der aufgewendeten Kosten noch größer erscheinen zu lassen und die Wirkung des Bauwerks zu erhöhen.[11]

Die Basilika ist nicht mehr erhalten, und so haben Archäologen, Kunsthistoriker und Architekturtheoretiker versucht, nach diesen Aufzeichnungen Rekonstruktionen anzufertigen, die sich allerdings entsprechend den verschiedenen Interpretationen jeweils erheblich voneinander unterscheiden.

ABB. 5, 6

Vitruv hat nur wenig gebaut und er strebte – wie er selbst schreibt – nicht nach Reichtum:

Ich habe dafür gehalten, daß man eher auf bescheidenen Besitz mit gutem Ruf als auf Reichtum mit üblem Ruf ausgehen müsse. Daher bin ich auch wenig bekannt geworden. Dennoch aber werde ich, wie ich hoffe, durch Herausgabe dieser Bücher der Nachwelt bekannt sein.[12]

Diese Hoffnung Vitruvs hat sich erfüllt, mehr als er wohl voraussehen konnte. Seit dem 15. Jahrhundert beschäftigten sich Generationen von Architekten, Künstlern und gebildeten Laien mit seinen Lehren. Jakob Burckhardt schreibt in seiner »Geschichte der Renaissance in Italien«:
»*Mit dem XVI. Jahrhundert erreicht auch der Einfluß des Baulehrers der goldenen augustinischen Zeit, M. Vitruvius Pollio, seinen Höhepunkt. Fortan glaubte man, vor allem das Altertum nach seinen eigenen Aussagen richten zu können; Vitruv nahm in der Baukunst bald eine ähnliche Stelle ein wie schon vorher Cicero in der Latinität, und es bildete sich eine höchst eifrige Partei in seinem Namen.*

Seine Bücher sind in vielen Dingen, die Bildung und auch Lebensweisheiten betreffen, erstaunlich aktuell. Die vielen Geschichten, die er von Philosophen, Dichtern oder Staatsmännern der Antike zu berichten weiß, widerlegen das Vorurteil, Vitruv sei trocken oder zu speziell. Besonders die späteren illustrierten Ausgaben – Vitruv selbst hat keine Zeichnungen angefertigt – lohnen auch heute noch die Beschäftigung mit den ›Libri Decem‹.«[13]

ANMERKUNGEN

1 Vitruv 1964, S. 23.
2 Vitruv 1964, S. 24.
3 Vitruv 1964, S. 23–27.
4 Vitruv 1964, S. 29.
5 Vitruv 1964, S. 38.
6 Vitruv 1964, S. 37–39.
7 Vitruv 1964, S. 137–139.
8 Sennett 1995, S. 135.
9 Vitruv 1964, S. 43, 45.
10 Vitruv 1964, S. 457.
11 Vitruv 1964, S. 209–211.
12 Vitruv 1964, S. 259.
13 Burckhardt 1913, S. 38.

LEON BATTISTA ALBERTI *1404 – †1472

Aus dem Mittelalter sind keine eigenständigen architekturtheoretischen Schriften bekannt. Das Interesse galt in dieser Zeit vorwiegend den christlichen Schriften und ihrer theologischen Auslegung. Der Einfluss der griechischen und römischen Antike wurde wegen deren »heidnischen« Lehren und Riten weitgehend verdrängt.
Auch das Werk Vitruvs war fast vergessen und fand wenig Verbreitung. Abschriften seiner Bücher befanden sich lediglich in den Klöstern. Ob seine Theorien und praktischen Anleitungen in den Kirchenbauten des Mittelalters angewandt wurden, lässt sich kaum nachweisen. Im 14. Jahrhundert begann mit Dante und Petrarca die Rückbesinnung auf die antike Philosophie und Literatur. Im 15. Jahrhundert kam die Hinwendung zur griechischen und vor allem römischen Kunst und Architektur hinzu. Eine herausragende Persönlichkeit dieser Renaissance war der Humanist Leon Battista Alberti. *»Wenn man den Schleier des geheimnisvoll Unbestimmten, der Albertis Persönlichkeit im allgemeinen zu umgeben scheint, etwas zu lüften versucht, wird man nicht den Eindruck erhalten, einen Architekten kennen gelernt zu haben, sondern einen Mann, der in ganz ungewöhnlich umfassender Weise die charakteristischen Züge der Zeit, alle die Merkmale, die der Frührenaissance-Epoche ihre eigenartige Physiognomie geben, in sich vereinigt. In dieser Universalität der Bildung liegt aber der Schlüssel zur Bedeutung auch der architektonischen Arbeiten dieses Mannes.«*[1]
Alberti wurde 1404 in Genua geboren. Sein Vater Lorenzo gehörte zu einer der vornehmsten Familien in Florenz. Er ließ seinem außerehe-

lich geborenen Sohn eine hervorragende Erziehung zuteil werden, sowohl in der Ausbildung körperlicher Fähigkeiten wie Reiten, Fechten und dem Gebrauch der Waffen als auch auf geistigem Gebiet. Alberti beherrschte schon früh die italienische, griechische und lateinische Sprache und im Alter von 24 Jahren erwarb er einen Doktortitel in kanonischem Recht.

Als Alberti um 1428 nach Florenz übersiedelte, hatte dort gerade Cosimo de Medici die Herrschaft übernommen, der alle Künste und Wissenschaften förderte. Alberti geriet hier in einen Kreis geistvoller Gelehrter und Künstler, unter deren Einfluss er sich den Künsten, der Wissenschaft und der Literatur zuwandte. Zu seinem Freundeskreis gehörten Donatello, der Bildhauer, Brunelleschi, der Architekt der Kuppel des Doms in Florenz, und auch der junge Luca Pacioli, der später das bedeutende Werk »Divina Proportione« geschrieben hat.

Schon mit 28 Jahren wurde Alberti Prior der Kirche San Martino in Gangalandi in der Toskana. Diese Pfründe sicherte ihm eine Rente von 160 Goldgulden und damit sein Auskommen.

1443 ging Alberti nach Rom, das für ihn zur wichtigsten Wirkungsstätte wurde. Er entwickelte wissenschaftliche Methoden, um die römischen Monumente und Ruinen zu vermessen und darzustellen. Leidenschaftlich kämpfte er gegen die weit verbreitete willkürliche Zerstörung der alten Denkmäler und für deren Erhalt. In dieser Zeit verfasste er die Schrift »Descriptio Urbis Romae«. Als Mann der Renaissance sind für ihn Literatur, Kunst und Naturwissenschaften eng verbunden, was sich auch in den Titeln der vielen Traktate und Bücher zeigt, die er zu unterschiedlichen Themen geschrieben hat, dazu zählen »De Statua«, »Della Pictura Libri III«, »Ludi Rerum Mathematicarum«, »Della Famiglia«, »Intercenales« und auch einige kleine Komödien.

Albertis Hauptwerk aber ist sein Traktat über die Baukunst: »De Re Aedificatoria«. Er wurde damit zum ersten Architekturtheoretiker der Renaissance, der die Architektur als intellektuelle Disziplin etablierte. Hierin spiegelt sich auch seine umfassende Kenntnis der Antike, ihrer Architektur, ihrer Dichter und Philosophen.

Die Auseinandersetzung mit Vitruv und dessen Werk bildeten die Grundlage für Albertis eigene Theorie. Formal folgte er der Einteilung Vitruvs, nämlich in zehn Bücher, geordnet nach den verschiedenen Themen. Auch inhaltlich stellt er die gleichen Forderungen an die

Architektur, deren wichtigste Prinzipien *firmitas* (Festigkeit), *utilitas* (Zweckmäßigkeit) und *venustas* (Anmut) sind. Wobei die Anmut oder Schönheit den Wert des Kunstwerks ausmacht:

> *Die Schönheit ist ein gewisser vernünftiger Zusammenhang aller Teile, so daß ohne Schaden nichts hinzugefügt oder weggenommen oder verändert werden kann.*[2]

Schönheit oder Ebenmaß und Proportion sind für ihn die wichtigsten Kriterien der Architektur.

Wie für Vitruv ist auch für Alberti die Frage der Säulenordnung von größter Bedeutung. Der Einteilung in dorische, ionische und korinthische Säulen fügt er noch die italische hinzu, die das römische Element in den Tempelbau einbrachte. In wesentlichen Fragen unterscheidet sich Alberti jedoch von Vitruv. Während Vitruv sich hauptsächlich auf die Theorien und Bauwerke der Griechen bezieht, befasst sich Alberti vor allem mit der Baukultur der Römer, deren geistige Überlieferung den Impuls für die Verfassung seines Traktats gab:

> *Es blieben also als Tatzeugen für die Vergangenheit die Tempel und Theater, von denen man wie von den besten Lehrmeistern vieles lernen konnte: und diese sah ich in unseren Tagen nicht ohne Tränen zerstören. Und die heute etwas bauen, denen gefallen die neuen wahnwitzigen Albernheiten viel besser, als das treffliche Ebenmaß dieser herrlichen Bauten. Deshalb wird niemand leugnen, daß in kurzer Zeit sozusagen dieser Teil des Lebens und der Erkenntnis gänzlich untergegangen sein wird. Infolgedessen konnte ich es unter diesen Umständen nicht unterlassen, oft und lange zu erwägen, ein Werk über diesen Gegenstand zu verfassen. Bei solcher Erwägung beschloß ich, das so Wichtige, Würdige, das so Nützliche und für das Leben Notwendige, das sich dem Schreibenden aufdrängt, nicht zu vernachlässigen, ja ich hielt es für die Pflicht eines gebildeten Mannes den Versuch zu machen, diesen Teil der Kultur, den unsere so klugen Vorfahren immer so hoch schätzen, vor dem Untergang zu bewahren.*[3]

Alberti beeinflusste mit seinem Werk maßgeblich und nachhaltig die Ideen und architektonischen Vorstellungen der Renaissance. Auch philosophisch und sprachlich ist der hochgebildete Alberti dem in seiner Ausdrucksweise etwas unbeholfenen Vitruv, der offensichtlich weder gutes Latein noch gutes Griechisch geschrieben hat, weit überlegen. In der Vorrede bringt Alberti seine Auffassung von der Baukunst und dem Beruf des Architekten zum Ausdruck:

VORREDE DES VERFASSERS, ENTHALTEND DIE NOTWENDIGKEIT UND NÜTZLICHKEIT DER BAUKUNST SOWIE DIE GRÜNDE, WESHALB DIES WERK VERFASST WURDE, UND SEINE EINTEILUNG

Vielerlei und verschiedenerlei Künste, welche zu einer guten und glücklichen Lebensführung beitragen, haben unsere Vorfahren mit größtem Fleiße und höchster Aufmerksamkeit sich zu eigen gemacht und uns überliefert. Obwohl diese alle offenbar gleichsam um die Wette dahin abzielen, so viel als möglich dem Menschengeschlechte von Nutzen zu sein, so merken wir dennoch, daß ihnen etwas angeboren und eigentümlich sei, wodurch jede einzelne von den andern besondere und verschiedene Früchte zu versprechen scheint. Denn wir üben ja die Künste teils aus Notwendigkeit, teils aus Nützlichkeit. Teils aber sind sie nur deshalb in Ansehen, weil sie sich mit Dingen beschäftigen, deren Kenntnis besonders schätzenswert ist. Welches jedoch diese Künste sind, brauche ich nicht erst zu sagen, denn das liegt auf der Hand.

Läßt Du aber die ganze Schar aller herrlichen Künste vor Deinem Geiste vorübergleiten, so wirst Du keine einzige finden, die nicht unter Hintansetzung der übrigen ihre eigenen und bestimmten Ziele verfolgt und anstrebt. Wenn Du aber dennoch eine findest, welche sowohl derart ist, daß Du derselben in keiner Beziehung entbehren kannst, als auch, daß sie Nutzen, verbunden mit Vergnügen und Ansehen, gewährt, so wirst Du meiner Ansicht nach aus der Zahl derselben die Baukunst nicht glauben ausschalten zu dürfen, denn diese ist, wenn Du genauer zusiehst, sowohl öffentlich als auch privat für das Menschengeschlecht besonders geeignet und äußerst dankenswert, sowie an Würde nicht die letzte unter den ersten.

Doch bevor ich weiter fortfahre, glaube ich auseinandersetzen zu müssen, wen ich für einen Architekten gehalten wissen will. Denn ich werde Dir keinen Zimmermann bringen, den Du mit den hervorragendsten Männern anderer Fächer vergleichen sollst. Die Hand des Arbeiters dient ja dem Architekten nur als Werkzeug. Ein Architekt wird der sein, behaupte ich, der gelernt hat, mittels eines bestimmten und bewundernswerten Planes und Weges sowohl in Gedanken und Gefühl zu bestimmen, als auch in der Tat auszuführen, was unter der Bewegung von Lasten und der Vereinigung und Zusammenfügung von Körpern den hervorragendsten menschlichen Bedürfnissen am ehesten entspricht und dessen (möglichste) Erwerbung und Kenntnis unter allen wertvollen und besten Sachen nötig ist. Derart wird also ein Architekt sein.

2. Seitenfassade des Tempio Malatestiano (S. Francesco) in Rimini (1450).
3. Palazzo Rucellai in Florenz (1458–1470).
4. S. Maria Novella in Florenz (1458–1470).
5. Innenraum von S. Andrea in Mantua.

4

5

LEON BATTISTA ALBERTI

[...] Wie angenehm aber das Interesse an der Baukunst und die Beschäftigung damit ist, zeigt sich sowohl in anderem als auch darin, daß man niemanden finden dürfte, der nicht, sobald er nur die Fähigkeit besitzt, mit Leib und Seele danach strebt, etwas zu erbauen. Und wenn er etwas zur Baukunst ersonnen hat, so kann er es mit bestem Willen nicht ertragen und muß es, wie durch natürlichen Antrieb, für die allgemeine Benützung preisgeben.

Oft kommt es auch vor, daß wir, wenn wir auch mit anderen Sachen beschäftigt sind, es nicht unterlassen können, innerlich irgendein Bauwerk zu überdenken. Und haben wir ein fremdes Bauwerk uns angesehen, so mustern und prüfen wir sofort dessen Maße und überlegen nach unseren Geisteskräften, was man etwa wegnehmen, hinzufügen oder ändern könnte, und erwägen überdies, wodurch dies Bauwerk noch feiner gemacht werden könnte. Wenn aber etwas wohl angeordnet und richtig ausgeführt ist, wer dürfte das nicht mit größtem Vergnügen und höchster Freude ansehen? Soll ich noch berichten, wie sehr den Bürgern zu Hause und draußen die Baukunst nicht nur geholfen und sie erfreut, sondern sie auch noch viel mehr geehrt hat? Wer belobt sich nicht, weil er gebaut hat? Und berühmen wir uns nicht, wenn wir in einem Privathaus wohnen, das ein bißchen genauer ausgeführt wurde? Wenn Du eine Wand oder einen Portikus recht prächtig ausgeführt hast, oder Dir den Schmuck der Türgewände, der Säulen und der Decke geleistet hast, so sind die guten Leute mit Dir und mit sich zufrieden und beglückwünschen Dich und sich; wohl hauptsächlich deshalb, weil sie wissen, daß Du durch diese Anwendung Deines Reichtums Dir, Deiner Familie, Deinen Nachkommen und der Stadt Zier und Würde sehr vermehrt hast.

[...] Wieviel aber die Baukunst zum Ansehen des Latinischen Reiches und Namens beigetragen habe, darüber will ich nicht mehr sagen, als daß ich aus Grabstätten und Überbleibseln der alten Herrlichkeit, die wir überall sehen, vieles den Geschichtsschreibern zu glauben gelernt habe, was vielleicht sonst mir weniger glaublich schiene. Vortrefflich billigt daher Thukydides die Klugheit der Alten, die ihre Stadt mit jeder Art von Gebäuden derart ausschmückten, daß sie weit mächtiger schienen, als sie waren. Und welchen gab es unter den mächtigsten und weisesten Fürsten, der nicht unter die vornehmsten Mittel, seinen Namen und Nachruhm zu verbreiten, die Baukunst gezählt hätte? Doch hievon genug.

Endlich sei noch gesagt, daß die Beständigkeit, das Ansehen und die Zier

eines Gemeinwesens am meisten des Architekten bedürfe, der es bewirkt, daß wir zur Zeit der Muße in Wohlbehagen, Gemütlichkeit und Gesundheit, zur Zeit der Arbeit zu aller Nutz und Frommen, zu jeder Zeit aber gefahrlos und würdevoll leben können. Wir werden daher nicht leugnen, daß er im Hinblick auf das Vergnügen und die wunderbare Anmut seiner Werke, deren Notwendigkeit, im Hinblick auf die Unterstützung und den Schutz durch seine Erfindungen und angesichts des bleibenden Nachruhms zu schätzen, zu ehren und unter die Vornehmsten zu zählen sei, welche sich um das Menschengeschlecht Ehr und Preis verdient haben.
[...] Die Reihenfolge der Darstellung wird folgende sein. Ich habe nämlich ersehen, daß ein Gebäude eine Art Körper sei, der wie andere Körper aus Linien und der Materie besteht. Die ersteren werden vom Geiste hervorgebracht, die letztere aber gewinnen wir aus der Natur. Für jene müssen wir Verstand und Erwägung, für diese die Zubereitung und die Auswahl anwenden. Doch mit keinem von beiden allein wird uns recht gedient sein, wie ich erfahren habe, wenn nicht auch die Hand eines erfahrenen Künstlers hinzutritt, um die Materie zu formen. Da jedoch die Gebäude verschiedenen Bedürfnissen dienen, so war dem nachzuforschen, ob dieselbe Austeilung der Zeichnungen für alle Bauwerke passe. Ich habe daher die Arten der Gebäude hervorgehoben, bei welchen es, wie ich sah, besonders auf den Zusammenhang und das Maß der Linien untereinander ankommt, woraus vor allem die Wirkung der Schönheit hervorgeht. Über die Schönheit habe ich deshalb meine Untersuchungen angestellt, was sie sei, und wie weit sie für jedes vonnöten ist. Weil aber bei diesen allen manchmal Fehler unterlaufen, so will ich weiters untersuchen, auf welche Weise sie berichtigt und verbessert werden können.[4]

Aus Albertis Beschreibung der einzelnen Kapitel seiner Bücher geht hervor, mit welchen Fragen sich der Architekt befassen und über welch umfangreiches theoretisches und praktisches Wissen er verfügen muss, wenn er ein »dauerhaftes, nützliches und schönes Bauwerk schaffen will«.[5] Mit einem Wort: Er musste ein *homo universalis* sein – eben ein Humanist. Die Quellen, die seinen Büchern zugrunde liegen, benennt er selbst im ersten Buch:

1. die Schriften der Alten / 2. die Bauten der Alten / 3. die eigene Erfahrung[6]

Die erste gedruckte Ausgabe erschien 1485 in Latein und enthält wie Albertis Manuskript keine Illustrationen. 1546 erschien in Venedig die

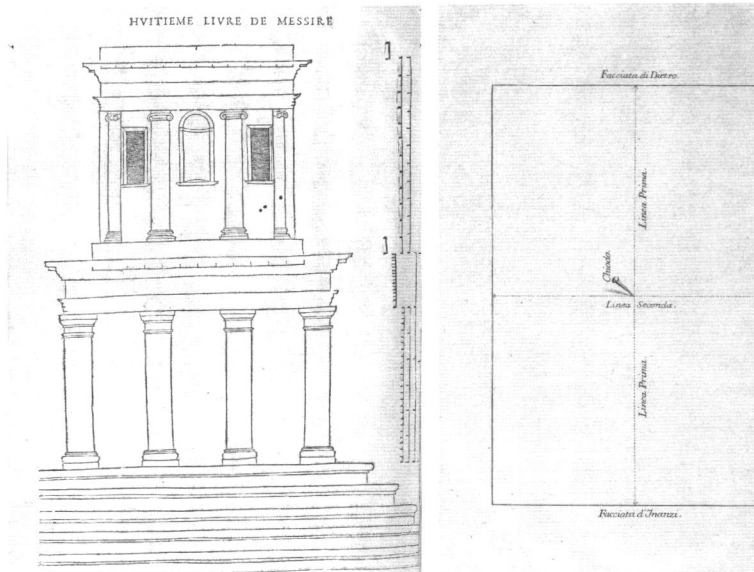

6. Aus: »L'Architecture et l'Art de Bien Bastir« von 1553.

7. Essenz aus Albertis Entwurfslehre »L'Architecture et l'Art de Bien Bastir« von 1553.

erste Übersetzung ins Italienische. Von da an wurde Alberti zum wichtigsten und meistgelesenen Architekturtheoretiker des 16. Jahrhunderts. Es folgten französische, englische, spanische und portugiesische Erstausgaben. Die erste authentische Übersetzung ins Deutsche erschien erst 1912 in Wien und Leipzig und wurde von dem österreichischen Architekten und Historiker Max Theuer verfasst. Die hier gezeigten Abbildungen sind der französischen Ausgabe von 1553 entnommen: »Seigneur Leon Baptiste Albert – L'Architecture et l'Art de Bien Bastir«.

ABB. 6

Eine der schönsten Ausgaben ist das 1782 in Bologna herausgegebene Werk »Della Architettura, della Pittura e della Statua«, das von Cosimo Bartoli übersetzt wurde. Die Essenz von Albertis Entwurfslehre findet sich im 2. Kapitel des 3. Buches, die in einer Abbildung bei Bartoli bildlich auch dargestellt ist.

> *Ich ziehe eine Linie von der Mitte der Gebäudefront nach rückwärts; in ihrer halben Länge schlage ich einen Nagel in die Erde, durch welchen ich nach den Regeln der Geometrie die quer liegende Senkrechte fälle. Und so beziehe ich auf diese beiden Linien alles, was ausgemessen werden muss.*

ABB. 7

Es gelingt alles aufs Beste. Sofort hat man die Parallelen, die Winkel lassen sich genau bestimmen, Teile entsprechen den Teilen und lassen sich passend durchbilden.[1]

Seine Tätigkeit als Architekt begann Alberti erst in seinem 43. Lebensjahr. Damit entspricht er der Auffassung Vitruvs, der vom Architekten Reife und eine umfassende Bildung erwartete, bevor er mit der Ausübung seines Berufs beginnen sollte. Die erste Aufgabe war der Umbau einer kleinen gotischen Kirche in Rimini.

ABB. 2

Da wahrscheinlich mehrere Architekten – vor allem am Innenausbau – beteiligt waren, soll hier nur die Seitenfassade abgebildet werden, deren kraftvolle Gestaltung durch Alberti erfolgte. Ein weiteres frühes Werk Albertis ist der Palazzo Rucellai, der 1446 begonnen wurde und bereits fünf Jahre später vollendet war. Der Bauherr war ein reicher florentinischer Kaufmann, der ein großer Bewunderer des Architekten war. In seinem Auftrag hatte Alberti auch die Fassade der Kirche S. Maria Novella in Florenz gestaltet.

ABB. 3

ABB. 4

ABB. 5

Die Pläne für sein letztes Bauwerk – den Neubau der Kirche S. Andrea in Mantua – entwarf Alberti kurz vor seinem Tod im Jahre 1470. Da der Papst die Genehmigung zum Abbruch der alten Kirche erteilen musste, konnte mit den Bauarbeiten erst Ende 1472 begonnen werden. Alberti hat also die Vollendung dieses wunderbaren Werks nicht mehr erlebt. Der Auftraggeber, Lodovico Gonzaga, wachte aber über die möglichst getreue Ausführung von Albertis Entwurf, der nur in einigen Details und Dekorationen verändert wurde. Es gibt noch eine Anzahl weiterer Bauwerke, die Alberti zugeschrieben werden. In jedem Fall aber beeinflussten sowohl seine theoretischen Arbeiten als auch seine realisierten Bauten den Baustil und die Baukultur der Renaissance in Italien weit über seine Lebenszeit hinaus. Als er im Jahre 1472 in Rom starb, wurde er von seinen Zeitgenossen als ein Mann von großer Gelehrsamkeit und großem Geist, als *vir divinissimus,* gewürdigt.

ANMERKUNGEN

1 Schumacher 1898, S. 1.
2 Alberti, zitiert nach Schumacher 1898, S. 21.
3 Alberti 1912, S. 290.
4 Alberti 1912, S. 7–15.
5 Alberti 1912, S. VIII–XVIII.
6 Alberti 1912, S. XXXV.
7 Alberti 1912, S. 120.

ANDREA PALLADIO *1508 – † 1580

Palladio, der »Polarstern unter den Architekten« – wie Goethe ihn bezeichnete –, lebte und wirkte in einer Zeit, die man als eine der schöpferischsten Perioden in der Geschichte Italiens und auch Europas bezeichnen kann. Die Namen der Künstler und Architekten, die im 16. Jahrhundert im Norden Italiens, aber natürlich auch in Rom lebten und arbeiteten, gehören zu den bedeutendsten der Kunstgeschichte. Fürsten, Päpste und hochgebildete Humanisten waren die Mäzene, die die Künste auf allen Gebieten förderten und dadurch die Möglichkeit für die Entfaltung dieser geistigen und kulturellen Hochzeit schufen.

»Die italienische Baukunst wird seit dem Erwachen der höheren Kultur wesentlich bedingt durch den hier viel früher als anderswo entwickelten individuellen Geist der Bauherren wie der Künstler. Im Zusammenhang mit demselben erstarkt der moderne Ruhmsinn, welcher nicht nur mit seinesgleichen wetteifern, sondern sich unterscheiden will [...] Diese monumentale Baugesinnung, bald mehr auf das Mächtige, bald mehr auf das Schöne oder Zierliche gerichtet, bleibt eine der ersten bewußtesten Lebensregungen der ganzen Zeit vom XI. bis ins XVI. Jahrhundert, und begleitet den Versuch der Wiedererweckung der antiken Baukunst im XII., die Aufnahme des Gotischen seit dem XIII. und die Renaissance seit dem XV. Jahrhundert fast gleichmäßig, als höchste Triebkraft.«[1]

Vorläufer und Wegbereiter in der Architektur der Renaissance war Donato Bramante (1444–1514), der mit seinem 1502 in Rom erbauten Tempietto die Hochrenaissance einleitete und die nachfolgenden Archi-

ABB. 2

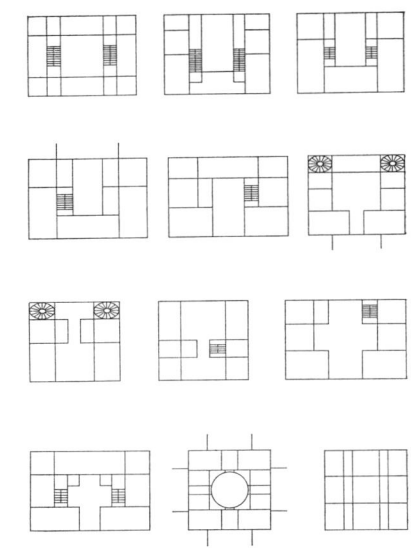

2. Bramantes Tempel, aus Palladios IV. Buch über die Architektur.

3. Schema von Villen-Grundrissen Palladios.

tekten wie Sebastiano Serlio, Michelangelo Buonarroti, Baldassare Peruzzi, Giuliano da Sangallo, Giorgio Vasari, Giacomo Barozzi da Vignola, Vincenzo Scamozzi und natürlich auch Palladio beeinflusste. Die Architekten dieser Zeit waren meistens schon 40 Jahre oder älter, wenn sie ihre ersten Bauaufträge erhielten, denn »*die Zeit verlangte vom Künstler, und ganz besonders vom Architekten, Vielseitigkeit und umfassende Bildung, und dazu bedurfte es eines beweglichen Intellekts und längerer Lebenserfahrung.*«[2]

Andrea di Pietro della Gondola – später von seinen Freunden Palladio, nach Pallas, der Göttin der Kunst und Weisheit, genannt –, wurde 1508 als Sohn eines Müllers in Padua geboren. 1524 ging Palladio nach Vicenza und arbeitete dort als Gehilfe bei einem Steinbildhauer. 1536 hatte er das Glück, an dem Umbau der Villa des Grafen Trissino in Cricoli mitzuwirken. Der Graf, der eine wichtige Rolle im geistigen Leben Vicenzas spielte und sich auch als Amateurarchitekt betätigte, erkannte die Begabung und Intelligenz des jungen Mannes und ließ ihm eine humanistische Ausbildung zuteil werden. In der Zeit zwischen 1540 und 1550 nahm er ihn mehrmals mit auf Studienreisen nach Rom, wo Palladio sich intensiv mit der Erforschung und Vermessung der antiken Bauten und Ruinen beschäftigte. Wie auch schon Alberti beklagte er bitter deren barbarische Zerstörung. Nach seinem letzten Aufenthalt in Rom gab er – zusammen mit seinem Freund und auch Auftraggeber Daniele Barbaro – 1554 einen Führer über das antike Rom heraus: »L'antichità di Roma«.

Seine Tätigkeit als Architekt begann Palladio 1537 mit dem Bau der Villa Godi in Lonedo. Der Erfolg, den er mit diesem Baustil hatte, brachte ihm in kurzer Folge eine große Zahl weiterer Aufträge für Villen ein, deren Auftraggeber vorwiegend aus seinem Freundeskreis stammten. Zu dieser Zeit und bis in die siebziger Jahre des 16. Jahrhunderts entstanden im Veneto zahlreiche Villen, da die wohlhabenden Adeligen aus den Städten auf ihre Besitztümer in der Campagna zogen. Man erstrebte die Verbindung von einem Leben auf dem Lande und in der Natur – der *Terra ferma* – zugleich mit der Vervollkommnung eines humanistischen Bildungsideals. Die Grundbesitzer beschäftigten sich sowohl mit der Verbesserung und Intensivierung landwirtschaftlicher Anbaumethoden als auch mit wissenschaftlichen Fragen, Philosophie, Literatur und der antiken, besonders der römischen Architektur. Zur Verwirklichung dieses idealen Lebens gehörten die entsprechenden Häuser, die nicht rustikal, sondern von hohem kulturellen Anspruch sein sollten.

Palladio war aufgrund seiner Freundschaft mit vielen Künstlern und Humanisten seiner Zeit und seines praktischen und theoretischen Studiums der Architektur der – man könnte sagen – »richtige Mann zur richtigen Zeit«. Zwischen 1537 und 1569 erbaute er 20 Villen, darunter auch die für seine gelehrten Freunde und Förderer Alvise Cornaro und Daniele Barbaro.

Dem landwirtschaftlichen Zweck entsprechend hat Palladio bei einigen Villen an das Haupthaus lang gestreckte, wie Arkaden gegliederte Seitenflügel gebaut, so bei der Villa Barbaro, der Villa Emo oder der Villa Badoer. Andere Villen, wie die Cornaro, die Malcontenta oder die Rotonda, haben keinen direkten Zusammenhang mit den landwirtschaftlichen Zweckgebäuden.

Die Rotonda ist die wohl bekannteste der Villen Palladios und zugleich sein einziger echter Zentralbau in dieser Kategorie. In der Villa Barbaro – die mit Skulpturen von Vittoria und Fresken von Veronese ausgeschmückt ist – bilden Kunst und Architektur ein Gesamtkunstwerk, das Rudolf Wittkower als »*eine der vollkommensten Schöpfungen der Renaissance in Norditalien*« bezeichnet.[3] Die Abbildungen geben einen Eindruck von den harmonischen Proportionen der Bauten Palladios und von dem Reichtum der Variationen.

Wie bei allen Renaissancearchitekten basieren auch bei Palladio Entwurf und Grundriss auf Geometrie und Symmetrie. Rudolf Wittkower hat das geometrische Prinzip an elf der Palladio-Villen analysiert und in schematisierten Plänen dargestellt. Dazu schrieb er: »*Was empfand Palladio, wenn er immer wieder mit denselben Elementen experimentierte? Sobald er das grundlegende geometrische Skelett für den Typ ›Villa‹ gefunden hatte, paßte er es so klar und einfach wie möglich den besonderen Erfordernissen jeden Auftrags an. Er brachte die jeweilige Aufgabe in Einklang mit der ›absoluten Wahrheit‹ der Mathematik, die endgültig und unwandelbar ist. Jeder, der Palladios Villen besucht, spürt, mehr im Unterbewußtsein als bewußt, diesen geometrischen Grundton – und das ist es, was seinen Bauten ihre Überzeugungskraft gibt.*

ABB. 3

Dieses Gruppieren und Umgruppieren innerhalb desselben Schemas war aber nicht so ein einfacher Vorgang, wie es den Anschein hat. Palladio arbeitete mit der größten Sorgfalt, um harmonische Verhältnisse nicht nur in jedem einzelnen Raum, sondern auch in der Beziehung der Räume zueinander zu erzielen, und dieses Ringen um die vollkommene Ratio, ist recht eigentlich die Quintessenz seines Architekturschaffens.«[4]

Der erste Sakralbau Palladios ist die Kirche San Giorgio Maggiore in Venedig, für die er 1565 das Modell vorlegte und der er 14 Jahre später einen streng gegliederten, dem klösterlichen Leben entsprechenden Kreuzgang hinzufügte. Nach kleineren Arbeiten in verschiedenen Kirchen erbaute er von 1576 bis 1577 Il Redentore, ebenfalls in Venedig. Diese sollte als Wallfahrtskirche dienen, und Palladio hat deshalb ein Langhaus für den Prozessionsweg entworfen, der zu dem – mit einer prächtigen Kuppel gekrönten – Hochaltar führt. Die Innenräume seiner Kirchen sind von erhabener Feierlichkeit.

1549 erhielt Palladio vom Rat der Stadt Vicenza den Auftrag, die mittelalterliche Basilika – den Palazzo della Ragione – zu umbauen. Palladio gewann damit einen »Wettbewerb«, zu dem einige der besten Architekten Norditaliens – darunter Serlio, Giulio Romano und Sanmicheli –

aufgefordert waren. Die Planung Palladios dauerte etwa drei Jahre, von 1546 bis 1549. Das Bauwerk selbst wurde erst nach Palladios Tod vollendet. Für die die Basilika umgebende Loggia schuf er aus den klassischen Elementen Wand, Pfeiler und Säule sowie Bogen und Sturz eine neuartige Ordnung von großer Harmonie und Schönheit. Die Basilika bestimmt bis heute die Piazza und den Mittelpunkt von Vicenza.

ABB. 9

Palladios Konzeption für die Umbauung der Basilika und deren Bedeutung für das städtische Gefüge fand bei den gebildeten und reichen Familien der Stadt so viel Gefallen, dass er in der Folge eine Reihe von Aufträgen für den Bau einiger prächtiger Stadtresidenzen in Vicenza erhielt. Zwischen 1550 und 1580 entstanden der Palazzo Porto, der Palazzo Chiericati, der Palazzo Valmarana und der Palazzo Barbarano; der Palazzo Thiene wurde schon 1542 begonnen. Diese prächtigen Paläste prägen das Stadtbild und verleihen der kleinen Stadt Vicenza bis heute ihre Schönheit und Würde.

Auch sein letztes Werk entwarf Palladio für Vicenza: das Teatro Olimpico, für das er die Pläne kurz vor seinem Tod der Olympischen Akademie von Vicenza – die er mitgegründet hatte – vorlegte. In diesem letzten Entwurf greift er noch einmal auf Vitruv und dessen klassische Prinzipien zurück. Die Zuschauer sitzen in einem ansteigenden Halbkreis vor der Bühne, in deren durchbrochener Rückwand perspektivische Architekturszenen dargestellt sind, die durch die Illusion von Straßen oder Räumen dem Bühnenbild große Tiefe verleihen. Nach Palladios Tod wurde das Theater von Scamozzi – der einige Veränderungen in den Plänen vornahm – fertig gestellt und 1585 eröffnet. Noch heute wird dieser harmonische Theaterraum für die Aufführung klassischer Stücke genutzt und von Besuchern aus aller Welt geliebt.

ABB. 10

Es gibt noch etwa 40 Gebäude und einige kleinere Innenraum- und Fassadengestaltungen von Palladio, die sich in den Provinzen Venedig, Udine, Treviso, Padua und Verona befinden. Während seine Tätigkeit als Architekt auf eine relativ kleine Region beschränkt blieb, wurde seine theoretische Arbeit – und mit ihr auch seine Architektur – bald in ganz Europa bekannt.

Wie vor ihm Vitruv und Alberti – und ebenso wie Serlio (1475–1554) und Vignola (1507–1573) – fasste Palladio die geistigen Grundlagen für sein architektonisches Werk in einem »Lehrbuch« zusammen, das 1570 als »Quattro Libri dell'Architettura« (Die vier Bücher zur Archi-

4. Villa Barbaro in Maser, Treviso, Italien (1555–1557).
5. Mittelhalle der Villa Barbaro.
6. Grundriss der Villa Rotonda.
7. Villa Rotonda in Vicenza, Italien (1566–1570).

ANDREA PALLADIO

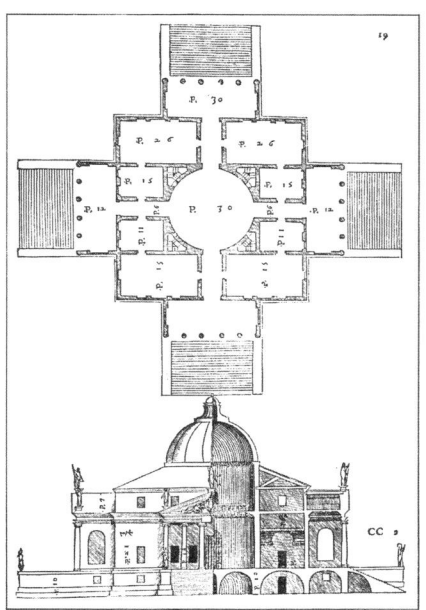

8. Villa Emo in Fanzolo di Vedelago, Treviso, Italien (1559–1565).
9. Basilika von Vicenza, Italien (1549–1617).
10. Innenraum des Teatro Olimpico in Vicenza, Italien (1580–1584, fertig gestellt durch Vincenzo Scamozzi).

ANDREA PALLADIO

tektur) erschien. In diesem Architekturtraktat erklärt er, dass Vitruv »sein Meister und Führer« war. Das Studium Vitruvs vermittelte ihm die Kenntnis der römischen Architektur, die er als beispielhaft empfand, während er die mittelalterlichen Bauwerke als barbarisch bezeichnet. Wie für Vitruv sind für Palladio drei Elemente bei der Errichtung eines Gebäudes wesentlich: »utilità o commodità« (bei Vitruv utilitas), »la perpetuità« (bei Vitruv firmitas) und »bellezza« (bei Vitruv venustas) – also die Nützlichkeit oder Annehmlichkeit, die Dauerhaftigkeit und die Schönheit. Und »schön bauen heißt auch wahr und gut bauen [...] Architektur ist für Palladio rational, einfach, klassisch.«[5] Wie der Architekt dies erreicht, beschreibt Palladio im ersten Kapitel seines ersten Buches.

KAPITEL I

Von den Dingen, die man in Betracht ziehen und vorbereiten muß, ehe man mit dem Bauen beginnt

Bevor man mit dem Bauen beginnt, soll man sorgfältig jeden Teil des Grundrisses und des Aufrisses des Gebäudes studieren, das errichtet werden soll. Bei jedem Bau sollen, wie Vitruv lehrt, drei Dinge beachtet werden, ohne die ein Gebäude kein Lob verdient. Diese drei Dinge sind: der Nutzen oder die Annehmlichkeit, die Dauerhaftigkeit und die Schönheit. Denn ein Gebäude, das nützlich, aber von geringer Lebensdauer ist oder aber stark und fest, ohne bequem zu sein, oder auch die beiden ersten Bedingungen erfüllt, aber jeder Schönheit ermangelt, kann nicht als vollkommen bezeichnet werden. Annehmlichkeit erzielt man, wenn jedem Teil der ihm angemessene Ort und die Lage zugeteilt werden, die weder geringer sein dürfen, als seine Würde verlangt, noch größer, als es seinem Gebrauch zukommt; so wie die Loggien, die Säle, die Zimmer, die Keller und die Kornböden alle den Platz, der ihnen entspricht, einnehmen. Dauerhaftigkeit wird dadurch erreicht, daß man alle Mauern lotrecht errichtet, sie unten breiter als oben macht und mit guten und ausreichenden Fundamenten versieht. Darüber hinaus müssen die Säulen genau übereinander stehen und ebenso alle Öffnungen wie Türen und Fenster, damit Gemauertes über Gemauertem und Leeres über Leerem zu stehen kommt.

Schönheit entspringt der schönen Form und der Entsprechung des Ganzen mit den Einzelteilen, wie der Entsprechung der Teile untereinander und dieser wieder zum Ganzen, so daß das Gebäude wie ein einheitlicher und vollkommener Körper erscheint. Entspricht doch ein Teil dem anderen, und

sind doch alle Teile unabdingbar notwendig, um das zu erreichen, was man gewollt hat.

Hat man nun diese Dinge in der Zeichnung und im Modell berücksichtigt, kalkuliere man sorgfältig alle anfallenden Kosten und kümmere sich beizeiten um Geld und um die Vorbereitung des notwendigen Materials, das gebraucht wird, damit während des Bauens nicht fehlt, was die Vollendung des Gebäudes verzögern oder verhindern könnte. Es wird dem Erbauer zu nicht geringem Nutzen gereichen, wenn es mit der gebührenden Schnelligkeit vollendet wird und wenn seine Mauern in gleicher Art und zur gleichen Zeit errichtet werden, damit sie nicht jene Risse zeigen, die in jenen Gebäuden zu sehen sind, die zu unterschiedlichen Zeiten und ungleichmäßig vollendet worden sind. Nachdem man die erfahrensten Handwerker, die man finden kann, ausgesucht hat, um das Werk nach ihren Ratschlägen in vorzüglicher Weise auszuführen, kümmere man sich um das Holz, die Steine, den Sand, den Kalk und die Metalle. [...]

Und wenn auch Vitruv, Leon Battista Alberti und andere ausgezeichnete Verfasser von Traktaten jene Hinweise gegeben haben, die bei der Auswahl der Materialien zu berücksichtigen sind, werde ich nichtsdestoweniger einige Hinweise anführen, damit es nicht den Anschein hat, als mangele es meinen Büchern an irgend etwas. Ich beschränke mich aber auf das Notwendigste.[6]

Nachdem er ganz praktische Ratschläge über die verschiedenen Arten des Mauerwerks gegeben hat, behandelt Palladio – ähnlich wie Serlio und Vignola – ausführlich die fünf Säulenordnungen, die er illustriert und mit Maßen versieht.

Im zweiten Buch stellt Palladio viele der von ihm entworfenen Villen und Stadtpaläste vor, die er gewissenhaft mit Grundriss, Ansicht und Maßen versieht, aber hier zeigt er »gleichfalls Zeichnungen antiker Gebäude der Griechen und Römer«.[7] Als Beispiel wird hier Villa Rotonda gezeigt. Sie liegt in der Nähe der Stadt Vicenza und diente einem hochgebildeten Kleriker als Ruhesitz und zur gesellschaftlichen Repräsentation. Um dem Gebäude eine gewisse Erhabenheit zu verleihen, krönte Palladio den Hauptsaal mit einer Kuppel, was für einen Profanbau ungewöhnlich war.

ABB. 6

Wegen der »wunderschönen Ausblicke«, aber sicher auch aus architektonischen Gründen, versieht Palladio alle vier Seiten mit Loggien;

hierdurch entsteht eine faszinierende Symmetrie, die sich aus dem von Palladio gezeichneten Grundriss ablesen lässt. Die Villa Rotonda wurde um 1567 erbaut und reflektiert in der Harmonie der Proportionen, der Konzeption und der Einbettung in die Landschaft die Souveränität, die seine späteren Arbeiten kennzeichnen. Sein drittes Buch, »in welchem von den Straßen, den Brücken, den Plätzen, den Basiliken und den Xysten gehandelt wird«,[8] befasst sich also mit der Gestaltung der öffentlichen Räume und Gebäude. Auch hier zeigt er antike Anlagen oder Brücken neben Bauwerken, die er entworfen hat. Ebenso finden wir seine Zeichnung für die Basilika in Vicenza, die er – selbstbewusst – zu den größten und schönsten Bauten seit der Antike zählt. Mit der Basilika entwarf Palladio seinen ersten öffentlichen Bau, 1546–1549, fertig gestellt wurde er erst lange nach seinem Tod im Jahre 1617. Die Formensprache, die Palladio für diese »Basiliche de' nostri tempi« (Buch III, Kap. 20) gefunden hat, ist unverwechselbar und verleiht durch die rhythmische Ordnung von Rundbögen und Säulen, durch das Spiel mit Licht und Schatten dem Bauwerk Schönheit und Würde. Sie gehört in der Tat zu den schönsten Denkmälern der Architektur bis heute.

ABB. 7

Den Inhalt seines vierten Buches beschreibt Palladio mit folgenden Worten:

Das vierte Buch zur Architektur von Andrea Palladio, in dem die antiken Tempel beschrieben und abgebildet sind, die in Rom stehen, sowie einige andere Tempel inner- und außerhalb Italiens.[9]

In diesem Kapitel hat er eine große Zahl von Tempeln dargestellt und zu ihnen Grundrisse, Ansichten und Details gezeichnet, wobei er sich häufig auf Vitruv bezieht, wie er selber formuliert:

Weil daher die alten Griechen und Römer die Tempel für ihre Götter mit größtem Fleiß errichteten und sie gemäß den Regeln der schönsten Architektur zusammenfügten – sie machten dies mit den aufwendigsten Verzierungen und mit den besten Proportionen in der Weise, daß es dem Gott angemessen war, dem der Tempel geweiht wurde –, so werde ich in diesem Buch die Gestalt und die Verzierungen der vielen alten Tempel zeigen, von denen noch Überreste zu sehen sind. Ich habe Zeichnungen von ihnen angefertigt, damit man bei jedem Tempel erkennen kann, welche Form die Alten diesen Gotteshäusern gaben und mit welchen Verzierungen sie sie erbauten. Obwohl bei einigen von ihnen nur ein kleiner Teil über der Erde zu sehen ist, so habe ich – unter Berücksichtigung der Fundamente, die noch zu sehen sind –, nichtsdestoweniger von diesem kleinen Teil ausgehend, Mutmaßungen angestellt, wie der Tempel als Ganzes ausgesehen haben muß. Dabei war mir Vitruv eine große Hilfe; denn nach dem, was ich gesehen habe, zusammen mit dem, was er angibt, war es nicht schwer für mich, ihr Aussehen und ihre Form zu erkennen.[10]

ABB. 2

Als einzigen »modernen« Bau nimmt er den Tempietto, die Kirche San Pietro, von Bramante auf, die dieser 1502 in Rom errichtete (Original Buch IV, S. 66) und die, wie schon eingangs erwähnt, zum Ideal für die Architektur der Renaissance wurde. Im 17. Kapitel des vierten Buches schreibt Palladio über die Bedeutung, die Bramante zukommt:

Nachdem die Größe des römischen Reiches durch die fortwährenden Einfälle der Barbaren zu verfallen begann, verlor die Architektur wie auch alle anderen Künste und Wissenschaften ihre ursprüngliche Schönheit und Anmut, indem sie immer schlechter wurde, bis schließlich nichts mehr von der Kunst der schönen Proportionen und der wohl geschmückten Bauweise übrigblieb. Dies führte so weit, daß die Architektur kaum mehr schlechter werden konnte.

[...] Unter dem Pontifikat des Pontifex Maximus Julius II. errichtete deshalb der ausgezeichnete Bramante – er war Aufseher über die antiken Gebäude – in Rom sehr schöne Gebäude. Ihm folgten Michelangelo Buonarroti, Jacopo Sansovino, Baldassare Peruzzi, Antonio da Sangallo, Michele Sanmichele, Sebastiano Serlio, Giorgio Vasari, Jacopo Barozzi da Vignola und Leone Leoni. Von diesen Architekten sind in Rom, Florenz, Venedig, Mailand und in anderen italienischen Städten wunderbare Gebäude zu sehen. Nebenbei bemerkt, sind viele von ihnen gleichzeitig ausgezeichnete Maler, Bildhauer und Schriftsteller gewesen. Zum Teil leben sie heute noch, wie auch einige andere Künstler, die ich hier aus Zeitgründen nicht nennen möchte.

Bedenkt man also – um zu unserem Thema zurückzukehren – daß Bramante der erste war, der die gute und schöne Architektur wieder ans Licht brachte, die seit den Alten bis dahin verborgen geblieben war, so scheint es mir begründet, seinen Gebäuden einen Platz unter den antiken einzuräumen.[11]

Während die originalen Schriften Vitruvs und Albertis keine Illustrationen enthalten (diese sind erst in den späteren Ausgaben hinzugefügt worden), sind die vier Bücher Palladios reich bebildert. Die nach seinen Zeichnungen angefertigten Holzschnitte sind von so hervorragender Qualität, dass dieses Werk in seiner Gesamtheit zu den schönsten Büchern der Renaissance gehört. Goethe, der 1786 in Padua einen Nachdruck entdeckte, schrieb an Frau von Stein: »*In Padua fand ich erst das Buch, jetzt studier ich's und es fallen mir wie Schuppen von den Augen, der Nebel geht auseinander und ich erkenne die Gegenstände. Auch als Buch ist es ein großes Werk.*«[12]

Alberti, der seine Schrift in Lateinisch verfasste, richtete sich vorwiegend an humanistisch gebildete Leser: Palladio dagegen schrieb in Italienisch und damit in einer leicht verständlichen Sprache; er gab den Architekten seiner Zeit neben den theoretischen Grundlagen auch viele Beispiele und praktische Anleitungen, was sich schon zeigt, wenn man nur die Kapitelüberschriften aus seinen »Quattro libri« liest:

BUCH I
Widmung. Vorwort an die Leser
KAPITEL 1: *Von den Dingen, die man in Betracht ziehen und vorbereiten muß, ehe man mit dem Bauen beginnt.* KAPITEL 2: *Vom Bauholz.* KAPITEL 3: *Von den Steinen.* KAPITEL 4: *Vom Sand.* KAPITEL 5: *Vom Kalk und wie man ihn anrührt.* KAPITEL 6: *Von den Metallen.* KAPITEL 7: *Von der Beschaffenheit des Bodens, in den man die Fundamente legen soll.* KAPITEL 8: *Von den Fundamenten.* KAPITEL 9: *Über die verschiedenen Arten der Mauern.* KAPITEL 10: *Über die Methode, an die sich die Alten bei der Errichtung der steinernen Gebäude hielten.* KAPITEL 11: *Von der Verjüngung der Mauern und ihrer Teile.* KAPITEL 12: *Von den fünf Ordnungen, die die Alten gebrauchten.* KAPITEL 13: *Über die Schwellung und die Verjüngung der Säulen, Interkolumnien und Pilaster.* KAPITEL 14: *Über die toskanische Ordnung.* KAPITEL 15: *Von der dorischen Ordnung.* KAPITEL 16: *Über die ionische Ordnung.* KAPITEL 17: *Von der korinthischen Ordnung.* KAPITEL 18: *Von der kompositen Ordnung.* KAPITEL 19: *Von den Postamenten.* KAPITEL 20: *Über die Mißbräuche.* KAPITEL 21: *Von den Loggien, den Eingängen, den Sälen und den Zimmern sowie deren Gestalt.* KAPITEL 22: *Über die Fußböden und die Decken.* KAPITEL 23: *Über die Höhe der Zimmer.* KAPITEL 24: *Über die Arten der Gewölbe.* KAPITEL 25: *Über die Maße der Türen und Fenster.* KAPITEL 26: *Über die*

Verzierungen der Türen und Fenster. KAPITEL 27: *Über die Kamine.* KAPITEL 28: *Von den Treppen, ihren verschiedenen Arten, ihrer Anzahl und Größe.* KAPITEL 29: *Von den Dächern.*

BUCH II

KAPITEL 1: *Vom Schmuck oder der Geschicklichkeit, die beim Bau privater Gebäude beachtet werden muß.* KAPITEL 2: *Von der Unterteilung der Zimmer und anderer Räumlichkeiten.* KAPITEL 3: *Von den Entwürfen der Stadthäuser.* KAPITEL 4: *Vom toskanischen Atrium.* KAPITEL 5: *Vom Atrium mit vier Säulen.* KAPITEL 6: *Vom korinthischen Atrium.* KAPITEL 7: *Vom bedeckten Atrium und vom Privathaus der alten Römer.* KAPITEL 8: *Von dem Viersäulensaal.* KAPITEL 9: *Von den korinthischen Sälen.* KAPITEL 10: *Von den ägyptischen Sälen.* KAPITEL 11: *Von den Privathäusern der Griechen.* KAPITEL 12: *Von dem Bauplatz, der für den Bau von Villen auszuwählen ist.* KAPITEL 13: *Von der inneren Aufteilung der Villen.* KAPITEL 14: *Zeichnungen der Villen einiger edler Venezianer.* KAPITEL 15: *Von den Entwürfen der Villen einiger Edelleute auf der Terra Ferma.* KAPITEL 16: *Von den Villen der Alten.* KAPITEL 17: *Von einigen Entwürfen für verschiedene Orte.*

BUCH III

Widmung. Vorwort an die Leser

KAPITEL 1: *Von den Straßen.* KAPITEL 2: *Von der Unterteilung der Straßen innerhalb der Städte.* KAPITEL 3: *Von den Straßen außerhalb der Stadt.* KAPITEL 4: *Was beim Bauen von Brücken beachtet werden muß, und welcher Ort zu wählen ist.* KAPITEL 5: *Von den Holzbrücken und den Hinweisen, die bei ihrem Bau beachtet werden müssen.* KAPITEL 6: *Von der Brücke, die Caesar über den Rhein bauen ließ.* KAPITEL 7: *Von der Brücke über den Cismone.* KAPITEL 8: *Von drei anderen Entwürfen, nach denen man Brücken bauen kann, ohne Pfähle in den Fluß zu setzen.* KAPITEL 9: *Von der Bassano-Brücke.* KAPITEL 10: *Von den Steinbrücken, und was bei ihrem Bau beachtet werden muß.* KAPITEL 11: *Von einigen berühmten Brücken, die von den Alten errichtet worden sind, und über die Brücke von Rimini.* KAPITEL 12: *Von der Brücke in Vicenza, die über den Bacchiglione führt.* KAPITEL 13: *Von einer Steinbrücke, die ich entworfen habe.* KAPITEL 14: *Von einer anderen Brücke, die ich entwarf.* KAPITEL 15: *Von der Brücke in Vicenza, die über den Rerone führt.* KAPITEL 16: *Von den Plätzen und den Gebäuden, die um sie herum errichtet werden.* KAPI-

TEL 17: *Von den Plätzen der Griechen.* KAPITEL 18: *Von den Plätzen der Römer.* KAPITEL 19: *Von den antiken Basiliken.* KAPITEL 20: *Von den Basiliken aus unserer Zeit und von den Zeichnungen der Basilika in Vicenza.* KAPITEL 21: *Von den Palästen und Xysten der Griechen.*

BUCH IV
Vorwort an die Leser
KAPITEL 1: *Über die Lage, die man zur Erbauung eines Tempels suchen muß.* KAPITEL 2: *Über die Formen der Tempel und über den Schmuck, der bei ihnen zu beachten ist.* KAPITEL 3: *Über das Aussehen der einzelnen Tempelformen.* KAPITEL 4: *Von den fünf Arten der Tempel.* KAPITEL 5: *Von der Aufteilung der Tempel.* KAPITEL 6: *Von den Zeichnungen einiger alter Tempel, die sich in Rom befinden. Als erstes über den Tempel des Friedens.* KAPITEL 7: *Über den Tempel des Mars Ultor.* KAPITEL 8: *Über den Tempel des Nerva Trajanus.* KAPITEL 9: *Über den Tempel des Antoninus und der Faustina.* KAPITEL 10: *Über die Tempel von Sol und Luna.* KAPITEL 11: *Von dem Tempel, den man gewöhnlich »La Galluce« nennt.* KAPITEL 12: *Über den Tempel des Jupiter.* KAPITEL 13: *Über den Tempel der Fortuna Virilis.* KAPITEL 14: *Über den Tempel der Vesta.* KAPITEL 15: *Über den Tempel des Mars.* KAPITEL 16: *Über das Baptisterium des Konstantin.* Kapitel 17: *Über den Tempel von Bramante.* KAPITEL 18: *Über den Tempel des Jupiter Stator.* KAPITEL 19: *Über den Tempel des Jupiter Tonans.* KAPITEL 20: *Über das Pantheon, heute die Rotonda genannt.* KAPITEL 21: *Von den Zeichnungen einiger Tempel, die außerhalb von Rom liegen. Als erstes über den Tempel des Bacchus.* KAPITEL 22: *Über den Tempel, dessen Überreste in der Nähe der Kirche San Sebastiano an der Via Appia zu sehen sind.* Kapitel 23: *Über den Tempel der Vesta.* Kapitel 24: *Über den Tempel von Castor und Pollux.* KAPITEL 25: *Über den Tempel unterhalb von Trevi.* KAPITEL 26: *Über den Tempel von Assisi.* KAPITEL 27: *Von den Zeichnungen einiger Tempel außerhalb von Italien. Als erstes von zwei Tempeln in Pola.* KAPITEL 28: *Von den zwei Tempeln in Nîmes. Zunächst über den Tempel, den man Maison carrée nennt.* KAPITEL 29: *Über den anderen Tempel in Nîmes.* KAPITEL 30: *Über zwei andere Tempel Roms. Der erste ist der Tempel der Concordia.* KAPITEL 31: *Über den Tempel des Neptun.*[13]

Seit der Mitte des 17. Jahrhunderts erschienen zahlreiche Ausgaben in französischer, englischer, deutscher und dänischer Sprache. Und bis heute wurden und werden Bücher geschrieben, die sich mit Palladio, seiner Architektur und Theorie befassen, denn sie basieren auf einer Ordnung, die sich jeglicher Mode und Willkür entzieht. Er folgt dabei seinen antiken Vorbildern; auch sie hatten sich »*nicht ewig Neues erfindend, von Einfall zu Einfall forttreiben lassen, sondern hatten in Typen gedacht, so daß jedes neue Bauwerk immer eine neue Gestaltwerdung desselben Typus war. Hier, und nur hier konnte man aus der Antike lernen und doch schöpferisch sein*«.[14]

Palladio hat aus der Antike gelernt und ihre Gestaltungsgrundsätze weitgehend übernommen, aber er hat sie nicht imitiert – wie wir es im Historismus des 19. Jahrhunderts finden –, sondern daraus eine eigene Architektursprache entwickelt, die trotz der Unterschiedlichkeit seiner Bauten charakteristisch für ihn ist. So entstand der Begriff des Palladianismus, ein Begriff, der in der Kunstgeschichte einmalig ist. Palladios Einfluss auf die europäische, später auch amerikanische und russische Architektur war nachhaltig und selbst der Klassizismus, wie wir ihn vom Anfang bis zur Mitte des 19. Jahrhunderts kennen, hat seine Wurzeln im palladianischen Denken und in seinen Werken.

Palladio starb im August 1580 in der Villa seines Mäzens und langjährigen Freundes Barbaro. Er wurde in der Kirche Santa Corona in Vicenza beerdigt, der Stadt, die noch heute ihren Ruhm seinen Werken verdankt.

ANMERKUNGEN

1 Burckhardt 1913, S. 1.
2 Forssmann 1965, S. 10.
3 Wittkower 1983, S. 67.
4 Wittkower 1983, S. 61f.
5 Krufft 1985, S. 99.
6 Palladio 1984, S. 20.
7 Palladio 1984, S. 112.
8 Palladio 1984, S. 204.
9 Palladio 1984, S. 268.
10 Palladio 1984, S. 269f.
11 Palladio 1984, S. 347ff.
12 J. W. Goethe, zitiert nach Krufft 1985, S. 98.
13 Palladio 1984, S. 5ff.
14 Forssman 1965, S. 49.

SIR CHRISTOPHER WREN *1632 – †1723

England war das erste europäische Land, in dem die Theorie und Formensprache Palladios – und damit auch Vitruvs – Aufnahme und Bewunderung fanden. Zu verdanken war dies zunächst dem großen englischen Architekten Inigo Jones (1573–1652). Er bereiste Italien in der Zeit zwischen 1601 und 1614 und kannte zu diesem Zeitpunkt bereits Palladios »Quattro libri«. Dort widmete er sich dem Studium antiker Ruinen und den Werken der Renaissancearchitekten. Diese Eindrücke sowie seine Begegnung mit dem schon älteren Vincenzo Scamozzi bewirkten eine Hinwendung zur klassischen Architektur, die sich schon bald in seinen Bauten ausdrücken sollte. Man könnte sagen, dass mit seiner Rückkehr im Januar 1615 der englische Palladianismus einsetzte, der während der folgenden 150 Jahre einen großen Teil der englischen Architektur beeinflusste.

ABB. 2 Bereits 1616 begann Inigo Jones mit dem Entwurf für eine Villa der Königin Anne in Greenwich. Da die Königin wenig später starb, wurde das Bauwerk – nun in einer wesentlich verfeinerten Form – erst 1638 fertig gestellt. Der fast quadratische Grundriss und die harmonischen Proportionen lassen den Vergleich mit Palladios berühmten Villen zu, die ihre Wurzeln in der klassischen Antike hatten.

Als ein Mann, der sich sein Leben lang mit Architekturtheorien befasst hat, beabsichtigte Inigo Jones, selbst ein Traktat zu verfassen. Zusammen mit seinem Schüler John Webb verfertigte er einige hundert Zeichnungen, die als Illustrationen dienen sollten, den dazugehörigen

Text aber hat er nie geschrieben. So gehört er zwar in die Reihe jener Architekten, die die Ideen der italienischen Renaissance weitergetragen, aber keine eigene Architekturtheorie verfasst haben.

Eine solche formulierte Theorie finden wir aber bei Christopher Wren – wenn auch nur in Ansätzen und nicht als eine umfassende Architekturlehre wie bei Vitruv, Serlio, Palladio und anderen. Die »Parentalia: or Memoirs of the Family of Wrens« sind im Wesentlichen die Familiengeschichte und die Biographie Christopher Wrens. Sie wurde von seinem Sohn, Christopher Wren d. J., zusammengestellt und erst von dessen Sohn Stephen um 1750 publiziert. Nur im Anhang sind Wrens Gedanken zur Architektur wiedergegeben, die als erste, unvollständige Entwürfe bezeichnet werden.

Tract I und II enthalten die theoretischen Betrachtungen, während Wren sich in den Tracts III und IV mit dem Studium historischer Bauwerke befasst und dabei nicht nur die römischen und griechischen Bauten beschreibt, sondern auch ägyptische und jüdische Tempel in seine Forschungen einbezieht. Tract I beginnt mit einer Idee, die bereits Perikles, der große griechische Staatsmann, um 460 v. Chr. in Athen verwirklicht hat, als er während seiner Regierungszeit das Parthenon, das Odeion, die Propyläen und andere prächtige Bauten und Kunstwerke errichten ließ. Plutarch schreibt darüber in seiner Biographie des Perikles: »*Was aber Athen am meisten zum Schmuck und zur Zierde gereichte, was den anderen Völkern die größte Bewunderung abnötigte und heute allein noch dafür Zeugnis ablegt, daß Griechenlands einstiges Glück, daß der Ruhm seiner frühen Größe nicht leeres Gerede sei, das waren seine prachtvollen Tempel und öffentlichen Bauten.*«[1]

Auch Rom hat seine politische Größe der damaligen Welt und darüber hinaus bis heute durch die Kraft seiner Architektur demonstriert. Bereits bei Vitruv können wir nachlesen, dass Kaiser Augustus seine besondere Aufmerksamkeit der Bautätigkeit gewidmet hat, und viele der nachfolgenden Cäsaren haben der Stadt hervorragende Bauwerke hinzugefügt. Diese gleiche Auffassung findet sich bei Christopher Wren, wenn er seinen Tract I mit dem Satz beginnt:

Die Architektur hat ihre politische Bedeutung; öffentliche Gebäude sind die Zierde eines Landes; sie bilden das Fundament einer Nation, ziehen Menschen und Handel an, erwecken die Liebe der Menschen zu ihrem

> *Heimatland, diese Liebe ist der Ursprung aller großen Taten in einem Commonwealth. Der Wetteifer unter den Städten Griechenlands war der eigentliche Grund für ihre Größe. Der bekannte Heldenmut der Juden, verursacht durch die Liebe zu ihrem Tempel, war der Zement, der dieses Volk über die Jahrhunderte und während unzähliger Wechselfälle zusammenhielt. Die Einhaltung von öffentlichem Austausch und Übereinstimmung war eine wichtige Ursache für die Gründung der Niederlande und vieler Städte in der Welt. Das moderne Rom lebt heute noch durch seine Ruinen und die Nachahmung des Alten; das gleiche gilt auch für Jerusalem, durch den Tempel Salomons und andere Zeugnisse.*
>
> *Architektur strebt nach Ewigkeit; und darum beruht sie auf dem einzigen Prinzip, das weder Moden noch Wechsel unterworfen ist: der Ordnung. Die Ordnungen sind nicht nur römisch und griechisch, sondern auch phönizisch, hebräisch und assyrisch; darum beruhen sie auf der Erfahrung aller Zeitalter.*[2]

In seinen weiteren Ausführungen übernimmt Wren die Begriffe *venustas* und *firmitas* von Vitruv und fügt einen weiteren hinzu: *convenience*, die Annehmlichkeit.

> *Schönheit, Festigkeit und Annehmlichkeit sind die Prinzipien; die beiden ersteren beruhen auf den geometrischen Grundlagen der Optik und der Statik; durch das dritte Prinzip wird die Mannigfaltigkeit hinzugefügt.*
>
> *Es gibt natürliche Gründe für die Schönheit. Schönheit ist die Harmonie der Objekte, wie sie dem Auge gefällig ist. Es gibt zwei Gründe für die Schönheit: die natürliche und die auf der Gewohnheit beruhenden. Die natürliche Schönheit ergibt sich aus der Geometrie, die aus Regelmäßigkeit (das heißt Gleichheit) und Proportion besteht. Die auf Gewohnheit beruhende Schönheit entsteht durch die Neigung unserer Sinne zu den Gegenständen, die uns eigentlich aus anderen Gründen gefallen, zum Beispiel Vertrautheit oder eine besondere Vorliebe. Hierdurch kann eine Liebe zu Dingen entstehen, die an und für sich nicht schön sind. Darin liegt die große Möglichkeit des Irrtums; hier wird das Urteil des Architekten gefordert. Aber im Grunde geht es immer um die natürliche oder die geometrische Schönheit. Geometrische Figuren sind natürlich schöner als unregelmäßige; dies entspricht einem Gesetz der Natur. Unter den geometrischen Figuren sind das Quadrat und der Kreis die schönsten; als nächstes folgen das Parallelogramm und das Oval. Gerade Linien sind schöner als gebogene; nach*

den geraden Linien folgen gleichmäßig und geometrisch gebogene Linien. Ein Objekt, das in der Mitte erhöht ist, ist schöner als eins, in dem die Mitte niedriger ist. [...] Vielfalt in der Einheit erzeugt vollkommene Schönheit.[3]

Dieser Gedanke Wrens findet sich bei Alberti und auch in vielen Architekturlehren der Renaissancearchitekten und -theoretiker und bei dem großen Theologen Nikolaus von Kues, wenn er von der »*coincidentia oppositorum*« – dem Zusammenfall der Gegensätze – schreibt.

Die Einheit wird am besten modifiziert durch gleichmäßigen Wechsel, wie die Reime in der Poesie, oder manchmal auch häufigerem Wechsel wie in Stanzen. Bei Dingen, die mit einem Blick erfaßt werden, bringt zuviel Wechsel Verwirrung, da er störend wirkt; große Variabilität ist durchaus empfehlenswert, soweit dies nicht den Regeln der Optik und der Geometrie widerspricht.

Der Architekt sollte Neuheiten mit Argwohn betrachten, da Modeerscheinungen das Urteil trüben. Und er sollte sich dessen bewußt sein, daß diejenigen, die ihn beurteilen, nicht nur die Kritiker seiner Zeit sind, sondern auch diejenigen, die fünf Jahrhunderte nach ihm leben werden. Das, was sich im Augenblick als Neuheit empfiehlt, wird keine neue Erfindung für die Nachwelt sein, wenn seine Werke häufig imitiert werden, und man nicht mehr weiß, welches das Original war, aber der Ruhm dessen, was in sich selbst gut ist, ist ewig.

Vitruvius hat uns den wahren Weg über den Ursprung der Ordnungen gewiesen. Als die Menschen begannen, in städtischen Handelszentren zusammenzuleben, da ergab sich die Notwendigkeit zur Anlage von Foren und öffentlichen Versammlungsplätzen. In den kalten Ländern waren die Menschen gezwungen, sich gegen Luft, Kälte und Regen zu schützen; aber in den heißen Ländern, in denen die Zivilisation begann, mußte man die Sonne ausschließen und soviel Luft wie möglich zur Kühlung hineinlassen; dies führte ganz natürlich zu der Ausbildung von Portici oder von schattenspendenden Dächern, die auf Stützen gestellt wurden. Eine Allee von Bäumen ist schöner als der kunstreichste Portikus, aber da diese nicht so einfach auf Marktplätzen erhalten werden können, errichtete man Portici mit ihren permanenten Schatten. Hieraus können wir ersehen, daß sie die Natur imitierten; die meisten Bäume in ihren besten Jahren – keine Schößlinge oder altersschwache – entsprechen fast der Proportion der Dorischen Säule in der Länge ihres Stammes, bevor die Zweige begin-

nen. Dies ist – denke ich – der natürlichere Vergleich als der zum menschlichen Körper, der nur wenig Ähnlichkeit mit einem zylindrischen Körper hat. Die ersten Säulen waren in der Tat Baumstämme, die entweder gedreht oder in vielseitige Prismen geschnitten waren.[4]

ABB. 3

In Tract II beschäftigt sich Wren eingehend mit den Säulen, den verschiedenen Ordnungen, ihren Proportionen und ihrer Verwendung in den antiken Gebäuden, soweit dies noch aus den Ruinen ablesbar war. Tract III besteht nur aus einem kurzen Kapitel über die Entstehung von Städten, z.B. Alexandria, das von Dinocrates, dem Architekten Alexanders des Großen, geplant wurde.

In Tract IV versuchte Wren – wie schon die Architekten der Renaissance oder Piranesi und wenig später Fischer von Erlach –, aufgrund von Beschreibungen, sei es im Alten Testament oder griechischer oder römischer Historiker, Monumente des Altertums zu rekonstruieren.

ABB. 4

Besonders intensiv beschäftigte er sich mit dem Studium des salomonischen Tempels, dessen Säulen er als »tyrisch« bezeichnet, eine Vorstufe zur dorischen Säule. Es gibt aber auch Rekonstruktionen des Tempels der Diana von Ephesus, dem Mausoleum von Halikarnassos

ABB. 6

und der Stadt Babylon.

Wren hat kein geschlossenes Architekturtraktat geschrieben, zu dem er aufgrund seiner Studien und seines reichen Wissens befähigt gewesen wäre. Er hat seine »Tracts« erst im reifen Alter – vermutlich nach 1700 – verfasst und die Vermutung liegt nahe, dass seine umfangreiche Bautätigkeit – zu seinem Werk gehören etwa 50 Kirchen, darunter St. Paul's Cathedral, zahlreiche Paläste und öffentliche Gebäude, Krankenhäuser und Schulen – ihm kaum Zeit ließ, eine komplette Theorie niederzuschreiben. Die theoretischen Grundlagen seiner Architektur lassen sich jedoch aus der »Parentalia« entnehmen.

Wren kommt von den Naturwissenschaften; mit 29 Jahren erhielt er bereits einen Lehrstuhl für Astronomie an der University of Oxford. Dies war im 17. Jahrhundert keine Ausnahme, da für die Architekten Wissenschaft und Architektur eine Einheit bildeten. Wenig später wurde er vom König zum Surveyor General, das heißt zum Generalbevollmächtigten für das königliche Bauwesen ernannt, 1673 erhielt er den Adelstitel.

2. Villa für Königin Anne in Greenwich von Inigo Jones (1616–1638).
3. Säulenordnung in »Parentalia, or Memoirs of the Family of Wrens«.
4. Grundriss des Salomon-Tempels aus »Parentalia, or Memoirs of the Family of Wrens«.

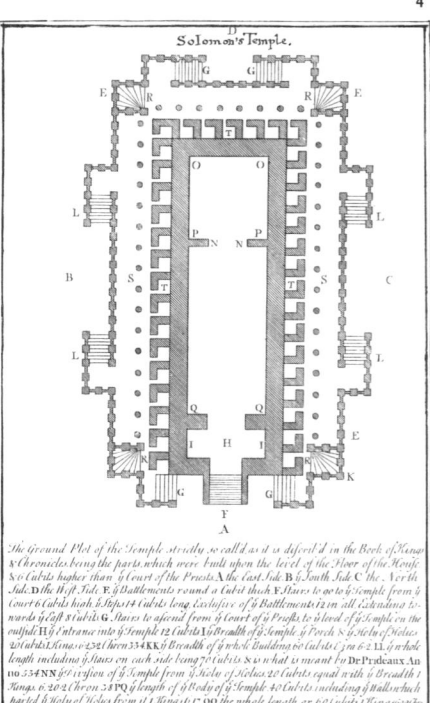

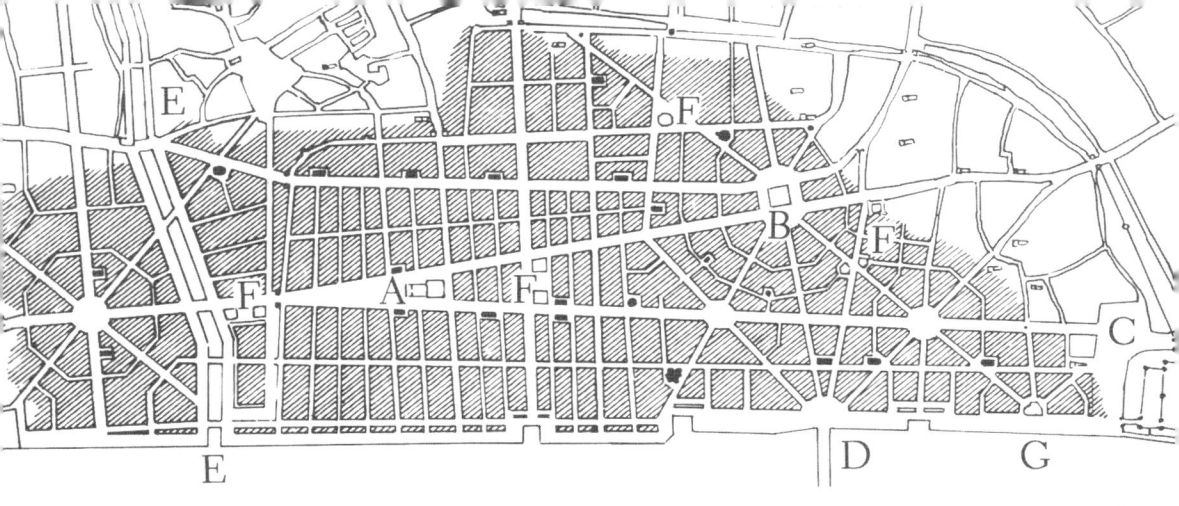

5. Stadtplanung für London (1666).
6. Rekonstruktion der Stadt Babylon aus »Parentalia, or Memoirs of the Family of Wrens«.

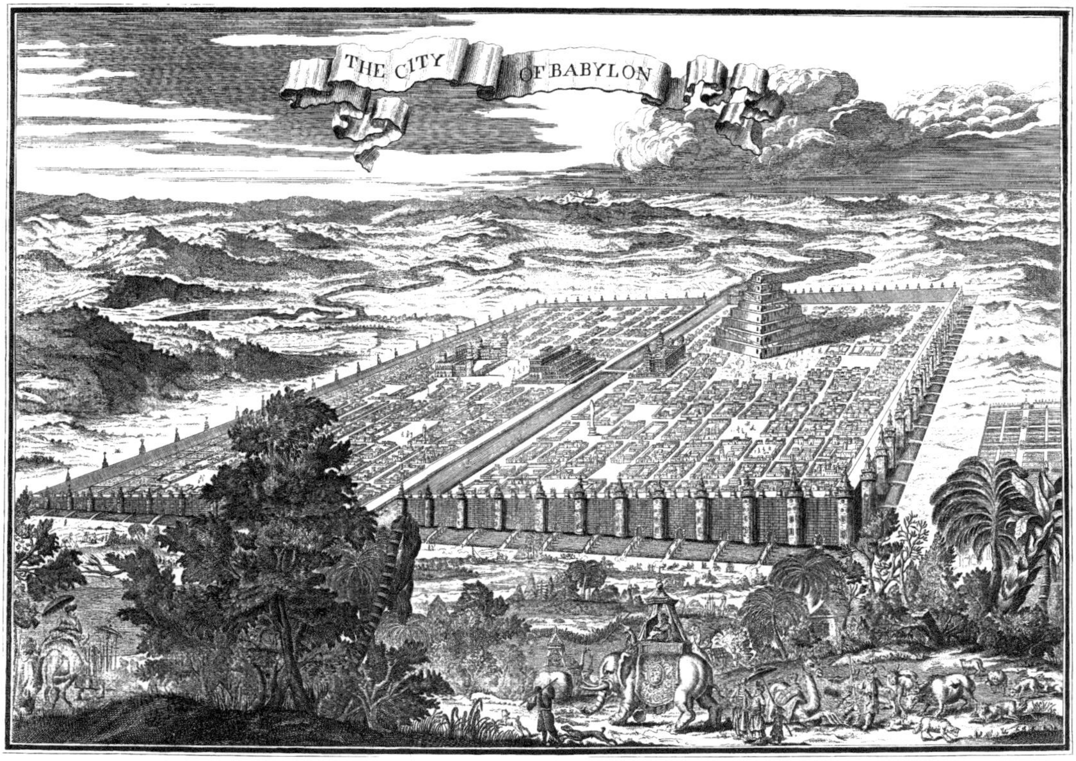

SIR CHRISTOPHER WREN

7. St. Paul's Cathedral in London (1675–1710).
8. Vereinfachte Kirchenansichten ([A] St. Dionis Backchurch
   [B] St. Bride [C] St. Mary Aldermansbury [D] St. Mildred, Poultry
   [E] St. Olave, Old Jewry [F] St. Magnus).
9. Bibliothek des Trinity College in Cambridge (1676–1684).
10. Hampton Court in Surrey (1689–1695).
11. Innenraum der Kirche St. Stephen Walbrook in London (1672–1678).

Entscheidend für Wrens architektonische Entwicklung war seine acht Monate während Reise nach Paris im Jahre 1665. Hier traf er mit französischen Wissenschaftlern, Künstlern und Architekten wie Mansart und Le Pautre zusammen, aber auch mit Bernini, der einen Entwurf für den Louvre gezeichnet hatte, der nicht realisiert wurde. Diese Begegnung mit der französischen Architektur, Technik und Steinmetzkunst in Verbindung mit seinen Kenntnissen der Theorien von Vitruv und der Renaissance-Architekten bilden die Grundlage für das architektonische Werk Wrens.

Kurz nach seiner Rückkehr wurde die City von London durch ein verheerendes Feuer vernichtet und Wren wurde mit dem Wiederaufbau beauftragt. Sein Plan verbindet Viertel, die auf einem geometrischen Raster beruhen, und Plätze mit Radialstraßen nach römischen oder auch französischen Vorbildern. Alle Gebäude, auch die Wohnhäuser, ABB. 5
durften nur noch in Stein errichtet werden, um eine Wiederholung der Katastrophe zu vermeiden.

Unter den vielen Bauten, die Wren bis zu seinem Tod ausgeführt hat, ist ABB. 7
der wichtigste St. Paul's Cathedral. Das gewaltige Bauwerk wurde nach 35 Jahren Bauzeit im Jahre 1710 fertig gestellt. Seine Komplexität und statische Konstruktion – die Kuppel ist dreischalig – erforderte nicht nur Wrens Fähigkeiten als Architekt, sondern auch als Ingenieur und Wissenschaftler. Die Kathedrale wurde von den Zeitgenossen als protestantisches Gegenstück zum Petersdom bezeichnet.
Sein hohes Lebensalter gewährte Wren das Glück, die Vollendung des grandiosen Werkes noch erleben zu dürfen. Demgegenüber dauerte die Errichtung des Petersdoms mehr als 100 Jahre, und in dieser Zeit wurde eine Reihe von Architekten mit den ständig wechselnden Entwürfen neuer Pläne und deren Ausführung beschäftigt, darunter Raffael, Bramante und Michelangelo.
Von den 52 Kirchen, die Wren erbaute, beruhen einige auf alten Plä- ABB. 8
nen, die meisten aber auf neuen Entwürfen. Die abgebildeten Ansichten von sechs seiner Kirchen zeigen seine große Variabilität und lassen nicht nur palladianische, sondern auch schon barocke Elemente erkennen.

ABB. 9
ABB. 10
ABB. 11

Während der langen Jahre seiner Tätigkeit entwickelte sich Wren mehr und mehr zu einem Barockmeister, wie einige seiner Bauten erkennen lassen: Die Bibliothek des Trinity College in Cambridge, 1676–1684, Hampton Court, 1689–1695 oder der Innenraum der Kirche St. Stephen Walbrook, 1672–1678, einer seiner letzten Entwürfe.

Der Kunsthistoriker Kerry Downes, der sich 30 Jahre lang mit Wren und seiner Zeit befasst hat, gibt dazu die folgende einfühlsame Interpretation: *»Der dekorative Reichtum verleiht den abstrakten Linien durch die Verwendung konventioneller Symbole wie Rosen, Lorbeer und Palmen Weichheit und zugleich Stärke. Gerade in diesem Gebäude wirkt alles zusammen – die Geometrie, die für Wren die Basis der ganzen Welt bedeutete und die Manifestation ihres Schöpfers, und das Licht, das nicht nur die Geometrie sichtbar macht, sondern auch die Gabe der Vernunft repräsentiert – Licht war das allererste, das Gott erschuf – und das Ganze fügt sich wie eine mathematische Lösung. Es ist der absolut stärkste Ausdruck der wahren Ordnung des Universums.«*[5]

Christopher Wren starb im Alter von 91 Jahren. John Evelyn, ein Zeitgenosse Wrens, bezeichnete ihn in seinem »Account of Architects and Architecture« als *»unvergleichlichen Genius«*.

Wrens Grab befindet sich in der Krypta von St. Paul's. Nach römischem Vorbild wurde ein Epitaph eingemeißelt, das auf sein größtes Bauwerk verweist: *»Si monumentum requivis circumspice«*, das bedeutet: Wenn Du sein Denkmal sehen willst, schau um Dich.

ANMERKUNGEN

1 Plutarch 1954, S. 309.
2 Wren, Tract I, 1750.
3 Wren, Tract I, 1750.
4 Wren, Tract I, 1750.
5 Downes 1982, S. 67.

JOHANN BERNHARD FISCHER VON ERLACH *1656 – †1723

Fischer von Erlach zählt zu den großen europäischen Architekten seiner Zeit und ist der wichtigste Architekt des Barock in Österreich. Wie auch viele Künstler in der Renaissance war er sowohl als Bildhauer wie auch als Baumeister tätig und hat in beiden Künsten zahlreiche Werke hinterlassen.

Will man seine Arbeiten wirklich verstehen lernen, in denen er häufig verschiedene Stilepochen zusammenbringt – weswegen ihm gelegentlich auch »Stilmischerei« vorgeworfen wurde –, so muss man sein Buch »Entwurf einer historischen Architectur« berücksichtigen. Mit den Vorarbeiten begann Fischer schon früh, und bis zur Fertigstellung dauerte es 16 Jahre. In diesem Traktat hat Fischer als Erster eine vergleichende Weltgeschichte der Baukunst entwickelt, die – sieht man von den eher bescheidenen Ansätzen bei Christopher Wren ab – sich nicht wie bisher auf die Antike beschränkte, sondern jüdische, assyrische, ägyptische, phönizische, persische, indische, arabische, türkische, kurz alle Baukulturen, die bisher nur wenig beachtet oder sogar als barbarisch abgetan wurden, erforscht und dokumentiert.

Die Vorbilder der von ihm gezeichneten und rekonstruierten Bauten entnahm er mündlichen und schriftlichen Überlieferungen, er studierte alte Schriften, Reiseberichte und Münzen und versuchte, aus Bruchstücken und Fragmenten die alten »Denk-Male« anschaulich zu machen.

Dabei bemühte er sich, der Wahrheit so nahe wie möglich zu kommen, musste aber häufig auf seine Phantasie zurückgreifen, was bei einigen Blättern zu recht originellen Darstellungen führte.

Fischer ging davon aus, dass der Architekt eine umfassende Kenntnis aller Erscheinungen und Formen der Baukunst besitzen müsse, da jede Epoche ihre eigene Bedeutung und Wichtigkeit habe. Er entsprach damit durchaus dem »Zeitgeist« des 18. Jahrhunderts und dessen Bedürfnis nach enzyklopädischem Wissen, das seinen Höhepunkt in der Enzyklopädie von Denis Diderot und Jean d'Alembert erreicht hat. Fischer teilte sein Werk, das er »untertänigst« Kaiser Karl VI. widmete, in fünf Bücher ein, die mit 95 hervorragenden Kupferstichen illustriert sind.

> ERSTES BUCH *Von einigen Gebäuden der Alten Juden, Ägypter, Syrer, Perser und Griechen*
> ZWEITES BUCH *Von einigen alten unbekannten römischen Gebäuden*
> DRITTES BUCH *Von einigen Gebäuden der Araber und Türcken, wie auch neuen persianischen, sianitischen, sinesischen und japanischen Bauten*
> VIERTES BUCH *Einige Gebäude von des Autors Erfindung und Zeichnung*
> FÜNFTES BUCH *Verschiedene Antike Vasen, Ägyptische, Griechische, Römische und Moderne mit einigen von der Erfindung des Autors*[1]

Zu den Plänen der ersten beiden Bücher hat Fischers Freund Karl Gustav Heraeus jeweils eine ausführliche Beschreibung der Quellen hinzugefügt, wobei er sich auf Parcelsus, Plinius, Plutarch, Tacitus, Vitruv und andere griechische und römische Schriftsteller bezieht. Gleichzeitig gibt er eine Beschreibung der kulturellen Bedeutung der Gestaltung sowie der Maße und Materialien der Bauwerke, wie er sie sich vorstellt.

Fischer hat mit diesem Werk keine Theorie im Sinne von Vitruv oder der Renaissancetheoretiker verfasst; es geht ihm nicht um Säulenordnungen oder allgemeine Grundsätze der Architektur. Was er mit diesem Buch beabsichtigt, erklärt er in seiner Vorrede:

> *Auf solche Weise kan gegenwärtiger Entwurf zu allerhand Bau-Arten nicht nur zur Lust, sondern auch zu Beförderung der Wissenschaften, als der Künste dienen, wann man in Historischen Vorstellungen nicht alles darf auf eine aus blossen Erzehlungen geholete Bildungs-Kraft ankommen lassen; sondern die Augen selbst in den Abzeichnungen kan zu Rathe zie-*

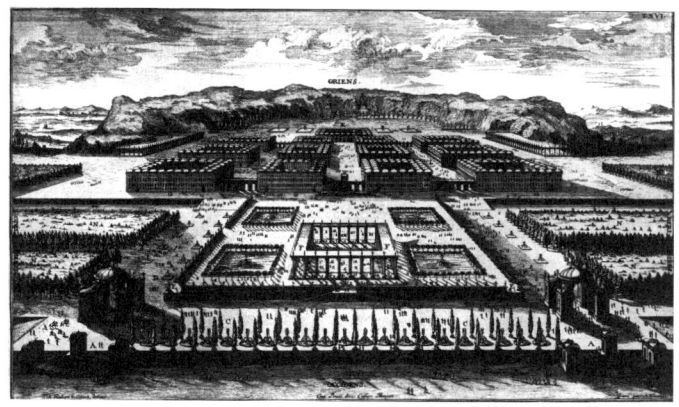

2. Rekonstruktion des Salomon-Tempels (1721).

hen, und durch solches Anschauen das Gedächtnis stärken: wann auch die in Zeichnungen sich übende Gelegenheit gewinnen, den Geschmack der Landes-Arten (welcher, wie in den Speisen, also auch, so zu reden, in Trachten, und im Bauen ungleich ist) gegeneinander zu halten, und das Beste zu erwählen, anbey zu erkennen dass im Bauen zwar etwas auf eine Regel-lose Gewohnheit ankomme; (als etwa in dem Gothischen kleinen Schnitz-Werk, und in den oben zugespitzten Bogen, in den Thürmen etc. oder in den Indianischen Drachen) wo man einem jeden Volke sein Gutdünken so wenig abstreiten kann, als den Geschmack; dass aber dennoch in der Bau-Kunst, aller Veränderung ungeachtet, gewisse allgemeine Grund-Sätze sind, welche ohne offenbaren Übelstand nicht können vergessen werden. Desgleichen sind die Symmetrie; oder, dass das Schwächere von Stärkeren muss getragen seyen etc., dass auch gewisse Umstände sind, weche in allerhand Bau-Arten, wie sie immer unterschieden seyen mögen, gefallen: als die Grösse des Umfangs, die Nettigkeit, und Gleichheit in Hauung und Zusammenfügung der Steine etc.[2]

Der Kunsthistoriker Albert Ilg misst Fischers Werk größte Bedeutung zu: »*Wäre Johann Bernhard Fischer von Erlach auch nicht der geniale, gottbegnadete Künstler, welcher eine so erstaunliche Fülle der grossartigsten Bauten geschaffen hat, so müsste sein Andenken schon darum allein allgemein hochgeschätzt werden, weil er dieses Werk in seinem Geiste ersonnen hat. Dasselbe vertritt, um es nur im vorhinein kurz auszusprechen, den Gedanken, dass richtige kunstgeschichtliche Kenntnis nur durch die Nebeneinanderstellung sämt-*

JOHANN BERNHARD FISCHER VON ERLACH

3. Stadthaus des Prinzen Eugen in Wien (1695–1698).
4. Dreifaltigkeitskirche in Salzburg (1694–1702).
5. Kollegienkirche in Salzburg (1696–1707).
6. Entwurf für Triumphbögen zum Einzug Leopolds I. in Wien (1690).

7. Karlskirche in Wien (1716–1737, vollendet durch Fischers Sohn Joseph Emanuel Fischer von Erlach).
8. Schloss Klesheim in Salzburg (1700–1709).
9. Innenraum Hofbibliothek in Wien (1723–1726, ausgeführt durch Fischers Sohn Joseph Emanuel Fischer von Erlach).
10. Entwurfszeichnung zum »Prospect der neu erbauten Kaiserlichen unvergleichlichen Bibliothec«.

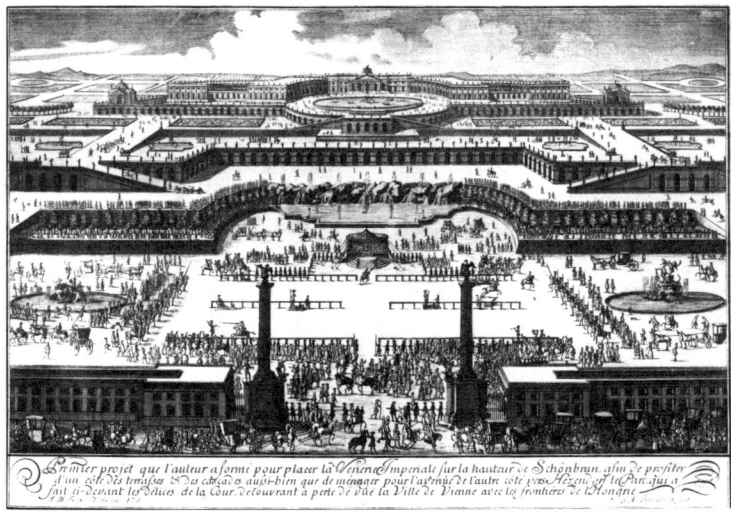

11. Entwurf für das Schloss Schönbrunn in Wien (1692/93).

licher Erscheinungen, oder, wie wir heute sagen, Stilarten, möglich sei. Bei dieser Erwägung ging Fischer weit über den Ideenkreis seiner Zeit nicht nur, sondern auch über derjenigen der Renaissance hinaus, und bahnt damit die Anschauungsweise der modernen Wissenschaft, die wissenschaftliche Auffassung in der Kunstgeschichte überhaupt an, er ist mit einem Worte der erste moderne Kunsthistoriker.«[3]

Fischer hatte sein Buch bereits 1712 abgeschlossen, die erste gedruckte Ausgabe erschien in Wien 1721, zwei Jahre vor seinem Tod. Es folgten eine zweite in Leipzig 1725 und eine englische Ausgabe 1730. Die humanistische Architekturauffassung Fischer von Erlachs spiegelt sich in seinen Werken wider. Schon früh – etwa mit 18 Jahren – unternahm er eine Studienreise nach Italien, die ihn nach Rom und Neapel führte, wo er mit Künstlerkreisen in Verbindung kam und sich auch sein Interesse für die antiken Monumente und Kunstwerke enwickelte. Nach seiner Rückkehr nach Wien um 1686 begann er zunächst mit bildhauerischen Arbeiten wie Brunnen, Mausoleen, Säulen, Altären. 1690 entwarf er zwei Triumphbögen für den Einzug Leopolds I. in Wien, die überladen sind mit Figuren, dekorativen Elementen, Szenen aus der Geschichte Habsburgs sowie römischen Anleihen. Hier zitiert er auch zum ersten Mal die römische Trajanssäule, die sich in seinem

ABB. 7, 11 bedeutendsten Werk, der Karlskirche in Wien, ebenso wie in seinem utopischen Entwurf für Schloss Schönbrunn wiederfindet.

Die Trajanssäule verkörpert für Fischer die Macht des Römischen Reichs, das für ihn der imperialen Größe der Habsburgermonarchie entsprach. Ganz offensichtlich traf Fischer mit der temporären Installation dieser Triumphbögen den Zeitgeschmack, denn er erntete größte Bewunderung bei Hofe und den Bürgern Wiens.

ABB. 6

1689 wurde er zum Lehrer der Architektur für den zwölfjährigen Thronfolger Leopold I. bestellt. Diese Berufung erwies sich als außerordentlich günstig für seine Karriere als Architekt, denn Leopold, der 1705 zum Kaiser gekrönt wurde, ernannte ihn wenig später zum »Kayserlichen Hoff-Architect und Sur-Intendant des Bau-Wesens«. Vermutlich im selben Jahr erhielt er den Adelstitel und nannte sich von da an Fischer von Erlach, indem er seinem Namen den der Mutter hinzufügte.

1683 war es den Österreichern mit Unterstützung der Polen militärisch gelungen, die Türken vor Wien zu besiegen und damit die Belagerung zu beenden. Wenngleich die kriegerischen Auseinandersetzungen noch nicht zu einem Ende fanden, prosperierte die Monarchie der Habsburger und entfaltete damit eine lebhafte Bautätigkeit, vor allem in Wien, Prag und Salzburg. So erhielt auch Fischer von Erlach in den folgenden 30 Jahren eine Fülle von – teils recht großen – Bauaufgaben als Architekt.

Etwa um 1705 reiste Fischer nach England, wo er vermutlich Christopher Wren begegnete, der zu dieser Zeit mit dem gewaltigen Bau von St. Paul beschäftigt war. Die Bekanntschaft mit Wren, seinen Bauten und dem englischen Palladianismus weckte bei Fischer den Wunsch, sich wieder den italienischen Ursprüngen zuzuwenden. Und so unternahm er 1707 und 1717 zwei kurze Reisen nach Italien, wo er sich hauptsächlich in Venedig und im Veneto aufhielt.

Fischer war bei Hofe, beim Adel und dem Klerus außerordentlich beliebt. Er baute Palais auf dem Lande und in der Stadt, Kirchen und Spitäler, für den Hof das Ministerium des Innern, die Hofstallungen, und er entwarf noch kurz vor seinem Tod den Neubau für die Hofburg und die Hofbibliothek. Daneben wurde er aber auch weiterhin mit bildhauerischen Arbeiten beauftragt, die von Altären, Portalen, Säulen, Grabmalen und Brunnen bis zu Festdekorationen und Vasen reichten.

Einmal beklagte er sich, dass er an 14 Aufträgen gleichzeitig arbeite. Von dieser Vielzahl seiner Werke werden im Folgenden einige exemplarisch vorgestellt.

Das Stadthaus des Prinzen Eugen, bei dem es sich um ein klassisches Wiener Stadtpalais handelt, und dessen üppiges Portal französische Einflüsse aufweist. Die Dreifaltigkeitskirche in Salzburg wurde 1694 begonnen und erinnert mit ihrer geschwungenen Fassade an Borrominis Kirche an der Piazza Navona in Rom. Der großzügige Innenraum ist ein meisterhaftes Beispiel der barocken Kirchenarchitektur Fischers. Die ebenfalls in Salzburg entstandene Kollegienkirche beeindruckt durch die bewegte Anordnung der plastischen Baukörper. Der Entwurf für Schloss Klesheim wird auf Seite 76 in einer Version gezeigt, wie ihn Fischer in seiner »Historischen Architectur« gezeichnet hat. Das Original wurde später verändert. ABB. 3 ABB. 4 ABB. 5 ABB. 8

Bei der mächtigen Karlskirche in Wien, einem Spätwerk Fischers, das erst 1715 begonnen wurde, erscheint – in zweifacher Anordnung – sein beliebtes Motiv der Trajanssäule. Schließlich zeigt die Abbildung auf der gegenüberliegenden Seite einen typischen Grundriss von Fischer von Erlach: Einen ovalen Mittelsaal, der nach außen in Erscheinung tritt und das Zentrum der Anlage bildet, an den sich dann die Seitenflügel anschließen. *»Die Rolle, die das Oval in seinen Werken spielt, ist aus der früheren Geschichte dieser Raumform nicht abzuleiten, sondern gehört zu den unauflösbaren Elementen seiner Individualität.«*[4] ABB. 7 ABB. 12

Viele von Fischers Entwürfen wurden später verändert. Die Karlskirche, die Hofbibliothek – hier gezeigt in einer Abbildung aus der »Historischen Architectur« –und auch andere Bauwerke wie der Hofstall oder der Umbau der Hofburg wurden von Fischers Sohn Joseph Emanuel zu Ende geführt oder, so weit wie möglich, seinen Absichten entsprechend vollendet. Da der Vater schwer erkrankt war, wurde Joseph Emanuel schon 1722 zum »Kayserlichen Hoff-Architecten« ernannt. ABB. 10

Neben seinen vielen Bauten hat Fischer auch noch eine Anzahl von Projekten entworfen, von denen das großartigste der Plan für Schloss Schönbrunn ist, den er in seiner »Historischen Architectur« dargestellt hat. Das Schloss liegt wie eine Akropolis auf dem Schönbrunnerberg; die davor ausgebreitete Landschaft wurde großzügig mit Terrassen, ABB. 11

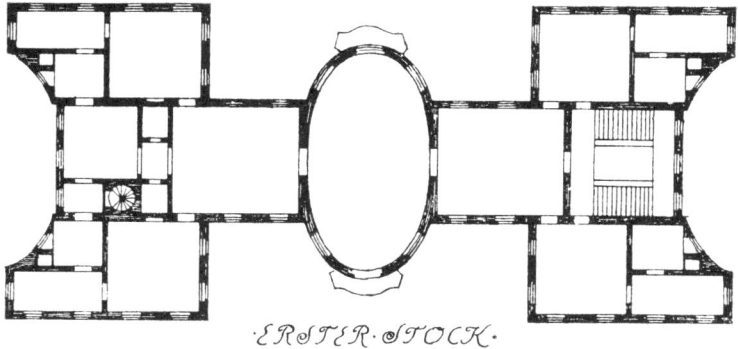

12. Exemparischer Grundriss.

Wasserspielen und Kolonnaden gestaltet. Diese Anlage wäre größer als das Schloss in Versailles geworden.

Aber wie so oft – und nicht nur in der Barockzeit – fehlten die Mittel zur Verwirklichung des phantastischen Entwurfs, und so blieb dieser eine Utopie. Ebenso erging es Schinkel etwa 100 Jahre später mit seinem Plan für ein Schloss des russischen Zaren auf der Krim. Zu Fischers großer Enttäuschung wurde das Schloss in wesentlich bescheidenerer Form im Tal gebaut. 1695 wurde mit den Arbeiten begonnen und 1700 war das Hauptgebäude fertig gestellt. Es wurde jedoch nach Fischers Tod von Nikolaus Paccassi stark verändert.

Fischer von Erlach war der größte und erfolgreichste österreichische Barockarchitekt. Seinem Credo entsprechend, nach dem alle Architekturstile gleichwertig sind, hat er das architektonische Vokabular verschiedener Epochen auf vielfältige Weise variiert und zusammengefügt. Durch das Zusammenspiel aller Künste – der Architektur, der Malerei und der Skulptur – hat er »Gesamtkunstwerke« geschaffen, die zuweilen etwas überladen sein mögen, aber von eigenständiger Originalität sind. Da sie dem eklektizistischen Bewusstsein seiner Zeit entsprachen, war Fischer beliebt und berühmt. Noch heute werden ihm im österreichischen Raum vom Volksmund viele Barockschlösschen und ähnliche Bauten zugesprochen, die nicht auf seinem Zeichentisch entstanden, aber sicherlich von ihm beeinflusst sind.

Fischer von Erlach starb nach schwerer Krankheit im Alter von 66 Jahren in Wien. Er wurde in Wien nahe der Kirche St. Stephan beerdigt, seine eigentliche Grabstätte ist jedoch unbekannt.

ANMERKUNGEN

1 Fischer von Erlach, zitiert nach Kunoth 1956, S. 13–15.
2 Fischer von Erlach, zitiert nach Kunoth 1956, S. 10.
3 Ilg 1895, S. 522.
4 Sedlmayr 1925, S. 33.

ETIENNE-LOUIS BOULLEE *1728 – †1799
CLAUDE-NICOLAS LEDOUX *1736 – †1806

REVOLUTIONSARCHITEKTUR

Das folgende Kapitel ist zwei Architekten gewidmet, deren gebaute Architektur und besonders deren utopische Entwürfe mit dem etwas missverständlichen Begriff »Revolutionsarchitektur« bezeichnet werden. Missverständlich insofern, als es sich bei ihnen und einigen anderen Architekten der Zeit nicht um Revolutionäre handelte, die an der großen Französischen Revolution von 1789 beteiligt gewesen wären. Vielmehr ist der Begriff von dem österreichischen Kunsthistoriker Emil Kaufmann in den zwanziger Jahren geprägt worden, weil diese Architekten die geistigen Strömungen des 18. Jahrhunderts – das von der Aufklärung, der Befreiung des Individuums und dem Bruch mit alten Traditionen auf den Gebieten der Wissenschaft, der Erziehung und der Kunst geprägt war – aufgegriffen und in ihrem Medium ausgedrückt haben.

Wie die Architekten der Renaissance den mittelalterlichen Stil ablehnten und durch ihre Hinwendung zur römischen Antike dem aufklärerischen Geist der Zeit entsprachen, so überwanden die Revolutionsarchitekten des 18. Jahrhunderts die üppigen Formen des Barock und die Verspieltheit des Rokoko, indem sie ihnen einfache geometrische Formen – Kugel, Kegel, Kubus, Pyramide – und damit die Ratio entgegensetzten. Diese gaben ihnen die Möglichkeit »charactère« – wie

Boullée es nennt – und Individualität auszudrücken, deren Ergebnis Klarheit und Monumentalität war. *»Wir sollten alle Entwürfe der Revolutionsarchitektur vom folgenden Gesichtspunkt aus betrachten: Ihre wahre Bedeutung ist Form um der Form willen.«*[1]

Da als Folge der Revolution nur sehr wenige Bauten dieser Architekten erhalten und ihre Schriften und Entwürfe unbekannt blieben, waren sie – und das trifft vor allem auf Boullée zu – über ein Jahrhundert lang in Vergessenheit geraten. Es ist das große Verdienst von Kaufmann, sie wieder entdeckt und ihre Werke und Gedanken in einer Anzahl von wissenschaftlichen Publikationen bekannt gemacht zu haben. Er hat ihnen damit den Platz in der Architekturgeschichte gegeben, der ihnen aufgrund ihrer »revolutionären« Ideen und Architektur zukommt.

ETIENNE-LOUIS BOULLEE

Etienne-Louis Boullée wurde 1728 in Paris geboren. Sein Vater war Architekt und wünschte, dass sein Sohn den gleichen Beruf erlerne. Da damals die Kunst des Zeichnens zum »Handwerk« des Architekten gehörte, ließ er ihn zunächst bei einem Maler ausbilden. Aus dieser Zeit stammt Boullées Liebe zur Malerei und so stellt er seinem »Essai sur l'Art« das Motto »Ed io anche son pittore« voran. Architektur war für ihn Kunst – oder Poesie – aber nicht Wissenschaft oder das Werk von Ingenieuren.

Gegen seinen Wunsch schickte der Vater Boullée dann auf die berühmte Architektenschule von Jacques-François Blondel, einem großen Lehrer, Theoretiker und Architekten, dessen Vorlesungen (»Cours d'Architecture«) großen Einfluss hatten und zu dessen Schülern auch Ledoux gehörte.

Bereits mit 19 Jahren wurde Boullée selbst Lehrer, und er übte diese Tätigkeit mit großem Ernst und mit Enthusiasmus bis zum Ende seines Lebens aus. Sein bedeutendster Schüler war Durand, der in seinen »Précis des Leçons d'Architecture« geometrische Figuren und Gebäudetypen morphologisch entwickelt hat. 1762 wurde Boullée in die »Zweite Klasse« der Königlichen Akademie für Architektur berufen und 1790 in die »Erste Klasse«. In den dazwischen liegenden Jahren übte er seinen Beruf als Architekt aus. Neben verschiedenen Rekonstruktionen erhielt er vor allem Aufträge für verschiedene Stadtpalais –

ABB. 3

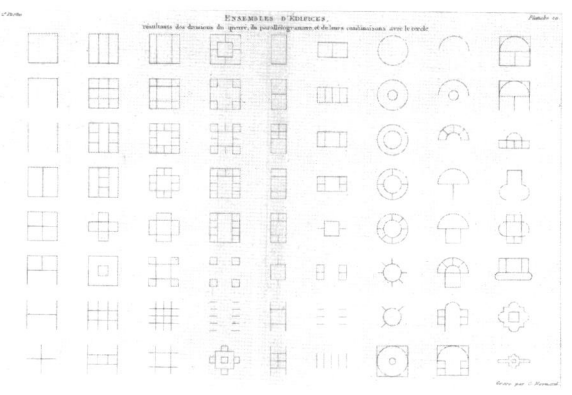

2. Stich des Hôtel Brunoy in Paris von Boullée (1774).
3. Beispiel aus den »Précis des Leçons d'Architecture« von Boullées Schüler J. N. L. Durand (1819).

ETIENNE-LOUIS BOULLEE

4

4. Maison Alexandre in Paris (1763–1766).
5. Entwurf eines Kenotaphs für Newton (1784).
6. Entwurf für die Nationalbibliothek in Paris (1785).
7. Entwurf für einen Leuchtturm, o. J.

die *Hôtels*. Das berühmteste und von seinen Zeitgenossen am meisten gefeierte war das Hôtel Brunoy, von dem auch Thomas Jefferson während seines Parisaufenthalts besonders begeistert war. Mit Ausnahme der Maison Alexandre, die aber noch nicht den völlig neuartigen *charactère* des Hôtel Brunoy erreicht, ist keiner seiner Bauten erhalten geblieben.

ABB. 2

Boullées Versuche, sich an großen, öffentlichen Bauaufgaben zu beteiligen, scheiterten. Zwar gewann er zwei Preise für seine Entwürfe für die Königliche Münze, das Versailler Schloss und die Königliche Bibliothek – die er besonders gern gebaut hätte – wurde aber nicht beauftragt.

Verschiedene Ämter und seine Position an der Académie ermöglichten es ihm, sich nach seinem fünfzigsten Lebensjahr von der praktischen Arbeit als Baumeister zurückzuziehen und sich nur noch seinen theoretischen Studien und seinen Architekturvisionen zu widmen. Sein »imaginäres Architekturmuseum« hatte für ihn größere Bedeutung als die Realität des Bauens.

Während der Revolution wurde er zunächst als Sympathisant der Royalisten angegriffen. 1795 wurde er jedoch zum Mitglied des neuen Institut de France ernannt und erhielt eine Professur an den Ecoles Centrales; wo er bis zu seinem Tod im Jahre 1799 lehrte.

Boullée war bekannt für seine Bescheidenheit und so ist es keine Koketterie, wenn er schreibt:

> *Wo ist der Autor, der nicht seine Schwäche spürt [...] alle Menschen, die die Begabung für eine Aufgabe haben, sind gepeinigt von dem Gefühl ihres Ungenügens.*[2]

Boullées Essay »Architecture, Essai sur l'Art« ist kein wissenschaftliches und auch kein sehr umfangreiches Traktat, gemessen an den Werken der Renaissance. Aber seine Gedanken und seine visionären Architektur-»Bilder« reflektieren die Ideen der Zeit – von Isaac Newton, Jean Jacques Rousseau, Denis Diderot, Johann Heinrich Pestalozzi, Giovanni Battista Piranesi und anderen; sie befreien die Architektur von der Zweckgebundenheit und geben ihr Autonomie.

Es war Boullée nicht vergönnt, sein Werk zu Lebzeiten zu veröffentlichen, obwohl er es beabsichtigte und seine über 100 großen und meisterhaften Zeichnungen als Beispiele zum Text vorgesehen waren. Bereits schwer erkrankt, vermachte er seinen Nachlass 1793 der neuen Französischen Republik. Vergessen durch die Wirren der Zeit ruhten sie in Paris, bis der bereits erwähnte Emil Kaufmann sie 140 Jahre später im Kupferstichkabinett der Nationalbibliothek entdeckte. Boullée beginnt seine Einleitung mit einer Absage an Vitruv:

Was ist die Architektur? Soll ich sie mit Vitruv als Kunst des Bauens definieren? Nein. Denn es gibt in dieser Definition einen großen Irrtum. Vitruv verwechselt die Wirkung mit der Ursache. Man muß erst eine Vorstellung haben, bevor man an die Durchführung gehen kann. Unsere Vorväter haben ihre Hütten erst gebaut, nachdem sie ein Bild davon hatten. Es ist diese Tätigkeit des Geistes, es ist dieser schöpferische Akt, der die Architektur ausmacht, die wir folglich als Kunst bezeichnen können, jegliches Gebäude zu errichten und zur Vollendung zu führen. Die Kunst zu Bauen ist somit eine sekundäre Kunst, die wir, wie es uns scheint, als den wissenschaftlichen Teil der Architektur bezeichnen können. Genau gesagt: Es gibt die Kunst und die Wissenschaft. Dies sollten wir in der Architektur unterscheiden. […]

VOM WESEN DER KÖRPER. IHREN EIGENSCHAFTEN. IHRER ANALOGIE ZUM MENSCHLICHEN ORGANISMUS.
Bei meiner Suche, die Eigenschaften der Körper und ihrer Analogie zum menschlichen Organismus zu entdecken, begann ich meine Studien mit den unregelmäßigen Körpern. Ich habe dabei Körper gefunden, deren Flächen konvex, konkav, eckig, planimetrisch waren etc. etc. Da sie aus einer Vielzahl völlig verschiedener Flächen zusammengesetzt sind, entzieht sich die Form der unregelmäßigen Körper – wie ich schon vorher erwähnt habe – unserem Verständnis. Durch die Vielzahl und Kompliziertheit ihrer Flächen geben sie uns nichts Bestimmbares: sie bieten uns immer ein Bild der Konfusion.
Warum ist die Form der regelmäßigen Körper dagegen auf den ersten Blick erfaßbar? Weil ihre Formen einfach und ihre Flächen regelmäßig sind, und weil sie sich wiederholen […] Ihre Regelmäßigkeit und ihre Symmetrie sind das Abbild der Ordnung, und dies ist das Wesen der Klarheit.
Nachdem ich erkannt hatte, daß die Regelmäßigkeit, die Symmetrie und die Vielfalt die Form der regelmäßigen Körper bestimmen, sah ich, daß aus der Vereinigung dieser Eigenschaften die Proportion resultiert. Die Kugel zum Beispiel vereinigt alle Eigenschaften der Körper. Alle Punkte der Oberfläche haben die gleiche Distanz zu ihrem Zentrum […] Die Folgerung

> *aus all diesen Beobachtungen ist, daß die Kugel in jeder Beziehung das Bild der Vollkommenheit ist [...]*
>
> *Es ist erwiesen, daß die Proportion und die Harmonie der Körper durch die Natur vorgegeben sind und daß sie durch die Übereinstimmung, die sie mit unserem Körper haben, und die Eigenschaften, die aus dem Wesen der Körper hervorgehen, Macht über unsere Sinne haben.*
>
> *»Die Symmetrie gefällt«, sagt ein großer Mann (Montesquieu), »weil sie die Klarheit repräsentiert, und die Seele, die unaufhörlich zu verstehen versucht, begreift und erfaßt mühelos den Zusammenhang der Objekte, die sie darstellt.« Ich füge hinzu, sie gefällt, weil sie das Bild der Ordnung und der Klarheit ist.*[3]

In seinem Kapitel »Lehren, die zu erklären versuchen, wie wichtig das Studium der Natur für die Architektur ist« wirft Boullée Vitruv erneut vor, dass er wie ein Handwerker spricht und nicht wie ein Künstler und dass er nur die technische Seite der Architektur gesehen habe.
Er stellt sein Credo dagegen mit den Worten:

> *Die Bilder der Architektur können nur geschaffen werden durch eine tiefe Kenntnis der Natur: Es sind diese Wirkungen, die die Poesie der Natur hervorbringt. Allein hierdurch entsteht die Architektur als Kunst: und diese wiederum erhebt die Kunst ins Sublime (oder Erhabene). Die Bilder in der Architektur entstehen dadurch, daß sie dem Wesen, mit dem sie sich befassen, den besonderen Charakter geben, der die gewünschte Wirkung hervorbringt.*
>
> CHARACTÈRE.
> *Wenden wir unsere Aufmerksamkeit einem Objekt zu! Das erste Gefühl, das wir empfinden, entspringt offensichtlich der Art und Weise, in der uns dieses Objekt berührt. Ich nenne deshalb die Wirkung, die von diesem Objekt ausgeht und die in uns einen bestimmten Eindruck hervorruft, »charactère«.*[4]

Nach seinen theoretischen Ausführungen zur Architektur, die in vieler Hinsicht neuartig und revolutionär sind, wendet sich Boullée der Erklärung seiner visionären Entwürfe zu, die er wie folgt einleitet:

> *Hier also beginnt für mich der kritische Moment: Ich werde meine Beweggründe den Augen des Lesers unterbreiten, indem ich ihm die Beschreibung meiner Werke gebe.*[5]

ABB. 5

Es folgen Beschreibungen seiner Entwürfe, die er wie folgt benennt: Basiliken, Theater, Palast eines Herrschers, Justizpalast, Nationalpalast, Palast der Gemeinde, Kolosseum, Öffentliche Bibliothek, Grabmonumente oder Kenotaphe, An Newton (Kenotaph), Militärarchitektur, Stadttore, Stadtmauern, Tore für befestigte Städte, Brücken. Sein bekanntester Entwurf ist ohne Zweifel der Kenotaph für Newton. Die Monumentalität dieser Architektur reflektiert die Verehrung, die er für Newton und dessen Erkenntnis des Universums empfindet. Entsprechend pathetisch ist die Sprache, mit der dieses Kapitel beginnt:

Erhabener Geist! Umfassendes und unermüdliches Genie! Göttliches Wesen! Newton! Geruhe, die Verehrung meiner schwachen Talente anzunehmen! ah! Wenn ich es wage, sie öffentlich zu machen, so liegt der Grund in der Überzeugung, daß ich mich in diesem Werk, von dem ich sprechen werde, selbst übertroffen habe.

O Newton! Wenn Du es verstanden hast, durch die Erleuchtung und die Erhabenheit Deines Genies das Bild der Erde zu bestimmen, so habe ich den Gedanken konzipiert, Dich in Deine Entdeckung einzuhüllen.[6]

Die gelegentliche Überschwänglichkeit in Boullées Sprache steht im Gegensatz zu seinen zwar monumentalen, aber nie romantischen Entwürfen. *»Klare, elementare Formen und strenge Kompositionen sind das Wichtigste in Boullées Entwürfen. Die Architektur soll keine Stimmung ausdrücken und ist frei von banalem Symbolismus […] Wenn wir Boullées Manuskript analysieren, empfinden wir ihn als einen Vertreter der ›narrativen‹ Architektur, der ›architecture parlante‹. Doch obgleich sein Text voll ist von Passagen, die den Romantizismus reflektieren, war er doch in seinen Entwürfen sorgfältig bemüht, die architektonischen Formen von sentimentalen Accessoires unberührt zu lassen.«*[7]

Man hat Boullée gelegentlich Megalomanie vorgeworfen. Und in der Tat sind seine Entwürfe gemessen an »vernünftigen« Maßstäben gigantisch und wegen ihrer Größe – einige sind hunderte von Metern hoch – nicht realisierbar. Aber es ging ihm nicht um die Baubarkeit. Die gewaltigen Volumen und ihre Anordnung zueinander sollten das Gefühl von »grandeur« – von Größe – vermitteln und dem Gebäude seinen einmaligen Charakter verleihen. *»Der Größen-Anspruch bei Boullée ist eindeutig kosmologisch oder genauer: astronomisch-naturwissenschaftlich* *begründet. Er ist eine Spiegelung der Entwicklung der modernen Naturwissenschaft, und er hat mit politischer ›Größe‹ gar nichts zu tun.«*[8]

Die Abbildung auf Seite 87 zeigt den Innenraum seines monumentalen Entwurfs für die Nationalbibliothek, in der das Wissen der Welt versammelt sein sollte. Auf der gleichen Seite findet sich auch die Abbildung seiner Vision eines Leuchtturms.

ABB. 6

ABB. 7

Boullée war ein leidenschaftlicher Künstler und Architekt. In der Einleitung zu seinem Essay, das er »*den Menschen, die die Kunst pflegen*« widmet, bekennt er:

Beherrscht von einer übermäßigen Liebe zu meiner Kunst habe ich mich ihr gänzlich ausgeliefert. Durch die Hingabe an diese bedingungslose Leidenschaft habe ich es zum Gebot meiner Arbeit gemacht, die öffentliche Anerkennung durch Bemühungen, die der Gesellschaft von Nutzen sind, zu verdienen.[9]

CLAUDE-NICOLAS LEDOUX

Ledoux war sicherlich erfolgreicher als Boullée, wenn man Erfolg an der Zahl der gebauten Werke messen wollte, denn er hat ein umfangreiches Œuvre hinterlassen. Und doch war auch er – wie Boullée – am Ende seines Lebens enttäuscht, weil er *»nie ausführen konnte, was er erstrebte«*. Viele seiner großen Entwürfe, die oft weit über den eigentlichen Zweck der Projekte hinausgingen, wurden nicht genehmigt oder durch den Ausbruch der Revolution verhindert.

Ledoux wurde 1736 in Domans an der Marne geboren. Er kam schon früh nach Paris, wo er eine Ausbildung als Kupferstecher erhielt. Wie wichtig für ihn – ähnlich wie für Boullée – die künstlerische Grundlage war, zeigt sich in dem späteren Rat an seine Schüler:
Die, die Ihr Architekten werden wollt, beginnt damit, Maler zu sein.
Nach seiner künstlerischen Ausbildung wandte er sich der Architektur zu und studierte bei den besten Lehrern der Zeit – vor allem bei Jacques-François Blondel.

1765 erhielt er seine ersten Aufträge – zunächst Restaurierungs- und Rekonstruktionsarbeiten. Wenig später wurde er zum beliebten und hochgeschätzten Architekten der französischen Aristokratie, für die er eine Reihe von Palais, Stadtvillen und Pavillons errichtete. Für Madame Dubarry – die ihn protegierte – entwarf er drei Palais in Paris und Versailles, von denen der Pavillon von Louveciennes zum großen Erfolg wurde. Er hatte jedoch auch Auftraggeber beim Klerus, bei Städten und Kommunen; so baute er in Besançon ein Theater, das 1784 eingeweiht und von der Presse gelobt wurde. 1773 wurde Ledoux Mitglied der königlichen Bauakademie und damit – wie alle Mitglieder – »Architekt des Königs«. Seine Berufung zum Inspekteur der Staatlichen Salinen in der Franche-Compté (1771) führte zum wohl bedeutendsten Werk des Architekten: seinem Entwurf für eine Stadt zwischen Arc und Senans, die er nach dem nahe gelegenen Wald »Chaux« benannte. Diese kleine Stadt sollte alle für die Salzgewinnung notwendigen Gebäude umfassen: die Fabrikhallen, die Verwaltungsgebäude, kommunale Einrichtungen und die Häuser für die Arbeiter. Ledoux erstellte drei Pläne, die alle verworfen und belächelt wurden, was ihn zutiefst verletzte. Erst der vierte Plan wurde von Ludwig XV. genehmigt, aber auch von diesem wurden nur die Salinengebäude errichtet.

8. Stich des Pavillons in Louveciennes von Ledoux (1771).
9. Entwurf eines Fabrikgebäudes in Chaux von Ledoux (1775–1779).
10. Entwurf des Hauses für den Direktor der Quelle des Flüsschens Loué.
11. Eingang zur Saline in Chaux von Ledoux (1775–1779).

CLAUDE-NICOLAS LEDOUX

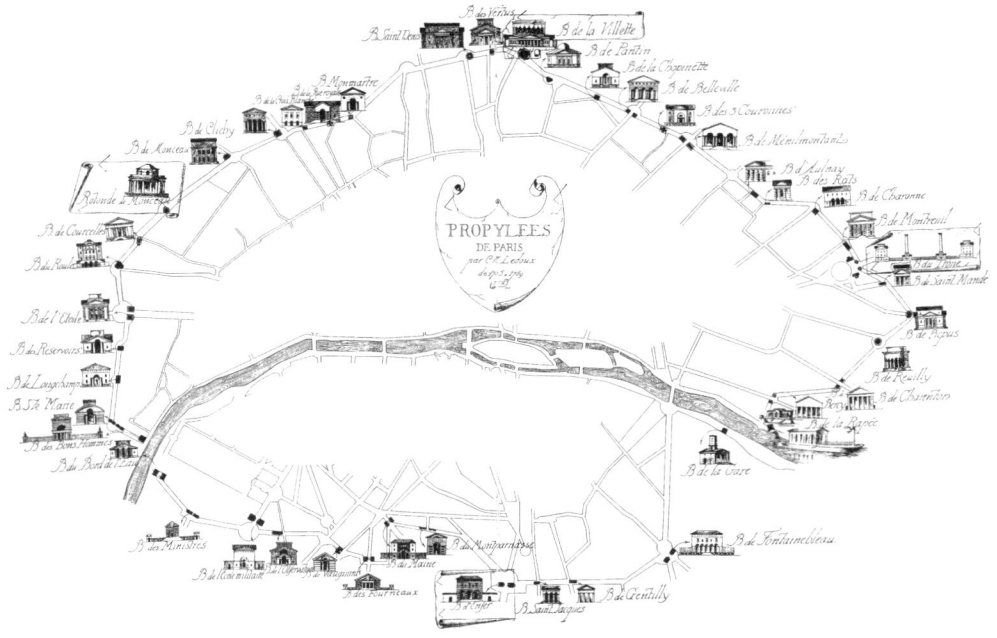

12. Plan von »Propylees de Paris«.
13. Einige der Zollhäuser von Paris.

Der Plan ist ellipsenförmig entsprechend der Bahn der Sonne. In der Mitte befinden sich – und dies ist noch eine Reminiszenz des Barock – die Verwaltung und die Wohnung des Direktors, flankiert von den Werkhallen. Um einen großen, von Bäumen gesäumten Platz sind die Häuser der Arbeiter angeordnet. Es war bisher nicht üblich, dass der Architekt sich mit dem Entwurf von Arbeiterhäusern befasste; es ging immer nur um die großen, repräsentativen Aufgaben. Hier zeigt sich, wie Ledoux die Strömungen der vorrevolutionären Zeit bereits aufgenommen hat, wenn er schreibt:

> *Zum ersten Mal wird man die Herrlichkeit der Arbeiterhütte und die des Palastes als gleichwertig erkennen.*[10]

Es war sein Anliegen, die Häuser der Arbeiter so zu gestalten, dass sie deren Gesundheit und Wohlbefinden dienten. Zu jedem Haus gehörten Obst- und Gemüsegärten; damit nahm Ledoux die Gartenstadtidee vorweg und entsprach gleichzeitig den sozialutopischen Ideen von Fourier und Owen, die diese im 19. Jahrhundert in Nordamerika – wenn auch nur kurzfristig – erprobt haben.

ABB. 11

Ledoux entwarf zwar eine Idealstadt, aber es war keine Utopie, denn der Plan wurde für einen bestimmten Ort und einen praktischen Zweck entwickelt. Die Saline war bis zum Ende des 19. Jahrhunderts in Betrieb. 1926 wurde sie unter Denkmalschutz gestellt, nachdem sie schon zum Teil verfallen war. Die verbliebenen, inzwischen restaurierten Bauten werden heute von Architekten aus aller Welt aufgesucht.

1784 erhielt Ledoux seinen umfangreichsten Auftrag: Die Ferme générale beabsichtigte, an allen nach Paris hineinführenden Straßen Zollhäuser zu errichten, um den Schmuggel von landwirtschaftlichen Gütern – Wein, Fleisch, Holz u. a. – zu unterbinden. Diese an die 60 Zollstationen sollte Ledoux ausführen.

ABB. 12, 13

Es war nicht gerade ein Prestigeobjekt, und vor allem war es bei den Parisern höchst unbeliebt. Aber Ledoux machte aus der unpopulären Aufgabe ein Kunstwerk. Er verlieh jedem dieser Gebäude – von denen in drei Jahren 50 erbaut wurden – eine unverwechselbare, weit über die Funktion hinausgehende Identität und gab ihnen den poetischen Namen »Propyläen von Paris«. Wie in einem Ring lagen die Gebäude rund um Paris. Da der Kostenaufwand für diese Kunstwerke der Verwaltung zu hoch wurde, entzog man Ledoux 1789 den Auftrag, und während der bald darauf ausbrechenden Revolution wurden die meisten dieser wegen ihres Zwecks ungeliebten Bauten zerstört. Heute gibt es nur noch drei oder vier von ihnen, die aber kaum noch den ursprünglichen Zustand erkennen lassen.

Auch Ledoux' letztes großes Projekt, der Plan für den Palast des Gouverneurs, ein Justizgebäude und ein Gefängnis in Aix-en-Provence, wurde wegen der Revolution nicht mehr ausgeführt – und damit war auch seine Tätigkeit als Baumeister beendet.
Von 1793 bis 1795 wurde er wegen seiner Beziehungen zum Hofe und zu Madame Dubarry als »Royalist« inhaftiert. Die seit Jahren ausstehenden Honorare wurden ihm nicht mehr ausgezahlt. Trotz seiner Erfolge und der Anerkennung, die über die Grenzen Frankreichs hinausreichten, war er am Ende seines Lebens verbittert:
Von Widerwärtigkeiten verfolgt, konnte ich nie ausführen, was ich erstrebte.[11]

Von nun an widmete er sich nur noch seinem theoretischen Werk, auf das er einen großen Teil des ihm verbliebenen Vermögens verwandte. Ursprünglich sollte es fünf Bände umfassen, darunter auch eine Geschichte der Architektur; es gelang ihm aber nur, einen Band zu veröffentlichen, der 1804, zwei Jahre vor seinem Tod, erschien. 1847 erschien ein zweiter Band mit seinen in Kupferstichen hinterlassenen Entwürfen.
Es war nicht Ledoux' Absicht, eine logisch aufgebaute, wissenschaftliche Abhandlung zu schreiben, vielmehr verfasste er eine Collage von Gedanken, Empfindungen und grundsätzlichen Aussagen über die Rolle der Architektur und des Architekten in der sich abzeichnenden neuen Gesellschaftsordnung. Der Titel des Buches reflektiert sein Credo und stellt die Architektur in einen völlig neuen Zusammenhang: »Die Architektur betrachtet im Hinblick auf die Beziehung zur Kunst, zu den Sitten und zur Gesetzgebung.«
Die theoretische Einführung ist relativ kurz; den größten Teil umfassen seine in 125 Kupferstichen dargestellten Bauten und Entwürfe, die er ausführlich kommentiert. Er widmete das Werk, das er mit Le Doux unterzeichnete, dem Zaren Alexander I. und tatsächlich wurde es für die russische Architektur des 19. Jahrhunderts sehr einflussreich. Da der Text des Buches häufig romantische, pathetische, oft schwer ver-

ständliche Ausführungen enthält, sollen im Folgenden nur einige Auszüge zitiert werden, die zum Verständnis seiner Architekturauffassung beitragen:

> *[...] oft werde ich abschweifen zu Dingen, die keine Beziehung zur Architektur zu haben scheinen. Aber was sage ich? Gibt es irgend etwas, das ihr fremd wäre? Diese Kunst, die alle Erkenntnisse zusammenfaßt, ist sie nicht durch subtile Kräfte verbunden mit der Verwaltung, der Politik, den öffentlichen Sitten und besonders mit den Wissenschaften, der Literatur, der Landwirtschaft, dem Handel? Gibt es irgend etwas, was der Architekt ignorieren dürfte, er, der im gleichen Augenblick wie die Sonne geboren wurde; er, der der Sohn der Erde ist, er, der so alt ist wie der Boden, den er bewohnt?*
>
> *Der Architekt erforscht die Zukunft und will die Wahrheit finden; er erstrebt immer das Gute für die Verbesserung des sozialen Systems; er wendet es auf die Gebäude an, die er entwirft; er ist nicht nur der Meister des Handwerks; er ist das Werkzeug des Schöpfers; Genie und Schöpfer selbst.*[12]

Damit weist Ledoux dem Architekten eine Stellung innerhalb der Gesellschaft und eine soziale Verantwortung zu, die weit über die ihm bisher zuerkannten Aufgaben hinausreicht.

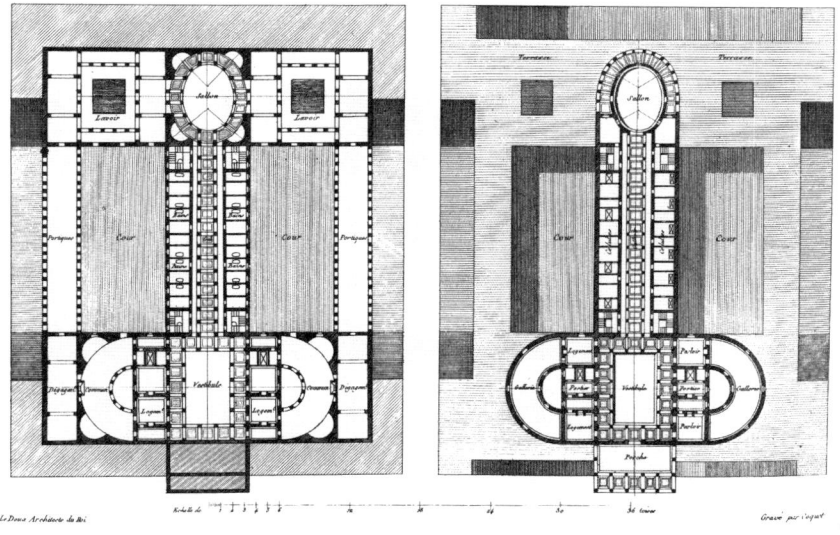

14. Oikema. Ein der Liebe geweihter Tempel (Freudenhaus).

In seinen Kommentaren zur Architektur übernimmt Ledoux Begriffe, die sich bei den Renaissancetheoretikern finden, aber er gibt ihnen eine seiner Architekturauffassung entsprechende Interpretation:

– Man sollte nicht von der Einheit des Gedankens und der Linien, der Variation der Form, den Gesetzen der Harmonie, der Ausgewogenheit und der Ökonomie abweichen. Die Einheitlichkeit (unitas), *das Urbild der Schönheit,* omnis porro pulchritadinis unitas est *(alle Schönheit liegt in der Einheitlichkeit), besteht in der Beziehung der Massen zu den Details oder den Ornamenten und in den fortlaufenden Linien, die verhindern, daß das Auge durch unnötige Accessoires abgelenkt wird.*

– Die Vielfalt (varietas) *verleiht jedem Gebäude den Ausdruck, der ihm entspricht, sie vervielfältigt oder verändert diesen Ausdruck entsprechend der Umgebung und zukünftigen Planungen [...]*

– Die Übereinkunft (convenias), *die den Reichtum zur Geltung bringt und Nachteile überwindet, paßt die Ideen dem Ort an, faßt die verschiedenen Erfordernisse zusammen, indem sie Unwichtiges wegläßt und Kosten vermeidet.*

– Die Ausgewogenheit wird uns die Übereinstimmung von Proportionen und Ornamenten aufzeigen; sie wird als erster Aspekt die Konstruktionen und ihren Zweck bestimmen.

– Die Wirtschaftlichkeit der Materialien wird den wirklichen Aufwand erkennen lassen, aber durch eine künstlerische Ausführung wird das Auge verzaubert.

– Man sollte die Symmetrie nicht vergessen; übernommen aus der Natur, trägt sie zur Dauerhaftigkeit bei und stellt Zusammenhänge her, die das Pittoreske nicht erlaubt und noch weniger das Bizarre, das ausgeschlossen werden sollte.

– Wer könnte den Geschmack vernachlässigen? Ihn, dem wir so viele Freuden verdanken; das System, das alle unsere Ideen bestimmt. Er zeigt die gute oder die schlechte künstlerische Begabung desjenigen, der sie ausübt; der wahre Geschmack ist es, keine Manierismen zu haben; er ist nicht, wie man vermutet, abhängig von den flüchtigen Flügeln der Willkür, noch beruht er auf vermeintlichen Konventionen; er ist das Produkt einer Entscheidungsfähigkeit, die die Natur dem Geist desjenigen verliehen hat, der sie liebt.[13]

So wie Rousseau seinen »contrat social« aus der Natur ableitete, führten Ledoux und auch Boullée die Grundlagen ihrer Architektur auf sie

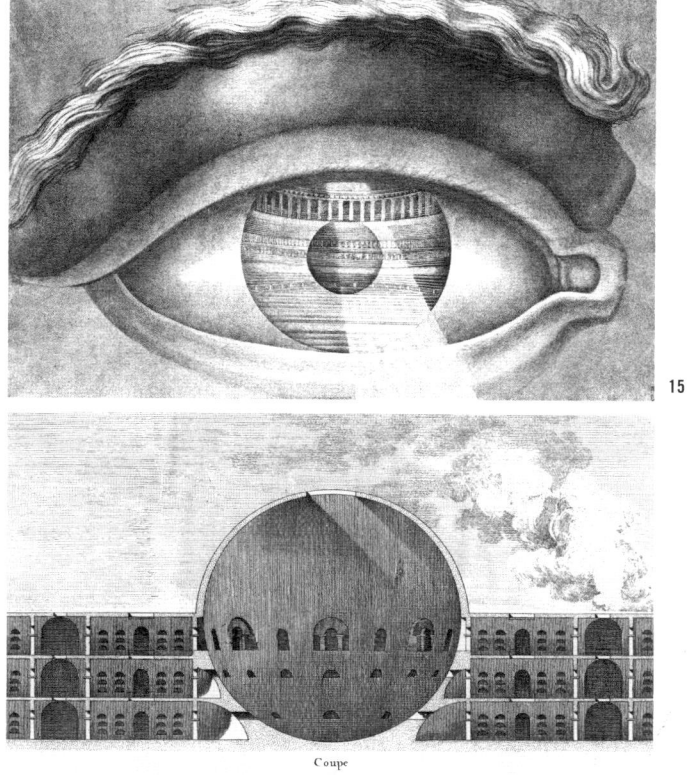

Die hier gezeigten Abbildungen sind der Originalausgabe von Ledoux' Werk entnommen, das er im Jahre 1804 in Paris drucken ließ: **15.** Blick in den Innenraum des Theaters von Besançon. **16.** Plan für den Friedhof der Stadt Chaux.

zurück. Der hohe Rang, den Ledoux dem Architekten zumisst, lässt auch ihn – wie schon Vitruv – auf die Bedeutung der Architektur hinweisen:

> *Zu allen Zeiten haben die Architekten zur Größe der Nation beigetragen. Betrachten wir die Epochen, um den Fortschritt der Zivilisation zu beurteilen. 520 ließ Theoderich, der König der Ostgoten, die Mauern Roms wiederherstellen und zahlreiche Gebäude errichten. Er schrieb an seine Architekten, »daß sie das schönste Bild der Macht des Kaisertums erschaffen, daß sie die Größe und den Ruhm der Königreiche repräsentierten«.*[14]

Es wird Ledoux von manchen Kritikern vorgeworfen, er sei überheblich; und liest man das Motto, das er auf der ersten Seite seines Buches drucken ließ, so könnte man dies leicht missverstehen: *Exegit Monumentum* – was so viel heißt wie: Ich habe ein Monument vollendet.
Aber dieses Motto und der Text seiner Schrift lassen sich nur erklären durch die Begeisterung und die Liebe zu seinem Beruf, die die Grundlagen für sein Werk waren. In seinen späten, vor allem den utopischen Entwürfen wird Ledoux' Hinwendung zu den geometrischen Grundformen – Kreis und Quadrat – und die Ablehnung des Ornaments immer klarer: »*Die geometrischen Formen, die Ledoux benutzte, waren wie die Buchstaben des Alphabets – sie bildeten sozusagen das Gerüst für den Ausdruck; wenn sie gleichzeitig symbolische oder sinnbildliche Botschaften vermitteln konnten – um so besser.*«[15]

Daraus resultierte das Interesse der Avantgarde nach dem Ersten Weltkrieg – sowohl der Surrealisten als auch der Kubisten – an seinem Werk. »*Ledoux versuchte mit unermüdlichen Anstrengungen, seinen Idealen näherzukommen; manchmal inspirierte ihn die Vergangenheit, aber häufiger nimmt er die Zukunft vorweg. Obgleich Boullée kaum weniger von den divergierenden Tendenzen der Zeit beeinflußt war, gelang es ihm, die Lehre eines strikten Kubismus zu entwickeln, wenn auch leicht romantisch gefärbt. Es ist offensichtlich, daß der Architekt, der eine neue architektonische ›Wahrheit‹ präsentieren konnte, mehr Studenten und Schüler hatte als der Suchende, der nie zufrieden mit seinen Ergebnissen war. Aber für die Nachwelt übermittelt das Werk Ledoux' mit seinem überwältigenden Reichtum mehr von den Aspirationen seiner Zeit als das Werk irgend eines anderen Architekten.*«[16]

ANMERKUNGEN

1 Kaufmann 1952, S. 467.
2 Boullée zitiert nach Rosenau 1976, S. 9 (übers. v. Verf.).
3 Boullée zitiert nach Rosenau 1976, S. 83, 86 (übers. v. Verf.).
4 Boullée zitiert nach Rosenau 1976, S. 89f (übers. v. Verf.).
5 Boullée zitiert nach Rosenau 1976, S. 90 (übers. v. Verf.).
6 Boullée zitiert nach Rosenau 1976, S. 107 (übers. v. Verf.).
7 Kaufmann 1952, S. 469.
8 Vogt 1971, S. 20.
9 Boullée zitiert nach Rosenau 1976, S. 82 (übers. v. Verf.).
10 Ledoux 1983, o. S.
11 Ledoux 1983, o. S.
12 Ledoux 1983, o. S.
13 Ledoux 1983, o. S.
14 Kaufmann 1952, S. 537.
15 Vidler 1983, S. IX.
16 Kaufmann 1952, S. 537.

THOMAS JEFFERSON *1743 – † 1826

Auch nach Wrens Tod im Jahre 1723 beeinflussten die Theorien und die Formensprache Palladios die Architektur in England. 1725 erschien der dritte und letzte Band des »Vitruvius Britannicus, or the British Architect« von Colin Campbell. Zu den Illustrationen gehört das von ihm gebaute Mereworth Castle, das unmittelbar an die Villa Rotonda erinnert, wenn es auch in Grundriss und Detail wesentliche Veränderungen aufweist. Das Gleiche gilt für die 1731/32 von Lord Burlington erbauten Assembly Rooms in York. In ihrer formalen Gestalt weist diese Halle Ähnlichkeit mit Palladios Basilika in Vicenza auf, doch folgt Burlington in der Aufteilung der Innenräume eigenen Vorstellungen. Bis etwa zur Mitte des 18. Jahrhunderts war der Palladianismus die vorherrschende Architekturrichtung in England, obwohl es gleichzeitig auch schon wichtige Barockarchitekten gab – so zeigen sich bei Wren bereits Barockeinflüsse –, parallel setzte auch der Klassizismus ein, der auf die römische und vor allem die griechische Antike zurückgriff. Ein Beispiel für diese fließenden Übergänge der Stile ist John Soane (1753–1837), in dessen Architektur sich gleichermaßen barocke und klassizistische Elemente finden.

Während der Palladianismus in England seinen Höhepunkt überschritten hatte, gelangte er in der Neuen Welt zu entscheidender Bedeutung, was vor allem einem Mann zu verdanken ist: Thomas Jefferson (1743–1826). Zwar hat er keine eigene Theorie geschrieben und war im ei-

2. Assembly Rooms in York von Lord Burlington (1731–1732).

gentlichen Beruf Jurist, aber zugleich war Jefferson ein Architekt, wie Vitruv ihn sich gewünscht hätte – ein universal gebildeter Mann mit großem Wissen und Interessen auf vielen Gebieten: ein Humanist mit leidenschaftlicher Liebe zur Architektur und ebenso zur Natur, denn er bezog auch die Landschaftsgestaltung in seine Entwürfe mit ein.

Sein Wissen bezog Jefferson aus seiner Bibliothek, in der Palladios »Quattro Libri« in verschiedenen Ausgaben vertreten waren. Die geometrische Formensprache Palladios entsprach Jeffersons Auffassung von Klarheit und Harmonie in der Architektur. Palladio war für ihn ein »Prophet«, seine Bücher die »Bibel« der Architektur. Colonel Isaac Cook zitiert in einem Brief vom Februar 1816 Jefferson wörtlich: »›Palladio‹, he said, ›was the Bible‹. You should get it and stick to it.«[1]

Seine theoretischen Kenntnisse erweiterte er auf seinen Reisen. Während seines Aufenthalts als Gesandter in Paris (1784–89) beschäftigte er sich intensiv mit der zeitgenössischen französischen Architektur, wobei ihn die Revolutionsarchitektur von Boullée und Ledoux, der 1784 mit dem Bau seiner Barrières (den Zollhäusern am Rand von Paris) begonnen hatte, wegen ihrer geometrischen Grundformen besonders interessierte. Den größten Eindruck aber machte ihm »La Maison Carrée«, der römische Tempel in Nîmes. Diesen bezeichnete er als das »perfekteste und kostbarste« erhaltene Beispiel der antiken Architektur, und schrieb in seinen »Notes on Virginia«:

ABB. 3

> *Ich dachte, es sei eine günstige Gelegenheit, in diesem Staat ein Beispiel klassischer Architektur im Stil der Antike einzuführen, und das Maison Carrée in Nîmes gilt als das vollkommenste Beispiel dessen, was man als Kubische Architektur bezeichnen könnte.*[2]

3. Maison Carrée in Nîmes (etwa 19 v. Chr.).
4. Monticello, Westseite (1768–1808).

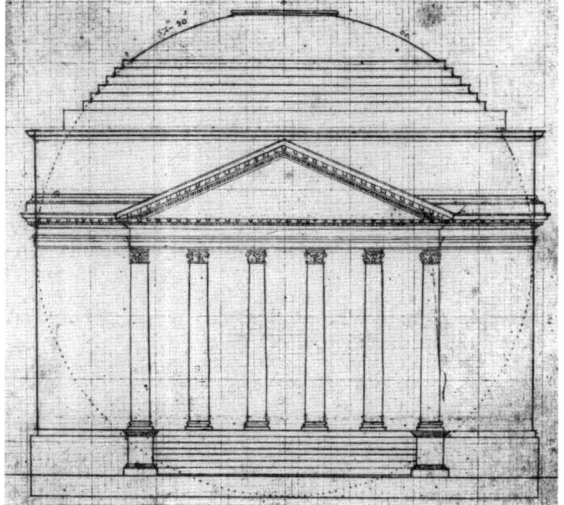

5. Bibliothek der Universität von Virginia / Rotunda (1826).
6. Originalzeichnung der Rotunda von Jefferson.
7. Lageplan der Universität von Virginia (1817–1828).

Der Tempel sollte ihm als Vorlage für das State Capitol in Virginia dienen, das er zusammen mit dem französischen Architekten Clérisseau entwarf. Dabei beabsichtigte er, dass sich in seinen Entwürfen nicht nur die formale Schönheit der Antike, sondern ebenso der Geist der römischen Republik manifestierte, wie er sie in der Maison Carrée gefunden hatte.

ABB. 4

1768 begann Jefferson mit dem ersten Entwurf für sein berühmtes Wohnhaus Monticello. 40 Jahre lang war er damit beschäftigt, Monticello umzubauen und zu verändern und soll darüber gesagt haben: *»Bauen und wieder abreißen ist die Freude meines Lebens«*. Dieses Haus bezeichnete er als sein *»building laboratory«*. Erst im Jahre 1808 war er mit dem Gebäude dann so weit zufrieden, dass die Arbeiten zu einem Abschluss kamen. Für jene Zeit ist das Haus in Amerika ungewöhnlich: Ein eingeschossiger Pavillon mit Portikus, langen, französischen Fenstern und einer achteckigen Kuppel, unter der sich der *skyroom* befindet – ursprünglich als Billardraum geplant, aber nie so genutzt. Das Gebäude liegt eingebettet in eine Landschaft, die Jefferson großzügig und kunstvoll gestaltete. Die Anregung hierzu hatte er während einer Reise von Paris nach England gewonnen, wo er die natürliche Gestaltung der englischen Parks kennen und bewundern lernte.
Durch die ständigen Umbauten hatte sich Jefferson finanziell so ruiniert, dass er gezwungen war, seine kostbare Bibliothek zu verkaufen, um damit die Schulden zu tilgen. Doch schon bald begann er wieder Bücher zu sammeln, denn sie waren Teil seines Lebens.

Monticello und das Virginia State Capitol machten Jefferson zu einer Autorität in Architekturfragen in jenem Land, in dem bis dahin die Architektur noch gar nicht als selbstständige Kunst oder als eigener Beruf galt. Als in Washington die neue Hauptstadt am Ufer des Potomac gegründet werden sollte, wurde Jefferson zum Ratgeber für die Gestaltung der öffentlichen Gebäude. Er initiierte einen Wettbewerb für das Capitol und das Weiße Haus, für das er selber einen Entwurf im Stile der Villa Rotonda von Palladio einreichte. Sein Einfluss auf die Entstehung dieser repräsentativen Gebäude ist unverkennbar. Jefferson wollte ganz bewusst in der Architektur seines Landes die klassischen Formen der Antike wiederbeleben. Bis heute finden sich in den USA die so genannten Greek-Revival-Häuser, deren Vorbild Monticello ist. Mit ihren über zwei Geschosse reichenden kräftigen Säulen und ihrer tempelartigen Gestalt sind sie vor allem für die Ostküste und die Südstaaten typisch; und in beinahe jeder amerikanischen Stadt, ob klein oder groß, sieht das Rathaus oder das Justizgebäude wie ein römischer Tempel aus.

Jeffersons größtes Projekt – und das, welches er am meisten liebte – war die Gründung der University of Virginia. Die gesamte Anlage und die Gebäude für das »Akademische Dorf«, wie er es nannte, wurden von ihm entworfen. Die Idee war eine zutiefst humanistische: Lehrende und Lernende sollten gemeinsam leben.
Die Professoren wohnten in kleinen Häusern, in denen es im Erdgeschoss einen kleinen Hörsaal gab und darüber zwei Zimmer als private Räume. Zwischen den Häusern der Professoren lagen in einfachen, ein- oder zweigeschossigen Häusern die Wohnungen für die Studenten. Die Professoren sollten möglichst aus verschiedenen Ländern kommen, so dass die Studenten die Bräuche, die Sprache und nicht zuletzt die Kochkunst anderer Kulturen kennen lernen konnten. Die kleinen Einheiten beruhen auf den Ordnungen verschiedener römischer Tempel und fügen sich alle zu einem harmonischen Gesamtbild. So ergibt sich auch in diesem Entwurf aus Vielfalt eine Einheit, und der Campus der University of Virginia gehört noch immer zu den schönsten der Welt, wie nicht zuletzt Mies van der Rohe später bemerkte.

ABB. 7

Die Krönung des Campus stellte die Bibliothek als Hort des Wissens und der Bildung dar – die Rotunda. Jefferson entwarf sie nach dem Vorbild des römischen Pantheons, sie wurde in der Zeit von 1822 bis 1826 erbaut und erst kurz nach seinem Tod vollendet.
Die Idee des Entwurfs war ein Kreis, der in einem Zylinder ruht. Die Spitze der Kuppel bildet den höchsten Punkt des Kreises und das Erdgeschoss dessen Basis. Im Hauptgeschoss befindet sich eine Flucht von drei großen ovalen Räumen. 1895 wurde dieses Gebäude durch ein Feuer zerstört und nicht wieder original aufgebaut. Erst in den siebziger Jahren des 20. Jahrhunderts wurde die Rotunda nach den ursprünglichen Plänen restauriert.

ABB. 5, 6

Thomas Jefferson galt und gilt noch heute als »Vater« oder zumindest – wie William A. Lambeth es 1913 nennt – als »Pate« der amerikanischen Architektur. In einem ähnlichen Sinne wie schon Vitruv an Kaiser Augustus schrieb, dass ein Reich seine wahre Bedeutung durch die Schönheit seiner Bauten erhalte, so hat Jefferson seinem Land durch die Einführung einer Architektur eine Identität verliehen, die auf den palladianischen und römischen Idealformen und Vorstellungen beruhte. *»In einem Land ohne Architektur war Jefferson gezwungen, die Baukunst (wie viele andere Fertigkeiten auch) aus den Büchern zu erlernen. Andrea Palladio, Baumeister der italienischen Renaissance, ist dem Autodidakten dabei zum prägenden Lehrmeister geworden, in Monticello ebenso wie später in seinen Entwürfen für das virginische Kapitol in Richmond.«*[3]

Für Richmond hat Jefferson sich auch als Stadtplaner betätigt. Er entwarf einen Rasterplan, den er mit einem Schachbrett verglich, bei dem nur die schwarzen Felder bebaut werden sollten, während auf den weißen Quadraten Rasen, Baumgruppen oder Blumenrabatten geplant waren. Mit einem solchen offenkundigen Idealplan wollte er vor allem die negativen gesundheitlichen Folgen einer zu dichten Bebauung verhindern.

Vor dem Hintergrund der hier beschriebenen Projekte erscheint es einmal mehr bemerkenswert, dass Jefferson den Beruf des Architekten nicht gelernt hatte. Er war Anwalt, Verfasser der Unabhängigkeitserklärung von 1776, Gouverneur von Virginia von 1779 bis 1781, Gesandter in Paris, später der erste Außenminister der USA und von 1800 bis 1808 der dritte Präsident des Landes. Mit 74 Jahren wurde er Gründer und Rektor der University of Virginia.
Die zahlreichen hohen Ämter, die er bekleidete, lassen die Kenntnisse, die er sich theoretisch in der Architektur erworben und auch praktisch umgesetzt hat, nur umso bemerkenswerter erscheinen. Soweit bekannt ist, entwarf und baute er mindestens sieben Gebäude, darunter ein Parlaments- und zwei Gerichtsgebäude. Daneben gibt es noch eine Reihe von Entwürfen, die nicht ausgeführt wurden. So nahm er zum Beispiel unter einem Pseudonym an dem Wettbewerb für das Haus des Präsidenten teil; er gestaltete es nach der Idee der Villa Rotonda von Palladio.

Sein letzter Entwurf war der für sein eigenes Grabmal. Insgesamt fertigte er 460 Architekturzeichnungen an, die seine Meisterschaft erkennen lassen. Zum größten Teil befinden sie sich heute im Besitz der University of Virginia. Zudem verfasste er rund 50 000 Briefe, die zu den interessantesten zählen, die in seiner Zeit geschrieben wurden.

Jene Worte, die er auf seinem Grabstein wünschte – *»und kein Wort mehr«* –, geben Zeugnis von den Dingen, die ihm in seinem Leben wesentlich erschienen:

Hier ist begraben
Thomas Jefferson
Autor der amerikanischen Unabhängigkeitserklärung
der Statuten von Virginia für religiöse Freiheit
und der Vater der Universität von Virginia

Jefferson starb am 4. Juli, dem Tag der Unabhängigkeitserklärung, deren Verfasser er war. Man nannte ihn den »Weisen von Monticello«.

ANMERKUNGEN

1 Jefferson, zitiert nach Placzek 1968, S. 63.
2 Jefferson, zitiert nach Mayo 1970, S. 126.
3 Jefferson 1989, S. 35.

KARL FRIEDRICH SCHINKEL *1781 – † 1841

In der ersten Hälfte des 19. Jahrhunderts gab es mehrere hervorragende klassizistische Architekten in Deutschland wie die in München wirkenden Leo von Klenze und Friedrich von Gärtner, oder den etwas älteren Friedrich Weinbrenner in Karlsruhe. Das wohl umfangreichste und vielseitigste Werk hat Karl Friedrich Schinkel hinterlassen. Es reicht von Dioramen, Bühnenbildern, Gemälden, Entwürfen für Möbel, Vasen und andere Objekte, der Gestaltung von Innenräumen und zahlreichen bedeutenden Bauwerken bis zu einigen Idealentwürfen und umfasst schließlich eine nicht vollendete Architekturlehre. Allein die Anzahl der Arbeiten, die er in der kurzen Spanne seines Lebens hervorbrachte, ist bewundernswert und weist ihn als universellen Künstler aus. Schinkel wurde 1781 in Neuruppin in der Mark Brandenburg geboren und entstammt einer Familie von Pastoren. Damit reiht er sich in die auffallend große Zahl von deutschen Dichtern, Philosophen und Musikern ein, die einer Beobachtung Gottfried Benns zufolge in der geistigen Atmosphäre der evangelischen Pfarrhäuser aufwuchs. Nach dem Tod des Vaters zog die Mutter mit der Familie in das Predigerwitwenhaus der Marienkirche nach Berlin. Dort besuchte Schinkel von 1794 bis 1809 das Berliner Gymnasium zum Grauen Kloster.

1779 entdeckte er anlässlich eines Wettbewerbs der Akademie unter den Arbeiten den Entwurf von Friedrich Gilly für ein Denkmal Friedrich

ABB. 4

des Großen, der ihn so begeisterte, dass er bei Gillys Vater David eine Ausbildung als Architekt begann. Er wohnte auch einige Zeit im Hause Gilly, das von dem liberalen und weltoffenen Geist der Hugenotten geprägt war. David Gilly führte – wie Jacques-François Blondel in Paris – eine eigene Architekturschule in Berlin und war 1799 Begründer der Berliner Bauakademie, an der Schinkel zu den ersten Schülern zählte. Zu seinen Lehrern dort gehörte Carl Gotthard Langhans, ein Architekt des Neoklassizismus, der unter anderem das 1816 abgebrannte Alte Schauspielhaus und in der Zeit von 1788 bis 1791 das Brandenburger Tor erbaut hatte.

Den wichtigsten Einfluss auf Schinkel übte Friedrich Gilly aus, mit dem ihn eine enge Freundschaft verband und dessen architektonischer Rationalismus und Enthusiasmus für die Antike Schinkel nachhaltig prägten. Gilly hinterließ ihm nach seinem frühen Tod – er starb mit 28 Jahren an einem Lungenleiden – seine einzigartigen Zeichnungen und Skizzen und gleichzeitig mehrere kleine Aufträge für den Umbau und die Ausführung einiger Landhäuser in der Mark Brandenburg.

Seine erste Italienreise unternahm Schinkel gemeinsam mit einem Freund von 1803 bis 1805 – überwiegend zu Fuß, da er keinen Gönner fand, der die Reise finanziert hätte. Sie führte ihn bis nach Neapel und Sizilien und auf dem Rückweg über Paris. In seinem Gepäck befanden sich Schriften von Johann Gottlieb Fichte, dessen Philosophie – besonders seine Vorstellung von der moralischen Verantwortung des Menschen – ihn stark beschäftigte. Schinkel studierte jedoch nicht nur die römischen und griechischen Monumente, sondern widmete seine Aufmerksamkeit auch mittelalterlichen gotischen oder sarazenischen Bauten. Vielleicht liegt hier bereits ein Schlüssel für seine späteren Werke, die sowohl im klassizistischen als auch im gotischen Stil entworfen wurden. Er kehrte mit etwa 400 Skizzen und Zeichnungen zurück, nicht nur von einzelnen Gebäuden, sondern ebenso von Landschaften und Stadtansichten.

Kurze Zeit nach seiner Rückkehr von dieser Bildungsreise wurde Preußen durch die Truppen Napoleons besetzt, womit für Schinkel jede Möglichkeit, sich als Architekt zu betätigen, zunächst ausgeschlossen war. Seine vielen Reiseskizzen sowie sein malerisches Talent, sie in Bilder umzusetzen, eröffneten ihm nun die Möglichkeit, seine Familie zu ernähren. Berühmt wurde er durch seine grandiosen Pano-

ABB. 3

ramen und Dioramen, die dem Betrachter räumliche Illusionen von Ideallandschaften und Städten vermittelten. Die meisten seiner Gemälde entstanden zwischen 1805 und 1815. In diesen phantastischen »Kulturlandschaften« finden sich antike Tempel, gotische Kathedralen und mittelalterliche Szenen. Die Synthese von Landschaft und der von Menschen geschaffenen Architektur, die er in seiner Malerei darstellt, wird er auch später bei der Einordnung seiner Gebäude in den landschaftlichen oder gebauten Kontext erstreben.

Schinkels Laufbahn als Beamter in der Baubehörde Preußens begann 1810. Er wurde zunächst Assessor und dann 1815 Geheimer Oberbaurat. Seine Aufgabe bestand vor allem in der künstlerischen Begutachtung und Überarbeitung der vom Staat vergebenen Bauaufträge und in der Denkmalpflege. Diese Tätigkeit erstreckte sich auf alle preußischen Provinzen, weshalb ihn seine Dienstreisen von Ostpreußen bis ins Rheinland führten. Neben seiner bald darauf einsetzenden eigenen intensiven Bautätigkeit führte diese starke Belastung vermutlich zu seinem frühen Zusammenbruch. Seine Bitten bei Hof um Entlastung blieben ungehört; erst nach Schinkels Tod wurden die ersten Landeskonservatoren eingestellt.

ABB. 2

Schinkels hohe Stellung gab ihm die Möglichkeit, im ganzen preußischen Gebiet Einfluss auf die Gestaltung der öffentlichen Gebäude zu nehmen – vom Kirchenbau über Schulen, Verwaltungsbauten und Theater bis zu Zweckbauten wie Kasernen. Die Entwürfe stammen entweder von ihm selbst oder sind Korrekturen an den Arbeiten von Architekten der Region. So entwickelte er zum Beispiel für die vielen kleinen Kirchen einen Grundtyp, der sich entsprechend den Gegebenheiten variieren ließ.

2. Entwurf zu einem Grundtyp kleiner Kirchen (etwa 1820).

   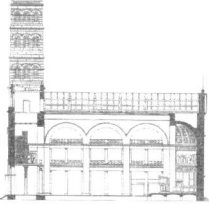

3. Karl Friedrich Schinkel, »Mittelalterliche Stadt an einem Fluss«, Ölgemälde, um 1810.
4. Entwurf für einen Ehrentempel für Friedrich den Großen von Friedrich Gilly (1797).

Das Prinzip der Zweckmäßigkeit bedeutet nie bloße Funktionalität, sondern bezieht sich auf den eigentlichen, höheren Zweck des Baus als eines Beitrags zur Humanisierung der Landschaft, einer Möglichkeit, mit Hilfe von kompositorischen Qualitäten ein formendes Prinzip und eine Ordnung zu schaffen, die sich auf das ganze Umfeld erstreckt.[1]

Auf dem Gebiet der Denkmalpflege entwickelte Schinkel 1815 ein Konzept, das den Beginn einer systematischen kunstwissenschaftlichen Erhaltung und Restaurierung der historischen Bauten darstellte.

Während der französischen Besetzung und der Befreiungskriege war Preußen von einem aus Nationalgefühlen entstandenen Freiheitswillen geprägt. Dichter und Philosophen – allen voran J. G. Fichte mit seinen »Reden an die Deutsche Nation« – riefen zum politischen Denken und Handeln auf. In dieser Zeit besann man sich auf die Gotik als der eigentlichen deutschen, in der mittelalterlichen Kultur verwurzelten Architektur. Auch Schinkel, der mit J. G. Fichte, Friedrich Schlegel, Wilhelm von Humboldt, Clemens von Brentano und anderen Humanisten befreundet war, wurde von dem Geist der Zeit ergriffen. So entwarf er für die 1810 gestorbene, beim Volk sehr beliebte Königin Luise ein Mausoleum im Stil einer der Verehrung entsprechenden spirituellen Gotik. Dem Wunsch des Königs gehorchend, musste er jedoch die Fassade in Form eines dorischen Tempels ausführen.

Nach der Befreiung Preußens von der französischen Besatzung konnte Schinkel endlich als Architekt arbeiten. Als Erstes erhielt er vom König den Auftrag, gegenüber dem Kronprinzen-Palais ein Gebäude für die königliche Wache zu entwerfen, das 1818 fertig gestellt wurde. Hatte Schinkel in den heroischen Zeiten Preußens seine Visionen noch im gotischen Stil dargestellt, so wählte er für seinen ersten wichtigen Auftrag – und auch für die nachfolgenden großen Werke – die klassischen Elemente der Säule und des Tympanon. Diesen verlieh er durch die Konstruktion und die Klarheit der Proportionen einen neuen Charakter, wie er es in seinen theoretischen Notizen von einem Kunstwerk forderte.

ABB. 6 Der Erfolg, den ihm dieses Bauwerk einbrachte, führte zu weiteren staatlichen Aufträgen. Von 1818 bis 1821 erbaute er das Schauspielhaus zwischen dem von Karl Philipp Christian von Gontard entworfenen Französischen und dem Deutschen Dom, womit der Berliner Gendarmenmarkt zu einem wesentlichen urbanen Mittelpunkt wurde. Dies war der erste große Theaterbau in Deutschland. Schinkels Begabung, städtebauliche Möglichkeiten zu erkennen und sinnvolle Zusammenhänge herzustellen, zeigte sich bei seinem Entwurf für die Schlossbrücke, mit der er eine Verbindung zwischen der Prachtstraße Unter den Linden und dem Lustgarten auf der einen Seite und dem königlichen Schloss auf der anderen Seite schuf. Sie war nicht nur eine Brücke, sondern ein Kunstwerk, das durch die mit allegorischen Figuren geschmückten Pfeiler und das kunstvoll gestaltete gusseiserne Geländer eine eigene architektonische Bedeutung erhielt.

Mit dem Auftrag für den Bau des Museums am Lustgarten (1822–1830) erhielt Schinkel die Gelegenheit, den Raum im Norden zu schließen. In dem Museum sollten die bis dahin verstreuten königlichen Kunstsammlungen zusammengefasst und – dem humanistischen Bildungsideal der Zeit entsprechend – den Bürgern zur Erbauung und Bildung zugänglich gemacht werden. Für Schinkel war dies eine Aufgabe, die seinem philosophischen Ideal entsprach. Er entwickelte eine Architektur, die Schönheit und Würde ausstrahlt. Der Besucher betritt durch eine klassische Stoa von 18 ionischen Säulen die großzügig gestalteten Räume, deren Höhepunkt eine – dem Vorbild des Pantheons folgende – Rotunde ist, deren Kuppel sich unter einem flachen Aufbau verbirgt. Das Alte Museum wurde der Ausgangspunkt für die Erbauung weiterer berühmter Museen in den folgenden Jahrzehnten. Auf diese Weise entstand die Museumsinsel, die für Berlin zum einzigartigen Wahrzeichen wurde und inzwischen von der UNESCO zum Weltkulturerbe erklärt worden ist.

ABB. 5, 7

Zur gleichen Zeit, in der Schinkel am Alten Museum arbeitete, beschäftigte er sich mit dem Entwurf einer Kirche für Friedrichswerder (1821–1830). Er fertigte zwei Entwürfe im klassizistischen Stil – dorisch und korinthisch – an, aber der Kronprinz lehnte beide ab, denn er favorisierte den gotischen Stil, und Schinkel musste sich seinem Wunsch beugen. Als Freund und Gönner nahm der Kronprinz mehr und mehr Einfluss auf die Gestaltung der Entwürfe Schinkels, worunter dieser gelitten hat, wie sich aus einigen Notizen seines Lehrbuchs herauslesen lässt. Das endgültige Werk ist nicht gotisch im eklektizistischen Sinn, sondern Schinkel verwendete gotische Elemente in klassischer Einfachheit und integrierte sie entsprechend seinen theoretischen Forderungen neu. Die Ausführung ist – wie bei vielen norddeutschen Kirchen – aus Backstein, was auch der Sparsamkeit des preußischen Staats entsprach.

Allein in Berlin hat Schinkel ein unglaubliches Werk hinterlassen und durch die Platzierung der wichtigsten Bauten und ihrer Beziehungen zueinander das Stadtbild entscheidend geprägt. Durch ihn wurde Berlin zu einer repräsentativen Residenzstadt, die nur mit München zu vergleichen ist, das – etwa zur gleichen Zeit – erst durch die großen Bauten von Karl von Fischer, Leo von Klenze und Friedrich von Gärtner seine architektonische Bedeutung als Hauptstadt Bayerns erlangte.

Schinkels Tätigkeit erstreckte sich auch auf die Umgebung von Berlin. Aufträge vom Königshaus und vom Adel gaben ihm die Möglichkeit, seine Vorstellungen von den Wechselbeziehungen zwischen Natur und Kultur, zwischen Landschaft und Architektur zu verwirklichen. Als ein Beispiel sollen hier nur das Schloss und der Park von Glienicke erwähnt werden, die Schinkel für Prinz Karl gestaltete. Zwei der bereits bestehenden, aber schon baufälligen Gebäude – das kleine Schloss und das Kasino – wurden von Schinkel erneuert und erweitert und erhielten einen unprätentiösen, italienisch anmutenden Charakter. Das Kasino wird auf beiden Seiten von einer Pergola umrahmt, die den freien Ausblick auf die vorbeifließende Havel ermöglicht. In die Skizze zeichnete Schinkel ein Segelschiff als Symbol des humanistischen Gedankens der Entdeckung und des Kennenlernens fremder Länder und Kulturen, entsprechend dem Vorbild Alexander von Humboldts. Den Schlosspark gestaltete Schinkel gemeinsam mit dem hervorragenden Landschaftsarchitekten Peter Josef Lenné.

Wie in Sanssouci oder auch schon früher in den Parkanlagen von Wörlitz und Schwetzingen sollte hier ein humanistischer Landschaftsgarten entstehen, in dem – wie in einem kleinen Universum – die verschiedenen Weltkulturen ihren Ausdruck finden, sei es in kleinen stilgerechten Bauwerken oder in Fragmenten. So finden sich dort eine Moschee, ein korinthischer Monopteros und ein englisches Cottage. Indes musste Schinkel auch bei dieser Aufgabe weitgehend den Wünschen und romantischen Vorstellungen seiner Bauherren, den Prinzen Karl und Friedrich Wilhelm IV., folgen. Nach Schinkels Tod wurde Ludwig Persius die Weiterführung der Arbeiten anvertraut, der auch schon den Park von Sanssouci entworfen hatte.

5. Das Museum am Lustgarten in Berlin (1823–1830), heute »Altes Museum« genannt.
6. Schauspielhaus auf dem Gendarmenmarkt in Berlin (1818–1821).
7. Rotunde des Alten Museums.

KARL FRIEDRICH SCHINKEL

Im Jahre 1826 reiste Schinkel mit seinem Freund Peter Christian Beuth nach Paris, London, Wales und Schottland, um dort vor allem für die Vollendung und den Innenausbau seines Museums Anregungen zu gewinnen. Über diesen eigentlichen Zweck hinaus faszinierten ihn die Industriestädte und die Fabriken, die Maschinen und die moderne Technik in England, wo die Industrialisierung sehr viel weiter fortgeschritten war als im übrigen Europa. Er fertigte eine grosse Zahl von Skizzen an und schrieb Notizen, aus denen hervorgeht, dass er auch die Nachteile des ungezügelten Fortschritts erkannte – besonders in den trostlosen Industriestädten.

Kurz nach seiner Rückkehr aus England zeichnete Schinkel den Plan für ein Kaufhaus Unter den Linden, der offensichtlich unter dem Eindruck der englischen Industriebauten entstanden ist und der wegen der für die Zeit ungewöhnlich großen Glasflächen und der Backsteinpfeiler – zumindest auf den ersten Blick – wie ein moderner Skelettbau anmutet. Der Entwurf wurde vom König aus städtebaulichen und Kostengründen abgelehnt. Das gleiche Schicksal widerfuhr seinem Entwurf für ein Bibliotheksgebäude, der ebenfalls auf einem rationalen Konzept beruht.

ABB. 11

Vom König genehmigt wurde jedoch Schinkels – von Kostenschätzungen begleiteter – 1831 eingereichter Entwurf für eine »Allgemeine Bauschule in Berlin«, die Bauakademie. Sie sollte nach Schinkels Vorstellungen einen städtebaulichen Akzent zwischen der Spree und dem Werderschen Markt setzen. Dem Zweck der Akademie entsprechend sieht Schinkel ein funktionales, rationales und auch ökonomisches Gebäude vor, einen viergeschossigen Kubus, dessen Fassaden auf allen Seiten gleich ausgebildet sind. Mit seiner unverputzten Backsteinkonstruktion und dem Flachdach wirkt es auf Schinkels Entwurfszeichnung wie ein nüchterner Industriebau. Er hat jedoch die Fenstersimse, Fensterbögen und Portale mit kunstvoll gestalteten Terracotta-Paneelen umrahmt, die mythologische und ikonographische Themen darstellen, so dass Architektur und Kunst zu einer Einheit werden. *»Die Bauakademie war Schinkels Lieblingswerk und ihre spröde Schönheit wurde von einer zeitgenössischen Elite durchaus geschätzt; aber schon in der Wilhelminischen Zeit war die ›häßliche rote Kiste‹ vom Abbruch bedroht, und selbst die Funktionalisten empfanden nicht mehr die intime Klarheit des Baus (zu bunt, zuviel Dekor, offensichtlich historistisch). So mußte das während des Krieges beschä-*

ABB. 12

8. Entwurf für Schloss Orianda auf der Krim (1838).

digte Gebäude 1962 einem ›progressiven‹ Bau im ›internationalen Stil‹ weichen.«[2]
Die Frage, ob die Bauakademie rekonstruiert werden soll oder kann, ist heute heftig umstritten.

Gegen Ende seines von umfangreicher praktischer Tätigkeit ausgefüllten Lebens widmete sich Schinkel noch einmal zwei großen, visionären Projekten: der Anlage eines Königspalastes auf der Akropolis von Athen für den 1833 zum König von Griechenland ernannten Prinz Otto von Bayern und einer Schlossanlage für die Zarin Alexandra von Russland in Orianda auf der Krim in der Nähe von Jalta.
In Schinkels überaus sensibler Planung für die Akropolis wirkt die Residenz wie eine mediterrane Villa, die durch die Monumentalität der antiken Ruinen überhöht wird. In die Gestaltung der ganzen Anlage wird die Landschaft einbezogen, so dass die meisterhaft gezeichneten Ansichten an seine frühen Panoramabilder erinnern. Auch Schloss Orianda sollte auf einem Felsplateau mit Ausblick auf das Schwarze Meer entstehen. Schinkels Grundriss sieht für den kaiserlichen Hof einen großen, von Arkaden umgebenen Komplex vor, von

dem aus drei kleinere, quadratische Gebäude erreicht werden können. Die ganze Anlage wird von einem im Zentrum liegenden griechischen Tempel gekrönt, der wie eine Hommage an Schinkels großes Vorbild Friedrich Gilly und sein Monument für Friedrich den Großen wirkt. So schließt sich mit diesem letzten großen Entwurf, der 1838 entstand, der Kreis in Schinkels Werk.

Schinkel zeichnete bei beiden Entwürfen die Innenräume bis ins Detail und schmückte sie phantasievoll mit Skulpturen und Ornamenten aus. Die Entwürfe wurden nicht verwirklicht; vermutlich haben die Monarchen nie ernsthaft daran gedacht – Schinkel aber war über die Ablehnung seiner mit so viel Liebe und Aufwand gezeichneten Entwürfe sehr enttäuscht. Man sagt, dass die Zarin Alexandra ihm für seine Bemühungen eine goldene Tabakdose zukommen ließ.

Zu Schinkels Werk gehören auch Innenraumgestaltungen, vor allem für die königliche Familie und die Palais der Kronprinzen. Sie reichen von Wand- und Deckenmalereien, Kronleuchtern und gusseisernen Treppenhäusern über Möbel, Vasen und viele andere Objekte bis zu dem Orden des Eisernen Kreuzes, der auf einen Entwurf Schinkels zurückgeht. Er benutzte kostbare Materialien wie Mahagoni, Bronze und Seide, aber es finden sich auch einfache Tafelstühle aus Birkenholz mit Rohrgeflecht. Der Reichtum seiner Erfindungen reflektiert antike, französische und englische Einflüsse. Schinkel hat aber nicht nur für die höfischen Kreise gewirkt, er wollte auch dem Handwerk Anleitungen zur Fertigung schöner Gegenstände geben. 1837 schrieb er:

ABB. 9

> *Es sei schließlich die Bemerkung erlaubt, wie die neueren Erfindungen und Verbesserungen, wodurch Kunstgegenstände mit Treue, Sicherheit und Leichtigkeit vervielfältigt werden können, richtig benutzt, der Gewerbetätigkeit eine ebenso schöne wie nützliche Richtung zu geben geeignet sind. Man kann diese Fortschritte der Mechanik, die den Künstler immer mehr auf das Geistige der Produktion von Kunstwerken anweisen, welches keine Mechanik ersetzen kann, nicht bedauern, wie viele es tun.*[3]

Diese Auffassung bestätigt sein bereits 1821 mit Peter Christian Beuth herausgegebenes Werk »Vorbilder für Fabrikanten und Handwerker«. Hier deutet sich eine frühe Interpretation der Bauhausidee von der industriellen Herstellung künstlerisch gestalteter, zweckmäßiger Objekte an. Zur Universalität von Schinkels Werk gehören auch die phantastischen Bühnenbilder, die er für »sein Schauspielhaus« entwarf. Er war

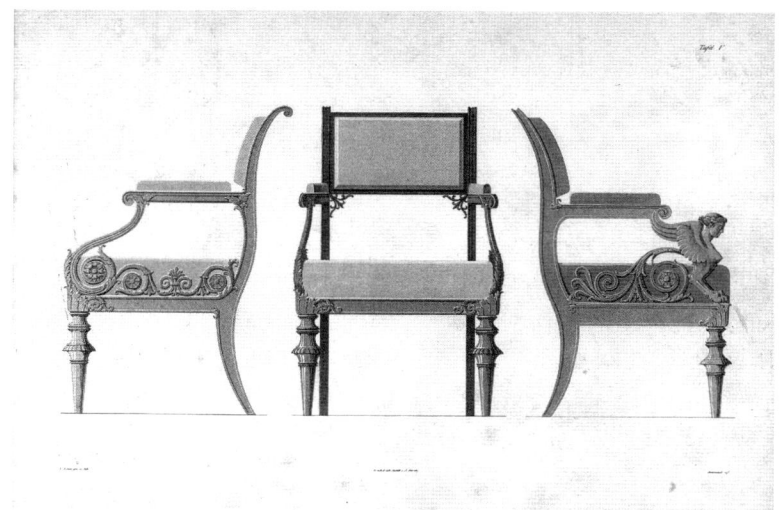

9. Stuhlmodelle aus »Schinkel's Möbel-Entwürfe«, veröffentlicht in Berlin 1835–1873.

ein begeisterter Theater- und Opernliebhaber und -kenner, und so schuf er – je nach Sujet – grandiose Szenarien im ägyptischen, antiken, gotischen oder romantischen Stil, die das Publikum verzauberten. In den 19 Jahren, die er für das Königliche Hoftheater tätig war, entstanden 42 Theaterdekorationen, die zu den schönsten des 19. Jahrhunderts gehören.

»Schinkel war ein denkender Künstler. Anders als bei den strengen Vitruvianern waren seine Gedanken aber nicht Auslegung eines unerschütterlichen Lehrglaubens, sondern suchten sich ohne solchen Beistand ihren Weg. Dabei drangen sie ihrerseits nicht zu einem geschlossenen System vor, sondern blieben aphoristisch: Schinkel suchte sich von Fall zu Fall Rechenschaft zu geben von dem, was er künstlerisch getan hatte oder tun mußte. In mehreren Ansätzen begann er auch ein architektonisches Lehrbuch zu verfassen, und viele seiner Äußerungen sind bisweilen einander widersprechende Bruchstücke aus diesem unvollendeten, immer wieder umgestalteten Werk.«[4] Schon 1804 dachte Schinkel an die Abfassung eines Lehrbuchs und 1828 – mit der Herausgabe seiner »Sammlung architektonischer Entwürfe« – kündigte er Pläne für die Veröffentlichung eines architektonischen Lehrbuchs an. Seine zahllosen Aufgaben als Architekt und Beamter ließen ihm jedoch nicht die Zeit dazu und so blieb es bei Notizen, fragmentari-

10. Kasino im Park von Glienicke (1824/25).
11. Entwurf für ein Kaufhausgebäude, Unter den Linden, Berlin (1827).
12. Bauakademie in Berlin (1831–1836).
13. Bühnenbild für die »Zauberflöte« von W. A. Mozart.

schen Aufzeichnungen und Skizzen. Von dem umfangreichen künstlerischen Nachlass Schinkels, der kurz nach seinem Tod auf Veranlassung Friedrich Wilhelms IV. vom Staat gekauft und als Kunstsammlung bewahrt wurde, sind etwa 500 Blatt und 35 Vorzeichnungen für Kupfertafeln im Hinblick auf das Lehrbuch verfasst worden. Goerd Peschken hat die Blätter so weit wie möglich den entsprechenden Perioden in Schinkels Leben zugeordnet und so gehen aus seiner Einteilung die durchaus wechselnden Auffassungen Schinkels zur Architektur hervor:

    I. *Der Lehrbuchplan von der ersten Italienreise, 1804*
    II. *Lehrbuchstudien und architekturtheoretische Skripten der hochromantischen Zeit, um 1810–1815*
    III. *Die klassizistische Fassung des Architektonischen Lehrbuches, gegen 1825*
    IV. *Die technizistische Konzeption des Architektonischen Lehrbuchs, gegen 1830*
    V. *Die legitimistische Fassung des Architektonischen Lehrbuchs: Die Residenz eines Fürsten. Der Dom des Hohenzollernhauses*[5]

Die Entwürfe für die letzte Fassung sind vermutlich dem Einfluss von Kronprinz Friedrich Wilhelm zuzuschreiben, der eine sehr historisierende Auffassung von Architektur vertrat.

Im Folgenden seien einige Gedanken Schinkels zur Architektur zitiert:

Die Nationen fallen, denn alles Menschliche dauert seine Zeit, aber sie erheben sich an den Denkmälern der Kunst und Wissenschaft wieder. Diese bleiben ehrwürdig und bleiben Probirsteine.[6]

Ähnliche Überlegungen lassen sich schon bei Vitruv finden.

Als ich meine Studien in der Baukunst begonnen, und einige Fortschritte in den verschiedenen Zweigen gemacht hatte, fühlte ich bald eine Hauptempfindung in meiner Seele, die näher zu beleuchten und zu verstehn mir vor allen Dingen wichtig schien.

Ich bemerkte, daß in den Formen der Baukunst alles auf 3 Grundlagen beruhe

1. auf den Formen der Konstruction,

2. auf Formen welche durch herkömmliche geschichtliche Wichtigkeit erzeugt werden und,

3. auf Formen die an sich bedeutsam, ihr Vorbild aus der Natur entlehnen.

Ich bemerkte ferner einen großen unermeßlichen Schatz von Formen, der bereits in der Welt durch viele Jahrtausende der Entwicklung und bei sehr verschiedenen Völkern in Ausführung von Bauwerken entstanden war und niedergelegt ist. Aber ich sah zugleich, daß unser Gebrauch von diesem angehäuften Schatz oft sehr heterogener Gegenstände, willkürlich sey, weil jede einzelne Form einen eigenthümlichen Reiz bei sich trägt, der durch eine dunkle Ahndung eines nothwendigen Motivs, sey es geschichtlich oder constructiv, noch erhöht wird und verführt davon Anwendung zu machen. Man glaubt seinem Werk durch einen solchen Gegenstand einen besonderen Reiz zu verleihen ppp. daß was mir aber in seinem primitiven Erscheinen an alten Werken eine höchst erfreuliche Wirkung erzeugte, bei seiner neuen Anwendung an Werken unserer Tage oft durchaus widerstand. Besonders ward mir klar, daß in dieser Willkürlichkeit des Gebrauchs der Grund großer Characterlosigkeit und Styllosigkeit zu finden sey, woran so viele neue Gebäude zu leiden schienen.

Es ward mir eine Lebensaufgabe hierin Klarheit zu gewinnen. Aber je tiefer ich den Gegenstand durchdrang je größer sah ich die Schwierigkeiten die sich meinem Bestreben entgegenstellten. Sehr bald gerieth ich in den Fehler der rein radicalen Abstraction, wo ich die ganze Conception für ein bestimmtes Werk der Baukunst aus seinem nächsten trivialen Zweck allein und aus der Konstruction entwickelte, in diesem Falle entstand etwas Trockenes, starres das der Freiheit ermangelte und zwei wesentliche Elemente: das Historische und das Poetische ganz ausschloß.[1]

Über den Sinn des Lehrbuchs formuliert Schinkel:

Ein Hauptgrund des Werkes ist der: einen Standpunkt für die Beurtheilung (nicht eigentlich Critik im neusten Sinn des Wortes und alles dessen was damit zusammenhängt) zu finden, von dem aus ein uns neu erscheinendes Werk betrachtet werden muß; von wo ab wir – den Leitfaden finden aus dem Chaos der unendlich mannigfaltigen Erscheinungen, von oft ganz entgegengesetztem Character, welche uns die Geschichte in ihrer vielverzweigten Entwicklung zugeführt hat und welche in uns das Schwanken der Begriffe erzeugten, einen geordneten Weg zu finden von welchem sich die neuen Erscheinungen nach ihrem eigenthümlichen Werthe aneinanderreihen und Authorität gewinnen können ohne eine specielle Authorität in der Geschichte für sich grade in Anspruch nehmen zu dürfen. [...] Ein Gebrauchsfähiges Nützliches Zweckmäßiges schön zu machen ist Aufgabe der Architectur, dies Wort soll diese Bedeutung haben im Gegensatz von Bauwerk schlechtweg, welches eben nur das Zweckmäßige, Tüchtige,

Solide, Nützliche aber vom Schönheitselemente noch nicht durchdrungene bezeichnen soll. Wobei zu bemerken, daß durch Zufall sehr wohl zugleich das Werk den Anforderungen des Schönen genügen kann, besonders was Verhältnisse betrifft. [8]

Die Ablehnung des Historismus ist in allen Werken Schinkels erkennbar: Er hat Elemente verschiedener Stile verwandt, aber er hat immer ein neues Kunstwerk geschaffen.

Um das Bauwerk schön zu machen ist die Annahme folgenden Grundsatzes unerläßlich: Von der Konstruction des Bauwerkes muß alles Wesentliche sichtbar bleiben.

Man schneidet sich die Gedankenreihe ab, sobald man wesentliche Theile der Konstruction verdeckt; das überdeckende Mittel führt sogleich auf Lüge, ein anderer Gegenstand tritt an die Stelle der Konstruction, der Willkühr nach Laune ist der Weg geöffnet, der Character der Wahrheit und Naivität am Werke ist verschwunden. –

– Sobald das Verhältniß eines Konstructions-Theils schön gewonnen ist läßt sich derselbe mannigfach verzieren, die Verzierung indeß darf nur untergeordnet bleiben, erst wenn bildende Kunst in größerer Bedeutung und Schönheitsfülle eintritt, ist ein mehr vorwaltendes Verhältniß dieser erlaubt, so, daß durch sie ein großer Theil des ursprünglichen Konstructionstheils verdeckt werden kann, ohne jedoch seine ursprüngliche Form ganz zu vernichten. Ein Beispiel würde sein: die einfache Stütze, giebt man derselben die Verhältnisse einer Säule, so ist ein großer Theil Schönheit gewonnen, verziert man sie durch Kapitäl, Schaftgesims u Cannelüren so ist eine vollständige Architectur erzeugt, giebt man ihm die Gestalt eines Menschen mit dem Kapitäl der Säule so ist ein Gegenstand der Kunst mehr hervorgebracht. – für die letzte Verschönerung würde man aber nicht z. B. die Gestalt eines Vogels wählen können, weil darinn der Character einer Stütze garnicht mehr herauszufinden ist der in der aufstrebenden schlanken Menschengestalt noch immer hervortritt.

Bei jedem Bauwerk wird demnach zunächst die zweckmäßige Konstruction jedes Theils zu bedenken sein, demnächst, wie diese Konstruction in schöne Verhältnisse gebracht, verziert und durch bildende Kunst von hoher Bedeutung erhöht werden kann.

Durch die Characteristik der sichtbaren Konstructionstheile erhält das Bauwerk etwas Lebendiges, die Theile handeln zweckmäßig gegeneinander, unterstützen sich und wenn man ihnen ansieht, daß jeder seine Schuldigkeit thut, so entsteht eine befriedigende Empfindung die den Begriff der Ruhe, der Festigkeit, der Sicherheit mit sich bringt. Der producirende hat also an der Konstruction das nächste und sicherste Criterium für eine angemessene Haltung, Characteristik seiner Architectur.[9]

[...] Symetrie darf nicht leer werden. Bei Anlage der Bauwerke die natürlich gegebenen Motiven recht benutzt für die Characteristik der einzelnen Theile einer Bau-Anlage läßt wirklich im Ganzen einen ganz unsymetrischen dennoch höchst interessanten Plan zu.

Die Symetrie aufgehoben durch einen recht bedeutenden und zugleich schönen Gegenstand hat etwas höchst reizendes. Man giebt gern die gemeine Ordnung auf wenn man etwas recht Wichtiges und Genußreiches dafür erhält. Die genialsten Werke sind oft in diesem Sinn entstanden, dagegen der Pedant, der trockene Systematicus um eine gewöhnliche Ordnung in allen Theilen durchzuführen zu einem höheren Gedanken nie kommen kann oder vielmehr von einem solchen nie verführt wird das System auf einige Momente aufzugeben, wofür ihm die Welt der Geistreichen doch viel Dank wissen würde, wenn er die leere Einförmigkeit einmal um eines höheren willen aufgeben wollte.

Nirgend darf Sclaverei gemerkt werden, auch nicht Sclaverei der Regel. Freiheit steht obenan im ethischen Gefühle, mit Freiheit sich aus Vernunft-Gründen oder aus poetischem Gefühl einem hohen Gesetz unterwerfen ist etwas Erhabenes und Schönes, aber kein Gesetz paßt für alle Fälle oder bleibt im Fortgange der unendlichen Verhältnisse gleich gültig, höhere Einsicht oder Eingebung für den Geist und als Wesen der Dinge läßt hier die Freiheit rechtfertigen, von dem bisher gültigen Gesetz abzugehn und ein neues, aber von höherem Grade, an die Stelle zu setzen.[10]

Über die Schönheit heißt es:

Schönheit ganz allgemein begriffen alle Eigenschaften der Dinge welche entweder den Gesichtssinn befriedigend anregen, oder durch ihn die Seele stimmen, den Geist erfreuen, und zwar in drei verschiedenen Arten, deren eine nur auf das sinnliche Auge, deren andere nur auf den eigenen voraussetzlich dem Menschen eingeborenen Sinn für räumliche Verhältnisse, deren dritte zunächst auf Verstand wirkt, dann erst durch Erkenntniß auch auf das Gefühl.[11]

In »Schinkels Sammlung architektonischer Entwürfe enthaltend theils Werke, welche ausgeführt sind, theils Gegenstände, deren Ausführung beabsichtigt wurde«, die er 1828 herausgegeben hat, finden sich in der Beschreibung der einzelnen Bauten und Projekte viele eher sachliche Kommentare, aus denen hervorgeht, wie er für jedes Gebäude die entsprechenden Formen und Konstruktionen wählte.

Gleichzeitig erfährt man aber auch, dass er bei allen öffentlichen Bauten sparsam mit den Kosten umgehen musste, denn die Kassen des preußischen Staates waren infolge der Kriege leer. So schreibt Schinkel, dass ihm für das Neue Museum nur 700000 Thaler zur Verfügung gestellt wurden. In der Summe waren nicht nur die Baukosten enthalten, sondern es mussten davon noch Grundstücke gekauft, zwei neue Brücken erbaut und eine Reihe anderer Kosten gedeckt werden. Da er mit dem Geld nicht auskommen konnte, reichte er 1826 beim König ein Gesuch zur Erhöhung der Mittel ein, »für Ausschmückung und materiellen Wert der Details«. Seine Bitte wurde mit einer knappen Kabinettsorder vom König abgelehnt. Schinkel war darüber sehr unglücklich, ihm kam jedoch zugute, dass er bei seinem Lehrer David Gilly gelernt hatte, wie man durch sorgfältigste Planung zugleich schön, zweckmäßig und nicht zu aufwendig bauen konnte. Die verschiedenen Strömungen in Schinkels Werk und Denken erlauben Architekten aus verschiedenen Perioden und mit unterschiedlichen Architekturauffassungen, sich auf ihn zu berufen. »Bei Schinkel muß es am Grundsätzlichen seiner Absichten liegen, wenn wir das Gefühl haben, er habe immer noch aktuelle Bedeutung.«[12]

Vielleicht hilft die folgende Bemerkung eines heutigen Architekten weiter: *»Jeder Bau, der sich nicht selbst zum Thema hat, ist geistig gesehen eine Trivialität. Er mag zwar durchaus notwendige Zwecke und Bedürfnisse erfüllen und auch berechtigten technischen Ansprüchen genügen, wenn er sich aber nicht über die reine Zweckerfüllung hinaus auch als eine Idee darstellt, bleibt er vom Anspruch der Architektur als einem Ausdruck geistiger Universalität ganz einfach eine Banalität.«*[13]

Ist das nicht eine Neuformulierung von Schinkels »Ideal der Zweckmäßigkeit«, in dem *firmitas, utilitas* und *venustas* enthalten sind? *»Sinn für die Dignität der jeweiligen Aufgabe: Daß eine Bauschule unbedingt anders aussehen muß als ein Museum, daß Charakter zum faßlichen Ausdruck kommen muß. So überwindet Schinkel die Banalität bloßen Bauens nach den Ge-*

setzen der Zweckmäßigkeit und der Konstruktion: Jeder Bau hat sich selbst zum Thema, d. h. er wird zum individuellen Gestaltungsproblem.«[14]

Oder, wie Schinkel es selbst ausdrückt:

> *Da Zweckmäßigkeit das Grundprinzip allen Bauens ist, so bestimmt die möglichste Darstellung des Ideals der Zweckmäßigkeit, das ist der Charakter oder die Physiognomie eines Bauwerks, seinen Kunstwert.*[15]

1840 erlitt Schinkel einen physischen und psychischen Zusammenbruch, vermutlich als Folge seiner völligen Überlastung und, wie er schreibt, »vieler angestrengt durchwachter Nächte«. Aus einer tiefen Bewusstlosigkeit erwachte er nur noch wenige Male und starb im Oktober 1841. Bei seinem Begräbnis säumten tausende von Menschen die Straßen, um ihrer Verehrung und Bewunderung für den Baumeister Ausdruck zu verleihen.

Ein Zeitgenosse schildert den Menschen Schinkel: »*Schinkels Ausdrucksweise war einfach und fließend und von überraschender Klarheit. Durch das Spiel der Hände pflegte er die Formen zu versinnlichen, von denen er sprach [...] Der Tadel (an Werken anderer) war, wenn auch zuweilen durch Witz und Humor begleitet, doch immer in die mildeste Form gekleidet [...] Zu heftigen Ausdrücken ließ er sich nie hinreissen, widersprechende Ansichten suchte er stets zu vermitteln, und wenn im Dienste eine Rüge notwendig wurde, so war er eifrigst bemüht, sie auf das geringste Maß zu beschränken. Schinkels Persönlichkeit war das vollendete Bild echter Humanität.*«[16]

ANMERKUNGEN

1 Semino 1993, S. 152/53.
2 Semino 1993, S. 95.
3 Schinkel 1982.
4 Forssmann 1981, S. 58.
5 Peschken 1979.
6 Poensgen, S. 27.
7 Poensgen, S. 149f.
8 Poensgen, S. 149.
9 Poensgen, S. 58.
10 Poensgen, S. 118f.
11 Poensgen, S. 59.
12 Poensgen, S. 149.
13 Ungers 1981, S. 246.
14 Forssmann 1981, S. 232.
15 Schinkel, nach Stahl 1912, S. 5.
16 Grisebach 1924, S. 22.

HENDRIK PETRUS BERLAGE *1856 – † 1934

Berlage wurde in der Mitte des 19. Jahrhunderts in Amsterdam geboren – zu einer Zeit, in der vorwiegend in historisierendem Stil gebaut wurde. Schon früh war ihm klar, dass neue Wege in der Architektur beschritten werden mussten, und so formulierte er bereits 1894 Kriterien, die seiner Ansicht nach zu einer Erneuerung der Architektur führen würden:

>ERSTENS: *Die Grundlage einer architektonischen Komposition soll wiederum nach einem geometrischen Schema bestimmt werden.*
>
>ZWEITENS: *Die charakteristischen Formen früherer Stile sollen nicht verwendet werden.*
>
>DRITTENS: *Die architektonischen Formen sollen nach der sachlichen Seite hin sich entwickeln.*[1]

Er war davon überzeugt, dass die Architektur mit dem Anfang des 20. Jahrhunderts auch am Beginn einer modernen Architektur stehe, und er wurde in der Tat zu ihrem bedeutendsten Anreger in den Niederlanden und weit darüber hinaus. Der italienische Kritiker E. Persico bezeichnet ihn als Mediator zwischen den »Alten« und den »Modernen«.

Berlage studierte für ein Jahr Malerei an der Akademie für bildende Kunst in Amsterdam, entschied sich aber dann für das Studium der Architektur, das er 1875 an der Züricher Bauschule begann. Seine Lehrer waren ehemalige Assistenten von Gottfried Semper, der dort 16 Jahre – bis 1871 – gelehrt hatte. Aus dieser Zeit stammt der Einfluss, den der »*große Architekt und Kunstgelehrte*«, wie er ihn nennt, auf Berlages theoretisches Denken hatte, besonders auf seine Arbeiten über den Stil.

1878 beendete er sein Studium und unternahm dann – wie so viele Architekten – eine ausgedehnte Bildungsreise, die drei Jahre dauerte. In Deutschland studierte und analysierte er die geometrischen Gesetze der großen Kirchen und Bauwerke. Dann führten ihn seine Studien weiter nach Italien, das er von Genua bis Sizilien bereiste.

ABB. 2

1881 kehrte Berlage nach Holland zurück, wo er zunächst mit dem Ingenieur Sanders zusammenarbeitete. Ihr größtes gemeinsames Projekt war die Arbeit an dem Wettbewerb für die Amsterdamer Börse. Der Entwurf, der verschiedene historische Stile benutzte und reich ornamentiert war, erhielt den vierten Preis. Die Ausführung des Bauwerks wurde jedoch zunächst zurückgestellt, und Berlage erhielt erst 1896 – inzwischen hatte er ein eigenes Büro – den Auftrag für dieses Projekt, das er nun aber völlig neu gestaltete.

1911 reiste Berlage in die USA. Hier interessierten ihn besonders die Werke von Louis H. Sullivan und Frank Lloyd Wright. Sein 1913 erschienenes Buch »Amerikanische Reiseerinnerungen« illustrierte er mit vielen Zeichnungen über ihre Arbeiten. Besonders der Einfluss von Wright wird in seinen späteren Bauten erkennbar.

1928 nahm Berlage – als einziger Vertreter seiner Generation – an der Gründung des CIAM (Congrès Internationaux d'Architecture Moderne) in La Sarraz teil, dessen Deklaration von 24 Architekten aus sechs europäischen Ländern – darunter Le Corbusier, Ernst May, Alberto Sartoris, Gerrit Thomas Rietveld und Mart Stam – unterzeichnet wurde. Wenige Jahre vor seinem Tod wandte er sich dann jedoch gegen die ihm zu radikal erscheinenden Forderungen nach Standardisierung, Normierung und Industrialisierung des Bauens, da diese seiner Auffassung nach zu einer großen internationalen Eintönigkeit führen und dem Architekten damit die Freiheit der Gestaltung und den Bauwerken die Individualität nehmen würden.

Berlage hat im Laufe seines Lebens über 60 Bauten ausgeführt, von denen hier nur die wichtigsten genannt werden können. Obgleich sich auch sein erster Bau – die Amsterdamer Börse – und sein letzter – das Gemeentemuseum in Den Haag – formal deutlich unterscheiden, so

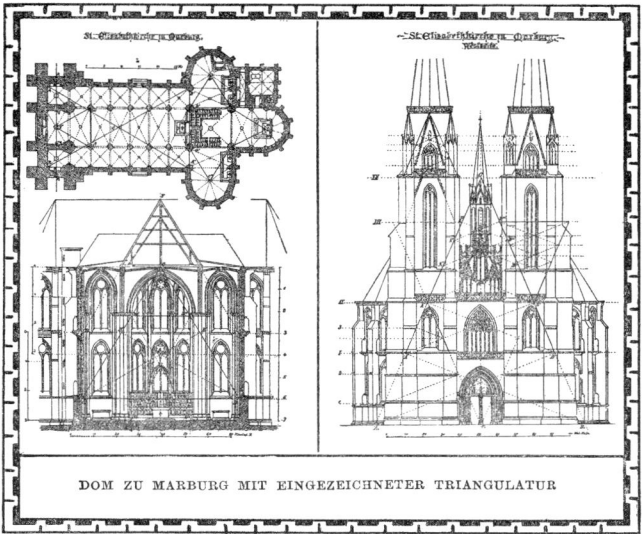

2. Zeichnung der Elisabethkirche in Marburg (etwa 1880).

bleiben in allen Gebäuden doch stets die theoretischen Prinzipien – die Wahrheit der Konstruktion, die geometrische Ordnung, die Architekturauffassung als Kunst der Raumbildung und die »Einheit in der Vielfalt« – erkennbar. *»Sein Werk der letzten 30 Jahre seines Lebens – er starb 1934 – zeigt deutlich einen konstanten Charakter, trotz formaler Variationen.«*[2]

ABB. 4

Sein erstes bedeutendes Bauwerk, mit dem er auch bis heute in erster Linie identifiziert wird, ist die Börse in Amsterdam, die zwischen 1897 und 1903 entstand, und die Leonardo Benevolo als *»den grundlegenden Wendepunkt in seinem Schaffen (er war damals schon 47 Jahre alt) und den Beginn einer tiefgreifenden Erneuerung der holländischen Architektur«* bezeichnet.[3]

Entsprechend den Zeichnungen, die er auf seiner Studienreise angefertigt hatte, gründete Berlage den Entwurf der Börse auf einem geometrischen System, das er mit eigenen Worten erklärt:

> *Es besteht also aus einem System von aufgebauten Pyramiden mit dem Verhältnis von 8:5 und lässt sich daher mit einer natürlichen Kristallgruppe vergleichen. Der Grundriss wurde dazu in Quadrate von 3,80 m Seitenlänge eingeteilt, welches Mass sich nach langem Suchen als das richtige Grundmass herausstellte. Es ist auch das Achsenmass der Fenster geworden.*[4]

3. Zeichnung der Halle der Warenbörse.

Dem heutigen Betrachter mag die Börse nicht unbedingt als »modern« im üblichen Sinne erscheinen, den Zeitgenossen jedoch, die an Bauwerke im eklektizistischen Stil gewöhnt waren, erschien sie nüchtern, rationalistisch und sogar als revolutionär. Das große, 143 Meter lange Gebäude diente verschiedenen Zwecken: Es enthielt u. a. die Warenbörse und die Effektenbörse, ein Postamt, Büros und Versammlungsräume. Berlage, der von innen nach außen entwarf, hat das Volumen des Baus entsprechend gegliedert. Ornamentierung, Farbgebung und Kunst entsprechen der Ästhetik der Architektur und ergeben in ihrem Zusammenspiel ein Gesamtkunstwerk. Der Höhepunkt des Bauwerks ist die große Halle der Warenbörse, in der die fein gegliederten Eisenträger die Konstruktion des Raumes zeigen und ihm damit Leichtigkeit und Modernität verleihen (siehe oben).
Mies van der Rohe würdigte Berlages Amsterdamer Börse mit einer ausführlicheren Beschreibung: »*Berlage war ein Mann von großer Ernsthaftigkeit, der keine Verlogenheit akzeptiert hätte, und er war es, der sagte, daß nichts gebaut werden sollte, was nicht klar konstruiert ist. Genau das hat Berlage getan. Und zwar in einem solchen Maße, daß sein berühmtes Gebäude, ›Die Börse‹ in Amsterdam, einen mittelalterlichen Charakter hatte, ohne mittelalterlich zu sein. Er benutzte Ziegelsteine auf die gleiche Weise wie die Menschen im*

Mittelalter. Dies vermittelte mir den Gedanken einer klaren Konstruktion, als eine der Grundvoraussetzungen, die wir akzeptieren müssen. Es ist leicht, darüber zu reden, aber es umzusetzen ist nicht leicht. Es ist sehr schwierig, dieser grundlegenden Konstruktion treu zu bleiben und sie dann zu einer Struktur zu erheben. Ich muß deutlich machen, daß man in der englischen Sprache alles ›structure‹ nennt. In Europa tun wir das nicht. ›Struktur‹ hat für uns eine geistig-philosophische Bedeutung. Die Struktur ist das Ganze, von oben bis unten, bis zum letzten Detail – beseelt von der gleichen Idee. Das nennen wir ›Struktur‹.«[5]

ABB. 5   Berlages letztes Projekt, das er selbst als die Krönung seiner Arbeit bezeichnete, ist das Gemeentemuseum in Den Haag. Gemeinsam mit dem Museumsdirektor Van Gelder erarbeitete er acht Jahre lang Pläne für einen Neubau, die dann wegen zu hoher Kosten verworfen wurden. 1931 konnte schließlich mit einem nun viel kleineren Bau begonnen werden, dessen Vollendung im Mai 1935 der Architekt nicht mehr erlebte.

Zwischen dem Entwurf für die Börse und dem für das Museum liegen mehr als 30 Jahre, und doch beruhen beide auf dem gleichen geometrischen Prinzip: Auch in Den Haag legt Berlage einen quadratischen Raster von 1,1 mal 1,1 Meter zugrunde, den er aus der Größe der 400 000 verbauten Ziegelsteine ableitet. Berlages Grundsatz, die inneren Funktionen eines Gebäudes in der Anordnung der Baukörper erkennbar zu machen, wird in seiner letzten Arbeit am deutlichsten. Dabei führen Gliederung und Staffelung des Gebäudes zu einer souveränen Gesamtkomposition, die dem relativ großen Museum (7000 Quadratmeter) einen erfassbaren Maßstab verleiht.

ABB. 7   Die Innenräume sind von einfacher Klarheit, die durch die Farben der natürlichen Materialien wie Ziegel, Platten und Terrakotta betont wird. Dieses letzte Werk ist zugleich Berlages modernstes und entspricht seinem Konzept einer Sachlichkeit, die er jedoch von der »Neuen Sachlichkeit« in der Architektur einer jüngeren Generation, die jede Ornamentik strikt ablehnte, nachdrücklich unterscheiden wollte.

Berlage stand den Ideen der 1894 gegründeten holländischen Sozialdemokratischen Arbeiterpartei nahe. Es war für ihn eine moralisch-ästhetische Aufgabe des Architekten, sich mit dem Wohnungsbau für Arbeiter zu befassen. Diese Einstellung beeinflusste die nachfolgenden

4. Warenbörse in Amsterdam (1897–1903).
5. Gemeentemuseum in Den Haag (1931–35).
6. Wohnbauten in Amsterdam-West (1924–27).
7. Innenraum des Gemeentemuseums in Den Haag.

Architekturgenerationen und führte in Holland nach dem Ersten Weltkrieg zu vielen staatlich geförderten Wohnsiedlungen von hoher architektonischer Qualität. Berlages Auffassung, dass der Wohnungsbau der wichtigste Bautyp für die Entwicklung der modernen Architektur sei, hat sich im Siedlungsbau der zwanziger Jahre, an dem in fast allen europäischen Ländern die besten Architekten beteiligt waren, bestätigt.

In seinem Gesamtwerk nimmt der Genossenschaftliche Wohnungsbau für die Arbeiterklasse allerdings nur einen relativ kleinen Teil ein. Beispielhaft sollen hier die Gartenstadt für Arbeiter aus den Jahren 1913/1914 und ein Block mit Arbeiterwohnungen, der zwischen 1912 und 1915 entstanden ist, genannt werden.

ABB. 6

Angeregt durch den Wiener Architekten Camillo Sitte und sein Buch »Der Städtebau nach künstlerischen Grundsätzen« (1889) war Berlage einer der ersten Architekten in Holland, die sich mit Stadtplanung und besonders mit der Integration des Wohnens in der Stadt befassten. Er entwarf Erweiterungspläne für Den Haag, Amsterdam und Utrecht. Sein Plan für Den Haag (1908) erinnert in seiner symmetrischen Aufteilung und Sternform fast an Idealstadtentwürfe.

Die Erweiterung für Amsterdam Süd (1902–1917) beruht auf Baueinheiten von 100 bis 200 Meter langen und 50 Meter breiten viergeschossigen Wohnblocks mit innen liegenden Gärten, die zur Erholung der Bewohner geplant waren. Die Blocks sollten einheitliche Fassaden erhalten, um der gesamten Bebauung »Ruhe« zu verleihen. Den Verkehr trennte Berlage in einen auf der Mittelbahn gelegenen Schnellverkehr und einen seitlich verlaufenden langsamen Verkehr für die Anlieger – ein durchaus moderner Gedanke. Ein großer Teil von Amsterdam Süd wurde nach dem Ersten Weltkrieg von jüngeren Architekten wie de Klerk, Vijdeveld, Kramer und anderen Mitgliedern der so genannten »Amsterdamer Schule« im Sinne von Berlage ausgeführt.

Zeit seines Lebens beschäftigte sich Berlage mit den Prinzipien der Architektur – sowohl in der Theorie wie auch in der Praxis der Bauwerke. Er selbst hat 15 Bücher veröffentlicht, von denen einige so erfolgreich waren, dass sie mehrmals nachgedruckt wurden. Berlage schrieb für die wichtigsten Architekturzeitschriften und hielt zahlreiche Vorträge – nicht nur in den Niederlanden, sondern auch in der

Schweiz, in Deutschland und in den USA. Die folgenden Auszüge aus Berlages Texten vermitteln einen Eindruck von den theoretischen Grundlagen seiner Architekturauffassung:

»Time alters fashions. ... but that which is founded on geometry and real science will remain unalterable.« *Dieses Motto wählte der englische Möbeltischler Sheraton für seine Sammlung Entwürfe,* »the cabinet maker«, *welches Buch in der Mitte des 18. Jahrhunderts herauskam. Man sollte meinen, dass ein derartiges Motto für ein wissenschaftliches Werk, also für ein technisch-künstlerisches, bestimmt wäre und nicht für ein solches über Möbel. Trotzdem betrachte auch ich das Motto Sheratons als richtig und wage es ebenfalls zu dem meinigen zu machen, gerade weil es eine Betrachtung über Kunst und zwar über Baukunst betrifft.*

[...] Diese Methode, welche eine geometrische Grundlage zu jedem Entwurf voraussetzt, soll selbstverständlich nur Mittel und nicht Zweck sein; die künstlerische Idee gehe ihr voran. Denn man kommt doch immer wieder darauf zurück, was Eitelberger von Edelberg in seinen gesammelten kunsthistorischen Schriften sagt: dass wahre Kunst sich nicht machen lässt nach Regeln, weder in der Musik, noch in der Poesie, noch in der Architektur; aber, heisst es am Schluss, sie setzt ein Erkennen der grossen einfachen Gesetze voraus. Nun denn; es sind diese einfachen Gesetze, welche die Formen kontrollieren, und namentlich die Verhältnisse näher bestimmen sollen, welche sonst unkontrollierbar, d.h. nur individuelle Geschmackssache, und daher absolut willkürlich sind. Diese Gesetze sollen dem absoluten Schwanken, zwischen dem »so oder so« so viel wie möglich vorbeugen und endlich einmal ein bestimmtes Wissen an die Stelle des ewigen Zweifels setzen. [...] Beweist dies aber nicht, dass es in der Kunst ewige Gesetze gibt, die die Vorbedingung aller formalen Schönheit und daher unabhängig von allen Geistesströmungen sind? Beweist dies nicht, dass ohne Verwendung dieser Gesetze von einer stilvollen Architektur nicht die Rede sein kann, indem sie sonst ein Produkt der reinen Willkür wäre, d.h. Gesetzlosigkeit, eben nicht die wahre Freiheit, sondern Schrankenlosigkeit und daher Armut; dass dagegen Gebundenheit die wahre Freiheit und daher Reichtum bedeutet.

[...] Der Zweck des ganzen künstlerischen Schaffens unserer Zeit soll nun dahin gerichtet sein, jenes Ziel zu erreichen, jene Einigung zu erzielen, weil sie die Kunst des Raumes, die eigentliche Kunst der Architektur, bedeutet. Erst wenn diese Bedingung in ihrem ganzen Umfange erfüllt sein wird, kann von einer Raumkunst die Rede sein, erst dann wird Harmonie zwischen

dem Ganzen und den verschiedenen Teilen, die Einheit in der Vielheit, hergestellt sein.

Und eben das hat das 19. Jahrhundert vergessen, von innen nach aussen zu arbeiten. Es hat vergessen, dass die Architektur die Aufgabe hat, Räume zu bilden »qu'une édifice est une nécessité enveloppée«.

Dagegen hat es alle Kunst auf die Fassade – und was für eine Fassade! – geworfen, und darüber das Innere vergessen. Es hat gerade umgekehrt gearbeitet, von aussen nach innen, aber dafür die Wirklichkeit dem Schein geopfert.

Jemand, der seine Zeit nicht begreift und demzufolge nichts als Äusserlichkeiten zu erzählen hat, nur so einer kann, um Geld zu verdienen, Gebäude in Stilarchitektur entwerfen; denn Stilarchitektur ist nicht ein Kunstgegenstand, sondern ein Gegenstand des Handels, aus dem Laden eines Architekt-Kaufmannes.

Stilarchitektur ist nicht die Arbeit von einem, der sich durch sein eigenes, von ihm selber geprüftes Gemüt äussern will.

Stilarchitektur steht, als etwas von einzelnen Angelerntes, ausserhalb des Volkes, ist etwas Unnatürliches bei einem Künstler.

Stilarchitektur ist der Kunstgriff eines Pseudo-Architekten, ist die Devise eines Kaufmannes in baukünstlerischen Entwürfen, der seine Ware anpreist.

Stilarchitektur ist etwas ausserhalb der Kunst Stehendes, und hat nur den Schein mit der Baukunst gemeinsam.

Stilarchitektur ist die Lüge eines Mannes, der für einen Künstler gehalten werden will, ist das Treiben eines Handelsmannes, der Architekt scheinen möchte.

Stilarchitektur endlich ist der Handgriff eines Mannes, der Liebe lügt, und Lügner und Künstler sind zwei verschiedene Menschen.

Stilarchitektur und Künstler sein geht nicht zusammen.

[…] Denn es gibt nicht nur eine ökonomische, sondern auch eine künstlerische Sachlichkeit. Ist es denn unkünstlerisch, bei der Formgebung nicht zuerst an die Verzierung, an das Ornament, sondern zuerst an eine Linienführung zu denken, die sich so einfach wie möglich aus der primären Form entwickelt? Ist es denn unkünstlerisch, auch in der Formgebung alles Überflüssige weg zu lassen, d. h. alles dasjenige, was nicht direkt zu der architektonischen Konstruktionsnotwendigkeit gehört, und den Masstab der Folgerichtigkeit daran zu legen, wodurch der Satz Viollet-le-Ducs: »que toute forme, qui n'est pas ordonnée par la structure, doit être repoussée,«

seine richtige Anwendung findet? So wie sich denn immer in der »Beschränkung der Meister zeigt«, so geht's auch hier, ein Satz, der nebenbei den Beweis zur allgemein bekannten Tatsache liefert, dass nicht die komplizierte, sondern die einfachere Form immer die grössten Schwierigkeiten macht. Und Ihr seid Künstler genug, um zu begreifen, dass das Gefühl dabei die Grenze zwischen Nüchternheit und Einfachheit zu ziehen hat; d. h. die Unterscheidung zwischen Nicht-Künstler und Künstler, indem die Arbeit des wahren Künstlers, so einfach sie auch sein möge, niemals nüchtern sich gestaltet.[6]

Neben den ihm wichtigen Themen – Stil, Wahrheit der Konstruktion, »Einheit in der Vielfalt«, Architektur als Raumkunst, die Natur als Vorbild – äußert sich Berlage hier wie schon 1894 in Zürich – über die Bedeutung der Arbeiterbewegung für die Baukunst und damit auf die Entstehung eines neuen Stils im Sinne einer Gemeinschaftskunst.

Ich frage, ob jemals in schönerer Weise gesagt worden ist, was in jeder Künstlerwerkstatt als Spruch an die Wand gehängt werden sollte; daß nämlich die Natur, behaupte ich, und nur sie allein uns den Weg zu zeigen hat, in dem Sinne, daß:

1. sie selber mit den einfachsten Mitteln, eine unendliche Zahl verschieden gestalteter Kunstwerke hervorbringt, und

2. daß sie logisch ist, indem sie niemals willkürlich arbeitet. Könnte man den Künstlern jemals deutlicher zurufen:

Denkt nach bei allem, was ihr tut, und sorgt dafür, daß alle eure Kunstwerke bis zum kleinsten Detail davon Zeugnis ablegen. Tuet nichts willkürlich: aber vor allen Dingen, seid sparsam in dem Gebrauch eurer Motive, d. h. seid einfach.

Also, allen denen zum Trotz, die meinen, daß die Kunstfertigkeit sich durch eine große Verschiedenheit von Motiven zeigt, ruft Semper dem Künstler zu: Das ist nicht wahr; betrachte, studiere unsere Allmutter, die Natur, seht wie sparsam sie arbeitet, und trotzdem jenen großen, unendlichen Kunstreichtum zu erreichen weiß. Ist denn die Natur nicht eben deshalb die Meisterin der Kunst? [...]

Darum, wieder einen Stil zu haben! Nicht nur ein Königreich, sondern der Himmel für einen Stil! ist der Ausruf der Verzweiflung; das ist das große verloren gegangene Glück. Es gilt die Scheinkunst, d. h. die Lüge zu bekämpfen, wieder das Wesen und nicht den Schein zu haben.

Wir wollen also das Wesen der Architektur, d.h. die Wahrheit, und noch einmal Wahrheit, denn auch in der Kunst ist die Lüge Regel, die Wahrheit Ausnahme geworden. Wir Architekten müssen daher versuchen wieder zur Wahrheit zu kommen, d.h. das Wesen der Architektur wieder zu fassen. Nun ist und bleibt die Baukunst die Kunst des Konstruierens, d.h. des Zusammenfügens verschiedener Elemente zu einem Ganzen, d.h. zum Umschließen eines Raumes, und da nun eben dieser prinzipielle Grundsatz eine leere Form geworden, so muß vor allen Dingen wieder versucht werden, wollen wir auf den Grund der Sache gehen, gut zu konstruieren, und, um dies wieder ganz unbefangen tun zu können, in der einfachsten Form.[7]

[…] Ich meine diese, die, wenn ich nicht irre, von Goethe herrührt: »Stil ist Einheit in der Vielheit.« Mit dieser Erklärung wären wir wohl einen Schritt weiter, denn sie bringt uns zum Ziel der Ruhe; denn wo Einheit ist, ist Ruhe.[8]

[…] Daher ist immer wieder zu sagen: Lernt von der Natur, aber lernt mit Bewußtheit anwenden, was sie, die Natur unbewußt tat; und wenn wir in diesem Sinne streben, werden wir wieder erreichen, was in allen Stilperioden erreicht ist. In diesen Zeiten zeigten die Monumente die nämlichen Stilqualitäten, d.i. Einheit in der Vielheit, wie die unansehnlichsten Gegenstände. […] Jeder Stil hat sein Jünglingsalter, seine wilden Jahre, seine archaisierende Periode, die zum Mannesalter, zur ruhigen Kraft, zur bewußten Tat wachsen muß; wir sind noch im Jünglingsalter; das bewußte Arbeiten hat noch kaum angefangen.[9]

[…] Eine Raumumschließung wird hergestellt durch Mauern; daher manifestiert sich der Raum, oder verschiedene Räume, nach außen als ein mehr oder weniger zusammengestellter Komplex von Mauern.

Auf die Mauer fällt daher in diesem Sinne wieder der gebührende Wert, daß dieselbe ihrer Natur nach flach bleiben soll, denn eine zu sehr gegliederte Wand verliert ihren Charakter als solche.

Die Architektur der Wand bleibt daher Flächendekoration. Die vorspringenden Architekturteile bleiben beschränkt auf diejenigen, die durch die Konstruktion geboten sind, wie Fensterstürze, Wasserspeier, Rinnen, einzelne Gesimse usw. Aus dieser sog. »Architektur der Mauer«, wobei die vertikale Gliederung von selbst wegfällt, folgt weiter, daß die eventuellen Stützen, wie Pfeiler und Säulen, keine vorspringenden Kapitele erhalten, sondern daß die Entwickelung der Übergänge sich innerhalb der Mauerfläche gestaltet.

Die eigentliche Flächendekoration bilden die Fenster, die natürlich nur dort anzubringen sind, wo dieselben nötig, und alsdann in den betreffenden verschiedenen Größen. [...]

Man soll vor allen Dingen die nackte Wand wieder in all ihrer schlichten Schönheit zeigen, und alle Überladenheit aufs Peinlichste vermeiden.[10]

[...] Aber trotz alledem: wir können konstatieren, daß ein Anfang mit dem langen Weg gemacht ist, der zu einem architektonischen Stil führt, und ich glaube, daß nichts mehr diese Bewegung aufhalten kann. Es scheint sogar, daß die Architektur die Kunst des 20. Jahrhunderts sein wird, eine Überzeugung, die ich ebenfalls aus den gesellschaftlichen und geistigen Erscheinungen der Gegenwart heraushole. Denn mit dem Wachstum der Arbeiterbewegung wächst auch jene Kunst, die der Mensch, das ganze Volk zusammengenommen, am wenigsten entbehren kann, die ihm am nächsten liegt und das ist die Baukunst. [...]

Die Baukunst wird dann wieder den ersten Rang unter den Künsten einnehmen, gerade weil sie die eigentliche Volkskunst ist, nicht die Kunst des einzelnen, sondern die Kunst aller, die Kunst der Gemeinschaft, in der sich der Zeitgeist widerspiegelt; denn zur Herstellung eines Bauwerks ist doch die ganze Nutzkunst, und mit ihr sind doch alle Arbeiter nötig. Sie fordert ein Zusammenwirken aller Kräfte, und diese können nur geistig verwendet werden bei ökonomischer Unabhängigkeit aller. Sie, die Baukunst, ist die Manifestation des äußersten Könnens eines ganzen Volkes. Denn nur bei Zusammenwirken aller Kräfte zu einem ideellen Zweck kann jene staunenswerte Vollkommenheit erreicht werden, die das Geheimnis der höheren Baukunst ist, und deswegen vom Individuum allein nicht erreicht werden kann.[11]

»Jeder wahre Revolutionär ist zugleich auch ein Traditionalist; er ist derjenige, der die Tradition wieder ernst nimmt.«[12] Dies schrieb J. Havelaur 1927 über Berlage. Er kannte und nutzte die Werte der historischen Architektur und wies gleichzeitig der jüngeren Generation den Weg in die Moderne. Es ist dieser Dualismus, der ihn zu einer »Schlüsselfigur im Wohnungsbau der holländischen Architektur« macht, wie der Architekt und Stadtplaner J. P. Bakema einmal formulierte.

Aber Berlage ist nicht nur Architekt und Theoretiker, sein Bekenntnis zur Gleichheit aller Menschen und der Verpflichtung des Architekten, diese im Siedlungs- und Wohnungsbau umzusetzen, weisen ihn als Idealisten und Moralisten aus. Es ist sein Streben nach Wahrheit – sei es in der Realität des Bauens oder in den theoretischen Erkenntnissen –, das sein Gesamtwerk so kohärent und überzeugend macht.

Der Einfluss seiner theoretischen Überlegungen und seiner Bauten auf die verschiedenen Schulen der jüngeren holländischen Generation war nachhaltig. Sein Bekenntnis zur Geometrie wurde von den Vertretern der De-Stijl-Gruppe wie J. J. P. Oud und Gerrit Rietveld in ihren Wohnbauten eindrucksvoll veranschaulicht, während sich seine Bewertung der Ziegelwand als der wichtigsten Gestaltungsmöglichkeit des architektonischen Raums – die er als »Architektur der Mauer« bezeichnet – bei den Vertretern der Amsterdamer Schule wiederfindet.

ANMERKUNGEN

1 Berlage 1894, S. 100.
2 Singelenberg 1972, S. XI.
3 Benevolo 1978, S. 368.
4 Berlage 1894, S. 60 f.
5 Mies, zitiert nach Blaser 1986, S. 13.
6 Berlage 1894, S. 3, 14, 30, 68, 95 f.
7 Berlage 1904, S. 22 f.
8 Berlage 1904, S. 29 f.
9 Berlage 1904, S. 37 f.
10 Berlage 1904, S. 16.
11 Berlage 1904, S. 48 f.
12 Havelaur, zitiert nach Polano 1991, S. 8.

FRANK LLOYD WRIGHT *1867 – † 1959

Frank Lloyd Wright ist einer der wenigen Architekten, die eine Autobiographie geschrieben und damit Einblick in ihr persönliches Leben gegeben haben, über die »ups and downs«, die »ins and outs« – wie er es selber nennt. Und es war ein außerordentlich bewegtes Leben – sowohl im privaten Bereich als auch in seinem Beruf als Architekt. Gegen Ende seines Lebens veröffentlichte er ein Buch mit dem Titel »Ein Testament«, in dem er nochmals Dinge benennt, die ihn beeinflusst, Gedanken und Ideen, die ihn beschäftigt haben, und Gebäude zeigt und beschreibt, die er für besonders wichtig hält.

Als meine Lehrerin-Mutter mir die »Fröbel-Gaben«[1] schenkte, begann ich eigentlich schon in meiner Kindheit, Architekt zu werden [...] Ich spielte mit dem Quadrat (Würfel), dem Kreis (Kugel) und dem Dreieck (Tetraeder oder Dreifuß) [...] mit denen ich nach meiner eigenen Phantasie Muster legen – Entwürfe machen konnte [...] Im Umriß bedeutete das Quadrat Integrität, der Kreis Unendlichkeit, das Dreieck Aspiration, und mit allen galt es, sinnvolle Formen zu entwerfen [...] Meine Kindergartenerziehung hat sich, [...] als ein unvorhergesehener Vorteil herausgestellt; vor allem, weil mein ganzes späteres Planen auf einem proportionell-richtigen Einheitssystem erdacht wurde. Ich fand, daß dadurch alles im Maßstab blieb, folgerichtige Proportionen im Gesamtgebäude, sei es groß oder klein, verbürgt wurden, das auf diese Weise – wie ein gewirkter Teppich – zu einem aus wie vielen voneinander abhängenden und miteinander verbundenen Einheiten auch immer bestehenden festen Gewebe wurde.[2]

In diesem Zusammenhang erscheint es erwähnenswert, dass Wright auf alle seine Bücher ein rotes Quadrat druckte.

Wrights Vater war Prediger, und da die Familie häufig ihren Wohnort wechselte, erlangte Frank Lloyd Wright keinen High-School-Abschluss; sein Studium der Ingenieurwissenschaften an der Universität in Wisconsin brach er nach wenigen Kursen ab. Er erwarb sein theoretisches Wissen durch die Lektüre von John Ruskin, Viollet-Le-Duc, Gottfried Semper, aber auch von Victor Hugo, Walt Whitman, Ralph W. Emerson und anderen Dichtern. Mit 18 Jahren begann er seine praktische Ausbildung bei dem Architekten Silsbee in Chicago – wohl auch, um die Mutter und seine Schwestern zu unterstützen, da der Vater die Familie verlassen hatte.

Zwei Jahre später wechselte er in das Büro von Adler und Sullivan, dessen Bedeutung weit über Chicago hinausreichte. Sullivan war der erste amerikanische Architekt, der einen modernen Stil entwickelte, der losgelöst war von allen traditionellen, historischen Stilrichtungen. Wenn auch Wright in seinem »Testament« schreibt:

> *um jede Zweideutigkeit auszuschalten: es gab niemals, einen äußeren ausländischen oder einheimischen Einfluß auf mein Werk, außer dem von Dankmar Adler und John Roebling, Whitman und Emerson und den großen Weltdichtern. Mein Werk ist nicht nur in Wirklichkeit, sondern auch in seiner geistigen Struktur ursprünglich,*[3]

– so ist doch der Einfluss von Louis Sullivan, vor allem dessen Gedanke, dass die demokratische Gesellschaftsordnung Amerikas einen neuen, demokratischen und damit amerikanischen Architekturstil hervorbringen würde, unbestreitbar.

Nach sechs Jahren verließ Wright das Büro von Sullivan und begann mit eigenen Arbeiten. In der Zeit von 1893 bis 1910 baute er vorwiegend Einfamilienhäuser, für die er einen ganz eigenen Stil entwickelte – das so genannte »Prairie House«. Der Entwurfsprozess leitete sich nicht von philosophischen Vorstellungen oder klassischen Regeln ab, sondern basierte auf der Beziehung zu Natur und Landschaft, auf der Verwendung natürlicher Materialien, organischer Einfachheit und einem offenen Grundriss. So konnten sich ursprüngliche Schönheit, Reichtum der Formen und Klarheit der Sprache entfalten. Wright hat – in seiner geistreichen Sprache – die Grundprinzipien für diesen Haustyp unter dem Titel »The Cardboard House« erläutert.

ABB. 2
ABB. 3

Das Papphaus bedarf eines Gegengifts. Und das Gegenmittel ist weit wichtiger als das Haus. Und als Gegenmittel – dazu als praktisches Beispiel für die Ausarbeitung eines Ideals der organischen Einfachheit, das hier auf amerikanischem Boden Schritt für Schritt unter Bedingungen stattgefunden hat, die völlig die Ihren sind – könnte ich Ihnen wohl nichts Besseres geben, als die Gebäude, die ich zu bauen versuchte, zu Ihrem Nutzen auseinanderzunehmen und Ihnen zu zeigen, wie sie bereits vor langer Zeit dem Ideal der organischen Einfachheit gewidmet waren. Mir scheint, daß ein anderer es besser hätte machen können, ich vermochte es bestimmt nicht – denn das ist das Wahrste und Beste, was ich über dieses Thema weiß. Was ein Mann tut, das hat er.

Als ich »um der Architektur willen« im Jahre 1893 die Häuser zu bauen begann, die von den Gedankenlosen bisweilen »neue Schule des Mittelwestens« genannt wurden (irgendein Reklameslogan muß in diesem, unserm betriebsamen Frauenland alles etikettieren), war der einzige Weg, um das scheußliche, damals modische Haus zu vereinfachen, ein feineres Wesen – ein besseres Gebäude – zu ersinnen und es bauen zu lassen. Die damals vorhandenen Gebäude waren alle hoch und alle dicht zugebaut. Schornsteine waren dünn und noch höher, Rußfinger, die den Himmel bedrohten. Und neben ihnen stießen die Dachgauben der Bodenkammern, in denen die »Hilfe« vor Hitze umkam, durch die grausam scharfen sägezahnartigen Dächer. Bodenfenstergauben waren kunstvolle Einrichtungen, listige kleine Gebäude, in sich selber komplett, die aus den Neigungen des Hauptdaches ragten, damit die »Hilfe« den Kopf aus der Dachkammer stecken konnte, um Luft zu schnappen.

Unveränderlich wurde der feuchte, zähe Lehm der Prärie ausgehoben, damit man einen Keller unter dem ganzen Haus anlegen konnte, und die Bruchsteinwände dieses feuchten Kellers ragten immer eine Elle hoch oder mehr über den Boden und blinzelten dort mit halben Fenstern. So zeigte sich der übliche Keller als ein auf verschiedene Weise gemauertes Band, das um das ganze Haus lief – auf dem das Haus wie auf einem Stuhl saß. Die dünneren oberen Wände des Hauses – gewöhnlich zwei Stock über diesem Keller aus Stein oder Ziegel – waren aus Holz und saßen auf diesem Mauerstuhl, genutet und gestrichen, oder auch geschindelt und gebeizt, doch am liebsten geschindelt und aufwärts und abwärts und überall mit Kehlung und Zierleisten kreuzweise gemischt. Diese übertrieben angeputzten Häuserwände hatten eingeschnittene – oder um genauer zu sein:

ausgeschnittene – große Löcher für die große Katze und kleine Löcher für die kleine Katze, damit diese hinein und heraus konnten, oder wegen Licht und Luft. Die Hauswände wurden besimst oder gingen oben in das hohe, absichtlich komplizierte Dach mit Bodenfenstern über. Das ganze Dach war mit Langetten und Spitzen versehen, mit Firstziegeln gedeckt und bis zum Wahnsinn begiebelt, statt daß man ihm erlaubt hätte, entweder Schindeln oder Schieferplatten zu tragen. Das ganze Äußere wurde behext, das heißt wie ein Puzzlespiel zusammengeworfen und mit Eckbrettern, Paneelen, Fensterrahmen, Eckblöcken, Plinthenklötzen, Rosetten, Lünetten und kunstvoller Schweifsägearbeit im allgemeinen versehen. Das war damals anscheinend die einzige Möglichkeit, »Stil aufzutragen«. [...] Die Einfachheit war von diesem Abfallhaufen ebensoweit entfernt wie der Lärm auf dem Viehhof von der Musik. Aber für den Architekten war es leicht. Er brauchte nur zu rufen: »Junge, nimm das Stück Nr. 37 wieder ab und setz der Dame des Hauses dort ein Erkerfenster hin!«
Das erste, was man tun mußte, war also, die Dachkammer loszuwerden und damit auch die Fenstergaube und die nutzlosen »Höhen« darunter. Als nächstes schafft den ungesunden Keller ab, völlig – jawohl, unbedingt –, in jedem Haus, das auf der Prärie gebaut ist. Statt der hageren Ziegelschornsteine, die brüchig aus steilen Dächern aufragen, um allenthalben auf das »Gericht« hinzuweisen, würde ich nur einen für notwendig halten, einen breiten, großzügigen, höchstens jedoch zwei, die man über sanft geneigten Dächern oder vielleicht flachen Dächern niedrig hält. Die große Feuerstelle unten im Innern wurde nun zur Stelle für ein wirkliches Feuer und rechtfertigte die Größe des Schornsteins draußen. Zu jener Zeit aber war eine wirkliche Feuerstelle ungewöhnlich. Statt dessen gab es damals »Kaminumbauten«. Das war ein Marmorrahmen für ein paar Stücke Glut oder ein hölzernes Möbelstück, in das man Kacheln und einen »Rost« geschoben hatte; das Ganze wurde – bums – an die Wand gesetzt. Der Kaminumbau war eine Beleidigung für die Behaglichkeit, während die integrierte Feuerstelle zu einem wichtigen Teil des Gebäudes selbst in jenen Häusern wurde, die ich dort draußen auf der Prärie bauen durfte. Es freute mich, das Feuer tief im Mauerwerk des Hauses selbst brennen zu sehen. Ich nahm mir den Menschen zum Maßstab und senkte die Höhe des ganzen Hauses so weit, daß es für einen normalen Mann paßte; da ich an keinen andern Maßstab glaubte, breitete ich die Baumasse aus, so weit es irgend ging; ich brachte sie herunter und machte sie geräumig. Man hat

behauptet, wenn ich sieben, acht Zentimeter größer wäre (ich bin einsvierundsiebzig), hätten alle meine Häuser andere Proportionen. Vielleicht.

Die Hauswände begannen jetzt zu ebener Erde auf einer Wasserabflußrinne aus Beton oder Stein, die wie eine niedrige Plattform unter dem Gebäude aussah und es gewöhnlich auch war. Doch die Hauswände hörten in Höhe der Fensterbrüstungen des zweiten Stockwerks auf, damit die Zimmer oben in einer fortlaufenden Fensterreihe unter den breiten Traufen eines sanft geneigten, überstehenden Daches herauskamen. Damit wurden die unteren Wände zu Schutzschirmen und die des zweiten Stockwerks zu Lichtschirmen. Das war wirkliche Einfriedigung des Innenraums. Anscheinend ein neues Baugefühl.

Da das Klima nun einmal den heftigen Wechsel von heiß und kalt, feucht und trocken, dunkel und hell mit sich bringt, versah ich das Ganze mit breitem Dachschutz und griff dazu auf die Bedeutung zurück, die das Gesims ursprünglich hatte. Die Unterseite der Dachüberstände war glatt und hell von Farbe, um einen Schein reflektierten Lichts zu erzeugen, der die oberen Räume nicht dunkel, sondern freundlich machte. Der Überstand hatte doppelten Wert: Schutz und Erhaltung der Hauswände sowie die Diffusion des reflektierten Lichtes für das Obergeschoß durch die »Lichtschirme«, die die Wände ersetzten und Fenster waren.

[...] Diese ganze langweilige Beschreibung hat das Ziel, unmittelbar und in knappen Umrissen zu zeigen, daß bereits so früh wirklich ein Ideal der organischen Einfachheit mit historischen Folgen hier in unserm eigenen Lande angewendet worden ist. Die Hauptmotive und -anzeichen, die mir alle gefielen, waren:

1. Die Zahl der notwendigen Teile des Hauses und der einzelnen Zimmer auf ein Minimum zu reduzieren und alles als umfriedeten Raum zusammenzufügen – so eingeteilt, daß Licht, Luft und Sicht das Ganze mit einem Gefühl der Einheit durchtränken konnten.

2. Das Gebäude als Ganzes durch Erweiterung und Betonung der parallel zum Boden verlaufenden Ebenen mit seiner Lage zu verschmelzen, dabei jedoch die Fußböden über das Gelände zu heben, damit sie im Zusammenhang mit dem Eigenleben des Hauses blieben. Verbreiterte Fundamentplatten waren in diesem Zusammenhang nützlich.

3. Das Zimmer als Schachtel und das Haus als eine andere Schachtel dadurch aufzuheben, daß man alle Wände zu einfriedigenden Schirmen machte – die Decken und Fußböden und einschließenden Schirme als eine einzige weite Einfriedigung des Raumes, nur mit geringen Unterteilungen, zusammenfließen zu lassen. Alle Proportionen des Hauses liberaler menschlich zu machen – weniger Raumverschwendung in der Konstruktion, die Konstruktion mehr dem Material entsprechend und damit das Ganze bewohnbarer. Liberal ist das beste Wort. Weite gerade Linien oder Stromlinien waren dazu nützlich.

4. Den ungesunden Keller auf die Erdoberfläche zu holen, ganz nach oben, als niedrigen Sockel für den Wohnteil des Heims; die Fundamente selbst sichtbar zu machen als eine niedrige gemauerte Plattform, auf der das Gebäude stehen kann.

5. Alle notwendigen Öffnungen nach »draußen« oder nach »drinnen« in Einklang mit guten menschlichen Maßen zu bringen und sie natürlich auftreten zu lassen – einzeln oder als Reihe im System des ganzen Gebäudes. Gewöhnlich erschienen sie als »Lichtschirme« statt der Wände, weil die ganze »Architektur« des Hauses hauptsächlich darin bestand, wie diese Öffnungen in die Wände hineinkamen, die sich als einfriedigende Schirme um die Zimmer gruppierten. Der Raum als solcher war nun der wesentliche architektonische Ausdruck; es wurden keine Löcher in die Wände geschnitten, wie man Löcher in eine Schachtel schneidet, weil das dem Ideal des »Plastischen« nicht entsprach. Löcher zu schneiden war Sachbeschädigung.

6. Auf Kombinationen verschiedener Werkstoffe zugunsten des Monomaterials so weit wie möglich zu verzichten; kein Ornament zu verwenden, das nicht aus der Natur der Baustoffe selbst stammte, um das ganze Gebäude klarer und stärker zum Ausdruck einer Wohnstätte zu machen und der Konzeption des Gebäudes den angemessenen offenbarenden Nachdruck zu verleihen. Geometrische oder gerade Linien waren den damals im Baugewerbe verwendeten Maschinen natürlich; deshalb nahm das Innere diesen Charakter durchaus natürlich an.

7. Alle Heizungs-, Beleuchtungs-, Versorgungsleitungen so einzubeziehen, daß diese Systeme wesentliche Bestandteile des Gebäudes selbst werden. Die Versorgungsteile wurden architektonisch, und bei diesem Versuch war das Ideal einer organischen Architektur am Werk.

8. Die Möbel – soweit möglich – als organische Architektur mit einzubeziehen, sie eins mit dem Gebäude zu machen und sie in einfachen Formen für die Arbeit der Maschine zu entwerfen. Abermals gerade Linien und rechtwinklige Formen.

9. Auf den Dekorateur zu verzichten. Er bestand aus lauter Kurven und war lauter Auswitterung, wenn er nicht gar die »Epoche« selber war.[4]

1910 reiste Wright zum ersten Mal nach Europa, um eine Ausstellung und die erste Publikation seiner bisherigen Arbeiten im Verlag Ernst Wasmuth in Berlin vorzubereiten. In Fiesole in Italien fertigte er mit zwei Assistenten 100 wunderschöne Zeichnungen an, die in zwei großen Bänden farbig gedruckt wurden. Sie waren nicht nur eine bibliophile Kostbarkeit, sondern begründeten auch jenes Ansehen, das er von nun an in Europa genoss.

Wright baute in dieser Zeit aber nicht nur kleine Wohnhäuser, sondern auch mittlere Landhäuser und luxuriöse Residenzen. Alle waren auf die Persönlichkeit ihrer Bewohner zugeschnitten und deshalb individuell gestaltet.

ABB. 4–5

Zwei wichtige öffentliche Gebäude aus dieser Zeit sind der Unity Temple in Oak-Park (1906) und das Larkin Verwaltungsgebäude in Buffalo, New York (1902–1906), dessen moderne technische Ausstattung Wright so beschreibt:

> *Ein feuerfestes, ganz mit Stahl ausgestattetes Gebäude mit Klimaanlage. Vieles ist erstmalig – reine Glastüren, Doppelfenster, vollständige Klimaanlage, speziell entworfene Stahlkartotheken, Stahlschreibtische und Stahlstühle, Telefon- und Lichtanlagen, extra in Stahl entworfen, usw.*[5]

Arbeitsplätze, Ess- und Erholungsräume hatte Wright mit einer Sorgfalt geplant, die zu seiner Zeit noch nicht üblich war. Das Gebäude wurde 1950 abgerissen.

1908 wollte Wright sich von seiner Frau trennen. Da sie nicht in die Scheidung einwilligte, lebte er mit seiner neuen Lebensgefährtin Mamah Cheney unverheiratet zusammen, was ihm gesellschaftlich und beruflich schadete. Um sich der Presse zu entziehen, verließ er Chicago und baute sich auf einem 200 Acres großen Farmgelände in Wisconsin, das ihm seine Mutter geschenkt hatte, ein Refugium. Er nannte es Taliesin, nach einem walisischen Barden aus dem 6. Jahrhundert. Wenige Jahre später ereignete sich dort eine unglaubliche Tragödie: Während Wrights Abwesenheit legte ein geisteskranker Hausmeister Feuer in dem Wohnhaus. Als Mrs. Cheney mit ihren beiden Kindern ins Freie flüchten wollte, erschlug er sie und vier weitere Mitarbeiter mit einer Axt.

2. Haus Willits in Highland Park, Illinois (1902/1903).
3. Haus Coonley in Riverside, Illinois (1908).
4. Der Unity-Tempel in Oak Park, Illionois (1906).
5. Larkin-Gebäude in Buffalo, New York (1902–1906).

Wright schildert seine Verzweiflung über dieses Unglück in seinem Tagebuch mit lapidaren Worten:

> *Taliesin wurde fast völlig zerstört. 500 Exemplare der Wasmuth-Monographie verbrannten.*[6]

ABB. 6

In dieser trostlosen Situation erhielt er den Auftrag, in Tokio das Imperial Hotel zu bauen. Er war bereits 1905 in Japan gewesen und bewunderte die japanische Kunst der Zeichnung und des Holzschnitts, über die er 1912 ein Buch herausgab. Das Hotel war als ein riesiger Komplex geplant mit einem Theater für 1 000 Zuschauer, 285 Gästezimmern in den Seitenflügeln, einer großen Promenade, Innenhöfen und Gärten.

In den Jahren von 1915 bis 1922 verbrachte Wright die meiste Zeit in Japan, um den Fortgang der Arbeiten zu überwachen. Er bewältigte die Baumassen mit einem überzeugenden Konzept, die vielfältige Ornamentierung führte jedoch zu mancher Kritik. 1922 erschütterte ein schweres Erdbeben Tokio, das das Hotel dank der modernen Ingenieurtechnik fast unbeschadet überstand. 1967 wurde dieses Gesamtkunstwerk abgerissen.

Wright hatte in der Zwischenzeit wieder geheiratet – Miriam Noel. Er wollte sich jedoch scheiden lassen, um Olgivanna Milanoff, eine junge Frau aus Montenegro, zu heiraten. Mrs. Noel stellte aber so hohe Forderungen, dass Wright seinen gesamten Besitz verlor. Die Banken beschlagnahmten sogar Taliesin II, das er nach dem Brand wieder aufgebaut hatte. In dieser Notlage gründete ein Kreis von Freunden die Firma Frank Lloyd Wright Incorporated. Sie übernahmen seine Schulden und zahlten ihm ein Gehalt; dafür wurden sie an den Gewinnen des Büros beteiligt. Während dieser Lebensphase beginnt Wright, seine Autobiographie zu schreiben, und er errichtet Taliesin III mit neuer Energie:

> *Meine Mutter ist heimgegangen. Sie war erst 83 Jahre alt. Der Meister (Sullivan) ist viel zu früh heimgegangen (mit 68 Jahren). Drei geliebte Häuser sind vergangen. Das erste – das kleine Haus und Studio in Oakpark – stand 19 Jahre. Das zweite, Taliesin, überlebte 5 Jahre. Das dritte, Taliesin II, stand 11 Jahre. Und Taliesin III? Nun baue ich das vierte Heim mit meinen eigenen Händen. Ein neues Heim, errichtet von einem*

6. Modell des Imperial Hotel in Tokio (1915–1922).

geschlagenen und bestraften, aber immer noch empfindsamen Ich auf der Suche nach dem einen – Leben.[1]

Und Taliesin III hat wirklich überdauert, ebenso wie seine Ehe mit Olgivanna, die er 1928 endlich heiraten konnte.

Da die Winter in Wisconsin sehr kalt und die Heizkosten für die vielen Gebäude entsprechend hoch waren, plante Wright ein »Camp« in Arizona auf einem großen Stück Land, das ihm ein Freund geschenkt hatte und das er Taliesin West nannte. Die einfachen Baulichkeiten dieses Camps sollten dem Charakter und dem Klima der Wüste entsprechen – ein Ort der »*Freiheit und der Ruhe*«.

In den dreißiger Jahren, während der Depression in Amerika, waren auch für Wright die Bauaufträge rückläufig, und so beschäftigte er sich vor allem mit einer Reihe von neuen Entwürfen. 1932 kündigten die Wrights ihren Plan an, Studenten und Architekten die Möglichkeit zu geben, die Prinzipien, das Vokabular und auch die Praxis der »*organischen Architektur*« zu lernen als Gegenposition zu der überholten akademischen Pariser »Beaux-Arts«-Tradition, die an den Universitäten gelehrt wurde. Wright war davon überzeugt, dass Zusammenleben, -arbeiten und -lernen zu einem kreativeren Werk führe als eine rein akademische Ausbildung. Um die »Taliesin Fellowship« zu erhalten, mussten die Praktikanten – zumindest am Beginn – eine Gebühr für ihren Lebensunterhalt zahlen und sowohl am Zeichenbrett als auch auf der Farm, an den neuen Bauten und im Haushalt mitarbeiten. Das Modell erwies sich als äußerst erfolgreich und es bewarben sich junge Frauen und Männer aus der ganzen Welt. Unter Mitwirkung von Frau Olgivanna entwickelte sich ein intensives gemeinschaftliches Zusammenleben. Der »Meister« wurde bewundert und verehrt.

In diesen Jahren arbeitete Wright an seinem Plan für Broadacre City. Zu dem Thema seiner Idealstadt, das er als Modell gegen die unmenschlichen Bedingungen der Metropolen mit ihren monströsen Wolkenkratzern, ihrer Überbevölkerung und ihrem Verkehrschaos entworfen hatte, äußerte sich Wright in vielen Schriften und Vorträgen. Der folgende Dialog zwischen Oskar Stornorow (Stornorow hatte die Ausstellung »60 Jahre lebendige Architektur« 1952 gemeinsam mit Wright zusammengestellt, die in verschiedenen europäischen Städten und später weltweit gezeigt wurde) und Wright führt zum Verständnis dieser außergewöhnlichen Konzeption, die in einigen Gedanken an die russischen Desurbanisten erinnert:

WRIGHT: *Um damit zu beginnen: dieses Modell von »Broadacre City« ist eine Attacke auf die kulturelle Rückständigkeit unsrer Gesellschaft. Es versucht zu zeigen, wie ein neuer und mehr menschlicher Gebrauch von der Macht unserer riesigen maschinellen Errungenschaften gemacht werden kann, um den Menschen vor der Anhäufung in Städten und vor Krieg zu bewahren.*

Das könnte erreicht werden durch eine Architektur, die ein direkter Ausdruck des Menschen ist. Wäre die Maschine an den richtigen Platz gestellt, so würde sie der Hand des schöpferischen Architekten dienen. Oder besser gesagt der schöpferischen Architektur. Demokratie kann auf keinem anderen Weg zum Ziel gelangen!

Wenn wir dieses Modell betrachten, so wird uns klar, daß das richtige Gebäude für den richtigen Menschen am richtigen Platz auf natürliche Weise harmonisch werden würde. Jeder Bau, wenn auch völlig verschieden in bezug auf Zweck und Gestalt, würde sich leicht – weil völlig natürlich – mit den anderen Gebäuden zu einem Gesamtbild ergänzen. Könnte sich die eingeborene Harmonie frei entfalten, so sehe ich keinen Grund, weshalb hartgesottene Städter, isoliert auf ihren Pfählen lebend, nicht mit denen in Gemeinschaft leben sollten, die auf dem Boden und für den Boden leben. So lange, bis vielleicht auch der Städter den Boden lieben lernt. Das individuelle Haus des individuellen Menschen auf seinem Morgen Land (acre) oder mehr bildet hier ein harmonisches Ganzes mit den öffentlichen Gebäuden, Einrichtungen und Arbeitsstätten, die nun einmal zu unserem täglichen Leben in Amerika gehören. Wenn alles nach natürlichen Bedingungen (in Übereinstimmung mit der menschlichen Natur und der Struktur unserer Erde) gebaut würde – und die Maschine dem Hause dienen würde anstatt, wie heute, umgekehrt –, wäre dann meine vorhin geäußerte Annahme nicht vernünftig?

Um schließlich Ihre letzte Frage zuletzt zu beantworten: ich glaube, der richtige Platz für einen Wolkenkratzer ist die offene Landschaft, wo er hoch aufgerichtet inmitten seines eigenen Parkes steht. Eingefleischte Städter können auf diese Weise in der offenen Natur wohnen; sie können so direkte Beziehungen zum Landleben bekommen und zu den Idealen der Bodenkultur. Ein neuer Aspekt in ihrer Erziehung.

O.ST.: *Mr. Wright, ich möchte, daß Sie die allgemeine Bedeutung von Broadacre City noch deutlicher umreißen würden. Habe ich recht, wenn ich annehme, dass «Broadacre City» die Aufhebung aller künstlichen Trennungen zwischen Stadt, Außenquartier und Land bedeutet?*

WRIGHT: *Ja, das stimmt. Diese Unterscheidungen wirken heute überall künstlich – ausgenommen bei Hafenanlagen und Stapelplätzen von Rohmaterialien. »Broadacre City« bedeutet genau dies: die große, heutige Chance, die uns die modernen technischen und organisatorischen Errungenschaften schenken. Das Modell zeigt weiter, wie man dem rastlosen Hin und Her, dem sinnlosen Rasen des heutigen Verkehrs ein Ende setzen kann. An Stelle solcher unnötiger Zeit- und Lebensverschwendung sieht man hier, wie man diese große Verschwendung reduzieren oder sogar aufheben kann zugunsten eines besseren Lebens – wir brauchen eine frische Gelegenheit, um uns selber zu verstehen! […]*

In diesem tieferen Sinn ist dieses Modell von »Broadacre City« geplant als die freie Stadt der Demokratie, und als solche weist es unweigerlich Stil auf. Diese große freie Stadt der Demokratie könnte großen Stil haben, weil sie Spontaneres, Selbstverständlicheres und Wichtigeres für den Menschen enthält, als alles, was die Akademien je zu predigen gewagt haben. Wie wir an diesem Modell hier sehen können, wird nichts in dieser freien Stadt

> *nur rein äußerlich sein, das heißt von irgendeiner formalistischen (also äußerlichen oder künstlichen) Disziplin diktiert. Die Bewohner einer Stadt wie dieser könnten niemals von einer autoritativen Schicht und Regierungsform regiert oder zu Kriegszwecken zusammengetrieben werden.*[8]

Mit der Ausstellung des Modells von Broadacre City im Rockefeller Center in New York 1935 nahm die Anerkennung von Wrights Werk national und international zu. Er erhielt Aufträge für Projekte, die weltweit berühmt wurden, wie das Kaufmann Haus (1936–1939), bekannt als Falling Water, das Verwaltungsgebäude der Firma S. C. Johnson in Wisconsin mit den berühmten »Pilz«-Stützen (1936–1939) und das erste Usonian-Haus – wie er es nannte – für Herbert und Katherine Jacobs (1937). Hier verwirklichte Wright den Plan eines »low-cost«-Hauses, indem er mit Fertigteilen ein bescheidenes Wohnhaus für ein »einfaches und angenehmes Leben« erbaute. Das Jacobs-Haus kostete $ 5500 einschließlich des Architektenhonorars von $ 450 (!). Usonian-Haus II wurde, wegen der gestiegenen Baukosten, mit $ 7500 etwas teurer. Die Häuser – die den jeweiligen Wünschen und Möglichkeiten der Bauherren angepasst wurden – waren äußerst beliebt. So baute er in den letzten 20 Jahren seines Lebens 27 dieser preiswerten »Usoniens« in 17 verschiedenen Staaten der USA.

So wie sich in den zwanziger Jahren die besten Architekten in Europa mit dem sozialen Siedlungsbau beschäftigt haben, so hat sich Frank Lloyd Wright in den dreißiger Jahren mit dem Usonian-Haus beschäftigt.

In seiner Autobiographie widmet er diesem Thema ein Kapitel, aus dem hier einige Gedanken wiedergegeben werden sollen:

> *Das Haus, das mit bescheidenen Mitteln gebaut werden kann, ist nicht nur Amerikas wichtigstes architektonisches Problem, sondern es ist auch das schwierigste für seine bedeutendsten Architekten. Was mich betrifft, so würde ich es lieber mit Befriedigung für mich und für USONIA (Synonym für Amerika bei Wright) lösen, als irgend etwas anderes zu bauen, was mir im Augenblick einfällt [...] Dieses Haus muss ein Muster sein für einfaches und gleichzeitig angenehmes Leben; notwendigerweise neu, aber angepaßt an die Lebensbedingungen, wie sie diesem Land entsprechen, in dem wir heute leben [...] Dieser Bedarf für ein preiswertes Haus muss nicht nur der Zweckmäßigkeit entsprechen, sondern auch der Realität. Warum sollten wir es nicht jetzt in Angriff nehmen? Die zweck-*

7. Kaufmann-Haus (Falling Water) in Connelsville, Pennsylvania (1936–1939).
8. Innenraum des S. C. Johnson Gebäudes in Racine, Wisconsin mit »Pilzstützen« (1936–1939).
9. Jacobs Haus in Madison, Wisconsin (1937).

8

9

mäßigen Häuser, die zu Millionen gebaut werden, die die Journale propagieren und die von der Regierung gefördert werden, entsprechen nicht dem Ziel.

Für mich sind solche Häuser ein stumpfsinniger Notbehelf, den einen oder anderen Stil vortäuschend, aber ohne jede Integrität. Stil ist wichtig. Aber ein Stil ist es nicht. Darin liegt der ganze Unterschied, daß wir mit Stil arbeiten und nicht in einem Stil. Diesen Standpunkt habe ich seit 45 Jahren vertreten.[9]

Wie für das Prärie-Haus benennt Wright auch hier in neun Punkten die Elemente, die eliminiert werden können, um das Usonian-Haus bescheiden und preiswert – man könnte fast sagen spartanisch – zu gestalten und dennoch ein räumlich großzügiges und die Landschaft einbeziehendes Leben zu ermöglichen.

1939 hielt Wright vier Vorträge im Royal Institute of British Architects mit dem Titel »An Organic Architecture – The Architecture of Democracy«. In seiner »Declaration of Independence« – angewandt auf die Architektur – erklärt er die Architektur als unabhängig von Klassizismus, von »colonial« Traditionen, von jeder Art von Eklektizismus.

Ich erkläre absolute Unabhängigkeit von jeder akademischen Ästhetik, von welcher auch immer – wie und wo sie auch immer gepredigt wird.[10]

Diese Vorträge gehören zu den wichtigsten Aussagen von Frank Lloyd Wright und waren außerordentlich erfolgreich. Er schloss mit den Worten:

Ich habe Ihnen diese Botschaft gebracht: was wir organische Architektur nennen ist nicht bloße Ästhetik, noch Kult, noch Mode, sondern eine aktuelle Bewegung, die auf der profunden Idee einer neuen Integrität des menschlichen Lebens beruht, in der Kunst, Religion und Wissenschaft eins sind: Form und Funktion als Einheit gesehen – das ist Demokratie.[11]

1941 erhielt er die Gold Medal of the Royal Institute of British Architects und damit weitere internationale Anerkennung. Am Ende seines Lebens erhielt Wright den vielleicht schönsten Auftrag: die Planung des Solomon R. Guggenheim Museums in New York für dessen einmalige Sammlung moderner Kunst. Wright begann schon 1943 mit den ersten Entwürfen, aber erst 1951 konnte mit dem Bau begonnen werden. Tragischerweise erlebten weder er noch der Stifter die Fertigstellung im Jahre 1960.

ABB. 10

Wright fand eine ungewöhnliche Lösung für die Aufgabe; er nannte sie »*ein Experiment in der dritten Dimension*«: ein Museum in Form einer Skulptur, in dem die Besucher auf einer spiralförmigen Rampe an den Bildern vorbeigehen. Dieses völlig neue Konzept war durchaus umstritten. Wright begegnete der Kritik mit den Worten:

Ich habe diesen Plan nicht konzipiert, um die Bilder dem Gebäude zu unterwerfen. Im Gegenteil, zwischen dem Gebäude und dem Bild sollte eine ungestörte, wunderbare Symphonie entstehen, wie es sie bisher in der Welt der Kunst noch nicht gegeben hat.[12]

Heute ist sein Spätwerk zu einer Ikone geworden, die einen der Höhepunkte des New Yorker Stadtbildes darstellt.

Wright hat seine Gedanken in vielen Vorträgen und Schriften verdeutlicht, von denen im Folgenden nur die bekanntesten angeführt werden sollen:

1908 »In the cause of Architecture«

Ein Haus, das Charakter hat, hat eine gute Chance, wertvoller zu werden je älter es wird, während ein Haus, das der jeweiligen Mode entspricht – welche Mode das auch immer sein mag – bald unmodern, abgestanden und wertlos wird.[13]

1930 »Modern Architecture«

1932 »The Disappearing City«

(Schon 1932 übte Wright Kritik an der Verschmutzung der Städte.)

1939 »An Organic Architecture«

1945 »Usonien – when Democracy builds«

Wright führt das Wort USONIA auf einen Begriff des Schriftstellers Samuel Butler zurück, der es aus den Wortwurzeln UNITÄT oder UNION ableitet und als Bezeichnung für die amerikanische Nation vorschlägt.

1949 »Genius and the Mobocracy«

1954 »The Natural House«

Jedes Haus, das es wert ist als Kunstwerk betrachtet zu werden, muss eine eigene Grammatik haben. »Grammatik« in diesem Sinne meint in jedem gestalteten Werk das Gleiche – ob es ein Gebäude aus Worten, aus Stein oder aus Holz ist. Es handelt sich um das Gestaltverhältnis zwischen den verschiedenen Elementen, die in die Struktur des Werks eingehen. Die »Grammatik« des Hauses ist die sichtbare Gliederung – oder Aneinander-

10. Guggenheim Museum in New York City (1951–1960).

fügung – aller seiner Teile. Das ist die Sprache, die die Architektur benutzt. Um ihr gerecht zu werden, muss die Konstruktion grammatisch sein.[14]

1957 »Ein Testament« und seine sehr persönlich geschriebene Autobiographie
1958 »The Living City«

Besonders wichtig waren ihm die jüngeren Menschen, die sich der Architektur zuwenden wollten. Da er nie »Lehrer« sein wollte, hat er in Taliesin vielen seine theoretischen Überlegungen und seine praktischen Erfahrungen während des täglichen Zusammenlebens vermittelt. In »Modern Architecture« fasst Wright zum Ende des Kapitels mit dem Titel »An den jungen Mann in der Architektur« seine weisen und immer noch aktuellen Empfehlungen in 14 Punkten zusammen:

1. Vergessen Sie die Architekturen der Welt; sie sind nur in ihrer Art und in ihrer Zeit gut.

2. Wenden Sie sich der Architektur nicht als Lebensunterhalt zu, wenn Sie die Architektur nicht als ein wirkendes Prinzip um ihrer selbst willen lieben – wenn Sie nicht bereit sind, ihr ebenso treu zu sein wie Ihrer Mutter, Ihrem Freund oder sich selbst.

3. Hüten Sie sich vor der Architekturschule außer als dem Repräsentanten des Bauingenieurwesens.

4. Gehen Sie auf die Bauplätze, wo Sie die Maschinen und Methoden am Werk sehen können, die die modernen Gebäude machen, oder bleiben Sie in der unmittelbaren und einfachen Konstruktion, bis Sie ganz natürlich aus der Natur der Konstruktion den Bauentwurf erarbeiten können.

5. Fangen Sie unverzüglich damit an, sich daran zu gewöhnen, im Geist »warum« zu fragen, wenn Ihnen irgendwelche Wirkungen gefallen oder mißfallen.

6. Betrachten Sie nichts von vornherein als schön oder häßlich, sondern nehmen Sie jedes Gebäude auseinander und prüfen Sie jede Einzelheit. Lernen Sie, das Sonderbare vom Schönen zu unterscheiden.

7. Gewöhnen Sie sich daran, zu analysieren – mit der Zeit wird die Analyse Sie dazu befähigen, daß die Synthese Ihre geistige Gewohnheit wird.

8. »Denken Sie in einfachen Dingen«, wie mein alter Meister zu sagen pflegte – damit meinte er, man solle das Ganze auf seine Teile in der einfachsten Form zurückführen und zu den ersten Grundsätzen zurückgehen. Tun Sie das, um vom Allgemeinen zum Besonderen vorwärtszuschreiten, verwechseln oder verwirren Sie sie nie und lassen Sie sich auch selbst nicht von ihnen verwirren.

9. Meiden Sie die amerikanische Idee vom »raschen Umsatz« wie Gift. »Halbgebacken« in die Praxis zu gehen heißt, daß Sie Ihr Erstgeburtsrecht als Architekt für ein Linsengericht verkaufen oder in der Selbsttäuschung, ein Architekt zu sein, sterben.

10. Nehmen Sie sich Zeit für die Vorbereitung. Zehn Jahre Vorbereitung auf die Präliminarien für eine Architektenpraxis sind für jeden Architekten wenig genug, wenn er sich in wahrem architektonischen Urteilsvermögen oder in der Praxis über den Durchschnitt erheben will.

11. Dann gehen Sie so weit wie möglich von zu Hause weg, um Ihre ersten Gebäude zu bauen. Der Arzt kann seine Fehler begraben – doch der Architekt kann seinem Auftraggeber nachher nur raten, Kletterpflanzen zu setzen.

12. Betrachten Sie es als ebenso wünschenswert, einen Hühnerstall zu bauen wie eine Kathedrale. Die Größe des Projekts bedeutet in der Kunst wenig – abgesehen von der Bezahlung. Es ist die Charaktereigenschaft, die wirklich zählt. Der Charakter kann im Kleinen groß und im Großen klein sein.

13. Nehmen Sie unter keinen Umständen an einem Architektenwettbewerb teil, außer als Novize. Niemals hat ein Wettbewerb der Welt etwas gebracht, was in der Architektur lohnend gewesen wäre. Die Jury selber ist zusammengelesener Durchschnitt. Das erste, was die Jury tut, ist, alle Zeichnungen durchzusehen und die besten wie die schlechtesten auszuscheiden, damit sie als Durchschnitt aus einem Durchschnitt den Durchschnitt finden kann. Das Nettoergebnis eines jeden Wettbewerbs ist ein Durchschnitt nach dem Durchschnitt aus den Durchschnitten.

14. Hüten Sie sich vor dem Mann, der sich Pläne ansehen will. Der Mann, der Sie nicht entlohnen will, wenn Sie sich zu seinen Gunsten um Ideen abmühen, wird sich als ungetreuer Auftraggeber erweisen.

Es ist nicht wünschenswert, alles im Leben zu kommerzialisieren, nur weil das Schicksal Sie zufällig ins Maschinenzeitalter hineingestellt hat. Zum Beispiel geht die Architektur heute als Prostituierte auf die Straße, weil die Frage »den Auftrag zu kriegen« der erste Grundsatz der Architektur geworden ist. In der Architektur sollte der Auftrag den Mann suchen und nicht der Mann den Auftrag. In der Kunst sind Auftrag und Mann Partner; keiner kann gekauft oder an den andern verkauft werden. Inzwischen halten Sie, da alles, wovon wir gesprochen haben, eine höhere und feinere

Art der Integrität ist, Ihr eigenes Ideal von Ehrlichkeit so hoch, daß es Ihr teuerstes Streben im Leben sein wird, sich einen ehrlichen Mann zu nennen, und schauen Sie sich offen ins Gesicht. Stellen Sie Ihr Ideal von Ehrlichkeit so hoch, daß Sie es niemals ganz erreichen können. Respektieren Sie das Meisterwerk – das ist die wahre Ehrerbietung für den Menschen. Es gibt keine Eigenschaft, die so groß und jetzt so notwendig wäre.[15]

In einem Katalog, der anlässlich der international gezeigten Ausstellung »60 Years of Living Architecture« erschien, betont er dieses Anliegen noch einmal, wenn er schreibt:

Mein Werk ist für den »Jungen Mann in der Architektur«.[16]

Am Ende dieses Katalogs, in seinem 85. Lebensjahr, bekennt er:

Ich glaube, daß der Mensch nur dann ein Mensch ist, wenn er ein Individuum ist und nicht ein Komitee-Mitglied.

Ich glaube, daß ein Haus ein besseres Heim ist, wenn es ein Kunstwerk ist. Aus diesen beiden Gründen glaube ich, daß die Demokratie (wenn auch schwierig) die beste bekannte Gesellschaftsform ist.

Ich glaube, Demokratie ist die neue, natürliche Aristokratie, derer die Menschheit bedarf.

Ich glaube, daß Erfolg in jeglicher Form darin besteht, diese Wahrheiten zu verwirklichen entsprechend den Fähigkeiten.

Ich glaube, daß solche Kräfte, die dazu neigen, diese Wahrheiten unaufhörlich und eigennützig zu verwirren und zu verhindern, entlarvt und abgeschafft werden müssen.

Ich glaube, daß die Wahrheit unsere organische Theologie ist.[17]

Wrights Schriften sind zugleich idealistisch und pragmatisch, kritisch und oft voller Humor, gelegentlich pathetisch und missionarisch.

Und ich weiß, daß Amerika ein Zustand des Geistes ist, der sich nicht nur auf diesen Kontinent beschränkt – sondern der die ganze zivilisierte Welt erwecken wird.[18]

Diese »Prophezeiung« ist heute sicherlich »cum grano salis« zu interpretieren. Frank Lloyd Wright hat im Laufe seines langen Lebens viele Häuser gebaut – es sind über 300. Im Jahr 1925 bezeichnete ihn Lewis Mumford noch als »unseren bemerkenswertesten Außenseiter. Dies ist keine kleine Ehre.«[19] Jedoch lange vor seinem Tod galt er als der bedeutendste amerikanische Architekt der ersten Hälfte dieses Jahrhunderts.

El Lissitzky schrieb über ihn: »*Und eben dort im Westen entstanden die Arbeiten Frank Lloyd Wrights, des einzigen amerikanischen Architekten, der kühn alle Schulweisheiten über Bord warf, der den neuen Wohnungstyp schuf und der der Vater der modernen Architektur ist.*«[20]

Taliesin West existiert weiter. Es ist das Archiv für den umfangreichen Nachlass von Frank Lloyd Wright, darunter Dokumente, Fotos, Briefe und etwa 8000 Zeichnungen.
»*Sie umfassen eine Geschichte von Ideen, die immer noch neu, noch relevant und oft noch nicht erprobt sind.*«[21]

ANMERKUNGEN

1 Friedrich Fröbel (1782–1852), deutscher Pädagoge, der in Preußen die ersten Kindergärten gründete.
2 Wright 1958, S. 101, 19, 222.
3 Wright 1958, S. 207.
4 Wright 1963, S. 35–44.
5 Wright 1958, S. 48.
6 Wright 1932, o. S.
7 Wright 1932, S. 242.
8 Wright 1952, S. 36–41.
9 Wright 1932, S. 423f.
10 Wright 1939, S. 3.
11 Wright 1939, S. 47.
12 Guggenheim Museum 1960, S. 48.
13 Wright 1908, S. 157.
14 Wright 1954, S. 175.
15 Wright 1963, S. 195/196.
16 Wright 1954.
17 Wright 1954.
18 Wendingen 1925, o. S.
19 Mumford in Wendingen 1925, S. 71.⁸
20 El Lissitzky 1967, S. 369.
21 Drexler 1962, S. 16.

ADOLF LOOS *1870 – †1933

Nur selten sind die Worte eines Architekten so häufig zitiert und zugleich so oft falsch interpretiert worden wie das von Adolf Loos 1908 geschriebene Essay mit dem Titel »Ornament und Verbrechen«. Missverstanden von den meisten, weil sie darunter eine grundsätzliche Ablehnung des Ornaments aus formalen Gründen verstanden haben. Das hat aber Loos keineswegs gemeint, und so versucht er 16 Jahre später in seinem Aufsatz »Ornament und Erziehung« (1924), diese Unterstellung zurückzuweisen:

Ich habe aber damit niemals gemeint, was die Puristen ad absurdum getrieben haben, daß das Ornament systematisch und konsequent abzuschaffen sei. Nur da, wo es einmal zeitnotwendig verschwunden ist, kann man es nicht wieder anbringen. Wie der Mensch niemals zur Tätowierung seines Gesichtes zurückkehren wird.[1]

Loos war wegen seiner oft extremen Äußerungen und scharfer Kritik bei manchen der zeitgenössischen Architekten Zeit seines Lebens umstritten, und bis heute wird er für eine Architektur verantwortlich gemacht, die keineswegs seinen Auffassungen entspricht. *»Eine Würdigung der Bedeutung von ›Ornament und Verbrechen‹ ist ohne eine genaue Analyse der Auswirkungen des Essays nicht möglich. Wenn heute an der inhumanen Gestaltlosigkeit des Bauens schwere Kritik geübt wird, so ist es völlig unhaltbar, Loos zum Urheber dieses Mißstandes zu stempeln. Wie schon seinerzeit beim Café Museum mußte Loos auch bei ›Ornament und Verbrechen‹ erleben, wie seine Lehre in eine falsche Lehre umgemünzt wurde. Und seine spätere*

Arbeit war vom Kampf gegen aggressive Geistesarmut und die Barbarei der Profitspekulation gezeichnet, denen die proklamierte Ornamentlosigkeit als Devise willkommen war. Was sie für die Tarnkappe hielten, waren aber des Kaisers neue Kleider.«[2]

Adolf Loos wurde 1870 in Brünn geboren. Sein Vater war Bildhauer und Steinmetz. In dessen Werkstatt lernte der Sohn eine Reihe verschiedener Handwerke kennen – Steinmetz und Bildhauer, Maurer und Anstreicher, Vergolder und Schriftenmaler, Schmied und andere. Diese Erfahrung prägte seinen Respekt und seine Hochachtung vor dem Handwerk und seiner Tradition, die später zu seinen kritischen Äußerungen gegenüber kunstgewerblich gestalteten Möbeln und anderen Gebrauchsgegenständen des täglichen Bedarfs geführt hat.

Nach der Schulzeit und einem einjährigen Wehrdienst in der österreichischen Armee studierte er einige Semester an der Technischen Hochschule in Dresden, die er jedoch ohne Abschluss verließ.

1893 brach Loos zu einem dreijährigen Aufenthalt in die Vereinigten Staaten auf. Er besuchte Philadelphia, wo er einen Onkel hatte, New York und Chicago. Da er seinen Lebensunterhalt selbst bestreiten musste, war es für ihn eine harte Zeit, doch beeinflussten Erkenntnisse, die er im Bereich der Architektur, der handwerklich gefertigten Gegenstände und auch der Bekleidung gewann, sein Denken und seine eigenen Arbeiten entscheidend – besonders prägend war seine Zeit in Chicago anlässlich der Weltausstellung von 1893.

Damals wurden in Chicago Fragen der Architektur lebhaft diskutiert. Einer der wichtigsten Architekten und Theoretiker war Louis H. Sullivan (1856–1924). Sein berühmter Satz »*form follows function*« wurde und wird ebenso häufig missverstanden wie die These von Loos über das Ornament. Denn Sullivan meinte den Begriff nicht technisch-funktionalistisch, sondern bezog die Funktion auf die menschlichen, das heißt die sozialen und geistigen Bedürfnisse. In seinem Aufsatz über »Ornament in Architecture« (1892), forderte er Zurückhaltung bei der Verwendung von Ornamenten, aber keineswegs deren Aufgabe. Er selbst hat ornamentale Elemente häufig verwendet – selbst in seinen bekannten Hochhäusern. Gerade die Diskussion über das Ornament hat ohne Zweifel Loos zum Nachdenken über dieses Thema angeregt, obgleich er seine Ablehnung völlig anders begründet.

ABB. 2

1896 kehrte Loos über London nach Österreich zurück. In Wien fand er Freunde unter den Künstlern und Intellektuellen, zu denen Arnold Schönberg, Oskar Kokoschka, Ludwig Wittgenstein, Alban Berg und der unbestechliche, scharfzüngige Karl Kraus gehörten. Er verdiente sein Geld zunächst mit der Errichtung von Wohnungen und Modegeschäften, wobei er sich auf seine amerikanischen Erfahrungen berief und die in Österreich und Deutschland dominierenden dekorativen und kunstgewerblichen Tendenzen ablehnte. Lediglich in diesem Zusammenhang ist seine folgende Bemerkung zu verstehen:

> *Ich richte nämlich Wohnungen ein. Das kann ich nur für Leute, die abendländische Kultur besitzen. Ich war so glücklich, diese Jahre in Amerika zu leben und westliche Kulturformen zu lernen. Da ich von deren Überlegenheit überzeugt bin, halte ich es für charakterlos, auf das österreichische Niveau – subjektiv gesprochen – herabzusteigen.*[3]

Dass seine Wohnungen, die er mit edlen Materialien ausstattete, durchaus »wöhnlich« waren – um mit Goethe zu sprechen –, zeigt die große Zahl von Aufträgen, es sind über 50, die er im Laufe seines Lebens ausführte.

1908 erhielt er den Auftrag zur Gestaltung einer Bar in der Innenstadt Wiens – die als American Bar im Kärntner Durchgang bekannt wurde. Sein Vorbild war die einfache amerikanische Stehbar, der er außen durch die Verwendung von Marmorpfeilern und innen durch Mahagoniholz, eine Marmor-Kassettendecke und Onyxplatten eine elegante Atmosphäre verlieh. Die Verwendung von großen Spiegelflächen ließ den relativ kleinen Raum wesentlich größer erscheinen. Die Bar wurde bei den Wienern äußerst beliebt und gehört heute noch zu den bekanntesten Arbeiten von Adolf Loos. Seit 1959 steht sie unter Denkmalschutz.

> *Mein erstes Haus! Ein Haus überhaupt! Das hätte ich mir wohl nie träumen lassen, daß ich auf meine alten Tage noch ein Haus bauen werde.*[4]

So freute sich Loos, als er 1909 von der Schneiderfirma Goldmann & Salatsch mit der Errichtung eines Wohn- und Geschäftshauses an prominenter Stelle am Michaelerplatz beauftragt wurde. Aber diese Freude wurde – wie so oft im Leben eines Architekten – bald durch bösartigste Kritiken getrübt. Es war die Absicht von Loos, die beiden Funktionen des Hauses – Geschäftslokale und Wohnen – durch architektonische Mittel deutlich voneinander zu unterscheiden. Der kommerzielle Teil

2

4

2. Wainwright Building von Louis Sullivan
   und Dankmar Adler in St. Louis, Missouri (1890–1892).
3. Haus Rufer in Wien (1922).
4. American Bar in Wien (1908).
5. Innenraum der American Bar.
6. Haus Scheu in Wien (1912/13).

7

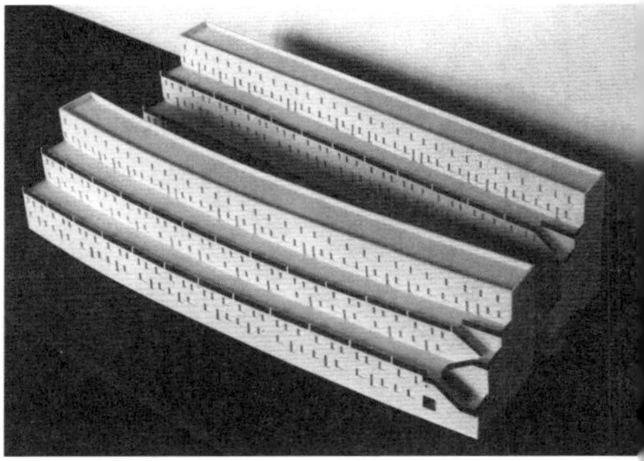

8

9

10

7. Haus Tzara in Paris (1925/26).
8. Modell eines Terrassenhauses für Arbeiterwohnungen (1923).
9. Doppelhaus in der Wiener Werkbundsiedlung (1930–1932).
10. Entwurf für ein Bürohaus der Chicago Tribune (1922).

11. Plakat zum Vortrag in Wien am 11. Dezember 1911.

ist prachtvoll gestaltet: Mit Cipollino-Marmor verkleidete Säulen reichen über zwei Geschosse und weisen bereits von außen auf die Großzügigkeit der Innenräume hin. Der viergeschossige Wohnteil dagegen ist einfach verputzt und mit gleichmäßig umlaufenden, dreiflügeligen Fenstern versehen. An der Schmucklosigkeit dieser Fassade entzündete sich der Volkszorn. Die Heftigkeit der Diskussion – sie lässt sich einem Plakat von 1911 entnehmen – führte schließlich zu einem Baustopp, der erst mit der Verfügung aufgehoben wurde, dass an den Fenstern Blumenkästen anzubringen seien.

> *Es wurde versucht, das haus in einklang mit der kaiserlichen burg, dem platz und der stadt zu bringen.*[5]

Die Wiener Bürger waren nicht in der Lage, Loos' Bemühungen um Einfachheit anzunehmen. Im Juli 1911 muss er wegen eines heftigen Magenleidens ins Sanatorium. Von den zahlreichen Wohnhäusern, die Loos baute, können hier im Folgenden nur drei vorgestellt werden, die aus verschiedenen Perioden stammen:

Das noch vor dem Ersten Weltkrieg errichtete Haus Scheu entstand 1912/13. Wegen seines flachen Daches – ohne Überstand – und der treppenartigen, begehbaren Terrassen rief auch dieser Bau Kontroversen und »heftiges Kopfschütteln« hervor.

ABB. 6

ABB. 3   Die Villa Josef und Maria Rufer von 1922. Ein einfacher Kubus, der allerdings einen klassizistischen Gesimsabschluss hat. Die Fenster sind entsprechend der inneren Organisation des Hauses angeordnet.

In seiner Bauschule hat Loos seinen Schülern den Grund für diese Gestaltungsweise erklärt:

> *Die projekte mußten von innen nach außen gestaltet werden, fußboden und decke (parketten und kassettenteilung) waren das primäre, die fassade das sekundäre. Auf genaue achsenaufteilung, auf die richtige möblierung wurde das größte gewicht gelegt. Auf diese weise brachte ich meine schüler dazu, dreidimensional im kubus zu denken. Wenige architekten können das heute; mit dem denken in der fläche scheint die erziehung des architekten heute abgeschlossen.*[6]

ABB. 7   1925/26 baute Loos sein berühmtes Haus für den Dadaisten Tristan Tzara in der Avenue Junot in Paris.

Da das Haus am Hang liegt, konnte er hier seine Vorstellung von verschiedenen Raumhöhen, Raumdifferenzierungen und versetzten Raumniveaus besonders deutlich verwirklichen. Seine knappen kubischen Baukörper lassen von außen nicht erkennen, welche vielfältigen Wohnmöglichkeiten sie den Bewohnern bieten. Der Begriff »Raumplan«, der später hierfür verwendet wurde, kommt bei Loos selbst nicht vor. Für wie wichtig er dieses Konzept jedoch hält, schreibt er in »Trotzdem«, als er sich darüber beklagt, dass er in der 1927 in Stuttgart unter der künstlerischen Oberleitung von Mies van der Rohe geplanten Weißenhofsiedlung, für die 15 internationale Avantgarde-Architekten ausgewählt waren, nicht vertreten war:

> *Denn als ich es in Stuttgart versuchte, auch ein haus ausstellen zu dürfen, wurde mir dies rundweg abgeschlagen. Ich hätte etwas auszustellen gehabt, nämlich die lösung einer einteilung der wohnzimmer im raum, nicht in der fläche wie es stockwerk um stockwerk bisher geschah. Ich hätte durch diese erfindung der menschheit viel arbeit und zeit in ihrer entwicklung gespart. Denn das ist die große revolution in der architektur: das lösen eines grundrisses im raum!*[7]

Während er für die Stuttgarter Weißenhofsiedlung nicht ausgewählt wurde – ebensowenig wie Hugo Häring und Erich Mendelsohn – da sie angeblich »durch äußere Umstände verhindert waren«, wie es offi-

ABB. 9   ziell hieß, war er an der Wiener Werkbund-Siedlung von 1930–1932 beteiligt. Der mit der Gesamtplanung beauftragte Josef Frank übertrug

Loos den Bau von zwei Doppelhäusern. Obwohl nur Siedlungshäuser kleinster Art vorgesehen waren, hat Loos sein Raumkonzept auch hier verwirklicht, indem er eine vier Meter hohe Wohnhalle zum Mittelpunkt des Hauses machte.

Loos hat eine große Zahl von Projekten entworfen, die nicht ausgeführt wurden. Das wohl bekannteste ist sein Beitrag für den 1922 ausgeschriebenen Wettbewerb für ein Bürohaus der »Chicago Tribune«. 260 internationale Architekten beteiligten sich daran. Der Entwurf von Loos – der eine überdimensionale dorische Säule vorsah, die aus einem hohen abgetreppten Kubus herauswächst – wurde und wird noch heute fehlinterpretiert. Viele der Zeitgenossen glaubten, sein Beitrag sei ironisch gemeint. Loos wählte aber das Bild der Säule ganz bewusst, um so dem Thema der Zeitung und zugleich dem Stadtbild eine eigene Identität zu verleihen. Er erklärt dies in der Beschreibung seines Entwurfs:

ABB. 10

> *Bei dem Entwurf stand dem Verfasser die Forderung des Programmes vor Augen:* »*to erect the most beautiful and distinctive office building in the world*« *– ein Gebäude zu bauen, das im Bild oder in Wirklichkeit einmal gesehen, nie dem Gedächtnis entschwinden kann, ein Monument zu errichten, das für immer mit dem Begriffe der Stadt Chicago untrennbar zusammenfallen soll, wie die Kuppel von St. Peter mit Rom und der schiefe Turm mit Pisa, ein Haus zu planen, das die Zeitung* »*The Chicago Tribune*« *allen intellektuellen Menschen mit einem Male mit einem bestimmten Charakter verbindet.*[8]

Loos war nicht unter den Preisträgern.

Nach dem Ersten Weltkrieg entwickelte sich in Wien, ebenso wie Berlin und anderen europäischen Städten, eine weitreichende Verarmung und Verelendung, die sich vor allem in den katastrophalen Wohnverhältnissen der Arbeiter und Kleinverdiener auswirkte. In Holland hatte man bereits 1917 mit dem sozialen Siedlungsbau begonnen. Für Loos war diese soziale Frage ein ernstes Anliegen, dem er sich mit der Planung von Siedlungen, Terrassenhäusern für Arbeiterwohnungen und Kleinsthäusern mit Nutzgärten intensiv widmete.

ABB. 8

> *Der moderne Geist ist ein sozialer Geist, und ein antisozialer Geist ist ein unmoderner Geist.*[9]

1926 hielt er einen Vortrag über »Die moderne Siedlung«, in dem er bis ins Detail die Anlage der Siedlung, die Planung der Häuser und die

Größe und Bepflanzung der kleinen Gärten, die ausschließlich der Selbstversorgung dienen durften, beschreibt:

Der garten ist das primäre, das haus ist das sekundäre.[10]

1921 wurde Loos Chefarchitekt des Wiener Siedlungsamtes und 1923 dessen Leiter. Aber den konservativen Bürokraten des Amtes waren die Vorstellungen von Loos zu progressiv und zu sozial, und so behinderten sie seine Arbeit in einer für ihn unannehmbaren Weise. Loos gab seine Position auf und verließ Mitte des Jahres 1924 Wien, um sich in Paris niederzulassen. Dort war Loos in den intellektuellen Kreisen bereits bekannt und seine Arbeiten und Schriften wurden bewundert. Bereits 1921 war er zur Teilnahme am »Salon d'Automne« eingeladen worden – zu jener Zeit eine besondere Ehre für einen Ausländer. Sein Einfluss auf Le Corbusier und andere junge Architekten spiegelt sich in den Worten Le Corbusiers: *»Loos fegte unter unseren Füßen, es war eine homerische Säuberung – genau, philosophisch und logisch. Dadurch hat Loos unser architektonisches Schicksal beeinflußt.«*[11]

ABB. 7

Loos' Hoffnung jedoch, in Paris als Architekt arbeiten zu können, erfüllte sich nicht. Er entwarf zwar eine Reihe von Projekten, von denen aber keines ausgeführt wurde. Sein einziger Auftrag blieb das Haus für Tristan Tzara. Enttäuscht und krank verließ er 1928 Paris, um nach Wien zurückzukehren. Nach der Auflösung der österreichischen Monarchie hatte Loos die tschechische Staatsbürgerschaft angenommen. Als Anerkennung für sein Werk erhielt er zu seinem 60. Geburtstag vom tschechischen Staat 10 000 tschechische Kronen. Ein Kreis von Freunden überwies dem schwer kranken, mittellosen Loos einen monatlichen Betrag, um ihn vor der Armut zu bewahren.

Sein letztes Werk war die Arbeitersiedlung Babi in Böhmen, die aber von seinen Mitarbeitern ausgeführt wurde, da er 1931 wegen eines schweren Nervenleidens in ein Sanatorium bei Wien eingeliefert wurde. Dieses Leiden und eine seit seiner Jugend bestehende Schwerhörigkeit, die im Alter zur völligen Taubheit geführt hatte, verstärkten seine Depressionen. Hinzu kam die Scheidung von seiner Frau Claire, und so starb Loos im August 1933 einsam, verbittert und nicht mehr im Besitz seiner geistigen Kräfte im Sanatorium bei Karlsburg.

Adolf Loos war ein außergewöhnlicher und vor allem kompromissloser Mensch. Auf der einen Seite war er streitbar und intolerant und äußerte sich boshaft über die Architekten und Künstler des deutschen und österreichischen Werkbund, was ihm erbitterte Feindschaften eintrug. Hier nur ein kleines Beispiel seines scharfen Witzes:

AN DEN ULK

als dieser sich über »ornament und verbrechen« lustig gemacht hatte.
Lieber Ulk!
Und ich sage dir, es wird die zeit kommen, in der die einrichtung einer zelle vom hoftapezierer Schulze oder professor Van de Velde als strafverschärfung gelten wird. (1910)[12]

Auf der anderen Seite engagierte er sich für unterdrückte und arme Bevölkerungsschichten, und dies nicht nur in seinen Siedlungsprojekten, sondern er kümmerte sich auch praktisch um hilfsbedürftige Gruppen. Der Kunsthistoriker Werner Hofmann bezeichnete ihn einmal als »*konservativen Revolutionär*«.

Loos hat schon früh damit begonnen, seine Gedanken zu formulieren und sie in verschiedenen Zeitschriften zu publizieren. Ein großer Teil der wichtigsten Aufsätze wurde in zwei Büchern zusammengefasst: »Ins Leere gesprochen 1897–1900« erschien 1921 bei den Editions Georges Crès et Cie. in Paris und »Trotzdem 1900–1930« beim Brenner Verlag, Innsbruck 1931. Außerdem hat er 1903 eine eigene Zeitschrift herausgegeben mit dem Titel »Das Andere«, von der allerdings nur zwei Nummern erschienen.

Loos' Themen reichen von Beethoven bis Schönberg, von Kokoschka bis Karl Kraus, von »Staat und Kunst« über die »Moderne Siedlung« bis »Über die kurzen Haare der Frau«. Oft sind seine Formulierungen provozierend, aber immer bezieht er einen kritischen und »modernen« – im Sinne von aufklärenden – Standpunkt ein.

Im Folgenden sollen Auszüge aus seinen zwei wichtigsten Schriften wiedergegeben werden, die einen Einblick in die Denkweise und theoretischen Grundideen von Loos vermitteln:

ORNAMENT UND VERBRECHEN

[...] Der drang, sein gesicht und alles, was einem erreichbar ist, zu ornamentieren, ist der uranfang der bildenden kunst. Es ist das lallen der malerei. Alle kunst ist erotisch.
Das erste ornament, das geboren wurde, das kreuz, war erotischen ursprungs. Das erste kunstwerk, die erste künstlerische tat, die der erste künstler, um seine überschüssigkeiten los zu werden, an die wand schmierte. Ein horizon-

taler strich: das liegende weib. Ein vertikaler strich: der sie durchdringende mann. Der mann, der es schuf, empfand denselben drang wie Beethoven, er war in demselben himmel, in dem Beethoven die neunte schuf.

Aber der mensch unserer zeit, der aus innerem drange die wände mit erotischen symbolen beschmiert, ist ein verbrecher oder ein degenerierter. Es ist selbstverständlich, daß dieser drang menschen mit solchen degenerationserscheinungen in den anstandsorten am heftigsten überfällt. Man kann die kultur eines landes an dem grade messen, in dem die abortwände beschmiert sind. Beim kinde ist es eine natürliche erscheinung: seine erste kunstäußerung ist das bekritzeln der wände mit erotischen symbolen. Was aber beim papua und beim kinde natürlich ist, ist beim modernen menschen eine degenerationserscheinung. Ich habe folgende erkenntnis gefunden und der welt geschenkt: evolution der kultur ist gleichbedeutend mit dem »entfernen des ornamentes aus dem gebrauchsgegenstande«. Ich glaubte damit neue freude in die welt zu bringen, sie hat es mir nicht gedankt. Man war traurig und ließ die köpfe hängen. Was einen drückte, war die erkenntnis, daß man kein neues ornament hervorbringen könne. Wie, was jeder neger kann, was alle völker und zeiten vor uns gekonnt haben, das sollten allein wir, die menschen des neunzehnten jahrhunderts, nicht vermögen? Was die menschheit in früheren jahrtausenden ohne ornament geschaffen hatte, wurde achtlos verworfen und der vernichtung preisgegeben. Wir besitzen keine hobelbänke aus der karolingerzeit, aber jeder schmarren, der auch nur das kleinste ornament aufwies, wurde gesammelt, gereinigt und prunkpaläste wurden zu seiner beherbergung gebaut. Traurig gingen die menschen dann zwischen den vitrinen umher und schämten sich ihrer impotenz. Jede zeit hatte ihren stil und nur unserer zeit soll ein stil versagt bleiben? Mit stil meinte man das ornament. Da sagte ich: Weinet nicht. Seht, das macht ja die größe unserer zeit aus, daß sie nicht imstande ist, ein neues ornament hervorzubringen. Wir haben das ornament überwunden, wir haben uns zur ornamentlosigkeit durchgerungen. Seht, die zeit ist nahe, die erfüllung wartet unser. Bald werden die straßen der städte wie weiße mauern glänzen! Wie Zion, die heilige stadt, die hauptstadt des himmels. Dann ist die erfüllung da.

Aber es gibt schwarzalben, die das nicht dulden wollten. Die menschheit sollte weiter in der sklaverei des ornamentes keuchen. Die menschen waren weit genug, daß das ornament ihnen keine lustgefühle mehr erzeugte, weit genug, daß ein tätowiertes antlitz nicht wie bei den papuas das ästheti-

sche empfinden erhöhte, sondern es verminderte. Weit genug, um freude an einer glatten zigarettendose zu empfinden, während eine ornamentierte, selbst bei gleichem preise, von ihnen nicht gekauft wurde. Sie waren glücklich in ihren kleidern und waren froh, daß sie nicht in roten samthosen mit goldlitzen wie die jahrmarktsaffen herumziehen mußten. Und ich sagte: Seht, Goethes sterbezimmer ist herrlicher als aller renaissanceprunk und ein glattes möbel schöner als alle eingelegten und geschnitzten museumstücke. Die sprache Goethes ist schöner als alle ornamente der pegnitzschäfer.

[…] Ornament ist vergeudete arbeitskraft und dadurch vergeudete gesundheit. So war es immer. Heute bedeutet es aber auch vergeudetes material und beides bedeutet vergeudetes kapital.

Da das ornament nicht mehr organisch mit unserer kultur zusammenhängt, ist es auch nicht mehr der ausdruck unserer kultur. Das ornament, das heute geschaffen wird, hat keinen zusammenhang mit uns, hat überhaupt keine menschlichen zusammenhänge, keinen zusammenhang mit der weltordnung. Es ist nicht entwicklungsfähig. Was geschah mit der ornamentik Otto Eckmanns, was mit der Van de Veldes? Stets stand der künstler voll kraft und gesundheit an der spitze der menschheit. Der moderne ornamentiker aber ist ein nachzügler oder eine pathologische erscheinung. Seine produkte werden schon nach drei jahren von ihm selbst verleugnet. Kultivierten menschen sind sie sofort unerträglich, den anderen wird diese unerträglichkeit erst nach jahren bewußt. Wo sind heute die arbeiten Otto Eckmanns? Wo werden die arbeiten Olbrichs nach zehn jahren sein? Das moderne ornament hat keine eltern und keine nachkommen, hat keine vergangenheit und keine zukunft. Es wird von unkultivierten menschen, denen die größe unserer zeit ein buch mit sieben siegeln ist, mit freuden begrüßt und nach kurzer zeit verleugnet.

Die menschheit ist heute gesünder denn je, krank sind nur einige wenige. Diese wenigen aber tyrannisieren den arbeiter, der so gesund ist, daß er kein ornament erfinden kann. Sie zwingen ihn, die von ihnen erfundenen ornamente in den verschiedensten materialien auszuführen.

Der wechsel der ornamente hat eine frühzeitige entwertung des arbeitsproduktes zur folge. Die zeit des arbeiters, das verwertete material sind kapitalien, die verschwendet werden. Ich habe den satz aufgestellt: die form eines gegenstandes halte so lange, das heißt, sie sei so lange erträglich, so lange der gegenstand physisch hält. Ich will das zu erklären suchen: ein anzug wird seine form häufiger wechseln, als ein wertvoller pelz.

[…] Der moderne mensch, der das ornament als zeichen der künstlerischen überschüssigkeit vergangener epochen heilig hält, wird das gequälte, mühselig abgerungene und krankhafte der modernen ornamente sofort erkennen. Kein ornament kann heute mehr geboren werden von einem, der auf unserer kulturstufe lebt.[13]

ARCHITEKTUR
Darf ich sie an die gestade eines bergsees führen? Der himmel ist blau, das wasser grün und alles liegt in tiefem frieden. Die berge und wolken spiegeln sich im see und die häuser, höfe und kapellen tun es auch! Nicht wie von menschenhand gebaut stehen sie da. Wie aus gottes werkstatt hervorgegangen sind sie, gleich den bergen und bäumen, den wolken und dem blauen himmel. Und alles atmet schönheit und ruhe …
Da, was ist das! Ein mißton in diesem frieden. Wie ein gekreisch, das nicht notwendig ist. Mitten unter den häusern der bauern, die nicht von ihnen, sondern von gott gemacht wurden, steht eine villa. Das gebilde eines guten oder eines schlechten architekten? Ich weiß es nicht. Ich weiß nur, daß friede, ruhe und schönheit dahin sind.
Denn vor gott gibt es keine guten oder schlechten architekten. In der nähe seines thrones sind alle architekten gleich. In den städten, in dem reiche Belials, da gibt es feine nuancen, wie das eben in der art des lasters liegt. Und ich frage daher: wie kommt es, daß ein jeder architekt, ob schlecht oder gut, den see schändet?
[…] Und ich frage wieder: warum schändet ein architekt, der gute wie der schlechte, den see? Der architekt hat wie fast jeder stadtbewohner keine kultur. Ihm fehlt die sicherheit des bauern, der kultur besitzt. Der stadtbewohner ist ein entwurzelter.
Ich nenne kultur jene ausgeglichenheit des inneren und äußeren menschen, die allein ein vernünftiges denken und handeln verbürgt. Ich werde demnächst einen vortrag halten: warum haben die papuas eine kultur und die deutschen keine?
[…] Die gotik? Wir stehen höher als die menschen der gotik. Die renaissance?! Wir stehn höher. Wir sind feiner und edler geworden. Uns fehlen die robusten nerven, die dazu gehören, um aus einem elfenbeinhumpen zu trinken, in den eine amazonenschlacht eingeschnitten ist. Alte techniken sind uns verloren gegangen? Gott sei dank. Wir haben dafür die sphärenklänge Beethovens eingetauscht. Unsere tempel sind nicht mehr wie der

Parthenon blau, rot, grün und weiß angestrichen. Nein, wir haben gelernt, die schönheit des nackten steines zu empfinden.

[...] Und der maurermeister, der baumeister erhielt einen vormund. Der baumeister konnte nur häuser bauen: im stile seiner zeit. Aber der, der in jedem vergangenen stile bauen konnte, der, der aus dem kontakt mit seiner zeit gekommen war, der entwurzelte und verbogene, er wurde der herrschende mann, er, der architekt.

Der handwerker konnte sich nicht viel um bücher kümmern. Der architekt bezog alles aus den büchern. Eine ungeheure literatur versorgte ihn mit allem wissenswerten. Man ahnt nicht, wie vergiftend diese unzahl von geschickten verlegerpublikationen auf unsere stadtkultur gewirkt, wie sie jede selbstbesinnung verhindert hat. Ob der architekt sich die formen so eingeprägt hatte, daß er sie aus dem gedächtnisse nachzeichnen konnte oder ob er das vorlagewerk während seines »künstlerischen schaffens« vor sich liegen haben mußte, kam auf eins heraus. Der effekt war immer derselbe. Es war immer ein gräuel. Und dieser gräuel wuchs ins unendliche. Ein jeder war bestrebt, seine sache in neuen publikationen verewigt zu sehen, und eine große zahl architektonischer blätter kam dem eitelkeitsbedürfnis der architekten entgegen. Und so ist es geblieben bis zum heutigen tage.

Aber der architekt hat den bauhandwerker auch aus einem anderen grunde verdrängt. Er lernte zeichnen und da er nichts anderes lernte, so konnte er es. Das kann der handwerker nicht. Seine hand ist schwer geworden. Die risse der alten meister sind schwerfällig, jeder baugewerbeschüler kann das besser. Und erst der sogenannte flotte darsteller, der von jedem architektenbureau gesuchte und hoch bezahlte mann!

Die baukunst ist durch den architekten zur graphischen kunst herabgesunken. Nicht der erhält die meisten aufträge, der am besten bauen kann, sondern der, dessen arbeiten sich auf dem papier am besten ausnehmen. Und diese beiden sind antipoden.

Wenn man die künste in eine reihe stellen wollte und mit der graphik beginnt, so finden wir, daß es von ihr übergänge zur malerei gibt. Von dieser kann man durch die farbige skulptur zur plastik, von der plastik zur architektur gelangen. Graphik und architektur sind anfang und ende einer reihe.

Der beste zeichner kann ein schlechter architekt, der beste architekt kann ein schlechter zeichner sein. Schon bei der berufswahl zum architekten wird das talent zur graphischen kunst verlangt. Unsere ganze neue archi-

tektur ist am reißbrett erfunden und die so entstandenen zeichnungen werden plastisch dargestellt, ähnlich wie man im panoptikum gemälde stellt. Den alten meistern aber war die zeichnung nur ein mittel, um sich dem ausführenden handwerker verständlich zu machen. Wie sich der dichter durch die schrift verständlich machen muß. Aber wir sind noch nicht so kulturlos, daß wir einen knaben mit kalligraphischer handschrift die dichterei erlernen ließen.

Nun ist dies wohl bekannt: ein jedes kunstwerk hat so starke innere gesetze, daß es nur in einer einzigen form erscheinen kann. […]

Da es geschmackvolle und geschmacklose gebäude gibt, so nehmen die menschen an, daß die einen von künstlern herrühren, die anderen von nichtkünstlern. Aber geschmackvoll bauen ist noch kein verdienst, wie es kein verdienst ist, das messer nicht in den mund zu stecken oder sich des morgens die zähne zu putzen. Man verwechselt hier kunst und kultur. Wer kann mir aus vergangenen epochen, also aus kultivierten zeiten, eine geschmacklosigkeit nachweisen? Die häuser des kleinsten maurermeisters in der provinzstadt hatten geschmack. Freilich gab es große und kleine meister. Den großen meistern waren die großen arbeiten vorbehalten. Die großen meister hatten dank ihrer hervorragenden bildung einen innigeren kontakt mit dem weltgeist als die andern.

Die architektur erweckt stimmungen im menschen. Die aufgabe des architekten ist es daher, diese stimmung zu präzisieren. Das zimmer muß gemütlich, das haus wohnlich aussehen. Das justizgebäude muß dem heimlichen laster wie eine drohende gebärde erscheinen. Das bankhaus muß sagen: hier ist dein geld bei ehrlichen leuten fest und gut verwahrt.

Der architekt kann das nur erreichen, wenn er bei jenen gebäuden anknüpft, die bisher im menschen diese stimmung erzeugt haben. Bei den chinesen ist die farbe der trauer weiß, bei uns schwarz. Unseren baukünstlern wäre es daher unmöglich, mit schwarzer farbe freudige stimmung zu erregen.

Wenn wir im walde einen hügel finden, sechs schuh lang und drei schuh breit, mit der schaufel pyramidenförmig aufgerichtet, dann werden wir ernst und es sagt etwas in uns: hier liegt jemand begraben. Das ist architektur. Unsere kultur baut sich auf der erkenntnis von der alles überragenden größe des klassischen altertums auf. Die technik unseres denkens und fühlens haben wir von den römern übernommen. Von den römern haben wir unser soziales empfinden und die zucht der seele.

Es ist kein zufall, daß die römer nicht im stande waren, eine neue säulenord-

nung, ein neues ornament zu erfinden. Dazu waren sie schon zu weit vorgeschritten. Sie haben das alles von den griechen übernommen und haben es für ihre zwecke adaptiert. Die griechen waren individualisten. Jedes bauwerk mußte seine eigene profilierung, seine eigene ornamentierung haben. Die römer aber dachten sozial. Die griechen konnten kaum ihre städte verwalten, die römer den erdball. Die griechen verschwendeten ihre erfindungskraft in der säulenordnung, die römer verwendeten sie auf den grundriß. Und wer den großen grundriß lösen kann, der denkt nicht an neue profilierungen.

Seitdem die menschheit die größe des klassischen altertums empfindet, verbindet die großen baumeister ein gemeinsamer gedanke. Sie denken: so wie ich baue, hätten die alten römer auch gebaut. Wir wissen, daß sie unrecht haben. Zeit, ort, zweck und klima, das milieu, machen ihnen einen strich durch diese rechnung.

Aber jedesmal wenn sich die baukunst immer und immer wieder durch die kleinen, durch die ornamentiker, von ihrem großen vorbilde entfernt, ist der große baukünstler nahe, der sie wieder zur antike zurückführt. Fischer von Erlach im süden, Schlüter im norden waren mit recht die großen meister des achtzehnten jahrhunderts. Und an der schwelle des neunzehnten stand Schinkel. Wir haben ihn vergessen. Möge das licht dieser überragenden gestalt auf unsere kommende baukünstlergeneration fallen![14]

Wie ernst es Loos mit seinen Lehren war, geht aus seinem Vorwort zu »Trotzdem« hervor, das gleichzeitig auch als Motto seines Lebenswerks gelten könnte:

»Das entscheidende geschieht trotzdem« (Nietzsche)

Aus dreißigjährigem kampfe bin ich als sieger hervorgegangen: ich habe die menschheit vom überflüssigen ornament befreit. »Ornament« war einmal das epitheton für »schön«. Heute ist es dank meiner lebensarbeit ein epitheton für »minderwertig«. Freilich, das echo, das zurücktönt, glaubt die stimme selbst zu sein. Das perfide buch »die form ohne ornament«, 1924 in Stuttgart erschienen, verschweigt meinen kampf und verfälscht ihn zugleich.

Aber die beiden bände »ins leere gesprochen« und »trotzdem« sammeln die dokumente des kampfes und ich weiß, daß die menschheit mir einst dafür danken wird, wenn die ersparte zeit denen zugute kommt, die bisher von den gütern der welt ausgeschlossen waren. Wien, im Oktober 1930.[15]

Loos wurde lange Zeit als Randfigur in der Geschichte der Architektur angesehen. Seine Bedeutung und sein Einfluss sind heute jedoch unbestritten. *»Das Haus am Michaelerplatz von 1910 und Haus Steiner aus demselben Jahr an der Peripherie von Wien verblüffen die Zeitgenossen durch den selbstlosen Verzicht auf alle nicht strukturellen Elemente: es sind Körper mit glatten Mauern, in die nur die Fenster und die übrigen Öffnungen eingeschnitten sind, während ein flaches Gesims oder ein bloßer Vorsprung den Dachansatz bezeichnen. Diese Bauten werden als die ersten Beispiele des europäischen Rationalismus angesehen und haben sicherlich die Bauten von Gropius, Oud, Le Corbusier und der anderen Meister der Nachkriegszeit beeinflußt.«*[16]

Man muss vielleicht nicht besonders hervorheben, dass auch die Bauten der heutigen Rationalisten wie Aldo Rossi, Giorgio Grassi, Vittorio Gregotti und O. M. Ungers den theoretischen Positionen von Adolf Loos nahe stehen.

ANMERKUNGEN

1 Loos 1931, S. 205.
2 Loos, zitiert nach Rukschcio/Schachel 1982, S. 121.
3 Loos 1903, o. S.
4 Loos 1931, S. 116.
5 Loos 1931, S. 124.
6 Loos 1931, S. 65.
7 Loos 1931, S. 250/251.
8 Loos, zitiert nach Münz/Künstler 1964, S. 176.
9 Loos, 1931, S. 215.
10 Loos 1931, S. 217.
11 Le Corbusier, zitiert nach Rukschcio/Schachel 1982, S. 279.
12 Loos 1931, S. 112.
13 Loos 1931, S. 112.
14 Loos 1909, o. S.
15 Loos 1931, o. S.
16 Benevolo 1964, S. 385.

LUDWIG MIES VAN DER ROHE *1886 – †1969

Ludwig Mies wurde 1886 in Aachen – der alten Kaiserstadt – als jüngstes von vier Kindern geboren. 1922 fügte er seinem Namen den Familiennamen seiner Mutter hinzu und nannte sich Mies van der Rohe. Sein Vater war Steinmetz, der sich vor allem mit der Anfertigung von Grabsteinen beschäftigte. So wurde Mies schon früh mit den Materialien Stein, Ziegel und Marmor vertraut, denn er half bereits als Kind gerne bei der Bearbeitung der Steine in der Werkstatt mit. Im Alter von 13 Jahren begann er seine Lehre in einer Stuckfirma.

> *Und es war hier, wo ich zeichnen lernte. Man mußte Details zeichnen – große – auf senkrechte Wände, in Originalgröße, etwa ein Viertel der Decke eines Raumes. Zum Beispiel morgens Ludwig XIV., nachmittags Renaissance für ein Eßzimmer oder Gotik für eine Bibliothek. Ab und zu wurden moderne Ornamente erfunden, Kastanienblätter mit Kastanien darauf. Danach konnte ich alles freihändig zeichnen, egal was es war.*[1]

Diese Kunst des Zeichnens übte er Zeit seines Lebens aus, und seine Zeichnungen, von denen der größte Teil im Museum of Modern Art in New York aufbewahrt wird, gehören heute zu den schönsten der Architekturgeschichte.

1905 verließ Mies die Provinzstadt Aachen, um in der Metropole Berlin Arbeit zu finden, und er trat dort in das Büro von Bruno Paul ein, dem bedeutenden Architekten und Designer, der unter anderem die Typen-Möbel entwickelt hat, eine Methode, mit der hochwertige Möbel durch industrielle Produktion hergestellt werden konnten.

Nach zwei Jahren – Mies war gerade 20 Jahre – erhielt er seinen ersten Auftrag. Der Bauherr Alois Riehl war Professor für Philosophie an der Berliner Friedrich-Wilhelm-Universität; er brachte den jungen Architekten mit Künstlern und Gelehrten zusammen und weckte sein Interesse für Philosophie, besonders für die von Nietzsche. Das Ehepaar Riehl ermöglichte ihm auch eine Italienreise, die ihn nach Rom, Florenz und Vicenza führte. Beeindruckt – besonders von den Werken Palladios und (ebenso wie Nietzsche) vom Palazzo Pitti in Florenz – kehrte Mies doch schon nach sechs Wochen zurück, da er die blassen Farben und das schwermütige Licht des Nordens vermisst – ganz im Gegensatz zu Le Corbusier, der gerade das mediterrane Licht liebte.

1908 trat Mies in das Büro von Peter Behrens ein, der ein Jahr zuvor zum Chefarchitekten der AEG ernannt worden war, was bedeutete, dass vom Entwurf der Gebäude bis hin zur Gestaltung der Produkte alles in seiner Verantwortung lag. In seinem Büro traf Mies mit Walter Gropius, Adolf Meyer und – für kurze Zeit – auch mit Corbusier zusammen. Er zeichnete an dem Fassadenentwurf der berühmten Turbinenhalle mit und übernahm die Bauleitung für das Botschaftsgebäude in St. Petersburg, das er jedoch selbst nicht sonderlich schätzte. Im Frühjahr 1911 wurde Behrens von der Familie Kröller-Müller in Den Haag beauftragt, eine Villa mit Galerie zu entwerfen. Die Kröller-Müllers besaßen eine bedeutende Kunstsammlung, darunter etwa 50 van Goghs. Mies wurde nach Den Haag gesandt, um den Entwurf zu präsentieren, der jedoch nicht für gut befunden wurde. Stattdessen bat Frau Möller Mies, einen eigenen Vorschlag auszuarbeiten.
Mies akzeptierte und das führte natürlich zum Bruch mit Behrens. Aber auch sein Projekt, das deutlich klassizistische Züge aufwies, wurde abgelehnt und schließlich erhielt Henry van de Velde den Bauauftrag.
Während seines Hollandbesuchs sah Mies die Börse von Berlage in Amsterdam, was für ihn ein entscheidendes Erlebnis war. Er bewunderte die absolut ehrliche Konstruktion, die Behandlung der Materialien und die geistige Haltung, die wenig mit historischen Reminiszenzen zu tun hatte. *»Es war wirklich ein modernes Gebäude.«*
Die Begegnung mit Berlage und die Ausstellung von Frank Lloyd Wrights Arbeiten 1911 in Berlin, die in ganz Europa Aufsehen erregte,

beeinflussten Mies nachhaltig und bereiteten seine Loslösung vom Klassizismus und die Hinwendung zur Moderne vor.

Nach seiner Rückkehr aus Holland gründete Mies sein eigenes Büro in Berlin. Er erhielt Aufträge für mehrere Villen; die Bauherren gehörten zur wohlhabenden Berliner Gesellschaft, in der er Freunde und Mäzene fand. Hier lernte er auch Ada Bruhn kennen, die er 1913 heiratete. Seine gerade einsetzende Karriere wurde durch den Ausbruch des Ersten Weltkriegs unterbrochen, in dem er als Pionier für Brückenbau auf dem Balkan eingesetzt wurde.

Während des Kriegs wurde er Vater von drei Töchtern. Doch eignete sich Mies nicht für das Familienleben, da er Ruhe und Stille brauchte, um sich ganz seiner Arbeit widmen zu können. So trennte er sich von seiner Familie und bezog ein eigenes Appartement im Zentrum Berlins, das zugleich Wohnung und Büro war und das er längere Zeit mit seinem Freund Hugo Häring – der eine organische Architekturauffassung vertrat – teilte. Die Ehe wurde 1931 geschieden.

In Berlin herrschte nach dem Ersten Weltkrieg und besonders in der ersten Hälfte der zwanziger Jahre sowohl politisch als auch künstlerisch Aufbruchstimmung. Es gab Vereinigungen wie den »Arbeitsrat für Kunst« und die »Novembergruppe«, deren Präsident Mies 1922 wurde. Hier fanden sich Künstler und Architekten zusammen, um die Arbeiten und Gedanken der Avantgarde zu verbreiten. Es entstanden viele, oft nur in wenigen Nummern erscheinende Zeitschriften wie »Frühlicht« von Bruno Taut, »Merz« von Kurt Schwitters, oder »G. Material zur Elementaren Gestaltung« – die Mies u. a. mit Hans Richter herausgab und mitfinanzierte. In dieser Zeitschrift, von der nur sechs Nummern erschienen, hat er wichtige Beiträge und Projekte – von sich selbst und von Freunden – veröffentlicht. Internationale Kontakte bestanden besonders zu den russischen Konstruktivisten (über El Lissitzky) und der holländischen Gruppe De Stijl.

In diesem geistigen Spannungsfeld entstanden Arbeiten von Mies, die zum Wendepunkt in seiner architektonischen Entwicklung wurden. 1919 und in den darauf folgenden Jahren entwarf er fünf Projekte, die als Manifeste der modernen Architektur gelten können. Das erste war ein Entwurf für einen Wettbewerb am Bahnhof Friedrichstraße in Berlin, bei dem auf einem dreieckigen Grundstück ein Hochhaus errichtet werden sollte. Mies reichte Pläne für einen dreieckigen, gläsernen – flach abschließenden – Turm ein, der den ganzen Bauplatz ausfüllte. In der von Bruno Taut herausgegebenen Zeitschrift »Frühlicht« schreibt er darüber:

ABB. 2

> *Bei meinem Entwurf für das Hochhaus am Friedrichsbahnhof in Berlin, für das ein dreieckiger Bauplatz zur Verfügung stand, schien mir für diesen Bau eine dem Dreieck angepaßte prismatische Form die richtige Lösung zu sein, und ich winkelte die einzelnen Frontflächen leicht gegeneinander, um der Gefahr der toten Wirkung auszuweichen, die sich oft bei der Verwendung von Glas in großen Flächen ergibt. Meine Versuche an einem Glasmodell wiesen mir den Weg, und ich erkannte bald, daß es bei der Verwendung von Glas nicht auf eine Wirkung von Licht und Schatten, sondern auf ein reiches Spiel von Lichtreflexen ankam. Das habe ich bei dem anderen hier veröffentlichten Entwurf angestrebt.*[2]

Wegen der ungewöhnlichen Ausdruckskraft des Gebäudes, das an einen Kristall erinnerte, und der mit Kohle gezeichneten Pläne wurde der Entwurf häufig als expressionistisch bezeichnet. Mies lehnte diese Kategorisierung strikt ab:

> *Ich hatte keine expressionistischen Absichten. Ich wollte das Skelett zeigen, und ich dachte, der beste Weg wäre, einfach eine Glashaut darüberzuziehen.*[3]

ABB. 4

1921 entwickelte er ein zweites Glashochhaus – diesmal auf einem polygonalen Grundriss, der zu einer plastischen, wellenförmigen Fassadengestaltung führte.

Ein Jahr später folgte der Entwurf für ein Bürohaus in Stahlbeton, das er in der von ihm herausgegebenen Zeitschrift »G« veröffentlichte und kommentierte.

Zwei weitere, nicht realisierte Projekte aus dieser Zeit sind das Landhaus aus Stahlbeton und das Landhaus aus Backstein. Bei allen fünf theoretischen Entwürfen zeigt sich, wie sensibel und kenntnisreich Mies die Materialien der neuen Zeit – Glas, Beton, aber auch den klassischen Backstein – beherrscht und den ihnen entsprechenden konstruktiven Ausdruck findet.

1925 wurde Mies Mitbegründer des »Ring«, einer politisch einflussreichen Gruppe von Architekten, die sich für die Förderung der modernen Kunst und Architektur engagierten. Zu den Mitgliedern zählten u. a. Peter Behrens, Walter Gropius, Hugo Häring, Ludwig Hilberseimer, Erich Mendelsohn und Hans Poelzig. Ein Jahr später wurde er Vizepräsident des Deutschen Werkbundes.

In den folgenden Jahren gelang es Mies, sich dem praktischen Bauen zuzuwenden, und nun zeigte sich, dass er nicht nur theoretische Konzepte entwickeln konnte, sondern auch ein herausragender Baumeister war.

Ein eindrucksvolles, wenn auch kleines Projekt war 1926 das Denkmal für Rosa Luxemburg und Karl Liebknecht, die 1919 von Freikorpsoffizieren ermordet worden waren. Als Symbol für die mörderische Tat errichtete Mies ein Quadrat aus 15 Meter breiten, stark gegliederten Wänden aus groben, dunklen Backsteinen. Auf einer Seite wurde ein aus Stahlteilen bestehender Stern mit den kommunistischen Insignien »Hammer und Sichel« angebracht.

ABB. 5

1927 beschloss der Deutsche Werkbund, die Ziele des modernen Wohnungsbaus in Form einer dauerhaften Ausstellung von beispielhaften Wohnhäusern in Stuttgart zu demonstrieren. In den folgenden Jahren entstanden Mustersiedlungen auch in Wien, bei Zürich und in Prag. Mit der Planung der Stuttgarter Weißenhofsiedlung wurde Mies van der Rohe, damaliger Vizepräsident des Werkbunds, beauftragt. Wie er diese Aufgabe verstand, beschreibt er in der Zeitschrift »Die Form«:

Bei Übernahme dieser Arbeit war mir klar, daß wir sie im Gegensatz zu der landläufigen Auffassung zur Durchführung bringen mußten, da jedem, der sich ernsthaft mit dem Problem des Wohnungsbaus auseinandergesetzt hat, der komplexe Charakter desselben sichtbar wurde. Das Feldgeschrei »Rationalisierung und Typisierung« und auch der Ruf nach der Wirtschaftlichkeit des Wohnbetriebes trifft nur Teilprobleme, die zwar sehr wichtig sind, aber nur dann eine wirkliche Bedeutung erlangen, wenn sie in der richtigen Proportion stehen. Neben oder besser über diesen steht das räumliche Problem, die Schaffung einer neuen Wohnung. Das ist ein geistiges Problem, das nur mit schöpferischer Kraft, nicht aber mit rechnerischen oder organisatorischen Mitteln zu lösen ist.[4]

Er wollte also nicht die »Wohnung für das Existenzminimum« zeigen, wie sie 1929 auf dem CIAM-Kongress (Congrès Internationaux d'Architecture Moderne) in Frankfurt gefordert wurde, sondern eine moderne Wohnform.

Mies entwarf den Bebauungsplan und lud 15 bekannte Architekten aus fünf europäischen Ländern zur Teilnahme ein, darunter J. J. P.

Oud, Le Corbusier, Walter Gropius, Ludwig Hilberseimer, Bruno Taut, Hans Poelzig, Max Taut, Josef Frank, Mart Stam, Peter Behrens und Hans Scharoun. Es entstanden experimentelle Wohnungen, in denen jeder Architekt die ihm wichtig erscheinenden Kriterien des modernen Wohnungsbaus verwirklichte. So realisierte z.B. Le Corbusier seine fünf Punkte zu einer neuen Architektur. Mies selber baute den dreigeschossigen Reihenhausblock im Nordwesten der Siedlung. Wegen des internationalen Baustils und vor allem wegen der einheitlichen Flachdächer wurde die Siedlung in den dreißiger Jahren als »undeutsch« und als »Araberdorf« diffamiert.

ABB. 6

Die Weißenhofsiedlung erregte in ganz Europa Aufmerksamkeit und wurde als herausragende Dokumentation der modernen Bewegung anerkannt.

ABB. 7, 8

Das Ansehen, das Mies durch dieses Projekt erlangte, führte zu seiner Beauftragung für den Bau des Deutschen Pavillons für die Weltausstellung, die 1929 in Barcelona stattfand. Da der Pavillon allein für Repräsentationszwecke gebaut wurde, war es Mies möglich, einen völlig freien Grundriss zu entwickeln, bei dem nur die Stützen die tragenden Elemente waren, während die Wände der räumlichen Anordnung dienten.

Die Leichtigkeit der Komposition und die kostbaren Materialien – Travertin, Marmor, graues Glas, verchromte Stahlsäulen – verliehen dem Pavillon zeitlose Eleganz und Würde. Das teuerste Element war eine frei stehende Wand aus Onyx; sie kostete fast ein Fünftel des gesamten Budgets. Die wenigen Möbel, die aufgestellt wurden, entwarf Mies zusammen mit Lilly Reich. Es entstand der berühmte »Barcelona-Chair« aus Stahlrohr und Kissen aus weißem Ziegenleder. Aus heutiger Sicht erscheint es unverständlich, dass der Pavillon, diese Ikone der modernen Architektur, nach Ausstellungsende schlichtweg abgerissen wurde. Man hat diesen Fehler unterdessen eingesehen und ihn in den achtziger Jahren rekonstruiert.

Mies van der Rohe hatte Lilly Reich schon 1925 kennen gelernt. Sie war eine bekannte Innenarchitektin und Designerin und hatte u.a. bei Josef Hoffmann in Wien gelernt. Es entwickelte sich eine enge berufliche und persönliche Beziehung, die bis zu Mies' Emigration dauern sollte. Lilly Reich war maßgeblich an den Möbelentwürfen und auch an den Inneneinrichtungen – wie beispielsweise im Wohnblock der

2. Entwurf für ein Hochhaus am Bahnhof Friedrichstraße in Berlin (1921).
3. Haus Tugendhat in Brünn (1928–1930).
4. Entwurf für ein Glashochhaus in Berlin (1921).
5. Denkmal für Rosa Luxemburg und Karl Liebknecht in Berlin (1925/26).
6. Weißenhofsiedlung, Stuttgart (1926); zeitgenössische Fotomontage der 30er Jahre.

5

6

7. Innenansicht des Deutschen Pavillons.
8. Grundriss des Deutschen Pavillons auf der Internationalen Weltausstellung in Barcelona (1928/1929).
9. Haus Farnsworth in Plano, Illinois (1945–1950).
10. Crown Hall des IIT-Campus in Chicago, Illinois (1950–1956).

LUDWIG MIES VAN DER ROHE

Weißenhofsiedlung und anderen wichtigen Ausstellungen – beteiligt. Über sie lernte Mies den Seidenfabrikanten Herrmann Lange und dessen Schwager Jürgen Esters kennen, die ihn 1928 mit dem Bau ihrer – in Krefeld – nebeneinander liegenden Wohnhäuser beauftragten. Entsprechend der niederrheinischen Tradition wählte Mies als Material unverputzten Backstein, den er als Modul für die harmonisch proportionierten, miteinander korrespondierenden Häuser einsetzte.

Ein weiterer architektonischer Höhepunkt dieser Jahre ist das Haus Tugendhat, das Mies für Fritz und Grete Tugendhat in Brünn auf einem am Hang liegenden Grundstück baute. Mies nutzte die Hanglage durch eine zweigeschossige Bebauung. Obgleich das Tugendhat-Haus gewisse Ähnlichkeiten mit dem Barcelona-Pavillon aufweist – z.B. den freien Grundriss des Wohn- und Essraums oder die großen Glaswände, durch die die Natur einbezogen wurde –, erfüllte es doch alle Funktionen eines Wohnhauses. Die Tugendhats ließen Mies sowohl beim Entwurf als auch bei der Raumausstattung freie Hand, und so konnte er von den Möbeln über die Vorhänge bis zu den Türgriffen und Aschenbechern dieses Haus gestalten. Und seiner Vorliebe für kostbare und edle Materialien entsprechend finden sich auch hier eine goldfarbene Onyxwand, eine gebogene Wand aus schwarz-braun gestreiftem Makassarholz, Vorhänge aus hellgrauer Schantungseide und weißes Linoleum als Bodenbelag. Zu den Naturfarben der Materialien kamen bei den speziell für das Haus entworfenen Stühlen einige wenige farbliche Akzente in Form von grünem Leder und rotem Samt hinzu, die den Einfluss von Lilly Reich bei der Gestaltung erkennen lassen.

ABB. 3

Das Haus Tugendhat war gewiss nicht »wöhnlich« im Sinne von Goethe, aber es ermöglichte einen großzügigen, freien Lebensstil. Einige der Avantgardearchitekten der Zeit, deren Hauptanliegen die Wohnung für das Existenzminimum breiter Bevölkerungsschichten war, kritisierten den Luxus, den sie bei einem Wohnhaus für unangemessen hielten. Dennoch, das Haus Tugendhat, ebenso wie die Villa Savoye von Le Corbusier, gehört zu den Meilensteinen in der Entwicklung der modernen Architektur.

Gegen Ende der zwanziger und Anfang der dreißiger Jahre wurde infolge der Depression die wirtschaftliche Situation auch für die Architekten in Deutschland schwierig. Mies hatte sich ohne Erfolg an mehreren Wettbewerben beteiligt – so auch für den Alexanderplatz in Berlin, und er lebte vor allem von den Tantiemen, die er für seine Möbel erhielt.

Deshalb akzeptierte er 1930 den Vorschlag von Walter Gropius, die Leitung des Bauhauses in Dessau, das Gropius 1919 gegründet hatte, für fünf Jahre zu übernehmen. Mit der Unterstützung von Ludwig Hilberseimer konzentrierte Mies das Lehrprogramm vor allem auf die Architektur und schränkte die Verflechtung zwischen der Industrie und den Werkstätten ein. 1932 berief er Lilly Reich zur Leiterin für die Abteilung Innenarchitektur und Textilentwurf.

Im Herbst des gleichen Jahres wurde das Bauhaus von der nationalsozialistisch dominierten Behörde Dessaus geschlossen. Für Hitler und seine Genossen waren die Bauhäusler »Kulturbolschewiken«, ebenso wie wenig später die ganze moderne Kunst als »entartet« diffamiert wurde. Mies versuchte, die Idee des Bauhauses fortzuführen, indem er in Berlin ein altes Fabrikgebäude mietete, das er mit einfachen Mitteln auf seine Kosten renovieren ließ. Ein Teil der Lehrer und Studenten folgte ihm. Aber auch in Berlin fand man keine Ruhe vor den Verfolgern.

Die Gestapo durchsuchte das Gebäude und Mies wurde aufgefordert, Hilberseimer und Kandinsky zu entlassen. Daraufhin teilte er den Behörden schriftlich mit, dass man unter diesen Bedingungen nicht weiterarbeiten könne, und dass er deshalb die Schule schließe. Es gelang ihm, einen großen Teil des Archivs in die Schweiz zu schaffen.

Nach 1933 wurde die Situation für die eine moderne Architekturauffassung vertretenden Architekten immer schwieriger. Die herrschende Ideologie verlangte entweder Monumentalbauten oder Häuser im Heimatstil. Gropius emigrierte bereits 1933 nach London, Marcel Breuer 1935. Anderen, wie Heinrich Tessenow und Fritz Schumacher, gelang es, sich von der Propaganda des »Dritten Reichs« zu distanzieren und sich zurückzuziehen. Mies beteiligte sich noch an einigen Wettbewerben, aber er konnte unter den gegebenen Umständen keinen Erfolg mehr haben.

Ab Mitte der dreißiger Jahre erhielt er verschiedene Angebote aus den USA, wo seine Arbeiten vor allem durch seinen Bewunderer Philip Johnson bekannt geworden waren. 1939 nahm er das Angebot des Armour Institute of Technology (später IIT) in Chicago an, die Lei-

tung der Architekturabteilung zu übernehmen. Man überließ ihm die Gestaltung des Lehrprogramms und er konnte – was ihm sehr wichtig war – Ludwig Hilberseimer und Walter Peterhans vom Bauhaus mit übernehmen. Außerdem wurden ihm die Planung des neuen Campus und der Entwurf der einzelnen Gebäude übertragen.
Anlässlich eines großen Festakts hatte Mies Frank Lloyd Wright gebeten, ihn bei der Fakultät und den Kuratoren einzuführen. Wright tat dies mit dem ihm eigenen Selbstbewusstsein: »*Meine Damen und Herren, hier haben Sie Mies van der Rohe. Wenn ich nicht wäre, gäbe es keinen Mies [...] Ich bewundere ihn als Architekten und achte und liebe ihn als Menschen. Armour Institute, ich gebe Dir meinen Mies van der Rohe. Behandle ihn gut und liebe ihn, wie ich ihn liebe.*«[5]
Mies, der zu jener Zeit noch kein Wort Englisch sprach, hielt seine Rede auf Deutsch.

Der Auftrag für die Neuplanung des Campus ermöglichte ihm, neben der Lehre sein eigenes Büro zu betreiben. Er arbeitete an dem Gesamtplan – der in klassischer Symmetrie angelegt ist – von 1939 bis 1941 und entwarf die erste Gebäudegruppe. Hatte Dankwart Adler, der Partner von Sullivan, das berühmte Prinzip des »*form follows function*« geprägt, so wollte Mies die Möglichkeit einer Flexibilität der Funktionen erreichen, da sich der Zweck eines Gebäudes im Laufe der Jahre ändern könnte. Peter Blake schreibt dazu: »*Diese Konzeption des ›universalen Gebäudes‹ schöpfte Mies wahrscheinlich aus seiner Kenntnis von Schinkel und der klassischen Tradition. Denn der größte Beitrag, den die Klassizisten zu unserer Zivilisation geleistet haben – vom Parthenon bis zur griechischen Wiedergeburt –, war die Vorstellung der Universalität. Sie glaubten, die Menschheit bedürfe nicht spezifischer, sondern universaler Lösungen – Lösungen, die auf einen Tempel ebenso anwendbar waren wie auf einen Palast, einem Museum ebenso angemessen wie einem Zollhaus. Bei seinem IIT-Projekt nahm Mies einfach den klassischen Begriff der Universalität und übersetzte ihn in Stahl, Backstein und Glas. Das IIT – ein Schulgelände, welches der Forschung auf dem weiten Gebiet der ewig sich wandelnden Wissenschaften gewidmet war – wurde zu einer Gruppe von schön detaillierten Standardeinheiten, die auf einem identischen Verhältnismaß beruhen und so geplant waren, daß in späteren Jahren fast jede Art von Tätigkeit darin ausgeübt werden kann.*«[6]

ABB. 10　Die Gebäude bestanden aus einem Stahlskelett, das mit Glas und Backstein ausgefacht war. Das Ganze in höchster Perfektion entsprechend seinem Motto: »Gott steckt im Detail.«

Bis 1957 hatte Mies etwa ein Dutzend Gebäude errichtet; dann übertrug die neue Leitung des IIT die Fertigstellung des Gesamtkomplexes der Firma Skidmore, Owings & Mervill. Das war eine Brüskierung und Kränkung für Mies. Aber nicht wegen des verlorenen Auftrags, sondern weil es seine Überzeugung war, dass ein Campus nach einer einheitlichen Idee gestaltet werden müsse. Deshalb bezeichnete er den Campus der University of Virginia, den Jefferson errichtet hatte, als den einzigen, der diesen Namen verdient. Der Schweizer Architekturtheoretiker Sigfried Giedion schreibt in seinem in zahlreichen Sprachen erschienenen Buch »Raum, Zeit, Architektur«: *»Wie die Weißenhofsiedlung von 1927 ein Manifest für die spätere Entwicklung war, so bedeuten die Bauten des Chicagoer ›Campus‹ einen Aufruf für die künstlerische Integrität der amerikanischen Architektur.«*[1]

Diese Würdigung ist vor allem auch im Hinblick darauf zu verstehen, dass die meisten Gebäude der großen amerikanischen Universitäten zu jener Zeit im neugotischen Stil erbaut waren. So stieß der moderne Entwurf von Mies teilweise auf heftigen Widerstand, besonders bei den Mäzenen.

1946 lernte Mies einen jungen Unternehmer kennen – Herbert Greenwald –, der den Ehrgeiz hatte, anspruchsvolle Architektur zu fördern. Da er die Bauten von Mies schätzte, beauftragte er ihn mit der Planung mehrerer Wohnhochhäuser – den Promotory Apartments – und ABB. 11　wenig später, 1948, den Wohntürmen am Lake Shore Drive 860–880 in Chicago, in der Architekturwelt einfach als »860« bekannt. »860« wurde zum Prototyp der Mies'schen Architektur in den folgenden Jahrzehnten. Die beiden identischen Türme stehen rechtwinklig zueinander, um allen Bewohnern einen Ausblick auf den Michigan-See zu bieten. Sie beruhen auf einem Stahlskelett, das auf allen Seiten mit Glas ausgefüllt ist. Die feuerpolizeilichen Vorschriften verlangten eine Ummantelung der Stahlstruktur mit Beton, die den Gebäuden die Leichtigkeit und Eleganz genommen hätte. Durch eine technische Lösung gelang es Mies, die vertikale Betonung und damit den gewünschten ästhetischen Ausdruck zu erreichen.

In den fünfziger und sechziger Jahren war Mies hauptsächlich mit dem Entwerfen und Bauen von Wohnhochhäusern und Bürogebäuden beschäftigt; allein in Chicago entstanden 14 Wohntürme. Aufträge für Einfamilienhäuser lehnte er konsequent ab – bis auf drei Ausnahmen. Eine davon war das berühmte Farnsworth-Haus in Plano, Illinois, an dem er fünf Jahre – von 1945–1950 – plante. Es sollte das Wochenendhaus für eine allein stehende Ärztin aus Chicago werden, Dr. Edith Farnsworth, mit der er seit Jahren befreundet war. Das Haus bestand nur aus Stahlstützen und großen Glaswänden, durch die die Natur einbezogen wurde. Es ist die Umsetzung der Idee von Universalität, eine Architektur des »fast nichts«, die dem Bewohner die größtmögliche Freiheit lässt. Richard Sennett bezeichnet sie als einen »modernen Ausdruck des Sublimen«.

ABB. 9

Unglücklicherweise sollte gerade dieses »architektonische Juwel« – wie Peter Blake es nannte – den Anlass für eine äußerst unschöne und gehässige Diskussion bieten. Mrs. Farnsworth – aus persönlichen Gründen enttäuscht – verklagte Mies wegen Überschreitung der Kosten. Zwar gewann er den Prozess, aber sie benutzte die Zeitschrift »House Beautiful«, um ihn öffentlich zu attackieren. Das Ganze artete in eine Kampagne gegen die Vertreter des Internationalen Stils wie Mies, Gropius und Le Corbusier aus, deren Architektur man als eine »Bedrohung des Neuen Amerika« bezeichnete.

Auch Frank Lloyd Wright mischte sich leider mit polemischen Äußerungen in die Debatte ein: »›*Der Internationale Stil […] ist Totalitarismus‹, verkündete er. ›Diese Bauhausarchitekten haben dem politischen Totalitarismus in Deutschland den Rücken gekehrt und sich dem zugewandt, was jetzt, gefördert durch trügerische Reklame, wie ihr eigener Totalitarismus in der Kunst hier in Amerika aussieht […] Warum mißtraue und trotze ich einem solchen Internationalismus genauso wie dem Kommunismus? Weil beide ihrer Natur nach eben diese Nivellierung im Namen der Zivilisation anstreben müssen […] (Die Förderer des Internationalen Stils) sind uns nicht bekömmlich…‹ Wrights grundsätzlich feindselige Einstellung zur Haut- und Knochen-Architektur war nicht neu und in mancher Beziehung sogar wohlbegründet. Aber sein persönlicher Angriff auf Mies und andere war sowohl neu wie seiner unwürdig.*«[8]

Mies äußerte oder verteidigte sich mit keinem Wort. Aber er litt besonders unter den Attacken von Wright, den er immer verehrt und in seiner Antrittsrede am IIT ausdrücklich gewürdigt hatte.

ABB. 12

Von den zahlreichen Bürogebäuden, die Mies gebaut hat, ist das Seagram Building an der Park Avenue in New York das schönste und eindrucksvollste. Der Bauherr – Samuel Bronfman, Direktor der Whiskey-Firma Seagram – hatte auf Rat seiner Tochter Phyllis Lambert Mies als Architekten ausgewählt, und er erwies sich als ein äußerst großzügiger Bauherr. Er erlaubte Mies, die Stützen mit Bronze zu verkleiden und auch für Sprossen und Brüstungen Bronze als Material zu benutzen. Außerdem akzeptierte er, dass Mies etwa 50% des Grundstücks als Vorplatz nutzte, und Grundstücke waren und sind in New York knapp und kostbar. Das Hochhaus wurde mit Kosten von 37 Millionen (ohne Grundstück) das teuerste seiner Zeit. Das »feierlich bronzene Seagram Building«, wie Giedion es einmal nennt, wurde ein uneingeschränkter Erfolg. Selbst Kritiker wie Lewis Mumford oder Henry-Russell Hitchcock lobten die Wärme und Ausstrahlung des Gebäudes. Nicht nur die Architektur, sondern auch die städtebauliche Anordnung ist entscheidend für den Gesamteindruck. Mies setzte den Turm etwa 27 Meter von der Avenue zurück und schuf so einen freien Platz, den er mit rosa Granit auslegte. Zwei rechteckige Wasserbecken mit Blumen, Marmorbänke und Bepflanzungen geben der Anlage einen urbanen Charakter, der noch heute im wesentlich dichter bebauten New York ein Ort der Ruhe ist. *»Die Zugeständnisse von Seiten des Bauherrn (die Hälfte des Grundstücks unbebaut zu lassen) ermöglichten es Mies, ein Gebäude in Manhattan zu verwirklichen, das mit jenem New Yorker Monument mit Würde rivalisieren konnte, das er schon immer bewundert hatte: der George Washington-Brücke.«*[9]

ABB. 13

Seit seiner Emigration im Jahre 1938 hatte Mies nicht mehr in Deutschland gebaut. 1953 war er zu einem Wettbewerb für das Nationaltheater in Mannheim aufgefordert worden, aber sein Entwurf wurde ausjuriert. An der Internationalen Bauausstellung im Hansaviertel Berlin wollte er nicht teilnehmen, weil ihm die zahlreichen Bauvorschriften nicht den entsprechenden Gestaltungsspielraum gegeben hätten. Endlich – in seinem 76. Lebensjahr – beauftragte ihn der Berliner Senat 1962 mit dem Bau der Neuen Nationalgalerie. Es ist das Thema des Pavillons, das er hier wieder aufgreift, nur diesmal in einer bis dahin einmaligen Dimension. Über einer quadratischen Plattform schwebt ein aus Stahlplatten zusammengeschweißtes, etwa 4000 Quadrat-

11. »860«, Wohntürme am Lake Shore Drive in Chicago (1948).
12. Seagram Building in New York City (1954–1958).
13. Neue Nationalgalerie in Berlin (1962–1968).

meter großes Dach, das auf acht kreuzförmigen Säulen ruht. Die so entstandene, von Glas umschlossene Halle ist für Wechselausstellungen gedacht und lässt, da sie stützenfrei ist, dem Nutzer alle Freiheit bei der Gestaltung. Es war Mies' Überzeugung, dass für ein Museum die relative Abwesenheit von Architektur gelten müsse, um die Kunstwerke zu betonen. Die ständige Sammlung der Galerie ist im Sockelgeschoss untergebracht. Die Halle steht auf einer Steinterrasse, die über eine großzügige Stufenanlage erreicht wird.

Trotz seiner schweren Arthritis ließ Mies es sich nicht nehmen, dabei zu sein, als das vormontierte Stahldach mit hydraulischen Pressen langsam auf die vorgesehene Höhe gedrückt wurde. Dieser spektakuläre Vorgang dauerte fast acht Stunden. Die Galerie wurde am 15. September 1968 mit einer Ausstellung von Piet Mondrian eröffnet. Wegen seiner Krankheit konnte Mies nicht mehr daran teilnehmen. *»Die Nationalgalerie versöhnt Gravitas und Transparenz wie kein zweiter Bau dieses Jahrhunderts. Damit wird ein historischer, architekturtheoretischer Konflikt obsolet und zu den Akten gelegt, mit dem sich die Architekten seit der Mitte des 19. Jahrhunderts erfolglos herumgeschlagen haben.«*[10]

Über die Nationalgalerie heißt es an anderer Stelle: *»Es ist das Sublime, das Erhabene, das sich in der elementaren Einfachheit der Nationalgalerie ausdrückt und das mir ein Glücksgefühl vermittelt, das von einer gebauten reinen Idee ausgeht, so wie der Parthenon von der Idee der Antike, das Castell del Monte von der Idee der Scholastik oder die Nationalgalerie von der Idee der Moderne […] Die neue Nationalgalerie von Mies van der Rohe ist nicht Endpunkt eines Bauens – wie manche damals demonstrativ glaubten –, sondern signalisiert den Anfang einer ›Baukunst‹, deren Wurzeln im Geistigen und in der Konzentration auf das Wesentliche zu suchen sind. Die Suche danach hat erst begonnen und ich weiß, sie wird noch lange dauern.«*[11]

GEDANKEN ZUR BAUKUNST UND ZUR LEHRE

Im Gegensatz zu Le Corbusier, Gropius und anderen zeitgenössischen Architekten hat Mies van der Rohe keine theoretischen Bücher geschrieben. Er hat sich überhaupt nur selten schriftlich geäußert, und dann vor allem zu einem Thema, das ihm in Hinblick auf die Architektur oder seine Arbeit wichtig war. Im Folgenden sollen einige seiner Texte wiedergegeben werden.

BAUKUNST UND ZEITWILLE!
Baukunst ist immer raumgefaßter Zeitwille, nichts anderes. Ehe diese einfache Wahrheit nicht klar erkannt wird, kann der Kampf um die Grundlagen einer neuen Baukunst nicht zielsicher und mit wirksamer Stoßkraft geführt werden; bis dahin muß er ein Chaos durcheinander wirkender Kräfte bleiben. Deshalb ist die Frage nach dem Wesen der Baukunst von entscheidender Bedeutung. Man wird begreifen müssen, daß jede Baukunst an ihre Zeit gebunden ist und sich nur an lebendigen Aufgaben und durch die Mittel ihrer Zeit manifestieren läßt. In keiner Zeit ist es anders gewesen.

Deshalb ist es ein aussichtsloses Bemühen, Inhalt und Formen früherer Bauepochen unserer Zeit nutzbar zu machen. Selbst die stärkste künstlerische Begabung muß hier scheitern. Wir erleben immer wieder, dass hervorragende Baumeister nicht zu wirken vermögen, weil ihre Arbeit nicht dem Zeitwillen dient. Sie sind letztens Endes trotz ihrer großen Begabung Dilettanten, denn es ist bedeutungslos, mit welchem Plan das Falsche getan wird. Auf das Wesentliche kommt es an. Man kann nicht mit zurückgewandtem Blick vorwärts schreiten und nicht Träger eines Zeitwillens sein, wenn man in der Vergangenheit lebt. Es ist ein alter Trugschluß fernstehender Betrachter, für die Tragik solcher Fälle die Zeit verantwortlich zu machen.

Das ganze Streben unserer Zeit ist auf das Profane gerichtet. Die Bemühungen der Mystiker werden Episode bleiben. Trotz einer Vertiefung unserer Lebensbegriffe werden wir keine Kathedralen bauen. Auch die große Geste der Romantiker bedeutet uns nichts, denn wir spüren dahinter die Leere der Form. Unsere Zeit ist unpathetisch, wir schätzen nicht den großen Schwung, sondern die Vernunft und das Reale.[12]

VORTRAG AUF DER WERKBUNDTAGUNG IN WIEN 1930
Die neue Zeit ist eine Tatsache; sie existiert ganz unabhängig davon, ob wir »ja« oder »nein« zu ihr sagen.

Aber sie ist weder besser noch schlechter als irgendeine andere Zeit. Sie ist eine pure Gegebenheit und an sich wertindifferent. Deshalb werde ich mich nicht lange bei dem Versuch aufhalten, die neue Zeit deutlich zu machen, ihre Beziehungen aufzuzeigen und die tragende Struktur bloßzulegen. Auch die Frage der Mechanisierung, der Typisierung und Normung wollen wir nicht überschätzen.

Und wir wollen die veränderten wirtschaftlichen und sozialen Verhältnisse als eine Tatsache hinnehmen.

Alle diese Dinge gehen ihren schicksalhaften und wertblinden Gang.

Entscheidend wird allein sein, wie wir uns in diesen Gegebenheiten zur Geltung bringen. Hier erst beginnen die geistigen Probleme.

Nicht auf das »Was«, sondern einzig und allein auf das »Wie« kommt es an. Daß wir Güter produzieren und mit welchen Mitteln wir fabrizieren, besagt geistig nichts.

Ob wir hoch oder flach bauen, mit Stahl und Glas bauen, besagt nichts über den Wert dieses Bauens.

Ob in Städtebau Zentralisation oder Dezentralisation angestrebt wird, ist eine praktische, aber keine Wertfrage.

Aber gerade die Frage nach dem Wert ist entscheidend.

Wir haben neue Werte zu setzen, letzte Zwecke aufzuzeigen, um Maßstäbe zu gewinnen. Denn Sinn und Recht jeder Zeit, also auch der neuen, liegt einzig und allein darin, daß sie dem Geist die Voraussetzung, die Existenzmöglichkeit bietet.[13]

VORWORT ZUR STUTTGARTER WEISSENHOFSIEDLUNG

Es ist nicht ganz zwecklos, heute ausdrücklich hervorzuheben, daß das Problem der neuen Wohnung ein baukünstlerisches Problem ist, trotz seiner technischen und wirtschaftlichen Seite. Es ist kein komplexives Problem und deshalb nur durch schöpferische Kräfte, nicht aber mit rechnerischen oder organisatorischen Mitteln zu lösen. Aus diesem Glauben heraus habe ich trotz aller heute gültigen Schlagworte wie »Rationalisierung« und »Typisierung« es für notwendig gehalten, die in Stuttgart gestellten Aufgaben aus der Atmosphäre des Einseitigen und Doktrinären herauszuheben. Ich war bemüht, das Problem umfassend zu beleuchten und habe darum die charakteristischen Vertreter der modernen Bewegung aufgefordert, zu dem Wohnproblem Stellung zu nehmen.

Um jedem Einzelnen möglichste Freiheit für die Durchführung seiner Ideen zu geben, habe ich darauf verzichtet, Richtlinien aufzustellen und programmatische Bindungen zu geben. Auch war es mir bei Aufstellung meines Bebauungsplanes wichtig, alles Schematische zu vermeiden und auch hier jede Behinderung einer freien Arbeit auszuschalten.[14]

VORWORT ZUR MIES-BIOGRAPHIE VON WERNER BLASER

Meine bewußte berufliche Laufbahn begann etwa um 1910. Jugendstil und »Art-Nouveau«-Bewegung waren vorüber. Repräsentative Bauten standen mehr oder weniger unter dem Einfluß von Palladio oder Schinkel. Die großen Leistungen dieser Zeit sind aber unter den Industriebauten und den Bauten der reinen Technik zu finden. Es war eigentlich eine verworrene Zeit, und niemand wollte und konnte die Frage nach dem Wesen der Baukunst beantworten. Vielleicht war diese Zeit noch nicht reif für eine Antwort. Immerhin, ich warf diese Frage auf und war entschlossen, eine Antwort hierauf zu finden.

Erst nach dem Kriege, während der zwanziger Jahre, wurde es mehr und mehr deutlich, wie sehr die technische Entwicklung viele Seiten unseres Lebens zu beeinflussen begann. Wir erkannten die Technik als eine zivilisatorische Kraft, mit der zu rechnen war.

Auf dem Gebiete des Bauens lieferte die sich entfaltende Technik neue Materialien und praktische Arbeitsmethoden, die oft in scharfem Gegensatz zu unserer hergebrachten Auffassung von der Baukunst standen. Trotzdem glaubte ich an die Möglichkeit, mit diesen neuen Mitteln eine Baukunst zu entwickeln.

Ich fühlte, daß es möglich sein müsse, alte und neue Kräfte in unserer Zivilisation miteinander in Harmonie zu bringen. Jede meiner Bauten war eine Demonstration dieser Gedanken und ein weiterer Schritt in dem Prozeß meines eigenen Suchens nach Klarheit.

Ich war mehr und mehr überzeugt, daß diese neuen wissenschaftlichen und technischen Entwicklungen die eigentlichen Voraussetzungen für eine Baukunst unserer Zeit sind. Diese Überzeugung habe ich nie verloren. Heute, wie seit langem, glaube ich, daß Baukunst wenig oder nichts zu tun hat mit der Erfindung interessanter Formen noch mit persönlichen Neigungen. Wahre Baukunst ist immer objektiv und ist Ausdruck der inneren Struktur der Epoche, aus der sie wächst.[15]

Seine Berufung an das Armour Institute of Technology veranlasste Mies, die Grundlagen seiner zukünftigen Lehre in einem Programm zu formulieren und darzulegen. Er tat dies in seiner Antrittsrede 1938.

Baukunst wurzelt mit ihren einfachsten Gestaltungen ganz im Zweckhaften. Reicht aber hinaus über alle Wertstufen bis in den höchsten Bezirk geistigen Seins, in das Gebiet des Sinnhaften, der Sphäre der reinen Kunst.

Jede Baulehre hat diesem Sachverhalt Rechnung zu tragen, soll sie ihr Ziel erreichen.

Sie hat sich diesem Strukturgefüge anzupassen. Sie kann in Wirklichkeit gar nicht anders sein als eine tätige Auseinanderfaltung all dieser Beziehungen und Abhängigkeiten.

Sie soll Schritt für Schritt das deutlich machen, was möglich, notwendig und sinnvoll ist.

Wenn lehren überhaupt einen Sinn hat, dann hat es den, zu bilden und zu verpflichten.

Es hat fortzuführen von der Unverbindlichkeit der Meinung in die Verbindlichkeit der Einsicht. Herauszuführen aus dem Bereich des Zufalls und der Willkür in die klare Gesetzmässigkeit einer geistigen Ordnung.

Deshalb führen wir unsere Studenten den zuchtvollen Weg vom Material über die Zwecke der Gestaltung.

Wir wollen sie in die gesunde Welt primitiver Bauten führen, dort wo noch jeder Beilhieb etwas bedeutet und wo ein Meisselschlag eine wirkliche Aussage war.

Wo tritt mit gleicher Klarheit das Gefüge eines Hauses oder Baus mehr hervor als in den Holzbauten der Alten.

Wo mehr die Einheit von Material, Konstruktion und Form?

Hier liegt die Weisheit ganzer Geschlechter verborgen.

Welcher Sinn für das Material und welche Ausdrucksgewalt spricht aus diesen Bauten? Welche Wärme strahlen sie aus, und wie schön sind sie. Sie klingen wie alte Lieder.

Im Steinbau finden wir das gleiche. Welches natürliche Gefühl spricht aus ihm?

Welches klare Verständnis für Material, welche Sicherheit in seiner Verwendung, welcher Sinn für das, was man in Stein machen kann und darf. Wo finden wir einen solchen Reichtum in der Struktur. Wo finden wir mehr gesunde Kraft und natürliche Schönheit als hier. Mit welcher selbstverständlichen Klarheit ruht eine Balkendecke auf diesen alten Steinmauern, und mit welchem Gefühl schnitt man eine Tür aus diesen Wänden. Wo anders sollten junge Architekten aufwachsen als in der frischen Luft dieser gesunden Welt, und wo anders sollten sie einfach und klug handeln lernen als bei diesen unbekannten Meistern.

Der Backstein ist ein anderer Lehrmeister. Wie geistvoll ist schon das kleine, handliche, für jeden Zweck brauchbare Format. Welche Logik zeigt sein

Verbandsgefüge. Welche Lebendigkeit sein Fugenspiel.

Welchen Reichtum besitzt noch die einfachste Wandfläche. Aber welche Zucht verlangt dieses Material.

So besitzt jedes Material seine besonderen Eigenschaften, die man kennen muss, um mit ihm arbeiten zu können.

Das gilt auch vom Stahl und vom Beton. Wir versprechen uns an sich gar nichts von den Materialien, sondern nur etwas von dem rechten Umgang mit ihnen.

Auch die neuen Materialien sichern uns keine Überlegenheit. Jeder Stoff ist nur das wert, was wir aus ihm machen.

Wie wir die Materialien kennenlernen wollen, so auch die Natur unserer Zwecke […]

Das idealistische Ordnungsprinzip aber kann in seiner Überbetonung des Ideellen und Formalen weder unser Interesse an der Wahrheit und Einfachheit befriedigen noch unseren praktischen Verstand.

Wir werden das organische Ordnungsprinzip deutlich machen als eine Sinn- und Massbestimmung der Teile und ihres Verhältnisses zum Ganzen. Und hierfür werden wir uns entscheiden.

Der lange Weg vom Material über die Zwecke zu den Gestaltungen hat nur das eine Ziel:

Ordnung zu schaffen in dem heillosen Durcheinander unserer Tage.

Wir wollen aber eine Ordnung, die jedem Ding seinen Platz gibt. Und wir wollen jedem Ding das geben, was ihm zukommt, seinem Wesen nach.

Das wollen wir tun auf eine so vollkommene Weise, dass die Welt unserer Schöpfungen von innen her zu blühen beginnt.

Mehr wollen wir nicht. Mehr aber auch können wir nicht.

Durch nichts wird Ziel und Sinn unserer Arbeit mehr erschlossen als durch das tiefe Wort von St. Augustin:

»Das Schöne ist der Glanz des Wahren!«[16]

1944/45 erschienen die von ihm aufgestellten fünf Architekturprinzipien, die den Studenten in den letzten zwei Jahren ihres Studiums vermittelt werden sollten.

    1. *Die Struktur als ein architektonischer Faktor: ihre Möglichkeiten und Grenzen*

    2. *Raum als ein architektonisches Problem*

    3. *Die Proportion als ein Mittel architektonischen Ausdrucks*

> *4. Der Ausdruckswert der Materialien*
> *5. Malerei und Skulptur in ihrer Beziehung zur Architektur*[17]

1949 schrieb er auf Einladung des Architekturtheoretikers Nikolaus Pevsner folgende Gedanken zur Lehre:

> *Ein Architekturcurriculum ist sowohl eine Art Training als auch Erziehung. Es ist kein Mittel an sich, sondern stützt sich auf und dient einer Philosophie. Ein Lehrprogramm ohne Philosophie ist keine Tugend, es ist eine Schwäche. Ein Lehrprogramm ohne eine Philosophie ist weder breit noch offen, nicht einmal neutral, sondern undeutlich.*
> *Am Illinois Institute of Technology befassen wir uns u. a. mir der Idee der Struktur als architektonischem Konzept. Wir entwerfen keine Gebäude, wir bauen sie, entwickeln sie. Deshalb befassen wir uns mit dem richtigen Gebrauch von Materialien, deutlicher Konstruktion und deren geeignetem. Da ein Gebäude etwas ist, an dem man arbeiten muß und kein Gedanke, der zu verstehen ist, glauben wir, daß die Arbeitsmethode, die Art des Vorgehens, der Kern der architektonischen Ausbildung sein sollte.*[18]

Es entspricht dem Wesen von Mies, dass er sich über andere Architekten nur positiv und mit großem Verständnis für ihre Arbeit geäußert hat. Zugleich vermitteln diese kurzen Charakterisierungen ein Bild von den Themen, die ihn selbst beschäftigt haben.

1963 schrieb Mies einen kurzen Beitrag für den Katalog der Ausstellung von Rudolf Schwarz in Köln. Hier die ersten Sätze:

> *Rudolf Schwarz war ein großer Baumeister im wahrsten Sinne des Wortes. Sein ganzes Wesen – nicht nur sein Tun, sondern auch sein unvergleichliches Denken – war ein stetes Bemühen um Klarheit, Sinn und Ordnung. Rudolf Schwarz war ein denkender Baumeister, und Baukunst war ihm gestaltete, sinnerfüllte Ordnung.*[19]

Auszug aus »Ein Gespräch mit Mies van der Rohe« 1958 von Christian Norberg-Schulz. Auf die Frage: »Warum wiederholen Sie stets die gleichen Konstruktionsprinzipien, anstatt mit neuen Möglichkeiten zu experimentieren?« antwortete Mies:

> *Wenn man jeden Tag etwas erfinden wollte, würden wir nirgendwohin gelangen. Es kostet nichts, interessante Formen zu erfinden, doch es ist vieles dazu nötig, etwas durchzuarbeiten. Ich gebrauche öfter ein Beispiel von Viollet-le-Duc in meiner Lehre. Er hat gezeigt, dass die 300jährige Entwicklung der gotischen Kathedrale zuallererst Durcharbeiten und Verbessern*

des gleichen Konstruktionstyps war. Wir beschränken uns auf die Konstruktionen, die im Moment möglich sind, und versuchen, sie in allen Einzelheiten zu klären. Und auf diese Weise wollen wir eine Basis für die zukünftige Entwicklung legen.[20]

Und zum Schluss noch ein kurzer Ausschnitt aus einem seiner letzten Interviews, mit RIAS Berlin, 1968:

Ich möchte die Dinge einfach haben. Bedenken Sie: ein einfacher Mensch ist kein Einfaltspinsel. Ich liebe Einfachheit, wahrscheinlich weil ich Klarheit liebe, nicht weil es billig ist oder dergleichen. Wir denken nie daran, Kosten zu reduzieren, wenn wir arbeiten. Natürlich wollen wir neue Möglichkeiten finden und suchen nach ihnen. Aber wenn es nicht wirklich einen neuen Weg zu geben scheint, haben wir keine Angst, bei dem alten zu bleiben, d.h. bei dem was wir vorher gemacht haben. Sehen Sie, ich entwerfe nicht jedes Gebäude anders. Nur wenn die Aufgabe oder die Funktion es erfordert, arbeiten wir an neuen Möglichkeiten. Überhaupt, wir suchen nicht nach neuen Effekten [...] Architektur ist kein Cocktail.[21]

Aus diesem späten Interview lässt sich heraushören, dass Mies wegen der konsequenten Haltung, die seine Architektur ausdrückt, in gewissen Kreisen kritisiert wurde. »*Mies' Bauten wurden rationell, billig und spekulativ kopiert und er wurde zum ›enfant terrible‹ der gerasterten Block- und Klotz-Architektur.*«[22]

Dass zwischen seinen Bauten und den primitiven Imitationen Welten lagen, haben diejenigen, die die Intelligenz und Sensibilität der Mies'schen Architektur nicht erkennen wollten oder konnten, ignoriert. Otto Kolb fährt fort: »*Mies war der einfachste Mensch, den ich je kannte; er verließ Deutschland vor dem Nazi-Holocaust, kam nach Chicago, als seine Vision des Hochhauses gebraucht wurde, und verließ uns, nichts wissend von der neuen Situation, beispielsweise von dem Architekten Robert Venturi, der gesagt hat: ›Less is a bore‹ (weniger ist langweilig) oder von der Spekulanten-Devise: weniger ist billiger, oder von den Arbeiten seiner Schüler oder ehemaligen Jünger wie Philip (›van der‹) Johnson.*«[23] Doch das sind Marginalien, die Mies nichts von seiner Position und Bedeutung in der Geschichte der Architektur nehmen können. »*Wegen seiner Konsequenz und Vollendung hat das Werk von Mies van der Rohe in der Baugeschichte des 20. Jahrhunderts seinen festen Platz gefunden. Seine Schöpfungen vermitteln in ihrem Ausdruck ein Insistieren auf beherrschter Gestalt und entschiedener Großzügigkeit und ein Maß von Endgültigkeit und Objektivität, das sie mit einer Aura umgibt, der man sich nur schwer entziehen kann. Hier mag ein wesentlicher Grund für die emotionsgeladene Aufnahme der Mies-Bauten liegen, sowohl für die emphathische Bejahung als auch für die bisweilen hysterische Kritik, die ihnen im Laufe der Zeit zugekommen sind. Darüber hinaus hat die Geschichte gezeigt, dass nur wenige avantgardistische Projekte und moderne Bauwerke die Probe der Zeit so gut überstanden haben – nicht zuletzt trotz der simplifizierten Rezeption der Mies'schen scheinbaren Einfachheit in der Anonymität des Alltäglichen.«*[24]

Trotz Kritik und Wechsel der Moden in der Architekturszene war Mies nie bereit, seine Prinzipien und Maßstäbe, die er als wahr erkannt hatte, preiszugeben.

Mies war als Architekt international anerkannt. Die Ehrungen, die seinem Werk gebühren, wurden ihm jedoch erst relativ spät zuteil. 1959 erhielt er die Royal Gold Medal für Architektur von Königin Elisabeth II. Wenig später verlieh ihm das Chicago Chapter des AIA (American Institute of Architects) ebenfalls eine Goldmedaille.

Chicago war die Wirkungsstätte von Mies in seiner neuen Heimat – er war 1944 amerikanischer Staatsbürger geworden. Wie sehr er das Stadtbild geprägt hat, würdigte John Entenza in einer Rede 1966: *»Gewiß haben einige seiner (Mies') Zeitgenossen einen gewaltigen Aufstand inszeniert, um das Beste aus ihrer Position in Zeit und Ort herauszuschlagen. Aber keiner von ihnen vollbrachte, was er vollbracht hat, in seiner sehr besonderen, sehr einleuchtenden Weise; mit einer Logik, die zu bedeutungsvoller Wahrheit wurde, mit einem Intellekt, der sich so präzise äußert, daß er von den Fakten zu den Notwendigkeiten der Vernunft und darüber hinaus zu einer exquisiten Balance der Poesie fortschreitet. Und so würde ich ihn, wäre ich ein Bürger Chicagos, gern wissen lassen, wie dankbar meine Stadt dafür ist, daß er hier gelebt hat und daß er nicht nur die große Tradition dieser Stadt erfüllt hat, sondern auch ihr architektonisches Gewissen darstellt.«*[25]

Mies war bekannt, aber nur wenige Menschen kannten ihn. Er zeigte sich nicht gern in der Öffentlichkeit und suchte nicht nach Publicity. Am liebsten hielt er sich in seinem geräumigen Apartment auf, das sparsam möbliert war und nur durch seine wunderbare Klee-Sammlung belebt wurde. Eine seiner Töchter, die Kunsthistorikerin war, lebte seit 1951 bei ihm. Wenn er nicht mit Architektur beschäftigt war, las er philosophische Bücher. Über den Menschen Mies van der Rohe erfährt man nur etwas durch die Aussagen seiner Freunde, Mitarbeiter und Schüler. Dabei tauchen immer wieder die gleichen Adjektive auf: »*Ludwig Mies van der Rohe, vielleicht der sich am meisten im Hintergrund haltende Architekt seiner Epoche, der einzige Architekt, der so bescheiden ist, dass er den Versuch unternimmt, eine anonyme Architektur zu schaffen, die der ganzen Menschheit dienen soll – seines Namens wird man sich noch erinnern, wenn andere längst vergessen sind.*«[26]

An anderer Stelle heißt es: »*Für die Welt war er ein großer Architekt und ein bescheidener zurückhaltender Mann. Für seine Freunde wird er bleiben, was er immer war, ein gütiger Monolith, ein warmherziger, wahrer Mensch.*«[27] Und zuletzt noch eine Erinnerung von Graf Dürckheim, der am Bauhaus Vorlesungen über Psychologie gehalten hatte: »*Mies war ein Mensch von großer Güte und von großem Humor. In seiner großen, heiteren Ruhe, die er ausstrahlte, war etwas von fernöstlicher Weisheit verborgen.*«[28]

Mies van der Rohe starb am 17. August 1969 in Chicago an einer Lungenentzündung, die er sich im Krankenhaus zugezogen hatte. Sein Büro wurde von seinem Enkel Dirk Lohan, mit dem er schon an der Nationalgalerie in Berlin zusammengearbeitet hatte, weitergeführt.

Arthur Drexler gibt in seinem Buch über Mies van der Rohe ein Resümee über die wesentlichen Unterschiede zwischen den gleichermaßen genialen Architekten Frank Lloyd Wright, Le Corbusier und Mies van der Rohe: »*Wright sah die Maschine als ein Werkzeug, mit dem man Gebäude ähnlich natürlichen Phänomenen gestalten kann. Wolkenkratzer wie Bäume, Häuser wie Höhlen, ein Museum wie eine Muschel.*

Für Le Corbusier beruhen sowohl Technologie wie Kunst auf der geometrischen Form, die ihren eigenen Wert hat: für ihn gibt es keinen Konflikt zwischen Kunst und Technologie, und die Maschine ist nicht weniger anregend als die Natur. Aber Mies reagiert anders. Er ließ die Kunst rational erscheinen, als sei sie eine Wissenschaft. Es kann auch von Mies gesagt werden, dass er der Architekt par excellence der Zivilisation ist, von Gesetz und Ordnung, der großen Metropole; im poetischen Sinne Spenglers ist er der Architekt des universalen Staates, der danach strebt, alte Werte zu erhalten und zu erneuern. Seine Architektur sucht ein absolutes und unveränderliches Prinzip, das unabhängig von den Sinnen sein sollte, durch die ihre Manifestationen wahrgenommen werden. Plato würde sich in der Mies'schen Formenwelt wohlfühlen.«[29]

ANMERKUNGEN

1. Mies 1968.
2. Mies 1922, S. 124.
3. Mies in einem Interview, Rias Berlin, 1968.
4. Mies 1927a, S. 257.
5. Wright, zitiert nach Blake 1962, S. 204.
6. Blake 1962, S. 212.
7. Giedion 1984, S. 365.
8. Wright, zitiert nach Blake 1962, S. 221.
9. Frampton 1980, S. 237.
10. Neumeyer 1986, S. 29/30.
11. Ungers 1998, S. 20.
12. Mies in: Der Querschnitt, Nr. 4/1924.
13. Mies 1932, S. 306.
14. Mies 1927b, S. 7.
15. Mies, zitiert nach Blaser 1965, S. 5/6.
16. Mies, zitiert, nach Blaser 1965, S. 28–30.
17. Blaser 1977, S. 10.
18. Blaser 1977, S. 10.
19. Mies, zitiert nach Blaser 1986, S. 51.
20. Mies, zitiert nach Neumeyer 1986, S. 405.
21. Mies 1968.
22. Kolb 1986, S. 55.
23. Kolb 1986, S. 56.
24. Neumeyer 1986, S. 11f.
25. Spaeth 1994, S. 95.
26. Blake 1962, S. 242.
27. Sweeney, zitiert nach Spaeth 1994, S. 171.
28. Blaser 1986, S. 12.
29. Drexler 1960.

LE CORBUSIER *1887 – † 1965

»Le Corbusier war der wortgewaltigste Architekt des 20. Jahrhunderts, und seine gehämmerten theoretischen Forderungen waren noch einflußreicher als seine Bauten. Wir stehen bei Le Corbusier dem seltenen Fall gegenüber, daß die Klärung seiner theoretischen Position seiner Bautätigkeit vorausging.«[1]

Er war Theoretiker, Architekt, Städtebauer und Maler – ohne Zweifel waren für ihn alle diese Tätigkeiten gleichwertig und gleich wichtig, und zwischen allen bestanden Wechselbezüge. Das übergeordnete und für alle gültige Element war »die Poesie der Form«.

Le Corbusier wurde 1887 als Charles-Edouard Jeanneret in La Chaux-de-Fonds in der Schweiz geboren. Er glaubte aber, seinen Ursprung auf die französischen Katharer zurückführen zu können – eine häretische Glaubensgemeinschaft, die im 12. Jahrhundert in Südfrankreich das erste französische Katharerbistum gegründet hatte. Vom Anfang des 13. Jahrhunderts an wurden sie von Klerus und Krone verfolgt und schließlich nach erbittertem Widerstand vernichtet. Seine Beharrlichkeit und seinen Wagemut führte Jeanneret auf diese französischen Vorfahren zurück ebenso wie den 1923 angenommenen Namen Le Corbusier.

Sein Vater war als Emaillierer und Graveur in der traditionellen schweizerischen Uhrenindustrie tätig, seine Mutter, der er während seines ganzen Lebens sehr zugetan war, Pianistin. Die künstlerisch interessierten Eltern sandten den Sohn bereits mit 13 Jahren auf die Kunstschule von La Chaux. Hier fand er einen Lehrer, Charles L'Eplatenier, der ihn über die Beschäftigung mit dem Kunstgewerbe hinaus zur Architektur und Malerei führte und der ihn lehrte, zu sehen und das Gesehene zu skizzieren. Diese Fähigkeit kam ihm auf seinen beiden »grands voyages« zugute, die ihn – mit nur geringen Mitteln ausgestattet – 1907 nach Norditalien und 1911 auf den Balkan, in die Türkei, nach Griechenland und wieder nach Italien führten. Skizzenbücher mit Aquarellen und analytischen Architekturzeichnungen lassen erkennen, welche Formen ihn in der Kunst ebenso wie in der Natur beschäftigten und wie er seine Kenntnisse und seine Bildung jenseits von Akademien und Universitäten erwarb.

Bereits mit 17 Jahren baute er sein erstes Haus – die Villa Falleb in La Chaux-de-Fonds –, das er aber später »scheußlich« fand. Im Winter 1907/08 verbrachte er einige Monate in Wien, hier kam er in Berührung mit den Arbeiten der Wiener Werkstätten und einiger Architekten wie Josef Hoffmann und Otto Wagner. Er empfand jedoch diese Kunstauffassung als zu organisch, ihr fehlte eine konstruktive Klarheit, und so war es ein logischer Schritt, dass er 1908 in Paris in das Büro von Auguste Perret (1874–1934) eintrat. Perret war einer der ersten Architekten und Ingenieure, der Eisenbeton verwandte und eine Methode entwickelte, diesen unverputzt zu verwenden, ohne dass das Eisen durchrostete. Hier erhielt Le Corbusier seine praktisch-technische Ausbildung: Die theoretischen Grundlagen fand er bei dem französischen Rationalisten des 19. Jahrhunderts – Viollet-Le-Duc.

Ende 1909 verließ Le Corbusier das Atelier Perret, um eine ausgedehnte Deutschlandreise anzutreten. Er beschäftigte sich vor allem mit den Fragen des Kunstgewerbes, über die er seine erste Publikation schrieb – »Studie über die Bewegung der dekorativen Kunst in Deutschland«, er besuchte 1910 die Städtebauausstellung in Berlin und er traf Architekten wie Theodor Fischer und Hermann Muthesius. Ende des Jahres wurde er Mitarbeiter bei Peter Behrens, in dessen Büro bereits Mies van der Rohe, Walter Gropius und Adolf Meyer arbeiteten bzw. gearbeitet hatten. Behrens war zu dieser Zeit Architekt der AEG; er entwarf nicht nur die berühmte Turbinenhalle, sondern auch Verwaltungsgebäude und Arbeiterwohnungen, und entwickelte die Formen der Produkte – von der Lampe bis zum Toaster. Eine Erfahrung, die für Le Corbusier neu und wichtig war.

Le Corbusier verließ das Büro Behrens nach fünf Monaten und kehrte – nach seiner großen Reise nach Süd- und Osteuropa 1911 – noch einmal für einige Jahre nach La Chaux-de-Fonds zurück. Hier unterrichtete er an seiner früheren Kunstschule und baute einige Villen, darunter auch das Haus für seine Eltern. Er informierte sich weiter über die Entwicklungen in der Architektur und besuchte die Baufachausstellung in Leipzig sowie die berühmte Werkbundausstellung von 1914 in Köln.

Es ist aufschlussreich nachzuvollziehen, wie Le Corbusier, der – ähnlich wie auch Frank Lloyd Wright – nie eine akademische Ausbildung anstrebte, seine Kenntnisse bewusst in den ihm wichtig erscheinenden Gebieten erworben hat: die praktischen Erfahrungen in einigen der wichtigsten Büros der Zeit – bei Auguste Perret und Peter Behrens, die historischen Kenntnisse auf seinen mit intensiven Studien erfüllten Reisen und das theoretische Wissen in Museen und Bibliotheken. Wo immer er sich auf seinen vielen Reisen aufhielt – auch in Österreich und Deutschland –, nahm er Kontakt zu wichtigen Architekten auf und erfasste die Strömungen der Zeit – seien es städtebauliche Theorien, die Werkbundideen in Österreich oder die Grundlagen des Kunsthandwerks in Deutschland.

1917 ließ er sich endgültig in Paris nieder. Hier fand er sich im Zentrum einer künstlerischen Szene, die von den Impressionisten bis zu den Kubisten reichte. Seine Begegnung mit dem Maler und Avantgardekünstler Amédée Ozenfant ermutigte ihn zu malen, und bald entstanden die ersten Ölbilder. Die Malerei, in der beide einfache Gegenstände – Gläser, Flaschen, Schalen oder Zitronen – in Form von Stillleben darstellen, wurde für Le Corbusier von nun an genauso wichtig für sein künstlerisches Schaffen wie die Architektur und das Schreiben. Über seine Beziehung zu Ozenfant schrieb er 1950 in »Art d'Aujourd'hui«:

> *1919 und 1920: Ozenfant und ich arbeiten als überzeugte Freunde zusammen (was manchmal vorkommt), denken gemeinsam, schreiben gemeinsam und malen zusammen im gleichen Atelier im Hinblick auf eine Ausstellung in der Galerie Druet, die im Januar und Februar 1921 stattfand [...] es wurde eine denkwürdige Ausstellung. Die Kritik etikettierte: »Vermesser-Inventare, Waschschüssel-Malerei.«*[2]

Ozenfant prägte für ihre Ausdrucksform den Begriff des Purismus. 1918 gaben sie ihr erstes Buch heraus mit dem Titel »Après le Cubisme«. Sie wandten sich gegen die – ihrer Ansicht nach – dekorativen Aspekte des Kubismus und wollten »in einem klar verständlichen Wort das Kennzeichen des modernen Geistes ausdrücken.«

Im Oktober 1920 gaben sie zusammen mit dem Dichter Paul Dermée die inzwischen legendäre Zeitschrift »L'Esprit Nouveau« heraus, die bis 1925 in 28 Nummern erschien. Sie nannten sie »eine internationale Revue der Ästhetik, die erste Zeitschrift der Welt, die wahrhaftig der lebendigen Ästhetik gewidmet ist«. Themen des modernen Lebens wie Malerei, Architektur, Literatur, Musik, Ingenieurwesen, Kino, Sport etc. wurden in teilweise provozierenden Thesen behandelt. Die Artikel, die Le Corbusier hier schrieb, wurden später in seinen frühen Büchern zusammengefasst: »Vers une Architecture«, »L'art décoratif d'aujourd'hui«, »La peinture moderne«, »L'Urbanisme«.

ABB. 3

1922 baute Le Corbusier das Atelierhaus für Ozenfant; ihre Freundschaft endete 1925 mit der letzten Ausgabe von »L'Esprit Nouveau«.

Mit dem Buch »Vers une Architecture« – im Deutschen unter dem Titel »Kommende Baukunst« veröffentlicht – wurde Le Corbusier schlagartig bekannt, noch bevor er seine Manifeste in die Realität umsetzen konnte. Es inspirierte Generationen von Architekten, besonders in den USA.

1924 eröffnete Le Corbusier zusammen mit seinem Vetter Pierre Jeanneret ein Büro in der Rue de Sèvres; hier wirkte er 40 Jahre bis zum Ende seines Lebens. Das Büro wurde für viele junge Menschen zum Mekka der Architektur; es waren an die 300, die im Laufe der Jahrzehnte dort lernten und arbeiteten. Die Vertrauten unter ihnen nannten ihn »Père Corbu«.

Von dieser Zeit an nannte er sich Le Corbusier. Es gibt verschiedene Ansichten darüber, warum er sich diesen Künstlernamen zulegte. Dabei erscheint es wahrscheinlich, dass er sich als Architekt von seiner Tätigkeit als Maler unterscheiden wollte, denn in den ersten Jahren hatte er seine Bilder mit Jeanneret signiert. Er nahm auch nicht mehr an öffentlichen Kunstausstellungen teil, obgleich er weiterhin intensiv malte.

Nach einer Periode, in der Le Corbusier mehr geschrieben als gebaut hatte, bekam er nun Aufträge für die Häuser von Intellektuellen, die ihm die Möglichkeit gaben, seine Thesen in einem neuen architektonischen Vokabular auszudrücken. Der Stil war Purismus, das Material Eisenbeton. Es entstanden Klassiker wie die Villa La Roche-Jeanneret (1922–1925), die Villa Stein-De Mouzie (1927) oder die Villa Savoye (1928–1931).

1930 heiratete Le Corbusier Yvonne Gallis und nahm die französische Staatsbürgerschaft an. Sein Wirkungskreis erweiterte sich nun zunehmend, sowohl was die Größe und Zahl der Projekte anbelangt als auch sein Engagement als Theoretiker. Er formulierte seine Ideen nicht nur schriftlich, sondern er trug sie auch in zahlreichen Veranstaltungen mit fast missionarischem Eifer auf internationaler Ebene vor. Seine Reisen führten ihn durch ganz Europa, in die Sowjetunion, nach Südamerika, Nordafrika, in die Türkei und 1935 in die USA. Die Eindrücke dieser Reise reflektiert er in dem Buch »Quand les Cathédrales étaient Blanches«.

In der Architektur begann er, mit neuen Technologien zu experimentieren, mit Stahlskelett-Strukturen und – wie auch die Architekten in anderen europäischen Ländern – mit der Möglichkeit der Vorfabrikation, bei der die von der Industrie angefertigten Teile auf der Baustelle zusammengefügt werden, einer Methode »à sec«.

Er wandte sich vermehrt dem Städtebau zu. Viele seiner radikalen Entwürfe blieben Utopien, wie der »Plan voisin« oder seine Vorschläge für Algier. Der größte Traum wurde ihm aber in Indien erfüllt, als er 1951 den Auftrag erhielt, die Hauptstadt Chandigarh im Pandschab zu planen und die wichtigsten Regierungsgebäude zu bauen. Die Arbeiten an diesem gewaltigen Projekt waren bei seinem Tod im Jahre 1965 noch nicht abgeschlossen.

ABB. 10, 11

Le Corbusier erhielt mit zunehmendem Alter mehr und mehr Ehrungen. Trotz einiger erbitterter Gegner, die er besonders in Frankreich hatte, war seine Position als Theoretiker und Architekt der Avantgarde international unumstritten. Er erhielt den Ehrendoktor der Technischen Universität Zürich, der Harvard University, der Cambridge University, der Columbia University und der Universitäten von Genf und Florenz. 1937 wurde er zum Ritter der Ehrenlegion ernannt und wenige Jahre vor seinem Tod wurde er »Commandeur« des Verdienstordens für Forschung und Erfindung. Die ehrenvollen Auszeichnungen sind nur ein sichtbares Zeichen für den großen Einfluss, den er im zweiten Drittel des 20. Jahrhunderts auf die Geschichte der Architektur ausgeübt hat.

Mit 78 Jahren erlitt er einen Herzschlag beim Baden im Mittelmeer in der Nähe von Cap Martin, wo er sich einige Jahre zuvor ein kleines Ferienhaus gekauft hatte. In seinem Testament hatte er verfügt, dass sein Atelier unmittelbar nach seinem Tode geschlossen werden solle. Obgleich eine Reihe namhafter Architekten aus seinem Büro hervorgegangen sind – wie Georges Candilis, Shadrach Woods, Josep Lluís Sert, Alfred Roth, Jerzy Soltan, um nur einige zu nennen –, war es so sehr von seinen individuellen Visionen und Konzeptionen und der Kraft seiner Persönlichkeit geprägt, dass eine Fortführung in seinem Namen nicht möglich gewesen wäre.

Wenn es auch theoretisch nicht gerechtfertigt sein mag, die verschiedenen Medien, in denen sich Le Corbusier ausdrückte, getrennt voneinander darzustellen – zumal sie inhaltlich und zeitlich miteinander verbunden sind –, so wird es doch die Übersicht über sein gewaltiges Œuvre, das er hinterlassen hat, erleichtern.

DER THEORETIKER

So soll der Theoretiker am Anfang stehen, denn bevor Le Corbusier mit der Umsetzung seiner Ideen in die Architektur beginnen konnte, war er bereits als Pionier einer völlig neuen Sicht architektonischer und zeitgenössischer Probleme bekannt geworden.

Von den 40 Büchern, die er veröffentlicht hat, können hier nur Auszüge aus den wichtigsten zitiert werden.

»Vers une Architecture« – »Kommende Baukunst«: Dieses erste von Le Corbusier 1923 veröffentlichte Buch ist ein Manifest, in dem die ästhetischen, philosophischen, technologischen und soziologischen Grundlagen der modernen Architektur, Bezüge zu historischen Monumenten und auch eigene Entwürfe in einer revolutionären Sicht behandelt werden. *»Die Synthese von Funktionalismus und Idealismus ist hier theoretisch vollzogen.«*[3] Er beginnt das Buch mit, wie er selber schreibt, »schlagwortartigen« Thesen:

INGENIEUR-ÄSTHETIK, BAUKUNST

Ingenieur-Ästhetik, Baukunst: Beide im tiefsten Grunde eins und in Wechselfolge, die eine heute in voller Entfaltung, die andere in peinlicher Rückentwicklung. Der Ingenieur, belehrt durch das Gesetz der Sparsamkeit und geleitet durch die Berechnung, setzt uns in Einklang mit den Gesetzen des Alls. Er erreicht die Harmonie.

Der Architekt verwirklicht durch Ineinanderfügung der Formen eine Ordnung, die reine Schöpfung seines Geistes ist; mittels der Formen rührt er stark und tief an unsere Sinne, Erregungen schöpferischen Gestaltens erzeugend; durch die Zusammenhänge, die er hervorbringt, weckt er in uns tiefen Widerhall, schenkt uns das Maß einer Ordnung, die wir im Einklang fühlen mit der Weltordnung, bestimmt die mannigfachen Bewegungen unseres Geistes und unseres Herzens: So wird die Schönheit uns Erlebnis.

DREI MAHNUNGEN AN DIE ARCHITEKTEN

DER BAUKÖRPER

Unsere Augen sind geschaffen, die Formen unter der Sonne zu sehen.

Die primären Formen sind die schönen Formen, weil sie klar zu lesen sind.

Die Architekten von heute gestalten die einfachen Formen nicht mehr.

Auf die Berechnung sich stützend, verwerten die Ingenieure geometrische Formen und befriedigen so unsere Augen durch die Geometrie und unseren Geist durch die Mathematik. Ihre Werke sind auf dem Weg zur großen Kunst.

DIE OBERFLÄCHE

Ein Baukörper wird umkleidet von einer Oberfläche, einer Oberfläche, die sich gliedert gemäß seinen Leitlinien und formerzeugenden Linien, und zeigt so die Individualität dieses Baukörpers an.

Die Architekten von heute haben Angst, die Oberflächen dem Gesetz der Geometrie zu unterwerfen.

Die großen Probleme der modernen Konstruktion werden verwirklicht werden auf der Grundlage der Geometrie.

Gehorsam den genauen Verpflichtungen eines gebieterischen Programms, verwerten die Ingenieure die formerzeugenden und formanzeigenden Elemente. Sie schaffen klare und eindrucksvolle Tatsachen der Formgestaltung.

DER GRUNDRISS

Der Grundriß ist der Erzeuger.

Ohne Grundriß Unordnung, Willkürlichkeit.

Der Grundriß trägt in sich das Wesentliche der Reizwirkung auf die Sinne.

Die großen Probleme von morgen, diktiert durch die Bedürfnisse der Gesamtheit, werfen aufs neue die Grundrißfrage auf.

Das moderne Leben verlangt und erwartet einen neuen Grundriß für das Haus wie für die Stadt.

DIE ORDNENDEN LINIEN

Von der geschickbestimmten Geburt der Baukunst.

Die Verpflichtung zur Ordnung. Die ordnende Linie ist eine Selbstversicherung gegen die Willkür. Sie schenkt dem Geist Befriedigung.

Die ordnende Linie ist ein Hilfsmittel; ein Rezept ist sie nicht. Ihre Wahl und ihre Ausdrucksabwandlungen haben wesenhaften Anteil am schöpferischen Gestalten der Architektur.

AUGEN, DIE NICHT SEHEN

DIE OZEANDAMPFER

Ein großes Zeitalter ist angebrochen.

Es gibt einen neuen Geist.

Es gibt eine Menge von Werken des neuen Geistes; sie entstammen überwiegend der fabrikmäßigen Erzeugung.

Die Architektur erstickt im Herkommen.

Die »Stile« sind eine Lüge.

Der Stil ist eine grundsätzliche Wesens-Einheit, die alle Erzeugnisse einer Epoche belebt und ausgeprägter Geistesart entspringt.

Unser Zeitalter legt Tag für Tag ihren Stil fest.

Unser Unglück ist, daß unsere Augen ihn noch nicht zu unterscheiden verstehen.

DIE FLUGZEUGE

Das Flugzeug ist ein Erzeugnis hoher Auslese.

Die Lehre des Flugzeugs liegt in der Logik, die bei der Aufstellung des Problems wie bei seiner Verwirklichung den Vorsitz führte.

Das Problem des Hauses ist nicht aufgestellt worden.

Die gegenwärtige Behandlung der Architektur entspricht nicht unseren

Bedürfnissen.
Trotz alledem gibt es Standard-Lösungen der Wohnungsfrage.
Die Mechanik trägt in sich den Auslese erzeugenden Faktor der Sparsamkeit.
Das Haus ist eine Maschine zum Wohnen.

DIE AUTOS
Man muß nach Aufstellung von Standards streben, wenn man das Problem der vollkommenen Leistung lösen will.
Der Parthenontempel ist Erzeugnis der zu einem Standard gesteigerten Auslese.
Die Baukunst wirkt sich auf Standard-Leistungen aus.
Die Standards sind Sache der Logik, der Analyse, peinlich gewissenhaftesten Studiums, sie wachsen auf dem Boden eines richtig gestellten Problems.
Die experimentelle Erfahrung legt den Standard endgültig fest.

BAUKUNST
DIE LEHRE ROMS
Die Baukunst bedeutet Umsetzung roher Stoffe in Wechselbeziehungen, die uns im Innersten bewegen.
Die Baukunst stelzt jenseits der Nützlichkeitsfragen.
Die Baukunst ist Frage bildenden Gestaltens.
Geist der Ordnung, Einheit des Gestaltungswillens, Sinn für Zusammenhänge.
Die Baukunst schaltet mit Größen.
Leidenschaft baut mit trägen Steinen ein Drama auf.

DAS BLENDWERK DER GRUNDRISSE
Der Grundriß schreitet von innen nach außen; das Äußere ist das Ergebnis des Inneren.
Die Elemente der Baukunst sind das Licht und der Schatten, die Mauer und der Raum.
Die Aufteilung ist die Hierarchie der Ziele, die Klassifizierung der Gestaltungsabsichten.
Der Mensch sieht die Dinge der Architektur mit seinen Augen, die 1,70 Meter über dem Boden stehen. Man kann nur auf dem Auge erreichbare Ziele zählen, nur auf Absichten, die mit den Elementen der Baukunst rechnen. Sobald man auf Absichten zählt, die nicht der Sprache der Baukunst

zugehören, verfällt man dem Blendwerk der Grundrisse, überschreitet man die Gesetze der Grundrißbildung aus Mangel an schöpferischer Vorstellung oder aus Hinneigung zu eitlen Nichtigkeiten.

REINE SCHÖPFUNG DES GEISTES

Die Profilierung ist der Prüfstein des Architekten. Dieser enthüllt sich bei ihr als Künstler oder einfach als Ingenieur.
Die Profilierung ist frei von jedem Zwang.
Es handelt sich nicht mehr um Herkommen, noch um Überlieferungen, noch um Konstruktionsverfahren, noch um Anpassungen an Nützlichkeitsbedürfnisse.
Die Profilierung ist eine reine Schöpfung des Geistes: sie ruft den bildenden Künstler auf den Plan.

HÄUSER IM SERIENBAU

Ein großes Zeitalter ist angebrochen.
Es lebt ein neuer Geist.
Die Industrie, ungestüm wie ein Fluß, der seiner Bestimmung zuströmt, trägt uns die neuen Hilfsmittel heran, die dieser neuen, von einem neuen Geist beseelten Zeit angepaßt sind.
Das Gesetz der Kräfteersparnis lenkt gebieterisch all unser Tun, und unsere Entwürfe werden ausführbar nur bei Befolgung seiner Gebote.
Das Problem des Hauses ist ein Problem unserer Zeit. Das Gleichgewicht der Gesellschaftsordnung hängt heute von seiner Lösung ab. Erste Pflicht der Baukunst in einer Zeit der Erneuerung ist es, die Nachprüfung der geltenden Werte, die Nachprüfung der grundlegenden Elemente des Hauses vorzunehmen. Der Serienbau gründet sich auf die Analyse und auf die experimentelle Forschung. Die Großindustrie muß sich des Baus bemächtigen und die Elemente des Hauses in Serien herstellen.

Es gilt, die geistige Verfassung für den Serienbau zu schaffen:
Die geistige Verfassung für die Konstruktion von Häusern in Serienbau,
Die geistige Verfassung für das Bewohnen von Häusern in Serienbau,
Die geistige Verfassung für den künstlerischen Entwurf von Häusern in Serienbau. Wenn man aus seinem Herzen und aus seinem Geist die unbeweglich gewordenen Vorstellungen des herkömmlichen Hauses reißt und die Frage von einem kritischen und sachlichen Standpunkt aus ins Auge

faßt, wird man zur Hausmaschine, zum Haus in Serienbau gelangen, das gesund ist (auch sittlich gesund) und schön dank der Ästhetik der Arbeitsmittel, die unser Leben begleiten.
Schön zugleich dank der Beseelung, die der künstlerische Sinn diesen strengen und reinen Organen verleihen kann.

BAUKUNST ODER REVOLUTION

Auf allen Gebieten der Industrie hat man neue Probleme aufgestellt und sich die zu ihrer Lösung geeigneten Hilfsmittel geschaffen. Stellt man diese Tatsache der Vergangenheit gegenüber, so hat man eine Revolution vor Augen. Im Baubereich hat man angefangen, Typen fabrikmäßig zu erzeugen; man hat, unter dem Druck neuer wirtschaftlicher Bedürfnisse, Elemente für die Gestaltung der Einzelteile wie des Bauganzen geschaffen; überzeugende Verwirklichungen innerhalb der Einzelheiten wie innerhalb des Ganzen sind erzielt worden. Stellt man sich der Vergangenheit gegenüber, so hat man eine Revolution in den Baumethoden und in der Großzügigkeit der Unternehmungen vor Augen.

Während die Architektur-Geschichte auf der Suche nach Abwandlungsmöglichkeiten des Baugefüges und seiner dekorativen Behandlung langsam die Jahrhunderte durchschreitet, haben binnen fünfzig Jahren das Eisen und der Eisenbeton Errungenschaften gezeitigt, die Zeugen einer Konstruktionsbeherrschung und Zeugen einer die alten Gesetze umstürzenden Baukunst sind. Stellt man sich der Vergangenheit gegenüber, so ermißt man, daß die »Stile« für uns keine Daseinsberechtigung mehr haben, und daß ein Stil der Zeit sich herausgearbeitet hat; die Revolution hat sich bereits vollzogen.

Die Geister haben bewußt oder unbewußt Kenntnis von diesen Ereignissen genommen; neue Bedürfnisse haben sich bewußt oder unbewußt herausgebildet. Das Räderwerk der Gesellschaftsordnung, in der Tiefe gestört, schwingt hin und wieder zwischen einer Gewichtsverstärkung des geschichtlich Gewordenen und einer Katastrophe.

Der Urinstinkt jedes Lebewesens geht auf Sicherung einer Behausung. Die verschiedenen tätigen Klassen der Gesellschaft haben heute keine ihnen zusagende Behausung mehr, weder der Hand- noch der Kopfarbeiter.

So wird die Wiederherstellung des heute zerstörten Gleichgewichts zu einer Baufrage. Die Losung lautet: Baukunst oder Revolution.[4]

Drei Jahre später erschient sein Buch »Urbanismus« (Städtebau), das wegen seiner radikalen Vorschläge heftig umstritten war. Es soll im Zusammenhang mit seinen städtebaulichen Theorien und Planungen besprochen werden. 1935 unternahm Le Corbusier eine ausgedehnte Reise in die USA. Die Beobachtungen dieser Reise reflektiert er in dem Buch »Quand les Cathédrales etaient Blanches«. Sein Interesse gilt der Stadt und hier vor allem New York. Er verblüfft die Amerikaner, indem er die Wolkenkratzer als »zu klein und zu romantisch« bezeichnet. Stattdessen schlägt er Großformen vor, die genügend Freiraum bieten und den Autoverkehr zirkulieren lassen. Aber er bewundert das Straßenraster, nach dem New York angelegt ist; dem selben *grid*, nach dem Römer, Griechen und Ägypter ihre Städte anlegten. Und – bezugnehmend auf seine eigenen Pläne für Paris – schreibt er:

Ich meinerseits danke Ludwig XIV., Napoleon und Haussmann dafür, daß sie die Stadt mit klaren und intelligenten Achsen durchschnitten haben.[5]

Dem New Yorker Wolkenkratzer stellt er seinen eigenen »rationalen Wolkenkratzer« gegenüber, den »Cartesianischen« (nach Descartes):

Lassen Sie mich den Cartesianischen Wolkenkratzer erklären:

a) Zuallererst, er läßt sich realisieren dank moderner Techniken: kühnen Stahlskeletts; Tragwerkskonstruktionen; Technik des Schallschutzes; Perfektion der elektrischen Beleuchtung; korrekte air-condition, Aufzugstechnik etc.

b) Der Wolkenkratzer erreicht ohne weiteres eine Höhe von 1.000 Fuß. Intuitiv würde ich eine Höhe von 60 Stockwerken oder 720 Fuß akzeptieren, eine Dimension, die mir vernünftig erscheint.

c) Der Wolkenkratzer ist normalerweise vertikal, glatt, ohne Vor- oder Rücksprünge – ein Gegensatz zu den New Yorker Wolkenkratzern, die als das Ergebnis bedauerlicher städtischer Verordnungen unsinnig gestaltet wurden.

d) Der Wolkenkratzer sollte keine Büros zur Nordseite haben. Sein Grundriß soll sich nach dem Lauf der Sonne richten – das sollte mit Diagrammen geprüft werden. In der Kombination mit den Erfordernissen der Stabilität, dem Widerstand des Windes (der der größte Widersacher des Wolkenkratzers ist), wird der Plan eine charakteristische Form annehmen.

e) Das Äußere des Wolkenkratzers, die Fassade – die Fassaden – kann wie ein Film aus Glas sein, eine Haut aus Glas. Warum sollte man Reichtum ablehnen: eine Flut von Licht wird hereingelassen.

f) Der Wolkenkratzer sollte groß sein. Er kann leicht 10000, 20000, 30000, 40000 Bewohner beherbergen. Es ist dann allerdings wichtig, daß er einfach und durch vernünftige Transportmittel erreicht werden kann: mit U-Bahnen, Bussen, Autostraßen.

g) Jetzt können wir das grundsätzliche Prinzip feststellen: Der Wolkenkratzer ist eine Funktion seiner Kapazität (des Büros) und der freien Fläche, die ihn umgibt. Ein Wolkenkratzer, der diese Funktion nicht harmonisch erfüllt, ist eine Krankheit. Und das ist die Krankheit von New York.[6]

Einige Seiten später definiert er, warum er diese Art und diese Anordnung von Wolkenkratzern als »Krankheit« bezeichnet:

Was mich betrifft, so denke ich vor allem an die Menschenmassen, die am Abend in ihre Behausungen zurückkehren, die kein Paradies sind. Millionen von Menschen, deren Leben ohne Hoffnung, ohne die Möglichkeit der Erholung sind – ohne Himmel, ohne Sonne, ohne Grün. Im Namen dieser Massen kann ich sagen, daß die Dinge nicht in Ordnung sind! Aber im Augenblick haben diese Massen nichts zu sagen. Wie lange wird das dauern?[7]

Diesen Missständen setzt er seine großen städtebaulichen Visionen entgegen. Auch in seiner Publikation mit dem warnenden Titel »Des Canons, des Munitions? Merci! Des Logis […] S.v.P. (s'il vous plaît)« geht es ihm um das Wohnen und die Stadt. Das Buch erschien zwei Jahre vor Ausbruch des Zweiten Weltkriegs. Es ist eine Monographie seines »Pavillon Des Temps Nouveaux« auf der internationalen Ausstellung »Kunst und Technik« in Paris 1937.

DER MODULOR

Proportionen, Regeln und Geometrie waren die Grundlagen für Le Corbusiers Tätigkeit in allen Bereichen. Diese Gesetze suchte er bereits auf seinen frühen Reisen in den antiken und historischen Baudenkmälern zu entdecken, und er findet sie bei den französischen Theoretikern wie Auguste Choisy (1841–1904), Viollet-le-Duc (1814–1879) und bei Praktikern wie Tony Garnier oder Auguste Perret.

Was ihn veranlasst hat, ein neues Maßsystem zu schaffen, das sowohl in der Architektur als auch für die Normierung industrieller Produkte international anwendbar sein sollte, beschreibt er in seinem Buch »Der Modulor«:

> *Wenn es sich darum handelt, Gegenstände des häuslichen, industriellen oder Handelsgebrauchs herzustellen, die nach allen Orten der Welt verschickt und überall gekauft werden können, fehlt es der modernen Gesellschaft an der gemeinsamen Maßeinheit, die imstande ist, Umfang- und Inhaltsdimensionen zu ordnen, und damit imstande, Angebot und Nachfrage zu schaffen und sicher zu lenken. Hier setzt unsere Bemühung ein. Ihr Daseinsgrund ist: Ordnung zu schaffen.*
> *Wenn über dies die Harmonie unsere Bemühung krönte?*

Die Darstellung des Modulor erläutert er dort weiter detailliert:

> *Kehren wir auf unsern Frachter zurück.*
> *Während das Schiff schwer rollt und stampft, stelle ich eine Zahlenleiter auf: Diese Zahlen nehmen auf die menschliche Gestalt bezug, auf die entscheidenden Punkte der Raumverdrängung. Sie sind also anthropozentrisch.*
> *Bezeichnen sie einen besonderen, charakteristischen, um nicht zu sagen einmaligen mathematischen Zusammenhang? Die Zeichnung gibt Antwort:*
> *Von nun an kann man bejahen, daß diese Regel die wesentlichen Raumpunkte der menschlichen Gestalt einsetzt und daß sie die einfachste und wesentlichste mathematische Entwicklung eines Wertes zum Ausdruck bringt, nämlich: die Einheit, ihr Doppel und die beiden verlängerten oder verkürzten Goldenen Schnitte.*
> *Das Gitter der Proportionen wurde ausprobiert, das heißt einer ernsthaften Prüfung unterzogen. 1946 bis 1947 mußte er sich in New York aufhalten. Auch dort bei der Aufstellung der Pläne für den Sitz der Vereinten Nationen am East-River bestand der »Modulor« das wunderbare Abenteuer: die harte Geometrie der ungeheuren, blanken Prismen aus Beton, Stahl, Stein und Glas in Harmonie aufzulösen und ebenso die unglaubliche, unvorstellbare Vielfalt der unzähligen, zu einem synthetischen, synchronischen und symphonischen Funktionieren berufenen inneren Organe. Während dieser achtzehn Monate war das Pariser Atelier in vollem Betrieb. Wenn unser Mann aus New York die Frage stellte: »Was macht der ›Modulor‹?«, lautete die Antwort aus Paris jedesmal: »Er schafft Wunder.«*

[...] Urteilen Sie mit Ihren Augen, meine Herren. Ich möchte aber, daß Sie mir schlicht und in gutem Glauben beipflichten, daß der »Modulor« ein Arbeitswerkzeug ist, ein genaues Werkzeug; sagen wir, er sei eine Klaviatur, ein Piano, ein gestimmtes Piano. Das Piano ist gestimmt; es bleibt Ihnen überlassen, gut darauf zu spielen, und das ist das, was Sie angeht. Der »Modulor« schenkt kein Talent und noch weniger Genie. Er macht die Schwerfälligen nicht schlau; er bietet ihnen aber die Bequemlichkeit, die aus der Verwendung sicherer Maße hervorgehen kann. Aber Sie sind es, die aus dem unbegrenzten Vorrat der »Modulor«-Kombinationen zu wählen haben.

Hier die Reihe unserer ersten Erfahrungen bei der Anwendung des »Modulor«:

1. Die Wohneinheit von Marseille:

a) Hauptgrundriß und Schnitt;

b) Fassade mit Sonnenschutz;

c) eine Wohnung (Grundriß und Schnitt);

d) ein Beispiel der Tischlerarbeiten;

e) der Stein, der zur Feier vom 14. Oktober 1947 diente;

f) die Stele sämtlicher Maße;

g) architektonische Verherrlichung des »Modulor«;

h) die Dachterrasse;

i) ein Einfall: zwei Konsolen tragen ein Bildwerk;

j) ein anderer Einfall: von 1925 (Pavillon de l'Esprit Nouveau auf der Internationalen Ausstellung der angewandten Künste in Paris) bis 1948: vorausgefertigte Fachschränke für eine Schlafzimmereinrichtung.[8]

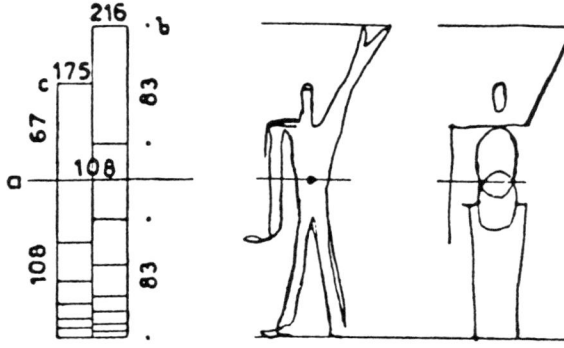

2. Darstellung des Modulors.

Über die Zukunft des Modulor formuliert Le Corbusier:

Was in Wirklichkeit erreicht werden müßte, ist der modulor-freundschaftsbund, der Weltbund derer, die an ihn glauben; dieser Bund müßte durch eine Weltzeitschrift in mehreren Sprachen (auch in einer künstlichen Arbeitssprache, in der Förderer und Benutzer über größere oder kleinere Vervollkommnungen ihre Gedanken austauschen können) angeregt werden. Der Inhalt dieser Weltzeitschrift? Er würde von der höheren Mathematik bis zu den bescheidensten Auswirkungen auf das Leben, auf den Lebensrahmen, auf die Dinge des Gebrauchs und des Verbrauchs reichen: von der Kücheneinrichtung bis zu den künftigen Domen einer ihre Einheit suchenden Welt.[9]

Der Modulor war der – für Le Corbusier geglückte – Versuch, den Goldenen Schnitt mit einem Standardmaß für den Menschen (zuerst 1,73 m, dann 1,83 m) in Übereinstimmung zu bringen. Auch hier beweist er – wie in vielen seiner Theorien – einen visionären Glauben an die Bedeutung seiner »Erfindung«, die zu einer Verbesserung der Welt führen sollte.

1930 erschien der erste von acht Bänden des »Œuvre complète«, in dem – nach Dekaden geordnet – alle seine Werke und Entwürfe dokumentiert sind. In der Einleitung zum ersten Band spricht er über den »eigentlichen Sinn der Architektur«:

Auch da ich 42 Jahre alt geworden bin, habe ich nicht aufgehört, Student zu sein. Mehr denn je bin ich der unaufhörlichen Bewegung nahe, die die heutige Welt beseelt. Ich analysiere die Elemente, die den Charakter unserer Zeit bestimmen, an die ich glaube und von der ich nicht nur die äußere Erscheinungsform zu verstehen suche, sondern ihren tieferen Sinn, und deren geistige Struktur darzustellen mir der eigentliche Sinn der Architektur zu sein scheint. Die verschiedenen Stile, die Spielereien der Mode berühren mich nicht: Schein und Maskerade. Vielmehr bewegt mich das herrliche Phänomen des architektonischen Gestaltens, und architektonisch gestalten heißt für mich durch die geistige Qualität der Konstruktion wirkend handeln, durch geordnete Schöpfung ein zusammenhängendes System bilden, zur Synthese bringen, das den allgemeinen Zeitgeist und nicht eine individuelle Laune zum Ausdruck bringt. Ich glaube nicht an allgemeine Formeln spontanen Ursprungs, an immanente Formeln. Ich glaube, daß jede Architektur mit Anspruch auf Geistigkeit immer das Werk eines einzelnen ist. Einer hier, einer dort, der sieht, erfaßt, der entscheidet und schafft. Sie bestimmen das Programm, zu dem man sich bekennt.[10]

Der achte Band erschien nach seinem Tod und enthält Werke, die noch nicht fertig gestellt waren.

Le Corbusier ist Idealist und Rationalist zugleich. Er strebt nach Ordnung und Harmonie und bemüht sich zugleich um Industrialisierung und Standardisierung. Seine Theorien mögen dogmatisch und provozierend sein und heftigen Widerspruch hervorrufen. Seine Bemühungen um neue Erkenntnisse sind von Enthusiasmus, bisweilen auch von Sendungsbewusstsein geprägt. Die Architekturdiskussion wurde von seinen Thesen ebenso bereichert wie oft auch dominiert.

DER ARCHITEKT

Von den fast 400 Projekten, die in der Rue de Sèvres entstanden sind, können hier natürlich im Folgenden nur die »Meilensteine« beschrieben werden.

Die DOM-INO-Häuser: Schon 1914 entwickelte Corbusier ein System, das nach den Verwüstungen des Ersten Weltkriegs die Möglichkeit geben sollte, Häuser aus vorfabrizierten Standardelementen in Serie und in beliebigen Kombinationen schnell und preiswert zu errichten. Er entwickelte dafür ein Gerüst, das – unabhängig von den Funktionen innerhalb des Hauses – nur die Decken und Treppen festlegte, wobei die Stützen an der Fassade zurückgesetzt wurden.

Noch einen Schritt weiter geht er bei seinem Entwurf für das Serienhaus CITROHAN (um nicht zu sagen Citroën, L. C.), dessen Modell er 1922 im Herbstsalon in Paris ausstellte. Hier sollten alle Konstruktionselemente systematisch standardisiert werden, Skelett, Fenster, Treppen etc. Zum ersten Mal erscheinen die *pilotis* – die Stützen, die für ihn so wichtig werden sollten.

ABB. 4

> *Ein Haus ist wie ein Auto, konzipiert und arrangiert wie ein Omnibus oder eine Schiffskabine [...] Man muß das Haus wie eine Maschine zum Wohnen betrachten oder wie ein Werkzeug.*[11]

1927/28 entstand die Weißenhofsiedlung bei Stuttgart, für die Mies van der Rohe die Gesamtplanung übernommen und 15 Architekten aus

ABB. 5

fünf europäischen Ländern ausgewählt hatte. Le Corbusier, der mit dem Entwurf von vier Häusern beauftragt worden war, erläuterte in der Werkbundzeitschrift »Die Form« (Nr. 8/1927) seine fünf Punkte einer neuen Architektur:

– die Stützen

– die Dachgärten

– die freie Grundrißgestaltung

– die Langfenster oder Fensterbänder

– die freie Fassadengestaltung

Die dargestellten 5 grundlegenden Punkte bedeuten eine fundamental neue Ästhetik. Es bleibt uns nichts mehr von der Architektur früherer Epochen, sowenig wie uns der literarisch-historische Unterricht an den Schulen noch etwas geben kann.[12]

Auf der »Exposition Internationale des Arts décoratifs« in Paris 1925 errichtete Le Corbusier den »Pavillon de l'Esprit Nouveau« gegen heftigen Widerstand.

Der Bau des Pavillon war ein wirkliches Heldenstück: kein Geld, kein Terrain und ein Verbot von Seiten der Ausstellungsleitung, das vorgesehene Programm auszuführen.[13]

Neben seinen städtebaulichen Vorschlägen zeigte er hier zum ersten Mal, wie eine moderne Wohnung eingerichtet werden solle und könne:

Ein neuer Begriff hat das Wort Mobiliar ersetzt: dieser Ausdruck verkörperte in jeder Beziehung lange Tradition und Vergangenheit. Das neue Wort wird Ausrüstung eines Hauses sein. Ausrüstung heißt, durch eine klare Analyse der Aufgabe die verschiedenen notwendigen Elemente den häuslichen Erfordernissen gemäß zu ordnen. Kästen ersetzen die unzähligen Möbelstücke verschiedenen Namens, Kästen bald in der Wand, bald an die Wand gelehnt und so verteilt, daß sie sich an jeder Stelle des Hauses befinden, wo eine bestimmte tägliche Arbeit stattfindet, derartig eingerichtet, wie es die spezielle Aufgabe, die sie gerade erfüllen sollen, verlangt (Kästen für Kleider, alle Arten von Wäsche, Küchengeschirr, Gläser, Kunstgegenstände, Bücher). Sie werden nicht mehr in Holz, sondern in Metall ausgeführt und zwar in jenen Fabriken, die bisher nur Bureaumöbel konstruierten. Die Kästen bilden ihrerseits allein das ganze Mobiliar eines Hauses und lassen ein Maximum an Platz in den Zimmern frei. Nur Stühle und Tische bleiben übrig. Die Studien an Stühlen und Tischen führten zu vollkommen neuen Ergebnissen und zu völlig anderer Anordnung nicht formeller oder kunstgewerblicher Art, sondern funktioneller Natur; die strenge Etikette ist im Lauf der Entwicklung der Sitten gefallen; man darf sich heute auf sehr viele Arten setzen und diesen verschiedenen Sitzweisen müssen die neuen Stuhlformen entsprechen, die ohne Schwierigkeit aus Metallröhren oder Blechen hergestellt werden können. Die traditionelle Holzkonstruktion war hier im Wege.[14]

Zu den Schlüsselwerken gehört die Villa Savoye à Poissy (1929–1931), die einfühlsam in die umgebende Parklandschaft eingebettet ist. Hier hat Le Corbusier »in großer Einfachheit« und Harmonie seine »5 Punkte einer neuen Architektur« demonstriert. Wie die meisten Architekten hat sich auch Le Corbusier an zahlreichen Wettbewerben beteiligt, oft ohne Erfolg. Eine der größten Enttäuschungen war die Ablehnung seines Beitrags bei dem Wettbewerb für den Völkerbundpalast in Genf (1927/28). Dieser Entwurf war von hoher Qualität und Modernität, und einige der progressiven Preisrichter – wie Josef Hoffmann aus Wien, Hendrik Petrus Berlage aus den Niederlanden und Werner Moser aus der Schweiz – versuchten, Le Corbusier den 1. Preis zuzuerkennen. Aber die Mehrzahl der Juroren gehörte der konservativen akademischen Schule an und wählte die ihren Vorstellungen entsprechenden Arbeiten aus.

ABB. 6

Das Kloster von La Tourette 1957–1960: 1953 wurde Le Corbusier von den Dominikanern in Lyon beauftragt, inmitten von Wald und Wiesen ein Kloster für sie zu erbauen. Sie wünschten – ihren religiösen Werten und ihren Ordensregeln entsprechend – einen Bau von Einfachheit, Klarheit und Spiritualität. Le Corbusier hat sich drei Jahre lang dem Studium dieser ganz besonderen Aufgabe gewidmet, um für die asketische Lebensform der Mönche den adäquaten Ausdruck sowohl in der architektonischen Gestaltung als auch in der Kargheit der Materialien – Beton, ›ondulatorische‹ Glasbetonfenster, behutsame Lichtführung – zu finden.
Die Zellen für 100 Mönche wurden in zwei Geschossen um einen quadratischen Innenhof angeordnet, der an der vierten Seite von der Kirche begrenzt ist. Sie ist von äußerster Kargheit – die Wände aus rohem Beton, der Boden aus Zement, der Altar aus Schiefer.

ABB. 7

Erst 1960 konnten die Mönche einziehen. Die Kraft dieses Gebäudes hat die Jahre unbeschadet überstanden, es hat auch heute noch eine Ausstrahlung, die zugleich spirituell und monumental ist.

ABB. 8 Die Wallfahrtskapelle Notre Dame du Haut à Ronchamp (1951–1955): In seinem siebten Lebensjahrzehnt wurde Le Corbusier ein weiterer Sakralbau übertragen – die Wallfahrtskapelle in Ronchamp am Südrand der Vogesen. Er übergab die kleine Kirche mit folgenden Worten:

Als ich diese Kirche baute, wollte ich einen Ort des Schweigens, des Betens, des Friedens, der innerlichen Freude schaffen. Das Empfinden, gesegnet zu sein, beseelte unseren Versuch. Es gibt Unternehmungen, die gesegnet sind. Andere sind es keineswegs, mögen sie religiöser Art sein oder nicht. Unsere Mitarbeiter haben dieses schwierige, genaue und strenge Werk verwirklicht, das kraftvoll in seinen Mitteln, aber feinnervig ist und belebt wird von einer totalen Mathematik, der Schöpferin des unausmeßbaren Raumes. Verstreute Zeichen und einige eingeschriebene Worte lobpreisen die Heilige Jungfrau.[15]

Auch dieses Bauwerk wurde nach den Regeln des Modulor entworfen. Auffallend sind die Konstruktion und die Materialien: Das Dach – eine Schale aus rohem Beton, die Mauern aus Gunnitbeton oder aus Bimssteinen der alten, im Krieg zerstörten Kapelle. Das Licht dringt durch unregelmäßig angeordnete Öffnungen mit Glasmalereien in kräftigen Farben – rot, blau oder gelb – in den Innenraum. Damit wird jede Reminiszenz an traditionelle Kirchenfenster vermieden.

Dieses Werk, mit seinen fast barocken Formen, den starken Farben und den unkonventionellen Materialien hat manche von Le Corbusiers Mitstreitern aus den Jahren des *modern movement* und des CIAM (Congrès Internationaux d'Architecture Modernes) irritiert und befremdet. Sie vermissten die rationalen Prinzipien seiner früheren Arbeiten – Kubus und Zylinder, das reine Haus auf Stützen, die Wohnmaschine. Aber Le Corbusier wehrte sich dagegen, als Funktionalist eingeordnet zu werden. Für ihn war »die Regel des Gesetzes eine poetische Vision«,[16] die er in dieser grandiosen Skulptur erfüllt sah.

3. Haus Ozenfant in Paris (1922).
4. Villa Savoye in Poissy, Frankreich (1929–1931).
5. Häuser in der Weißenhofsiedlung in Stuttgart (1927–1928).
6. Modell Haus Citrohan (1922).

LE CORBUSIER

7

8

7. Kloster La Tourette in Eveux-sur-l'Arbresle, Frankreich (1957–1960).
8. Wallfahrtskapelle in Ronchamp, Frankreich (1951–1955).
9. Unité d'Habitation de Grandeur Conforme in Marseille (1947–1952).

10.
11.

10. Verwaltungsgebäude und Parlamentsgebäude in Chandigarh, Pandschab (1951–1958).
11. Monument der »Offenen Hand« für Chandigarh (1954).
12. Zeichnung »Fontarabie« (1920).

DER STADTPLANER

Für Le Corbusier war der Städtebau das übergeordnete Thema der Zeit, das man nicht Spezialisten überlassen durfte, sondern an dem sich Architekten, Stadtplaner, Ingenieure, Künstler, Ökonomen u. a. beteiligten sollten. Er gehörte zu den Mitbegründern des CIAM (Congrès Internationaux d'Architecture Moderne) 1928 in La Sarraz, in dessen Gründungsdeklaration es hieß: »*Der Urbanismus ist die Organisation der Funktion des kollektiven Lebens; er befaßt sich sowohl mit den städtischen Ballungsräumen als auch den ländlichen Gebieten und seine Aufgabe ist vor allem die funktionelle Ordnung. Diese Ordnung beinhaltet 3 Funktionen: Wohnen, Produzieren, die Kultivierung von Körper und Geist.*« [17]

An der Formulierung der Forderung der »Charte d'Athène« des CIAM-Kongresses von 1933 war Le Corbusier maßgeblich beteiligt.

»*Der Schlüssel zum Städtebau ist in den 4 Funktionen zu sehen: wohnen, arbeiten, sich erholen (Freizeit), zirkulieren.*«

»*Wir bestehen darauf, daß die Entfernung vom Arbeitsort zur Wohnstätte auf ein Minimum reduziert werden muß.*«

»*[…] die Wohnviertel sollen von nun an die beste Lage im Gesamtraum der Stadt einnehmen; Klima und topographische Situation müssen dabei derart berücksichtigt werden, daß die günstigste Bebauung und genügend Grünflächen garantiert sind.*« [18]

Wegen der dogmatischen Forderungen, die keineswegs überall und vor allem nicht in den Entwicklungsländern anwendbar waren, ist die »Charte d'Athène« auf dem CIAM-Kongress in Aix-en-Provence 1953 von der jüngeren Generation heftig kritisiert worden.

Le Corbusier hat eine Reihe großer Stadtplanungen entwickelt für Nemours (1934), für Stockholm und Antwerpen (1934), für Algier (1932–1942), für Buenos Aires (1939) u.a. – er konnte jedoch nur wenige verwirklichen.

Die moderne Siedlung Frugès in Pessac bei Bordeaux: 1925 fand Le Corbusier einen Auftraggeber »wie aus einem Roman von Balzac«. In seinem Buch zitiert er dessen Worte: »*Monsieur Frugès (ein Industrieller aus Bordeaux) sagte zu uns: ›Ich autorisiere Sie, Ihre Theorien bis hin zu ihren extremsten Konsequenzen in die Praxis umzusetzen. Ich erwarte Resultate, die wirklich schlüssig die Reform auf dem Gebiet des preiswerten Wohnungsbaus erkennen lassen: Pessac soll ein Laboratorium sein‹.*« [19]

Von dem ursprünglichen, locker angeordneten Lageplan konnten aus finanziellen Gründen nur 51 Häuser erbaut werden. Um die Methoden der Standardisierung und Mechanisierung anwenden zu können, entwickelte Le Corbusier als Grundelement einen Kubus von fünf mal fünf Metern, der mehrmals an- oder übereinander gefügt oder auch halbiert werden konnte; hierdurch konnten trotz der Standardisierung Variation und Individualität erreicht werden.

Diese wurden noch betont durch die polychrome Farbgebung der Häuser: Himmelblau, Goldgelb, Jadegrün, gebrochenes Weiß und Kastanienbraun. Neben den meist zweigeschossigen Häusern gab es einige dreigeschossige mit Dachgarten, die Le Corbusier liebevoll »gratte-ciel« – Wolkenkratzer – nannte. Die Siedlung war ein gelungenes Beispiel modernen Siedlungsbaus, aber bei der Bevölkerung wurde sie mit Begriffen wie »Marokkanische Siedlung« oder »Sultansstadt« diskriminiert. Enttäuscht äußerte sich Le Corbusier 1929:

> *Hier haben wir eine schmerzliche und schwerwiegende Erfahrung, die in die Geschichte der »Idee« eingehen wird und die beweist, daß neuartige Initiativen die öffentliche Meinung vor den Kopf stoßen, und daß die öffentliche Meinung meinen Ideen immer den Krieg erklärt.*[20]

Plan Voisin de Paris, 1925: Der »Plan Voisin«, den Le Corbusier 1925 für die städtebauliche Erneuerung von Paris entwickelte, ist seine radikalste These – eine »urbanistische Doktrin«. »Die Stadt ein Arbeitswerkzeug«, die »Straße eine Verkehrsmaschine« – derartige Formulierungen sind für den traditionellen Stadtplaner provozierend. Le Corbusiers Vorschlag für die Rekonstruktion des Zentrums von Paris erschien bestenfalls als »amüsante Utopie«.

ABB. 13

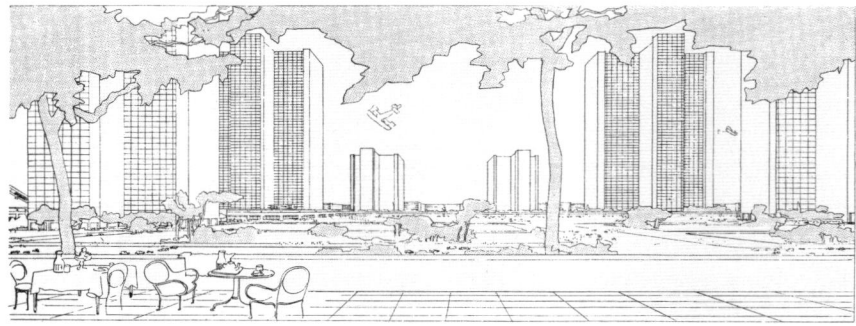

13. Plan Voisin (1925).

Er will die alten, maroden Quartiere abreißen, um sie durch Wolkenkratzer zu ersetzen, die – inmitten von großen Parks – den Menschen Raum, Licht und Luft lassen. Wertvolle historische Gebäude sollten als Wahrzeichen der Stadt erhalten bleiben. Trotzdem würde die Dichte der Bevölkerung von 600 Einwohner pro Hektar auf 3200 steigen.

Le Corbusier beruft sich dabei auf Vorbilder aus der Geschichte – die Römer mit ihren geometrischen Stadtanlagen und Louis XIV. bezeichnet er als »die einzigen großen Urbanisten des Westens«.[21] Auch Colbert, Napoleon und besonders Haussmann, die gerade Avenuen durch Paris legten, zählt er zu den zukunftsweisenden Stadtplanern.

Der »Plan Voisin« ist Utopie geblieben. Aber Le Corbusier hat bereits vor 75 Jahren die Probleme der Städte erkannt, deren Bevölkerung ständig zunimmt, die im Verkehr ersticken, deren Bewohner von Lärm und Abgasen belästigt werden, die täglich endlose Wege zwischen Wohnen und Arbeiten zurücklegen müssen und deren Lebensqualität durch die vielen Nachteile beeinträchtigt wird. Bis heute sind aber keine überzeugenden Lösungsvorschläge für diese Probleme erkennbar. Der Gedanke, große Teile der Pariser Innenstadt abzureißen, mag erschreckend sein. Die Zeichnungen Le Corbusiers für seine Idealstadt und die Beschreibungen des Lebens, das sich in ihren Boulevards, Cafés, Theatern und Parks unbehelligt vom Verkehr abspielen könnte, erscheinen nicht so unmenschlich, wie sie oft verstanden werden.

ABB. 9   L'Unité d'Habitation in Marseille 1946–1952: Die Unité in Marseille ist eine logische Folge der zahlreichen urbanistischen Studien Le Corbusiers seit dem im »Salon d'Automne« 1922 gezeigten Plan einer Stadt für drei Millionen Einwohner. Frank Lloyd Wright hatte mit seiner Broadacre City einen horizontalen Plan entwickelt; Le Corbusier dagegen plant seine Unité vertikal, um sie – wie auch beim »Plan Voisin« – mit Parks und Grünflächen umgeben zu können. Er bezeichnete sie als vertikale Gartenstadt und den modernen Techniken entsprechend. Die Unité sollte kein Block mit gleichförmigen Wohnungen sein, sondern eine Stadt mit allen erforderlichen Einrichtungen. An den innen liegenden Straßen gibt es Läden, Restaurants, Cafés, Apotheken, Buchläden, einen Kindergarten u. a. Für die Dachterrassen waren Freizeiteinrichtungen und ein Schwimmbad vorgesehen.

Das auf Stützen stehende Gebäude ist 165 Meter lang, 24 Meter tief, 36 Meter hoch und bietet Raum für 337 Wohnungen. Die Bewohner können je nach Bedarf – ob kinderlos oder kinderreich – zwischen 23 verschiedenen Typen wählen. In den Standardwohnungen reicht der Wohnraum über zwei Geschosse und ist mit einer großen Glaswand ausgestattet. Das verleiht ihm Großzügigkeit und Individualität. Die Proportionen der Stützen – der *pilotis* – entsprechen den Maßen des Modulors. Für Le Corbusier ergaben die Schönheit des rohen Betons und die »triumphierende Farbigkeit der Fassaden« ein Gesamtkunstwerk, dessen nicht immer perfekte handwerkliche Ausführung die künstlerische Schönheit nicht beeinträchtigen konnte.
Fand die Grundsteinlegung im Oktober 1947 noch vor einem »spärlichen, äußerst skeptischen Publikum in eisiger Atmosphäre«[22] statt, so konnte Le Corbusier diese »Unité d'Habitation de Grandeur Conforme« fünf Jahre später dem Wohnungsbauminister selbst übergeben.

Die Unité, von denen er ursprünglich acht geplant und von der noch eine etwas verunglückte Version in Berlin gebaut wurde, gleicht in ihrer Grundidee – der Integration von privater Atmosphäre und öffentlichen Einrichtungen – den Kommunehäusern der Sowjetunion, die aus ideologischen Gründen in den zwanziger Jahren geplant wurden. Während sie dort aber nur kurzfristig funktioniert haben, ist die Unité in Marseille immer noch mit Leben erfüllt.

Die Stadt Chandigarh 1951–1965: Es war für Le Corbusier wie die Erfüllung eines Traums, als ihm 1951 die Regierung von Pandschab in Indien den Auftrag erteilte, eine völlig neue Regierungsstadt zu planen und die wichtigsten Gebäude zu entwerfen. Hier konnte er seine urbanistische Konzeption ohne Einschränkungen umsetzen, angepasst an die landschaftlichen und klimatischen Verhältnisse und an die Lebensgewohnheiten der Menschen. ABB. 10
Zusammen mit Pierre Jeanneret, Jane Drew und Maxwell Fry entwickelte er zunächst einen Stadtbauplan, den er in Sektoren einteilte. Die Gebäude der Stadt Chandigarh – Wohnungen, Geschäfte, Schulen, Krankenhäuser, Museen – wurden im Wesentlichen von seinen Mitarbeitern geplant. Den im Norden liegenden Regierungsbezirk, der mit

dem Verwaltungsgebäude, dem Parlament und dem Justizpalast den politischen und visuellen Höhepunkt bildete, entwarf Le Corbusier selbst.

Kritiker haben die Gebäude als monumental bezeichnet und die großen Distanzen zwischen ihnen – die kaum zu Fuß zu bewältigen sind – bemängelt. Diese verhindern auch eine visuelle Einheit, wie sie beispielsweise bei der Akropolis in Athen besteht. Le Corbusier wollte jedoch durch diese grandiosen symbolischen Gesten der neu gegründeten Stadt Bedeutung und Würde verleihen, die ein Symbol für das neue Indien sein sollten.

Wie in Ronchamp sind auch die Bauten von Chandigarh voller skulpturaler Ausdruckskraft – mit geschwungenen Dächern, Säulenhallen, Rhythmisierung der Fenster und der »brise-soleils«; die Dachlandschaft des Parlamentsgebäudes mit einem pyramidenförmigen und einem hyperbolischen Aufbau verleiht den darunter liegenden Versammlungshallen eine imponierende Höhe. Die spirituelle Krönung des Forums sollte das Monument der »Offenen Hand« werden. Es war den Bürgern gewidmet, die hier ihre politischen Fragen diskutieren sollten. Es wurde nach Le Corbusiers Tod vollendet.

Ob Chandigarh letzten Endes dem Land und den Menschen gerecht wurde, ist umstritten. Der englische Architekturkritiker Kenneth Frampton urteilt mit einer gewissen Skepsis: »*Die heraufziehende Krise der Westlichen Aufklärung, eine existierende Kultur zu verstehen oder sogar die Unfähigkeit, die eigenen klassischen Formen zu erhalten, das Fehlen jeglichen Ziels außer ständiger technischer Innovationen und der Optimierung des wirtschaftlichen Wachstums, dies alles scheint in der Tragödie von Chandigarh zusammengekommen zu sein – eine Stadt, die für Autos geplant wurde in einem Land, wo noch heute viele nicht einmal ein Fahrrad haben.*«[23]

Dennoch, heute ist Chandigarh eine pulsierende Stadt. Ursprünglich für 500 000 Menschen geplant, leben dort mehr als eine Million Menschen, und es gibt bereits die gleichen Probleme – Verkehr, Luftverschmutzung, Lärm – wie in anderen Metropolen.

DER MALER

Le Corbusier hat mit 31 Jahren – nach seiner Begegnung mit Ozenfant – sein erstes Bild gemalt, und von da an war das Malen für ihn zu einem ebenso wesentlichen Bestandteil seiner Arbeit geworden wie seine anderen Tätigkeiten. Trotzdem hat er als Maler nicht die gleiche Bedeutung und das Ansehen erlangt. Noch 1965 – im Jahr seines Todes – schreibt er:

ABB. 12

> *Man kennt mich nur als Architekten, man will mich nicht als Maler zur Kenntnis nehmen, obwohl ich auf dem Weg über die Malerei zur Architektur gekommen bin.* [24]

Für seine Freunde war er, wie er sagte, der »Sonntagsmaler«. Sigfried Giedion, der große Architekturtheoretiker, hat die unmittelbare Beziehung zwischen Le Corbusiers Malerei und seiner Architektur erkannt. *»Mitten im Maler Le Corbusier wird der Architekt fühlbar, zu dessen Berufung und Meisterschaft es gehört, mit der Größe verschiedener Volumina operieren zu können.«*[25] Die Malerei betrieb Le Corbusier mit großer Konsequenz: Ab 1928 täglich von 8 bis 13 Uhr sowie an den Sonntagen; erst nachmittags ging er in sein Büro. Selbst auf seinen vielen Reisen hatte er immer Farbe und Pinsel oder zumindest Skizzenbücher dabei. Allerdings zeigte er bis 1953 seine Bilder nicht mehr in der Öffentlichkeit.

> *Zufällig habe ich, als ich 1918 aktiv wurde, damit begonnen, daß ich Prinzipien formulierte, das heißt, daß ich geradewegs auf ein Ziel zuging, das sich mir mit 30 Jahren gezeigt hatte. Ein Sturm brach sofort aus. Als ich 1923 mit unflätigen Ausdrücken bombardiert wurde, aber gleichzeitig theoretisch und praktisch als Architekt und Städteplaner exponiert war, gab ich es absichtlich auf, in der Öffentlichkeit als Maler zu gelten. Deshalb hörte ich aber um nichts weniger mit dem Malen auf. Es wurden 30 Jahre des Schweigens daraus. 1923 bis 1953. 1948 schrieb ich: »Mich dünkt, wenn man einem architektonischen Werk (heute korrigiere ich wie folgt: mich dünkt, wenn man einem architektonischen und städteplanerischen Werk) eine Bedeutung zubilligt, so muß man das eigentliche Verdienst daran dieser geheimgehaltenen Leistung zuschreiben.«* [26]

Besonders in seinen späteren Arbeiten wird Le Corbusiers Bestreben nach einer »Synthese der Künste« immer stärker. Dies wird bereits in Ronchamp sichtbar und besonders deutlich in Chandigarh. Hier sind die Gebäude selbst zu Skulpturen mit zum Teil surrealen Attributen geworden und entsprechen damit den Werken, die zu jener Zeit in seinem Atelier entstehen. Die Kunst – seien es Wandgemälde, Betonreliefs, emaillierte Türen, Tapisserien – wird nicht appliziert, sondern ist integraler Bestandteil der Architektur.

1955 schuf er sein berühmtes »Poème de l'angle droit« – das »Poem des rechten Winkels«: eine Mappe mit farbigen Lithographien und einem handgeschriebenen Text, in dem er in poetischer Form die wichtigsten Gedanken seiner Arbeit interpretiert. Diese Synthese zwischen Ordnung – dem rechten Winkel – und Poesie offenbart den Sinn und Inhalt seines gesamten Strebens und Wirkens.

Nachdem 1954 in Paris eine erste Retrospektive des malerischen Werks von Le Corbusier stattgefunden hatte, veranstaltete die Galerie Beyeler in Basel sechs Jahre nach seinem Tod eine große Ausstellung mit 144 Arbeiten. Im Katalog benennt Reinhold Hohl die Position, die Le Corbusier in der Welt der großen Maler dieses Jahrhunderts einnimmt: *»Seine Malerei, deren historische Dimensionen feststehen, sucht ihre ästhetische Größenordnung unter den absoluten Werten der Malerei des 20. Jahrhunderts. Sie wird mit großen und kleinen Maßstäben gemessen werden müssen: an Picasso, Braque, Leger, Miró […] an Gris, Ozenfant, Masson, Magritte […] im Feld dazwischen findet sie ihren bleibenden Rang und – vor allem – ihren eigenen Platz. Die Festlegung auf den Purismus tut dem Maler Le Corbusier Unrecht. Von dem Moment an, da er die Bilder nicht mehr ›Jeanneret‹ signiert, beginnt sein Beitrag zum Surrealismus. Das reichste Verständnis seiner Malerei erschließt sich dem, der auch in seinen Gemälden und Collagen den aus den Bauten bekannten Schwebezustand der surrealen Geste über der berechnenden Ordnung entdeckt.«*[27]

Le Corbusier erlag am 27. August 1965 einem Herzschlag: *»Sein jäher Tod entspricht der einsamen Größe dieses bahnbrechenden Architekten und Künstlers.«*[28] Er war einer der berühmtesten Architekten seiner Zeit – seine zahlreichen Publikationen, seine vielen Projekte und Bauten und auch die umfangreiche Literatur, die über ihn erschienen ist, erwecken den Anschein einer bekannten oder fast vertrauten Person. In Wirklichkeit hat er sein privates Leben stets vor der Öffentlichkeit verborgen, und entsprechend widersprüchlich sind die wenigen Charakterisierungen seiner Persönlichkeit. *»Die öffentliche Meinung macht den Gerühmten zu einem Wesen, das er nicht ist und niemals war. Am Ende wird er ein* *großer Unbekannter in seiner Zeit. Le Corbusier gehört zu diesen vielgenannten Unbekannten.«*[29]

Die englische Architektin Jane Drew hat jahrelang mit ihm in Chandigarh zusammengearbeitet; sie hat ihn gut gekannt und einige Beobachtungen über den Menschen Le Corbusier geäußert: »*Seine Lebensanschauung war moralisch. Er glaubte an die Mathematik, an die Ordnung und daran, ein Leben zu leben, das es wert erschien. Er gab sein Leben für die Arbeit. Der Grund, weswegen er keine Familie hatte, lag für ihn darin, daß ein Künstler – wie ein Mönch – dafür kein Zeit erübrigen könne. Er schätzte jedoch Zuneigung und Frauen – nicht auf eine englische Weise; er sprach zu mir von der Liebe seiner Frauen, und obgleich er Sex als die Kraft anerkannte, die sie ist, und er die von den Menschen gemachten Gesetze nicht respektierte, respektierte er die Frauen, die er liebte; und die Liebe zu seiner Mutter gab ihm große Kraft in seinem Leben.*

Corb war ein äußerst geistreicher Mann [...] Er besaß einen wunderbaren und ursprünglichen Humor [...] Ich sage nicht, daß ich mit allen Ansichten Le Corbusiers übereinstimme; ich versuche zu beschreiben, wie ich ihn als Mensch fand. Seine Einstellung gegenüber Reportern war ablehnend und skeptisch; außerdem wollte er seine Zeit nicht verschwenden, denn es war ihm wichtig, mit wem er seine Zeit verbrachte.

Le Corbusier war so egozentrisch, daß ich ihn einmal damit neckte, daß er nicht zehn Minuten reden konnte, ohne sich selbst ins Gespräch zu bringen. Er gab zu, daß es stimmte. Er war zugleich geistreich und selbstlos. Le Corbusier war – trotz seiner Neigung zur Dramatisierung – zugleich empfindsam und zartfühlend.

Ich verehre ihn wegen der absoluten Treue zu seiner eigenen Vision der Wahrheit und weil er sein ganzes Leben einsetzte, sie zu verwirklichen.«[30]

Le Corbusier hat in seinen späteren Jahren weltweit Anerkennung gefunden und erhielt von Universitäten und Instituten Ehrungen, die ihm viel bedeuteten. Er hat aber andererseits die Ablehnung ihm wegweisend erscheinender Projekte – wie den Völkerbundpalast, seine Planungen für Algier, den Entwurf für das UNESCO-Gebäude, den Entwurf für den Palast der Sowjets – als besonders enttäuschend und kränkend empfunden. Zudem hatte er gerade in Frankreich unter den akademischen Lehrern des Beaux-Arts erbitterte Kritiker und Feinde. Dies führte dazu, wie der amerikanische Architekt Peter Blake schreibt,

»daß für ihn die Welt mit wirklichen oder zumindest potentiellen Feinden bevölkert zu sein schien, und deshalb trug er die Maske eines mißtrauischen schweizerischen Bauern. Wer ihn jedoch näher kannte, entdeckte einen Mann von enormem Charme, Witz und großer Wärme; von Gelehrsamkeit, Visionen und hervorragendem Geschmack. Alle diese Qualitäten sind in seinen Werken und seinen extensiven Schriften evident.«[31]

Le Corbusier hatte die unerschütterliche Überzeugung, dass er der Welt etwas zu sagen und zu geben hatte. Er sah es als Mission des Architekten, das Los der Menschen zu verbessern, tat es auf seine Weise und war dankbar dafür, dass er die Chance dazu erhalten hatte.

*»Pleine main j'ai reçu
pleine main je donne.«*[32]
(*Eine volle Hand habe ich erhalten, eine volle Hand gebe ich.*)

ANMERKUNGEN

1 Kruft 1985, S. 456.
2 Basel 1971, o. S.
3 Kruft 1985, S. 459.
4 Le Corbusier 1926.
5 Le Corbusier 1947, S. 47.
6 Le Corbusier 1947, S. 52/53.
7 Le Corbusier 1947, S. 193.
8 Le Corbusier 1953, S. 132f.
9 Le Corbusier 1953, S. 239.
10 Le Corbusier, zitiert nach Boesiger 1948, S. 14.
11 Le Corbusier, zitiert nach Boesiger 1948, S. 45.
12 Le Corbusier, zitiert nach Boesiger 1948, S. 128.
13 Le Corbusier, zitiert nach Boesiger 1948, S. 105.
14 Le Corbusier, zitiert nach Boesiger 1948, S. 105.
15 Henze 1956, o. S..
16 Blake 1963, S. 138.
17 CIAM 1928, o. S.
18 CIAM 1933.
19 Boesiger 1948, S. 78.
20 Boesiger 1948, S. 85.
21 Le Corbusier 1946, S. 3.
22 Le Corbusier, zitiert nach Boesiger 1953.
23 Frampton 1980, S. 130.
24 Aujourdh'hui, Nr. 51, 1965.
25 Zürich 1938, S. 12.
26 Basel 1971,
27 Basel 1971, o. S
28 Boesiger 1965, S. 11 .
29 Henze 1957, S. 5.
30 Walden 1977, S. 369.
31 Blake 1963, S. 14.
32 »Le Poème de l'Angle droit«, Teriade Editeur, Paris 1955, S. 143.

MOISSEJ GINZBURG *1892 – †1946

Moissej Ginzburg gehört zu den führenden Architekten und Theoretikern der russischen Architektur nach der Oktoberrevolution von 1917. Sein Leben und Werk kann nur im Zusammenhang mit den gesellschaftlichen und politischen Zielen und Ideen seiner Zeit verstanden werden.

Geboren in Minsk als Sohn eines Architekten, studierte Ginzburg zunächst an der Kunstakademie in Mailand, wo er Kontakt mit den italienischen Futuristen Sant'Elia und Chiattone hatte. Sein anschließendes Studium am Polytechnikum in Riga schloss er 1917 als Ingenieur ab. Er arbeitete drei Jahre an einer Villa auf der Krim und zog dann 1923 nach Moskau.

Aufgrund seines Buches »Der Rhythmus in der Architektur« und einiger grundlegender Artikel, die man als das Credo des Konstruktivismus bezeichnen könnte, erhielt er dort eine Professur für Geschichte und Theorie an der Akademie Wchutemas, die wegen ihrer hervorragenden Lehrer berühmt war und großen Einfluss hatte.

In Moskau fand er sich im Zentrum der neuen Tendenzen, die die Auffassungen in Kunst und Architektur weitgehend verändert hatten. Kasimir Malewitsch hatte bereits 1913 sein »Schwarzes Quadrat auf weißem Grund« gemalt und damit eine radikale Abkehr von allen bisherigen Kunstformen zum Ausdruck gebracht. Diese Stilrichtung wurde als »Suprematismus« bezeichnet und an diese knüpfte die Revolutionskunst nach 1917 an.

El Lissitzky, einer der universellsten Künstler dieser Zeit, verfasste 1920 darüber eine Art Manifest, wenn er schreibt: »*So wurde das quadrat des suprematismus zum fanal.*[1] *[...] SO FOLGTE AUF DAS ALTE TESTAMENT DAS NEUE, AUF DAS NEUE DAS KOMMUNISTISCHE, SCHLIESSLICH FOLGT DAS TESTAMENT DES SUPREMATISMUS.*«[2]

Die fast euphorisch aufgenommene Kunstform führte – zusammen mit dem Einfluss von Kubismus und Futurismus aus dem westlichen Europa – zu einem einmaligen künstlerischen Aufbruch.
In der Architektur kamen zu den formalen Veränderungen die gesellschaftlichen Forderungen der Revolution hinzu, die für die russischen Architekten eine völlig neue Orientierung bedeuteten. Waren bisher Klerus, Adel oder das Bürgertum die Auftraggeber, so ist es jetzt die Masse der Arbeiter, deren Wünsche und Vorstellungen in politischen Doktrinen vorgegeben wurden. Ginzburg schreibt 1928:

Ein Umstand, der die Arbeit des modernen Architekten in Rußland ganz besonders fördern wird, ist das Auftreten einer neuen Gruppe von Auftraggebern: das ist die Masse der Arbeiter, die frei von geschmacklichen Vorurteilen und an keine Tradition gebunden sind, wie sie das Denken des Kleinbürgertums so ausschlaggebend beherrscht. Die Millionen der Arbeiter sind, schon infolge ihrer wirtschaftlichen Lage, kein Freund von Nippessachen, ornamentalen Schnörkeln und Heiligenbildern, jener tausend Nutzlosigkeiten, die die bürgerliche Wohnung füllen. Diese Arbeitermillionen sind alle ohne Zweifel Anhänger der modernen Architektur. Ihr Verzicht auf persönliche Wünsche, die einheitlicher Planung Abbruch tun, erleichtert den Übergang zum konstruktiven Bauen, zur Industrialisierung des Bauvorgangs durch Serienfabrikation, wie wir sie von den besten technischen Erzeugnissen her kennen.[3]

Zu diesen neuen »Bauherren« der Architekten kam noch die ausdrückliche Forderung Lenins hinzu, die Frau von der Sklaverei der Hausarbeit zu befreien und ihr damit die Möglichkeit zu geben, am gemeinschaftlichen Produktionsprozess mitzuwirken. Das Ziel der Befreiung der Frau hatte aber nicht nur ideelle Gründe, sondern es sollte letztlich zu einer neuen, sozialistischen Gesellschaftsordnung führen, in die alle Mitglieder von der frühesten Kindheit an integriert und in der individualistische Bedürfnisse sowie »kleinbürgerliche« Gefühle überwunden werden sollten.

Die Gleichstellung der Frau wurde auf dem Gebiet der Kunst am deutlichsten, in keiner Epoche zuvor sind so viele Künstlerinnen in die bisherige Domäne der Männer vorgedrungen, in der sie selbstverständlich zur Avantgarde gehörten.

Für Ginzburg war die Entwicklung einer entsprechenden Wohnform eine entscheidende Aufgabe. Von 1928 an leitete er an der Wchutemas ein Architekten-Kolletiv, das sich hauptsächlich mit Entwürfen für kollektive Prototypen von Gemeinschaftshäusern, den sogenannten DOM Kommuna befasste. In diesen konnte der private Wohnbereich relativ klein sein, da er im wesentlichen nur zum Schlafen und kurzen Aufenthalten dienen sollte, während die meisten Funktionen des Familienlebens von öffentlichen Einrichtungen wie Kinderkrippen, Gemeinschaftsküchen, Wäschereien, Erholungsräumen u.a. übernommen werden sollten. Es wurden jedoch nur wenige dieser Kollektivhäuser verwirklicht.

ABB. 5

Ginzburg erbaute von 1928–1929 drei Experimentalhäuser. Das bedeutendste und bekannteste von diesen ist der Narkomfinblock am Narvinsky Boulevard in Moskau, den er 1929 zusammen mit F. Milinis erbaute, und der eine Ikone des Rationalismus ist. Es ist ein Kollektivhaus mit allen erforderlichen Gemeinschaftseinrichtungen wie Kindergarten, Schule, Sporthalle, Gemeinschaftsküche, Bibliothek, einem Dachgarten und einer innen liegenden Verbindungsstraße.

ABB. 7

Ein klassisches Beispiel des Konstruktivismus ist das Bürohaus für die »Leningrader Prawda«, bei der »*alles Beiwerk, das die Großstadtstraße dem Bau anklebt wie Schilder, Reklame, Ulmen, Lautsprecher, selbst die Aufzüge im Innern als gleichwertige Teile in die Gestaltung einbezogen und zur Einheit gebracht werden. Das ist die Ästhetik des Konstruktivismus.*«[4]

Es gab zu dieser Zeit zwei unterschiedliche Richtungen in der Architektur Russlands: Die Konstruktivisten und die Rationalisten. Die Rationalisten waren vor allem an der Gestaltung von Raumkompositionen und an den geistigen Bedürfnissen und Vorstellungen der Menschen interessiert. Ihre führenden Vertreter waren Ginzburg, Nikolaj Ladovskij und im weiteren Sinne auch Konstantin Melnikov.

Der Konstruktivismus strebte nach Zweckmäßigkeit, die er mittels der neuen technischen Produktionsmittel erreichen wollte. Dieser Richtung gehörten die Brüder Alexander, Victor und Leonid Vesnin,

I. Leonidov, Ilja Golosov und andere Architekten an. Der hier abgebildete Arbeiterklub wurde von Ilja Golosov erbaut. ABB. 2

Während sich die russischen Architekten mit dem Wohnen und Leben der Arbeiter auseinander setzten, gab es auch bei der Avantgarde im Westen Europas Bemühungen zur Schaffung menschenwürdigen Wohnraums. Der CIAM (Congrès Internationaux d'Architecture Moderne) veranstaltete 1929 in Frankfurt einen Kongress mit dem Thema »Die Wohnung für das Existenzminimum«, dessen Schlagwort lautete: »Jedem Menschen seine ›ratio Wohnung‹.« Im Unterschied zu der russischen Bewegung gab es im Westen keinen politisch-ideologischen Überbau.

In den Jahren 1920 bis 1930 war Ginzburg Mitglied verschiedener Organisationen, die in jener Zeit so zahlreich entstanden. Er wurde Mitglied der Russischen Akademie der Kunstwissenschaften; er gründete – zusammen mit A. Vesnin – die OSA-Gruppe (Gruppe zeitgenössischer Architekten) und wurde Mitredakteur der Zeitschrift »SA« (Sowremenja architektura), in der er wichtige theoretische Artikel veröffentlichte. 1930 musste ihr Erscheinen eingestellt werden. Vor allem aber beteiligte er sich – wie viele andere Architekten – an zahlreichen ABB. 3 Wettbewerben für öffentliche Institutionen, z.B. für einen Palast der Arbeit, einen Palast der Sowjets, einem Haus der Textilien, Kombinate, Theater und anderem mehr. Der Zeit entsprechend wurden die Entwürfe nie von einem einzelnen Architekten gefertigt, sondern immer im Kollektiv. Nur selten wurde einer dieser Wettbewerbsbeiträge ausgeführt. Ginzburg hatte das Glück, den Auftrag für das Gerichts- ABB. 6 gebäude in Alma-Ata zu erhalten, das in der Zeit von 1925 bis 1927 entstand.

Die gesellschaftlichen Veränderungen sollten den Wohnungsbau revolutionieren, und gleichzeitig wurde auch eine völlig neue Gestaltung der sowjetischen Stadt gefordert. Die Verstaatlichung von Grund und Boden erlaubte eine Planung, die keine Rücksicht mehr auf private Eigentümer oder Wünsche nehmen musste. Die Architekten und Planer entwickelten zahlreiche Konzepte, von denen hier die zwei wichtigsten dargestellt werden sollen, da sie von völlig verschiedenen Voraussetzungen ausgingen.

Die eine Gruppe – die Urbanisten – strebte eine Zentralisierung der Stadt an. Ihre Vorstellung der »sozialistischen« Stadt basierte auf der Kollektivierung aller Lebensbereiche und forderte hierfür eine Typisierung sowohl der Wohnkombinate als auch der Gemeinschaftseinrichtungen.

ABB. 4 Das bekannteste Beispiel hierfür sind die so genannten »Wolkenbügel« von Lissitzky. In diesem Plan sah er für Moskau Hochhäuser vor, bei denen auf relativ schmalen Stützbauten »horizontale Wolkenkratzer« ruhten. Moskau sollte damit einen neuen Maßstab erhalten.

Ähnliche Konzepte einer vertikalen Stadt, in der es vor allem um die Trennung von Fußgänger- und Autoverkehr ging, finden sich in Le Corbusiers »Plan Voisin« von 1925 oder in Ludwig Hilberseimers Schema für eine Hochhausstadt von 1927.

Die Desurbanisten dagegen lehnten gerade die Urbanität der Stadt und besonders die Hochhäuser als negative kapitalistische Erscheinungen und als unsozialistisch ab. Für Lenin war ein weiteres entscheidendes Ziel des Kommunismus die Aufhebung des Gegensatzes zwischen Stadt- und Landbevölkerung, denn auch die Landarbeiter sollten an den politischen, sozialen und kulturellen Aktivitäten des Sozialismus beteiligt werden. Dies sollte mit Hilfe der Elektrifizierung und eines effizienten Verkehrsnetzes erreicht werden. Entlang der Verkehrswege – Eisenbahn oder Straße – sollten lineare Städte entstehen, durch die letzten Endes das ganze Land erschlossen und besiedelt werden könnte. Das theoretische Konzept hierzu lieferte Nikolai Miljutin 1930, der die Stadt entsprechend ihren Funktionen in sechs Zonen einteilte: Erstens: Die Verkehrsader – Schiene oder Straße. In der zweiten Zone sollte hauptsächlich die industrielle Produktion stattfinden. Zwischen ihr und der vierten Zone – die für das Wohnen vorgesehen war, – erstreckte sich eine Grünzone (dritte Zone); die fünfte Zone sollte Gemeinschaftseinrichtungen – vor allem Sportanlagen – dienen, und daran schloss sich die sechste Zone, nämlich die der landwirtschaftlichen Produktion an. Eine ähnliche städtebauliche Idee der Besiedlung des ganzen Landes findet sich in Frank Lloyd Wrights berühmter »Broadacre City« – allerdings unter völlig anderen theoretischen Voraussetzungen. Ebenfalls 1930 entwarf Leonidow einen Idealplan für die

ABB. 3 Stadt Magnitogorsk, die östlich vom Ural gegründet werden sollte, um die dortigen Eisenvorkommen zu erschließen. Er wollte durch eine

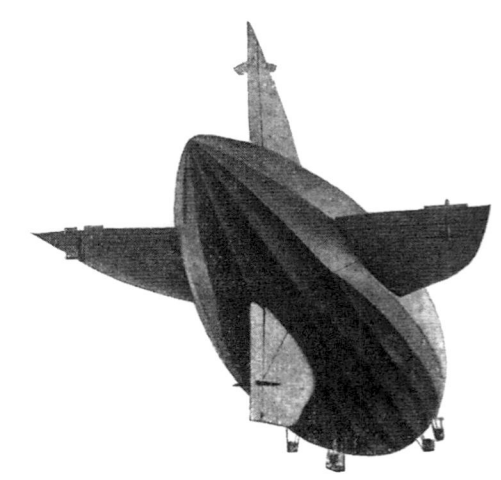

4

2. Arbeiterclub in Moskau von Ilja Golosov (etwa 1929).
3. Plan für die Stadt Magnitogorsk von Ivan Leonidov (1930).
4. Entwurf eines horizontalen Wolkenkratzers »Wolkenbügel« für Moskau von El Lissitzky (1923–1925).

32 Kilometer lange Straße die Industriegebäude mit einer innen gelegenen landwirtschaftlichen Kolchose verbinden. Das darüber schwebende Fluggebilde symbolisiert den technischen Fortschritt.

Insgesamt sollten aufgrund einer Forderung des ersten Fünfjahresplanes von 1929 etwa 3000 neue Städte erbaut werden. Dies führte zu einer Flut von Entwürfen, die aber alle von der Zentralkommission abgelehnt wurden. Stattdessen berief man den bekannten Stadtplaner Ernst May, der in den zwanziger Jahren in Frankfurt gestalterisch und sozial hervorragend gelungene Wohnsiedlungen wie die Römerstadt, Praunheim, Hellerhof u.a. geplant hatte. May entwickelte einen Generalplan für Magnitogorsk, der in Ansätzen verwirklicht wurde. Von 1930 an war auch Ginzburg in die avantgardistische Stadtplanung involviert. In Zusammenarbeit mit M. Barshch machte er Vorschläge für eine lineare grüne Stadt zur Desurbanisierung Moskaus.

Eine wichtige Rolle spielte El Lissitzky (1890–1941). Durch seinen berühmten Prounenraum schuf er die Verbindung zwischen Kunst und Architektur im Sinne eines Gesamtkunstwerkes. »›Proun‹ als Umsteigestation aus der Malerei in die Architektur.«[5]

Er war aber auch der Mediator zwischen Ost und West, zwischen der russischen und der westlichen Kultur. Von 1921 bis 1925 hielt er sich in Deutschland auf, vor allem in Berlin und Hannover. Er wurde Mitbegründer der holländischen »De Stijl-Gruppe« und mehrerer avantgardistischer Zeitschriften wie »Wetsch-Object-Gegenstand« und »ABC«. Durch ihn wurden Ideen und Thesen der russischen Kunst und Architektur dem Westen vermittelt und übten dort einen entscheidenden Einfluss aus. Besonders deutlich lässt sich dies an der Entwicklung des Programms am Bauhaus verfolgen. Lissitzky starb mit 51 Jahren in der Sowjetunion an Tuberkulose.

In der Zeit nach 1917 fand in der UdSSR unter den Architekten und Stadtplanern ein Austausch an Ideen und Theorien statt, der in diesem Ausmaß und auf diesem intellektuellen Niveau einmalig war. Gleichzeitig gab es auch im Westen zahlreiche theoretische Diskussionen und Stilrichtungen wie Kubismus, Futurismus, De Stijl und das »modern movement«, die ihrerseits Einfluss auf die russische Avantgarde hatten. Der Unterschied aber war in Russland der ideologische »Überbau«, der – bei aller Ähnlichkeit ästhetischer oder funktionaler Auffassungen – die entscheidende Rolle bei der Entwicklung der geplanten oder auch utopischen Projekte spielte. Dies führte auch zu den vielen Architektur- und Kunstschulen, kollektiven Büros und Brigaden, in denen die politischen und gesellschaftlichen Probleme gemeinsam diskutiert und erarbeitet wurden.

So wurde eine große Zahl von Artikeln und Manifesten verfasst, die sich politisch-ideologisch mit den gesellschaftlichen und sozialen Forderungen der Revolution und ihrer Anwendung auf die Architektur auseinander setzten. Generell wurden jedoch nur wenige der experimentellen Entwürfe ausgeführt.

Eine Architekturtheorie im klassischen Sinne wurde dagegen von Moissej Ginzburg in seinem Buch »Stil und Epoche« (1924) entwickelt. Ginzburgs Traktat entspricht in Bezug auf das historische und intellektuelle Wissen durchaus Le Corbusiers 1923 erschienenem Buch »Vers une architecture«. Dennoch hat es bei weitem nicht die Bedeutung und vor allem nicht die Verbreitung erlangt wie jenes, zumal es nie ins Deutsche und erst 1984 ins Englische übersetzt wurde.

Er suchte, sowohl in der Architekturgeschichte als auch in der Architekturtheorie, einen neuen Stil – »unseren großen Stil« – entsprechend den technischen und gesellschaftlichen Veränderungen zu begründen. Die Titel der einzelnen Kapitel seines Buches lassen erkennen, mit welchen Themen er sich auseinander setzte:

1. Stil. Elemente des architektonischen Stils. Kontinuität und Unabhängigkeit im Wechsel der Stile.
2. Das griechisch-römische »klassische« System des Denkens und sein modernes Erbe.
3. Die Voraussetzungen des Neuen Stils.
4. Die Maschine. Der Einfluss auf die Moderne Kunst durch die statischen und dynamischen Eigenschaften der Maschine.
5. Konstruktion und Form in der Architektur. Konstruktivismus.
6. Industrielle und technische Organisationen.
7. Die charakteristischen Aspekte des Neuen Stils.

Ginzburg zeigt in seinem Buch Abbildungen von Maschinen, industriellen Anlagen und Fabriken, Flugzeugen, Schiffen, Lokomotiven, Brücken und Kunstwerken wie den berühmten Turm von Tatlin, die

дом сотрудников наркомфина (в москве)

чертежи и пояснения см. СА 5 1929 г.

м. гинзбург и ф. милинис

5. Narkomfinblock (Moskau 1929).
6. Verwaltungsgebäude für Alma-Ata in Kasachstan von Moissej Ginzburg und J. F. Milinis (1927–1931).
7. Entwurf für ein Bürohaus der Vesnin-Brüder für die Leningrader »Prawda« (1924).
8. Iswestjia-Pavillon für die Landwirtschaftliche Ausstellung in Moskau von Exter und Gladkov.

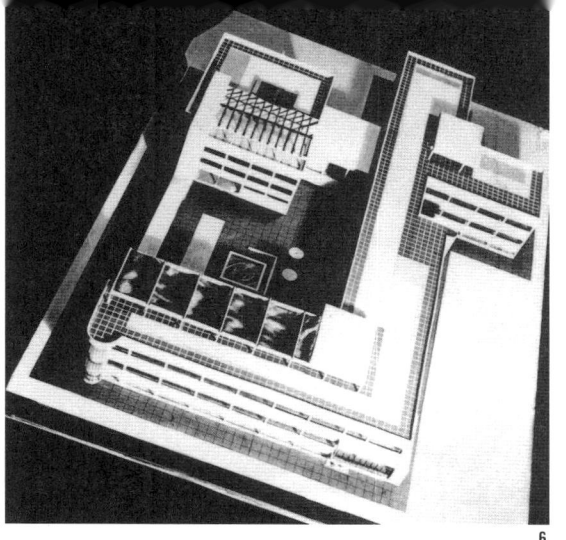

nicht als Illustration des Textes dienen, sondern dem Leser die Augen für die Ästhetik der Maschine oder technischer Erfindungen öffnen sollen.

Das siebte Kapitel über den Neuen Stil enthält Darstellungen wichtiger Arbeiten der russischen Konstruktivisten wie den Izvestia-Pavillon auf der Landwirtschaftlichen Ausstellung in Moskau.

Im Folgenden vermitteln einige Auszüge aus dem Text einen Eindruck von Ginzburgs historischer Argumentation und theoretischer Analyse:

ÜBER DEN VANDALISMUS

Was unter allen Umständen gebraucht wird, ist das kühne Blut von Barbaren, die nicht wissen, was sie erschaffen, oder Menschen, die einen schonungslosen Drang zu kreativem Schaffen und ein Bewußtsein der Berechtigung ihres sich entwickelnden und unabhängigen ›Selbst‹ haben, so daß die Kunst wieder erneuert werde und aufs Neue eine Periode oder Blüte entstehen kann. Dies ermöglicht es, psychologisch nicht nur die destruktiven Barbaren zu verstehen […], sondern das ganze Phänomen des ›Vandalismus‹, dem man so oft in der Geschichte der am höchsten zivilisierten Epochen begegnet, wenn das Neue das Alte zerstört, selbst das Schöne und Erhabene, allein aufgrund der Stärke, die dem jugendlichen Wagemut seine Berechtigung verleiht […]

Das gleiche wachsende Selbstbewußtsein seiner eigenen schöpferischen Kraft veranlaßte Bramante – bei der Verwirklichung seiner grandiosen Projekte – ganze Blocks niederzureißen, was ihm bei seinen Kritikern den Spitznamen ›Ruinante‹ eintrug. Aber der gleiche Spitzname hätte ebenso auf alle führenden Architekten des Cinquecento oder Seicento angewendet werden können. Nach dem Feuer 1577 im Dogenpalast von Venedig bat Palladio wiederholt den Senat, den Gotischen Palast im Geiste seiner besonderen Weltsicht der Renaissance wieder aufbauen zu dürfen – nämlich im römischen Stil. 1661 erhielt Bernini die Aufgabe, die Kolonnaden an der St. Peters Basilika zu erbauen. Ohne besondere Zweifel und ohne Zögern zerstörte er hierfür Raphaels Palazzo dell' Aquila. Viele solcher Beispiele ereigneten sich natürlich in Frankreich während der Französischen Revolution. 1797 wurde z. B. die alte Kirche St. Hilaire in Orleans in einen modernen Markt umgewandelt.[6]

ÜBER DEN STIL

In den vorhergehenden Kapiteln sprachen wir vom Stil als einem unabhängigen Phänomen – von seiner Jugend, seiner Reifezeit und seinem Verwelken, von jener ganz bestimmten Formensprache und ihren Kombinationen, die jeden Wechsel des Stils charakterisiert [...[Die Jugend eines neuen Stils ist vor allem konstruktiv, in seiner reifen Periode ist er organisch, und wenn er verwelkt, wird er dekorativ.[1]

ÜBER DEN KONSTRUKTIVISMUS

Zweifellos hat sich der Kreis des Laufs der Geschichte geschlossen. Die alten Zyklen sind vollendet; wir beginnen nun ein neues Gebiet der Kunst zu kultivieren, und – wie es immer in solchen Zeiten geschieht – die Probleme, die mit den Aspekten des Nutzens und der Konstruktion verbunden sind, erhalten überragende Bedeutung. Der neue Stil ist ästhetisch einfach und organisch logisch.

Deshalb erscheinen uns die Ideen des Konstruktivismus trotz ihrer destruktiven Seiten in der gegenwärtigen Situation als natürlich, notwendig und anregend.

Wenn solch ein »Konstruktivismus« generell charakteristisch für alle anfänglichen Entwicklungen eines neuen Stils ist, so wird er sich als besonders charakteristisch für den Stil unserer Zeit erweisen. Natürlich muß der Grund hierfür nicht nur in den ökonomischen Verhältnissen der Moderne gesucht werden, sondern auch in der außergewöhnlichen psychologischen Rolle, die die Maschine und die damit verbundene mechanische Lebensweise in unserem Dasein eingenommen hat. Deren Wesen besteht in den rein konstruktiven Aspekten ihres Organismus.

Bei der Maschine gibt es keine Elemente, die »uninteressant« für die elementare Ästhetik sind. Da gibt es keine so genannten »modischen Höhenflüge«. Alles hat seine bestimmte und eindeutige konstruktive Aufgabe. Das eine Teil gibt die Festigkeit, ein anderes rotiert, ein drittes produziert die Vorwärtsbewegung und ein viertes überträgt diese Bewegung auf die Transmission.

Deshalb führt die Maschine mit den am besten funktionierenden Teilen, bei der es keine »unproduktiven« Organe gibt, zu einer absoluten Außerachtlassung aller dekorativen Elemente, für die es keinen Raum mehr gibt. Dies führt exakt zur Idee des Konstruktivismus, der in unserer Zeit so verbreitet ist und der aufgrund seines Wesens das »Dekorative« – als seine Antithese – absorbieren muß.

Der Punkt ist nicht – wie manche Konstruktivisten uns klar zu machen suchen –, daß die ästhetischen Gefühle verschwunden sind. Glücklicherweise ist das nicht der Fall, und das wird am besten bewiesen durch die Arbeit der Konstruktivisten selbst. Vielmehr ist es so, daß unter dem Einfluß der veränderten Lebensbedingungen und der Bedeutung moderner Ökonomie, Technologie und der Maschine und ihrer natürlichen Konsequenzen unser ästhetisches Gefühl, sein Wesen, sich gewandelt hat [...] Das wünschenswerteste dekorative Element ist für uns genau das, welches in seinem konstruktiven Aspekt unverfälscht ist. Somit hat das Konzept des »Konstruktiven« in sich selbst das Konzept des »Dekorativen« etabliert. Da ist zweifellos nichts Zufälliges im Streben der modernen Kunst nach einer strengen und asketischen Sprache konstruktiver Formen, ebenso wie nichts Zufälliges in den Bezeichnungen ist, die sich die verschiedenen künstlerischen Gruppen selbst gegeben haben. »Rationalismus«, »Konstruktivismus« und all diese Beinamen sind nur Begriffe für ein Streben nach Modernität, eine Modernität, die tiefer und fruchtbarer ist, als es vielleicht auf den ersten Blick scheint, und die entstanden ist durch die neue Ästhetik eines mechanisierten Lebens [...]
»Konstruktivismus« – als eine der Facetten moderner Ästhetik, geboren aus einem lärmenden Leben – tauchte ein in die Gerüche der Straße, ihr wahnsinniges Tempo, ihre praktischen und alltäglichen Sorgen und ihre Ästhetik, er absorbiert den »Palast der Arbeit« und die Reklametafeln für Volksfeste – er ist unzweifelhaft einer der charakteristischen Aspekte des neuen Stils und er akzeptiert leidenschaftlich die Modernität in all ihren positiven und negativen Aspekten.[8]

Ginzburgs theoretisches Werk wurde zur Grundlage für die Entwicklung der konstruktivistischen Architektur in der UdSSR. Dass ihr Ende bereits 1930 gekommen war, lag nicht an der Vitalität der Ideen, sondern an der politischen Entwicklung. 1927 erlangte Stalin die absolute Macht. 1930/31 gab es bereits erste Resolutionen des Zentralkomitees, in denen die Sozialutopien der avantgardistischen Architekten kritisiert wurden, da bisher nur wenig realisiert worden war. 1931 herrschte immer noch große Wohnungsnot, und als staatliche Norm für Wohnflächen galten vier Quadratmeter pro Kopf. Gründe hierfür waren Transportprobleme und der Mangel an Arbeitskräften und Baustoffen wie Ziegel, Eisen, Holz, Zement etc., der letztlich durch die

Desorganisation der staatlichen Planwirtschaft verursacht wurde. Lissitzky sprach von einer »absoluten Bauparalyse«. So dienten die Architekten als Sündenböcke, um vom Scheitern der politischen Ziele abzulenken.

Systematisch wurden von nun an alle progressiven und intellektuellen Bestrebungen unterdrückt. In der Ausstellung »15 Jahre Sowjetkunst« 1931 wurden die futuristischen, suprematistischen und konstruktivistischen Bilder als »degeneriert« bezeichnet und nur in einem gesonderten Raum gezeigt. (1937 fand in München im Haus der Kunst die Ausstellung »Entartete Kunst« statt.) 1932 wurden auf Beschluss des Zentralkomitees alle Künstler- und Architektenvereinigungen bis auf den politisch kontrollierten »Verband sowjetischer Künstler« verboten. (In Deutschland wurde wenig später – 1933 – das Bauhaus aufgelöst.) Selbst das von Le Corbusier geplante Ministerium für Zentralwirtschaft in Moskau (1928–1932) mit seiner modernen Glasfassade durfte nicht fertig gestellt werden, da es bei Stalin auf Ablehnung stieß. Auf die technische Sprache des Konstruktivismus folgte in der Kunst der »sozialistische Realismus«, in der Architektur der pompöse stalinistische Stil – der »proletarische Klassizismus«. Ein Beispiel hierfür ist der Entwurf für den 415 Meter hohen Palast der Sowjets.

Von den ohnehin raren Bauten der russischen Revolutionsarchitektur sind nur noch wenige erhalten. Die radikalen Ideen der Zeit wurden jedoch durch Künstler wie Naum Gabo oder Moholy-Nagy nach Frankreich und auch in die USA getragen.

Ein Teil der avantgardistischen Künstler und Architekten zog sich nach dem Beginn der Schreckensherrschaft Stalins zurück oder wurde verfolgt und verbannt. Ernst May, Bruno Taut und andere deutsche Architekten verliessen fluchtartig den zur Diktatur entarteten Staat, dessen Gründung mit soviel Idealismus begonnen hatte. Ginzburg hatte als Architekt mit seinen rationalen Entwürfen bei dem nun herrschenden pompösen Stil keine Chancen mehr. Als Mitglied der Architekturakademie widmete er sich der Herausgabe einer »Allgemeinen Geschichte der Architektur«. Während des Krieges beschäftigte sich Ginzburg mit Problemen der Industrialisierung und Typisierung in der Bauwirtschaft. Erst ab Mitte der dreißiger Jahre erhielt er noch einmal eine Bauaufgabe – mit einem Team plante er zwei Sanatorien auf der Krim. Ihre Realisierung entsprach jedoch nicht seinen Vorstellungen. Ginzburg starb am 7. Januar 1946 in Moskau.

Die Persönlichkeit und die Vielseitigkeit von Moissej Ginzburg – als fundierter Theoretiker, als schöpferischer Architekt, als Organisator von Arbeitsgruppen und Begründer von Zeitschriften – inspirierte nicht nur seine Zeitgenossen, sondern verkörpert den Idealismus und den Enthusiasmus einer großen, wenn auch nur kurzen Blüte in der russischen Architekturgeschichte.

ANMERKUNGEN

1 Lissitzky 1967, S. 337.
2 Lissitzky 1967, S. 330.
3 Ginzburg, zitiert nach Chan-Magomedow 1983, S. 598, S. 591, S. 559.
4 Lissitzky 1989, S. 14.
5 Lissitzky 1967, S. 379.
6 Ginzburg 1982, S. 46.
7 Ginzburg 1982, S. 100.
8 Ginzburg 1982, S. 101/102.

LOUIS I. KAHN *1901 – †1974

Louis Kahn war ein ebenso bedeutender Lehrer wie Architekt, und in beiden Eigenschaften beeinflusste er nicht nur die junge Generation der USA, sondern auch die internationale Szene. Sein Leben verlief im Vergleich mit anderen Architekten insofern ungewöhnlich, als er erst mit 50 Jahren seinen ersten großen Bauauftrag erhielt und in den folgenden zwei Jahrzehnten ein sowohl vom Umfang als auch von der Gestaltung her unvergleichliches Werk schuf.

Kahn wurde 1901 als Ältester von drei Kindern auf der Insel Ösel in Estland geboren. Sein Vater diente als Feldwebel in der Kaiserlich-Russischen Armee und war nach seiner Entlassung Kunsthandwerker, seine Mutter war Harfenistin. Da beide Eltern jüdisch waren, kam Kahn mit russischer, jiddischer und deutscher Sprache und Kultur in Kontakt. 1905 emigrierte die Familie in die USA, wo sie sich in Philadelphia niederließ. Wegen eines Rückenleidens konnte der Vater nicht arbeiten, und so lebte die Familie hauptsächlich von dem, was die Mutter als Näherin in der Textilindustrie verdiente, und das war bitter wenig.

Der junge Louis war bereits in der Schule ein hervorragender Zeichner und ebenso auch musikalisch begabt; er entschied sich für die Architektur. Nachdem er sich das Geld für die Studiengebühren verdient hatte, begann er 1920 sein Studium an der University of Pennsylvania, das er 1924 beendete. Sein Lehrer war Paul Cret, ein in Frankreich geborener und ausgebildeter Architekt, der in der Tradition der Pariser

Ecole des Beaux-Arts stand, aber nicht dogmatisch war. Kahn, der später auch in Crets Büro arbeitete, hat ihn stets verehrt.

Nachdem er genügend Geld gespart hatte, begab Louis Kahn sich 1928 auf die für Architekten fast obligatorische Italienreise, die »Grand Tour«. Sie führte ihn über die nordischen und baltischen Länder – wo er seinen Geburtsort aufsuchte – auch kurz nach Berlin. Hier lernte er die klassischen Siedlungen der Moderne kennen, die vermutlich Einfluss auf seine spätere Beschäftigung mit sozialem Wohnungsbau hatten. Von Berlin aus ging es weiter über Österreich, Ungarn schließlich zu dem ersehnten Ziel: Italien. Dort fertigte er eine große Zahl von Zeichnungen und Aquarellen an, aber nicht nur von den antiken Stätten, sondern auch von Landschaften und einfachen ländlichen Häusern und Dörfern.

Im Frühjahr 1929 trat er die Heimreise an. Kurz nach seiner Rückkehr heiratete er Esther Israeli, die Forschungsassistentin an der University of Philadelphia war und mit der er 1940 eine Tochter, Sue Ann, bekam. In den USA hatte inzwischen die Depression eingesetzt und so kam es, dass er trotz seines Rufs als exzellenter Zeichner in den nächsten Jahren häufig arbeitslos war. Er war jedoch ein viel zu aktiver junger Mann, um untätig zu sein. So gründete er 1931 mit 30 jungen Architekten die Forschungsgruppe Architektur – ARG –, die sich mit den Fragen des sozialen Wohnungsbaus und des »low cost housing« – Siedlungen für Familien mit niedrigem Einkommen – befasste, wobei jede Wohneinheit maximal $ 3000 kosten durfte. Ein Beispiel für Kahns Arbeit auf diesem Gebiet sind die Jersey Homesteads, die er in der Zeit von 1935 bis 1937 zusammen mit Alfred Kastner baute. Diese Siedlung von mehr als 200 Häusern war hauptsächlich für jüdische Emigrantenfamilien aus Europa geplant. Ihre Einfachheit und Sparsamkeit der Mittel erinnert an die Siedlungen der zwanziger Jahre, die damals von den engagierten europäischen Architekten und den Mitgliedern des CIAM (Congrès Internationaux d'Architecture Moderne) errichtet wurden.

ABB. 2

1941 gründete Kahn zusammen mit George Howe ein eigenes Büro, später kam Oskar Stonorow als Partner hinzu. Beide Männer beeinflussten die Arbeit des Büros – Howe auf dem Gebiet des modernen Bauens, Stonorow betonte die sozialen Aspekte der Architektur. Mit ihm plante Kahn die in den Kriegsjahren 1941/42 entstandene Siedlung Carver Court Housing Development, in der es verschiedene Haustypen gab. Ab 1947 führte Kahn das Büro alleine.

Im gleichen Jahr wurde er als Professor für Entwurf an die Yale University berufen, an der er zehn Jahre lehrte. Er hatte eine originale Begabung für die Lehre, und er verstand sich nicht als Professor, der seine Thesen *ex cathedra* verkündete, sondern entwickelte seine Vorstellungen im Dialog mit den Studenten, ermutigte sie zu Fragen und versuchte, sie zu beantworten; dies endete gelegentlich in einer Art Monolog, denn jeder Gedanke führte zur Entwicklung weiterer Gedanken. Diese Art der Vermittlung erinnert an das sokratische Ideal von Lehre, und Louis Kahn drückt es in einem poetischen Bild aus:

> *Architektur – wenn Sie sie in Bezug auf die Schule sehen – begann wahrscheinlich mit einem Mann unter einem Baum, der nicht wußte, daß er ein Lehrer war, und er sprach zu einigen wenigen, die nicht wußten, daß sie Schüler waren. Sie lauschten diesem Mann und dachten, es sei wunderbar, daß es ihn gibt, und daß sie es schön fänden, wenn ihre Kinder und deren Kinder ebenso solch einem Mann zuhören könnten. Aber das war natürlich aufgrund der Natur des Menschen unmöglich. Die Schule wurde zum Raum und dann zu einer Institution.*[1]

Louis Kahn engagierte sich auch dafür, dass der Maler Josef Albers, der am Bauhaus gelehrt hatte, nach Yale berufen wurde. Albers, der später berühmt wurde für seine »Hommages an das Quadrat«, hat – wie auch Mies, Gropius, Hilberseimer und andere – die Ideale des Bauhaus mit nach Amerika gebracht.

1950/51 erhielt Kahn das an amerikanischen Universitäten übliche »sabbatical year« – ein akademisches Forschungsjahr, das er an der amerikanischen Akademie in Rom verbrachte. Von hier aus unternahm er Reisen nach Ägypten, Griechenland und innerhalb Italiens. Paestum, das Pantheon, Hadrians Villa oder die Caracallathermen – die antiken Ruinen hielt er in seinen kunstvollen Skizzen und Aquarellen fest und formulierte seine Bewunderung in poetischer Sprache:

> *Bedenkt das große Ereignis in der Architektur, als sich die Wände teilten und die Säulen entstanden.*[2]

Dieses Gefühl für die Architektur der mediterranen Welt wird in seinem späteren Werk spürbar, und zwar in der Erfassung des Wesentlichen, nicht in Imitation oder Eklektizismus. An seine Mitarbeiter in seinem Büro in Philadelphia schrieb er aus Rom:

> *Ich bin der festen Überzeugung, daß die Architektur Italiens die Quelle der Inspiration für die Werke der Zukunft bleiben wird. Diejenigen, die es nicht so sehen, sollten noch einmal hinschauen. Unser Zeug sieht im Vergleich dazu wie Blech aus, und alle reinen Formen finden sich in allen Variationen. Was erforderlich ist, ist die Interpretation der Architektur Italiens in Beziehung zu unseren Kenntnissen des Bauens und der Bedürfnisse.*[3]

Nach der Rückkehr aus Rom erhielt Kahn seinen ersten großen Auftrag außerhalb von Philadelphia – den Bau des Kunstmuseums für die Yale University. Bis dahin war er eher ein »stiller« Architekt gewesen, der hauptsächlich als hervorragender Lehrer bekannt war. Die Galerie war das erste moderne Gebäude, das in Yale entstand, und es erregte internationales Aufsehen.

ABB. 3

Besonders die Brutalisten in England richteten ihre Aufmerksamkeit darauf, und es wurde darüber diskutiert, ob es dem Kanon des Brutalismus entspreche, zumal zur gleichen Zeit die Hunstanton School der Smithsons entstand. Reyner Banham sah durchaus Parallelen: »*Die Einbeziehung des Kunstgebäudes von Yale in den brutalistischen Kanon wurde erstmalig (Anfang 1955) von Ian McCallum, dem damals verantwortlichen Redakteur der ›Architectural Review‹, angeregt, jedoch hatte es bereits die Aufmerksamkeit der brutalistischen Gruppe in England auf sich gezogen. Es entsprach nicht nur ihrer Auffassung und ihren Interessen, sondern bezeichnete auch einen klaren Bruch mit der bestehenden Tradition der Modernen Architektur in den Vereinigten Staaten, sowohl der regionalen romantischen als auch der importierten rationalistischen. Unter diesen Umständen ist es nicht erstaunlich, daß es in gewisser Hinsicht ebenso wie Hunstanton ein Versuch war – obgleich es erstaunlich genug ist, daß das Werk eines Mannes, der zwanzig Jahre älter als die Smithsons war, einen Versuch darstellte. Wie Hunstanton hat es einen formalen und axialen Grundriß (noch differenzierter in der Anlage) und die ihm zugrunde liegende Ästhetik beruht in starkem Maße auf der offenen Zurschaustellung der Konstruktion und der Baustoffe. [...] Und es ist auch der Anschein bewußter Mißachtung der herkömmlichen guten Sitten in der Architektur vorhanden, besonders in der Art, wie das Gebäude mit der Rückseite zur Straße gewandt ist, einer leeren Backsteinmauer, die außer den Geschoßebenen nichts über das Innere verrät. Das ganze Gebäude hat den starken Charakter eines ›Image‹.*«[4]

Die Radikalität der architektonischen Sprache der Art Gallery ist zweifellos neu; die Frage, ob es sich dabei um ein Werk des Brutalismus handelt, stellt Banham selbst: »*Diese Richtung (die internationale Bewegung des Brutalismus) wurde vorsichtig angedeutet im ersten außerhalb Englands entstandenen Gebäude, bei dem sich jeder zu fragen gezwungen fühlte: ›Ist das brutalistisch?‹ – Louis Kahns Kunstgebäude für die Yale Universität.*«[5]

Im letzten Drittel seines Lebens wuchs die Reputation von Louis Kahn rapide, und er zählte bald zu den prominentesten Architekten seiner Zeit. Aufträge kamen aus ganz Amerika und aus Asien; sie reichten von einem kleinen jüdischen Badehaus in New Jersey bis zur Hauptstadt von Bangladesch. Kahn widmete sich allem mit der gleichen Sorgfalt und Intensität. Gerade dieses kleine Badehaus, das als Einziges von seinem Entwurf für ein jüdisches Gemeindezentrum in Trenton, New Jersey (1955/56) gebaut wurde, ist zu einem Klassiker geworden. Der Grundriss, der aus vier quadratischen Kuben besteht, die einen Innenhof umschließen, erinnert an Idealformen der Renaissance – fast möchte man sagen an die Villa Rotonda von Palladio. Auf dem quadratischen Grundriss errichtete Kahn vier einfache Kuben, die mit pyramidenförmigen Dächern überdeckt waren und durch zentrale Oberlichter beleuchtet wurden. In den kahlen Stützen waren die Serviceräume – Lager, Wärterhäuschen, Toiletten etc. – untergebracht. Die Idee des *pocket* – Einbuchtung – wurde schon bei historischen Gebäuden wie Burgen und Festungsbauten verwendet und taucht auch bei Louis Kahn immer wieder auf. Das kleine Objekt enthält bereits kompositorische und strukturelle Ansätze seiner ästhetischen Philosophie.

Zu den wichtigsten Elementen in Kahns Architektur gehören die Variationen des Lichts, die er bei den Tempeln, den Basiliken oder den gotischen Kathedralen studierte. Für jedes Gebäude hat er eine spezifische Lösung für den Einfall und die Führung des Lichts entwickelt, die den klimatischen und inhaltlichen, den organisatorischen, den soziologischen und den bauphysikalischen Bedingungen entsprachen. Jedes Gebäude erhielt allein hierdurch seinen besonderen Charakter.

Ein Raum ohne natürliches Licht kann nicht wirklich seinen Platz in der Architektur finden. Künstliches Licht ist das Licht der Nacht, es kommt

2. Jersey Homesteads in Hightstown, New Jersey (1935–1937).
3. Kunstmuseum der Yale University in New Haven, Connecticut (1951–1953).
4. Badehaus der jüdischen Gemeinde in Trenton (1955/56).
5. Laboratorien des Salk Institute for Biological Studies in La Jolla, Kalifornien (1959–1965).

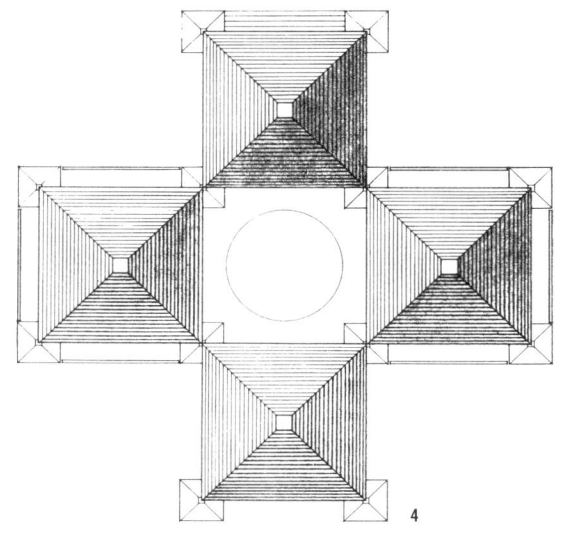

6

7

8

6. Erdmann Hall des Bryn Mawr College in Pennsylvania (1960–1965).
7. Bibliothek der Phillips Exeter Academy in Exeter, New Hampshire (1965–1972).
8. Parlamentsgebäude in Sher-E-Bangla Nagar, Bangladesch (1962–1983).

aus fest plazierten Beleuchtungskörpern, und es ist nicht zu vergleichen mit dem unverwechselbaren Spiel des natürlichen Lichts.[6]

So entwickelte er für das Tribune Review Publishing Company Building in Pennsylvania (1958–1962) die von Kritikern als *keyhole windows* (Schlüsselloch-Fenster) bezeichneten Öffnungen, die in den Räumen an den Wänden genügend Fläche für die Möblierung lassen und gleichzeitig auf Augenhöhe einen freien Ausblick gewähren. Ein Motiv, das noch öfter wiederkehrt.

Für Kahn waren Institutionen, die sich der Lehre oder Forschung widmeten, besondere Orte, da sich in ihnen individuelle und gemeinschaftliche Aktivitäten verbanden, die in der Architektur ihren Ausdruck finden sollten. Er nannte sie »Häuser der Inspiration«. Seine einfühlsame Behandlung der Thematik brachte ihm in den sechziger Jahren wichtige Aufträge in diesem Bereich, von denen drei hier dargestellt werden sollen, die auf sehr unterschiedlichen Konzeptionen beruhen: das Salk Institute for Biological Studies in La Jolla, Kalifornien (1959–1965), Erdmann Hall – ein Studentenheim für das Bryn Mawr College in Pennsylvania (1960–1965) und das Indische Institut für Management in Ahmedabad in Indien (1962–1974).

Louis Kahns Bauherr und intellektuell ebenbürtiger Partner für das Salk Institute war Dr. Jonas Salk – der Erfinder des Impfstoffs gegen Kinderlähmung. Er wünschte sich einen Ort, an dem Wissenschaftler und Gelehrte einander begegnen und ihre Gedanken austauschen können. Ursprünglich waren drei Bereiche vorgesehen: Laboratorien für die Forschung, Wohnhäuser für die Wissenschaftler und ein Begegnungszentrum. Kahn plante den ganzen Komplex und beschäftigte sich auch hier wieder intensiv mit der Frage des Lichts. Leider wurden jedoch nur die Laboratorien gebaut; Kahn reihte sie beiderseits einer eindrucksvollen, großzügigen Straße auf, die direkt aufs Meer zuführt. ABB. 5

Eine völlig andere Aufgabe stellte sich bei dem Wohnheim für Studentinnen des Bryn Mawr College. Nach vielen Versuchen, bei denen er eng mit Anne Tyng zusammenarbeitete, entschied Kahn sich für drei quadratische Körper, die er diagonal zusammenfügte. In der Mitte jedes Gebäudes befindet sich ein großer Gemeinschaftsbereich – die Eingangshalle, der Essraum und der Aufenthaltsraum –, um den jeweils die Zimmer der Studentinnen gruppiert wurden. ABB. 6

Ich teile das College in drei Teile, die jeweils eine andere Nachbarschaft entstehen lassen: die Nachbarschaft des Wohnraums und die Nachbarschaft des Eßraums, und dann den anderen, der sich um den Eingang konzentriert, der eine Art Straßengefühl vermittelt. Die Geometrie stimmt, denn es bleibt der Eindruck einer Gliederung der Räume.[7]

Jedes Gebäude war mit vier Türmen versehen, durch die das Licht in die Zentralräume geführt wurde.

Erdmann Hall ist oft mit einer schottischen Burg verglichen worden, bei der die große Halle von kleinen, in die dicken Mauern verlegten Räumen umgeben ist. Kahn liebte diesen direkten Vergleich nicht sonderlich, räumte aber seine Vorliebe für solche mittelalterlichen Strukturen ein.

Gleichfalls zu den Houses of Inspiration gehört das Indian Institute of Management in Ahmedabad, Indien, mit dem er 1962 beauftragt wurde. Für Kahn war dies eine Aufgabe, der er sich mit voller Hingabe widmete. Sein Entwurf reagierte auf die extremen klimatischen Bedingungen – Sonne, Hitze, Regen, Wind – mit offenen Höfen, tiefen Vorhallen und überdachten Wegen, die Schutz vor der Sonneneinstrahlung boten und gleichzeitig genügend Luft und Licht in die Innenräume fließen ließen. Und es gelang ihm, die geistigen Qualitäten einer Institution des Lernens und Lehrens, des Zusammenlebens, aber auch der Ruhe, in seiner Architektur auszudrücken. »*Das Indian Institute of Management besitzt eine Vollkommenheit und eine einheitliche Vision, die für ein Werk dieser Größenordnung selten ist. Im zwanzigsten Jahrhundert wurde damit ein Ort geschaffen, der dem großartigen akademischen Dorf von Thomas Jefferson an der Universität von Virginia am nächsten kommt. Hier, wie in Ahmedabad, sind die wesentlichen Elemente eine integrierte Umgebung für Fakultät und Studenten, die durch überdeckte Fußwege miteinander verknüpft und durch eine beeindruckende Bibliothek dominiert werden.*«[8]

Wegen der zögerlich fließenden Mittel und auch durch die vielfachen Änderungen und Überarbeitungen von Louis Kahn war die Gesamtanlage bei seinem Tod noch nicht ganz vollendet. Sie wurde von seinem Freund Balkrishna Doshi fertig gestellt.

ABB. 7 Als eine der »einfachsten und stärksten« Architekturen Louis Kahns bezeichnen Brownlee und De Long das Bibliotheksgebäude der Phillips Exeter Academy in New Hampshire (1965–1972). Sie ist eines der letzten Projekte, die noch vor seinem Tod vollendet wurden. Eine

Bibliothek war für ihn ein Ort, der zum Lesen und Studieren anregen soll, und in dem es deshalb Plätze und Nischen geben muss, in denen man ungestört lesen kann.

Er entwarf ein fast klassisches Gebäude, das den historischen Regeln der Baukunst entspricht. Die Fassade aus Backstein und Beton ist in Sockel, Mittelteil und Attika gegliedert, und die Pfeiler verjüngen sich nach oben. Alle vier Seiten der Fassade sind identisch. Die klassische Gestaltung erfährt jedoch einen gewollten Bruch bei der Ausbildung der Ecken. Durch die Einführung von Beton und Stahl wurde die Ecke nicht mehr wie in der Vergangenheit als strukturelles Element benötigt. So fand Kahn eine besondere Lösung, indem er die Ecken öffnete. In der Mitte des Geländes befindet sich eine quadratische Halle, die von einem Betonkreuz überspannt ist, das das Licht nach unten lenkt. In die Wände der Halle sind riesige kreisförmige Öffnungen eingeschnitten, die den Blick auf die Bücherregale freigeben.

1962 hatte Louis Kahn bereits viele Aufträge, als er im Herbst des Jahres eine weitere Aufgabe auf dem indischen Subkontinent erhielt: Die Planung der nationalen Hauptstadt von Bangladesch – damals noch Ost-Pakistan – Sher-E-Bangla Nagar. Es ist vergleichbar mit der Beauftragung Le Corbusiers für Chandigarh. Das Programm für eine ganze Stadt war komplex:

> *Man gab mir ein außerordentliches Raumprogramm: das Parlament, das Oberste Gericht, Unterkünfte, Schulen, ein Stadion, ein Wohnviertel für Diplomaten, ein Marktplatz [...] ich versuchte mir vorzustellen, wie man diese Bauten gruppieren und ihnen ihren Platz auf dieser Ebene verschaffen könnte.*[9]

Kahn fand die Lösung, indem er das Parlamentsgebäude mit der Moschee als Mittelpunkt der Anlage in einen See stellte. Beide hatten für ihn transzendentalen Charakter: Im Parlament wirkt der Geist der Gemeinschaft, in der Moschee wird die religiöse Gemeinschaft erlebt.

ABB. 8

> *Die Grundidee ging vom Ort der Versammlung aus. Es ist ein Ort der Transzendenz für die Politiker [...] Die Versammlung etabliert oder modifiziert die Institutionen des Menschen.*[10]

Die fast archaisch anmutenden Formen der Öffnungen dieser »Zitadelle« hat Kahn auch bei anderen Bauten in Ländern mit ähnlichen klimatischen Verhältnissen verwandt. Sie dienen dem Schutz vor dem direkten Einfall der Sonnenstrahlen und lassen doch genügend Licht und Luft in die Räume hinein.

Louis Kahn hat zehn Jahre lang an dem Parlamentsgebäude gearbeitet. Erst 1972 fand er eine ihn zufriedenstellende und auch realisierbare Lösung für die Überdachung des Saals, den er mit einer fast schwebenden Lichtkuppel überspannte. *»Steht man im Parlamentsraum, so ist man von der Kühnheit und Großartigkeit der Architektur überwältigt. Der Assembly-Komplex ist Louis I. Kahns interessantester und schönster Bau, der vollständig von der Idee der Lichtmodulation geprägt ist. Das Projekt in Dhaka ist ein architektonisches Juwel unserer Zeit.«*[11]

In den sechziger Jahren baute Louis Kahn weltweit, und er lehrte noch bis 1971 an der University of Pennsylvania in Philadelphia. Nun kam auch für ihn die Zeit der Ehrungen: 1966 widmete ihm das Museum of Modern Art in New York eine große Ausstellung, 1969 die ETH in Zürich. Er bekam Goldmedaillen vom American Institute of Architects und 1971 vom Royal Institute of British Architects.

Im März 1974 unternahm er seinen letzten Flug nach Indien. In den Monaten vorher war er extensiv gereist – nach Teheran, Tel Aviv, Dhaka, Rabat, Kathmandu, Paris, Brüssel etc. Das hatte offensichtlich zu einer völligen physischen Erschöpfung geführt, denn nach dem Rückflug von Indien erlitt Kahn am 17. März 1974 in der Pennsylvania Station in New York einen tödlichen Herzinfarkt. Da er nur die Telefonnummer seines Büros bei sich hatte, konnte die Polizei am Wochenende niemanden erreichen. Erst am Dienstag fand ihn seine Frau auf der Liste der vermissten Personen in New York und musste ihn dort identifizieren. Es war ein tragischer Tod. Wenige Stunden vorher hatte er auf dem Londoner Flughafen einen früheren Schüler – Stanley Tigerman – getroffen und zu ihm gesagt:

Es sind so wenige Dinge, die ich im Leben kann. Ich könnte nie etwas anderes tun als ein Architekt zu sein, denn das ist das einzige, von dem ich weiß, wie man es macht.[12]

Nach seinem Tod stellte sich heraus, dass sein Büro völlig verschuldet war; trotz der vielen Projekte, die er weltweit gebaut hatte. Aber er war nie daran interessiert gewesen, wirtschaftlich zu arbeiten, sondern er beschäftigte sich mit einem Gebäude so lange, bis es seinen Ansprüchen genügte, ohne Rücksicht auf Kosten und Termine – sehr zum

Kummer mancher Auftraggeber. Hinzu kam, dass die Honorare nicht korrekt oder nur zögernd gezahlt wurden, besonders bei seinem Projekt in Pakistan. Die Schulden konnten jedoch getilgt werden durch den Ankauf seiner Skizzen und Zeichnungen vom Staat Pennsylvania.

DIE THEORETISCHE WELT LOUIS KAHNS

»Worte hatten für Louis Kahn den gleichen bildlichen Wert wie seine Skizzen, Zeichnungen und das Werk selbst. Worte waren nicht die Frucht einer kunstvollen Ausdrucksweise, oberflächlicher verbaler Geschicklichkeit, mehr oder weniger flüssig und ausführlich dargelegt, sondern bedeutsame, exakte und sorgfältig ausgewählte Begriffe, die ein Konzept erklären und darstellen, ein Bild, sein Verständnis von der Welt, seine Philosophie.«[13]

Da Kahn über 20 Jahre gelehrt hat, haben sich viele seiner Gedanken in Gesprächen mit seinen Studenten entwickelt, wobei er stets versuchte, sie zum selbstständigen Denken und zu Fragen anzuregen, »denn eine gute Fragestellung ist besser als die glänzendste Antwort.« Wenn auch Vincent Scully feststellt: *»Kahns Architektur ist ›par excellence‹ das Ergebnis reiner Verstandesarbeit«*,[14] so ist seine Sprache oft bildhaft und poetisch, selbst wenn er über einen Begriff wie »Ordnung« philosophiert:

> *Ordnung besteht*
> *Planung ist Form-Gebung in einer Ordnung*
> *Form erwächst aus einem Konstruktionssystem*
> *Wachstum ist eine Konstruktion*
> *In der Ordnung liegt schöpferische Kraft*
> *Im Entwurf liegt der Weg zum: wo – womit – wann – mit wie viel*
> *Die Natur des Raumes ist ein Spiegel dessen, was er sein möchte*
>
> *Ist der Saal eine Stradivari*
> *oder ist er ein Ohr*
> *Ist der Saal ein schöpferisches Instrument*
> *ein Schlüssel zu Bach oder Bartok*
> *vom Dirigenten gespielt*
> *oder ist er eine Versammlungshalle*

In der Natur des Raumes liegt der Sinn und der Wille, eine bestimmte Art zu verkörpern
Der Entwurf muß diesem Willen genau folgen
Deshalb ist ein gestreift gemaltes Pferd kein Zebra.
Vor einem Bahnhof steht ein Bauwerk
es möchte eine Straße sein
es erwächst aus den Bedürfnissen nach Straße
aus der Bewegungsordnung heraus
Eine Sammlung gläserner Konturen.
Durch die Natur – weshalb
Durch die Ordnung – was
Durch den Entwurf – wie

Eine »Form« erwächst aus den der Form innewohnenden Konstruktionselementen.
Eine Kuppel ist nicht erdacht, wenn sich die Frage stellt, wie sie zu bauen ist.
Für Nervi erwächst ein Bogen
Für Fuller eine Kuppel
Mozarts Kompositionen sind Entwürfe
Sie sind Ordnungsübungen – intuitiv
Ein Entwurf ermutigt zu mehr Entwürfen
Entwürfe leiten ihre bildliche Sprache von der Ordnung ab
Bildliche Sprache ist das Erinnerungsvermögen – die »Form«
Stil ist eine angenommene Ordnung
Die gleiche Ordnung schuf den Elefanten und schuf den Menschen
Sie sind verschiedene Entwürfe
Aus verschiedenen Absichten begonnen
Von verschiedenen Umständen gestaltet
Ordnung schließt Schönheit nicht ein
Die gleiche Ordnung schuf den Zwerg und Adonis
Entwerfen bedeutet nicht Schönheit zu schaffen
Schönheit entsteht aus Auswahl
Verwandtsein
Verschmelzung
Liebe
Kunst ist eine Form, dem Leben Ordnung zu geben – seelisch
Ordnung ist unfaßbar

Sie ist eine Ebene schöpferischen Bewusstseins
stets auf eine höhere Ebene gelangend
Je höher die Ordnung, desto mannigfaltiger der Entwurf
Ordnung fördert die Geschlossenheit
Aus dem, was der Raum sein möchte, kann sich dem Architekten das ihm Unbekannte enthüllen.
Aus der Ordnung gewinnt er schöpferische Kraft und das Vermögen zur Selbstkritik, um diesem Unvertrauten Form zu geben.
Schönheit wird sich entfalten [15]

Licht ist für Kahn eines der wichtigsten Elemente der Architektur. Der Raum lebt für ihn nur durch das natürliche Licht, das den Maßstab, die Proportion oder die Farben entsprechend den Tages- oder Jahreszeiten verändert.

Konstruktion ist Entwerfen mit Licht. Die Wölbung, die Kuppel, der Bogen, die Säule sind Konstruktionen, die jeweils eine besondere Art von Licht hervorbringen. Natürliches Licht tritt in den Raum ein und erfüllt ihn mit wechselnden Stimmungen, in Nuancen teilt es dem Raum die verschiedenen Tageszeiten und Jahreszeiten mit. [16]

Später wurde er häufig mystischer in seinen Bildern, wie ein Satz aus seinem Vortrag 1968 im Guggenheim Museum zeigt:

Ich empfinde Licht als den Spender allen Lebens und Material als ausgegebenes Licht. Was durch Licht entsteht, wirft einen Schatten, und der Schatten gehört zum Licht. Ich spüre eine Schwelle: Licht wird zu Stille, Stille zu Licht – eine Atmosphäre der Inspiration, in der der Wunsch zu sein, sich auszudrücken, sich mit dem Möglichen verbindet. [17]

1959 hat Louis Kahn eine Rede zum Abschluss des CIAM-Kongresses in Otterlo gehalten. Hier hat er viele seiner grundlegenden Gedanken zur Architektur und zu den Fragen, die der Architekt sich bei seiner Arbeit stellen sollte, dargelegt. Im Folgenden sind Auszüge aus diesem Text wiedergegeben.

Ich möchte ein wenig über Gestaltung sprechen, weil sie für mich die bessere Hälfte der Architektur bedeutet als das Denken. Wissen ist ein Diener des Denkens, und Denken ist ein Begleiter des Gefühls. Wenn man fragt: »Was ist Gefühl?«, dann, denke ich, könnte man sagen, es ist der Überrest unserer geistigen Entwicklung, und in diesem Überrest war ein Bestandteil, das Denken. Dieser Bestandteil war irgendwie Geist in sich selbst, und eines Tages sagte das Denken zum Gefühl: »Ich habe dir gut gedient, ich habe dir zur Menschwerdung geholfen, und nun möchte ich für mich allein bestehen. Ich möchte ein Begleiter sein, ich möchte, daß du mich als von dir unabhängig betrachtest. Ich will und muß zu dir zurückkommen«. Das Denken ist unabhängig und vereinigt sich mit dem Denken anderer Menschen, und von ihm geht eine Forderung aus. Eine Forderung ist Denken, das einen Stein ins Rollen bringt, aber auch noch eine Forderung muß das Gefühl fragen, wie sie vorzugehen hat.

Nun, ich denke, daß Gestaltung Denken und Fühlen zugleich ist. Das Fühlen allein ist ja unfähig zu handeln, und das Denken ebenso. Denken und Fühlen zusammen ist eine Art Verwirklichung, und dies kann als Ordnungssinn bezeichnet werden; ein Sinn für die Natur des Sinnes.

Oft, wenn man Ordnung sagt, meint man Ordentlichkeit, und gerade das meine ich nicht, deswegen nicht, weil Ordentlichkeit mit Planung zusammenhängt, aber nicht mit Ordnung. Ordentlichkeit berührt den Begriff Ordnung nicht, sie ist einfach ein Grad von Daseinsbewältigung und von Sinn für den Daseinssinn; von der Ordentlichkeit her kann man einen Eindruck vom Daseinswillen irgendeiner Sache erhalten, zum Beispiel dem Daseinswillen einer Form oder einer Notwendigkeit, die einer fühlt. Der Daseinswille einer solchen Notwendigkeit kann durch die Vorstellung einer Gestalt erfahren werden. Von der Vorstellung einer Gestalt empfängt der Entwerfende großen Reichtum – der Entwurf wird leicht. Das ist der Grund, warum ich wieder Mozart anführe.

Mozart konnte eine Komposition verlieren und Note für Note wieder schreiben, weil er sich nicht mit dem Entwurf als solchem befaßte. Es war ein ganz bestimmter Ordnungssinn damit verknüpft, wodurch der Entwurf zwar leicht veränderbar war, aber doch stets der gleiche bleiben konnte.

Nun, ich sagte, das, was ein Ding sein will, ist der wichtigste Aspekt einer Aufgabe. Es ist Sache des Architekten, aus der Natur der Dinge heraus – auf Grund seiner Vorstellungen von der Gestalt – abzuleiten, was eine Sache sein will.

Ich bin nicht mit Lösungen einverstanden, die sagen: »Ich mache eine Form, und dann werde ich sie zum Beispiel nach akustischen Bedürfnissen korrigieren«. Genau das ist es, was ich bloßes Entwerfen nenne; genau das mache ich für solche Lösungsversuche verantwortlich; die Entwerfer fangen konstant mit viereckigen Rädern an und stellen am Ende fest, daß sie hätten runde verwenden sollen. Dann lassen sie die eckigen Räder als ungeeignet fallen. Ebenso beginnen sie mit kurzhalsigen Giraffen. Die Giraffe schreit geradezu nach einem langen Hals. Aber nein, der Entwerfer sagt: »Das möchte ich nicht«, und so gibt er der Giraffe einen kurzen Hals. Schließlich stellt sich natürlich heraus (»aus praktischen Gründen, verdammt noch mal«, sagt er dann), daß eine Giraffe einen langen Hals haben muß, und so ist es auch. Aber einer, der eine Gestalt finden möchte, kümmert sich nicht darum, wie eine Giraffe aussieht. Tatsächlich, wenn Sie sich's vorstellen, ist die Giraffe ein ziemlich lächerliches Tier; vom Standpunkt des Entwerfers hat sie überhaupt keinen Sinn. Aber ebenso kommt ein Stachelschwein zur Ordnung der Dinge und sagt: »Ich möchte ein Stachelschwein sein«, und die Ordnung sagt: »Mein Gott, was für eine Idee! Wer hat sich jemals von solch einem scheußlichen Gebilde träumen lassen!« Aber das Stachelschwein möchte trotzdem ein solches sein. Und die Ordnung sagt: »Bitte, ich habe ja nichts damit zu tun«. Und das ist richtig. Nicht die Natur, sondern der Mensch befaßt sich mit der Form. Die Natur schafft die Form gemäß ihrer Umwelt. Wenn sie der Ordnung der Dinge in der Natur der Dinge begegnet, schafft sie immer die Form, die genau der Natur der Dinge entspricht. Das ist der Grund, warum es Tiere gibt, deren Aussehen wir seltsam finden. Denn es gibt einen gewissen Daseinswillen in dieser Art von Dingen, der sich in einer jeweiligen Tierart niederschlägt, und Natur befasst sich nicht wie wir mit der Form. Daher bestimmt der Daseinswille einer Sache, eines Zuhörerraums, einer Straße, einer Schule die Form. […] Wirtschaftlich Bauen ist keine Frage des Budgets. Man muß nur so bauen, wie ich es gerade beschrieben habe. Das Budget ist das Programm, das auf einem anderen Programm basiert, das wiederum von einem Programm abhängt; alles dergleichen ist albern, und es bringt Ihnen nur Mühe, etwas zu erstellen, was viel mehr kostet, als das Budget erlaubt. Sie kommen dabei niemals zu dem, was das einzig Richtige ist. Wenn Sie jedoch einen räumlichen Zusammenhang erschaffen, dann fühlen Sie auch die Institution – Sie erwecken die Institution zum Leben, also das, was Sie den Bestandteil einer Stadt nennen.

Sie sprachen über Städtebau; dazu möchte ich dies eine hinzufügen, daß Städtebau ein Studium von Institutionen darstellt, der Institution Wohnbau, der Institution Verkehr, der Institution Schule, und was Sie sonst noch wollen. Sie sehen, daß das alles wirkliche Institutionen sind, denn sie müssen irgendwie unter einer Idee stehen, eine Notwendigkeit muß vorhanden sein. […]

Ich meine, ein architektonischer Raum ist ein solcher, der klar zum Ausdruck bringt, wie er gemacht ist. Man muß die Säulen, die Träger oder die Mauern, die Türen oder die Wölbungen in einem Raum, der diese Bezeichnung beansprucht, sehen können. Wenn Sie versuchen, an Punkte zu denken, an die die Architektur anknüpft, dann können wir sehr leicht feststellen, daß ein architektonischer Raum einer ist, in dem klar zum Ausdruck kommt, wie er gemacht ist, und daß die Anwendung einer Säule oder eine Dachkonstruktion bereits vom Standpunkt der Belichtung aus überlegt ist. Kein Raum ist ein wirklich architektonischer Raum, wenn er kein natürliches Licht hat. Künstliches Licht ist nicht in der Lage, einen architektonischen Raum zu beleuchten, denn dort muß das Gefühl für die Tageszeit und die Jahreszeit, dessen Nuancen mit der einen Möglichkeit der elektrischen Birne gar nicht zu vergleichen sind, vorhanden sein. Es ist lächerlich zu glauben, eine elektrische Glühlampe könne bewirken, was die Sonne oder die Jahreszeiten können. Und natürliches Licht ist es, was die eigentliche Bedeutung des architektonischen Raumes vermittelt. In der Dunkelheit wird er ein völlig anderer Raum. Und schon eine Vorstellung hiervon belehrt Sie, daß Sie das elektrische Licht nicht dort anbringen sollen, wo die Sonne hereinscheint, denn es ist lächerlich, das Sonnenlicht imitieren zu wollen. Warum soll man es nicht ganz anders machen? Nehmen Sie doch Ihre Kronleuchter und lassen Sie sie während der Dunkelheit alles mögliche Komische anstellen.

Ich habe Theorien erlebt, bei denen es darum ging, Lichtquellen dort anzubringen, wo das Tageslicht hereinkommt. Aber wie lächerlich ist es, so etwas zu befolgen, wenn man in Raumbegriffen denkt, die von der Sonne, vom Tageslicht gespeist werden.

Räume zu schaffen heißt zugleich Licht schaffen. Wenn das Licht zerstört ist, sind der Rhythmus und die Musik zerstört, und Musik ist in der Architektur unendlich wichtig.[18]

Für Louis Kahn ist Architektur Kunst und folglich der Architekt ein Künstler. Diese hohe Bewertung entspricht den Vorstellungen der Renaissance, wie sie Barbaro – der Freund und Mäzen Palladios – beschrieben hat: »*Der Künstler arbeitet zunächst mit seinem Verstande und empfängt im Geiste; dann formt er den Stoff zum Symbol nach seiner inneren Vorstellung. Dies gilt besonders von der Architektur.*«[19]

Es sind ähnliche Gedanken, die Kahn ausdrückt:

> *Realisierung ist die Verschmelzung von Denken und Fühlen in der engsten Verbindung von Geist und Psyche, und die Quelle dessen, »what a thing wants to be«.*[20]

Dieses Herausfinden dessen, was ein »Gebäude sein will«, ist für ihn das universelle Ordnungsprinzip. Das wird auch deutlich in einem Interview, das Heinrich Klotz und John W. Cook 1973 mit Louis Kahn geführt haben:

> L.K.: *Die einzige Sprache, die der Mensch hat, ist die Kunst.*
> H.K.: *Baut der Architekt denn nie nur für bestimmte Bedürfnisse?*
> L.K.: *Nein. Man soll nie für Bedürfnisse bauen! [...] Wenn ein Raum Kunst ist, so wird er ein Hauch der Ewigkeit. Ich finde, ein Raum ruft seine eigene Nutzung wach. Er transzendiert das Bedürfnis.*

Diese Formulierung »ein Raum ruft seine eigene Nutzung hervor« – im Englischen »*form evokes function*« – ist das Gegenteil der These von Sullivans »*form follows function*«. Im gleichen Interview geht es an anderer Stelle weiter:

> J.C.: *Sagen wir einmal, Sie erhalten einen Auftrag für ein bestimmtes Projekt. Fangen Sie nicht mit dem Entwurf an, als ob Sie keinen Auftraggeber hätten – mit Traumzeichen, die frisch aus dem Reich der Wünsche kommen?*
> L.K.: *So muß es anfangen.*
> J.C.: *Jedes Projekt beginnt mit dieser Art wie ...*
> L.K.: *Aber sicher. Es muß ohne Auftraggeber anfangen, denn dieser darf nicht bestimmen. Wenn er etwas bestimmt, so wird sich das nur zu einem Haufen vorgegebener Teile zusammenfügen, und er stellt einen nur an, weil man die Materialien kennt und dem Ganzen ein hübsches Aussehen verleihen kann. So leistet man nichts, absolut nichts, und man ist in keiner Weise ein Architekt. Man ist dann vielleicht ein Außendekorateur.*[21]

Louis Kahn hat solch hohe Ansprüche nicht nur gestellt und gelehrt, er hat auch nach ihnen gelebt und gearbeitet. »*Er hat der modernen Architektur wieder moralische Bedeutung verliehen und sie als künstlerische Herausforderung betrachtet zu einer Zeit, als viele sie nur noch als nützliches Instrument bewerteten.*«[22]

Bereits in den letzten Jahren seines Lebens hat er die Anerkennung gefunden, die seiner Bedeutung als Architekt, als Lehrer und als Theoretiker entsprach. Es war ihm gelungen, eine eigene architektonische

Sprache zu entwickeln, die jedem seiner Gebäude eine unverwechselbare Identität gab. »*Kahn scheint einen Weg gefunden zu haben, den weder die Architekten der Beaux-Arts und die Formalisten seiner Zeit vollbracht haben. Vergangenheit und Gegenwart – das Kontinuum des Lebens – zu verbinden, ebenso auf der Basis der Vernunft wie des Wunsches. Vergangenheit und Gegenwart fallen in seiner Kunst zusammen. Wenn man betrachtet, wie er sich mit einem Problem auseinandersetzt, erlebt man es.*«[23]

Er verleugnet nicht seine Quellen oder Inspirationen, aber er war nie eklektizistisch oder historisierend. »*Hier tritt der wichtigste historische Punkt klar hervor: Kahn war ein romantisch-klassischer Architekt, genauso wie es Piranesi und Ledoux waren. Wie Piranesi strebte er nach erhabenen Effekten, und wie Ledoux wollte er sie in perfekten, harten, geometrischen Formen ausdrücken. Wie jene Architekten und ihre vielen Kollegen am Aufbruch des modernen Zeitalters, suchte Kahn einen Neuanfang der Architektur, indem er sich auf die Ruinen der antiken Welt konzentrierte, um von dort aus neu zu beginnen. Das ist, denke ich, genau der Grund, warum Kahn in der Lage war, die Architektur zum Ende der letzten Phase des Internationalen Stils wieder zu erneuern. Er begann mit der modernen Architektur ebenso wie sie im 18. Jahrhundert begonnen hatte: mit schweren, kräftigen Formen, die er mehr aus der Struktur herleitete als aus der bildlichen Komposition, durch die die Architekten des 20. Jahrhunderts später versucht hatten, mit der Freiheit der abstrakten Malerei zu rivalisieren. So ist Kahns Werk trotz seiner Reiseskizzen selbst nie bildhaft. Es ist ursprüngliche Architektur und damit vorbildlich.*«[24]

ANMERKUNGEN

1 Kahn 1991, S. 151.
2 Kahn, zitiert nach Scully 1963, S. 13.
3 Kahn, zitiert nach Brownlee/De Long 1997, S. 51.
4 Banham 1966, S. 44.
5 Banham 1966, S. 43.
6 Kahn, zitiert nach Büttiker 1993, S. 24.
7 Kahn 1991, S. 240.
8 Brownlee/De Long 1997, S. 169.
9 Kahn, zitiert nach Büttiker 1993, S. 168.
10 Kahn 1991, S. 82.
11 Büttiker 1993, S. 184.
12 Brownlee/De Long 1997, S. 141.
13 Kahn 1991, S. 8.
14 Scully 1963, S. 34.
15 Kahn, zitiert nach Scully 1963, S. 35/36.
16 Kahn, zitiert nach Büttiker 1993, S. 10.
17 Kahn, zitiert nach Brownlee/De Long 1997, S. 204.
18 Kahn, zitiert nach Joedicke/Newman 1961.
19 Barbaro, zitiert nach Wittkower 1983, S. 58.
20 Kahn, zitiert nach Brownlee De Long 1991, S. 78.
21 Klotz/ Cook 1973, S. 213.
22 Brownlee/De Long 1997, S. 202.
23 Scully 1962, S. 39.
24 Brownlee/De Long 1991, S. 13.

ALISON SMITHSON *1928 – †1993
PETER SMITHSON *1923

Die Smithsons waren in den fünfziger Jahren die einflussreichsten Architekten in England und darüber hinaus international bekannt. Im Vergleich zu anderen Architekten der Zeit haben sie relativ wenige Projekte verwirklichen können, aber sie entwickelten ihre Konzepte in vielen Entwürfen, vor allem in Wettbewerbsbeiträgen, und entfalteten eine rege publizistische Aktivität. Durch Vorträge und Gastprofessuren wurden sie für die junge Generation an den Hochschulen und Akademien zu Protagonisten einer neuen Architekturauffassung.
Es ist kein Zufall, dass meistens über »die Smithsons« berichtet wird, denn Alison und Peter waren ein Architektenehepaar, das eine ungewöhnlich kreative und intellektuelle Partnerschaft bildete, in der gemeinsam gedacht und gearbeitet wurde. Für sie war »Architektur das unmittelbare Ergebnis einer Lebensweise«, wie Peter Smithson es nannte.
Alison M. Gill wurde 1928 in Sheffield geboren, Peter Smithson 1923 in Stockton-on-Tees. 1939 begann er mit dem Studium der Architektur an der Universität von Durham, das durch den Zweiten Weltkrieg unterbrochen wurde. Nach dem Krieg setzte er sein Studium fort und lernte dabei Alison kennen, die ebenfalls in Durham Architektur studierte. Nach ihrem Abschluss heirateten sie 1949. Sie zogen nach London, das im Krieg zu einem Drittel zerstört worden war und wo deshalb der

Wohnungsbau und andere öffentliche Einrichtungen staatlich gefördert wurden. In der Architekturabteilung des London County Council fanden viele Architekten zu der Zeit Arbeit, so auch die Smithsons. Sie waren mit der Planung von Schulen beschäftigt, und schon 1950 hatten sie das Glück, einen Wettbewerb für eine Schule in Hunstanton, Norfolk, zu gewinnen. Sie nutzten die Chance, sich von herkömmlichen Traditionen zu lösen, und entwickelten ein Bauwerk, das als Prototyp des »New Brutalism« bezeichnet werden kann. Peter Smithson schreibt darüber:

> *Man sagt, daß die Hunstanton-Schule, die wahrscheinlich ebenso viel der Existenz der japanischen Architektur wie Mies verdankt, die erste Verwirklichung des »Neuen Brutalismus« in England ist.*[1]

Der Begriff des Brutalismus, der in Deutschland aus Unkenntnis oft mit dem Adjektiv »brutal« assoziiert wird, geht zurück auf Le Corbusier. Er schrieb bereits 1923 in seinem Band »Vers une Architecture«: »Architektur bedeutet, mit rohen Materialien (des matières brutes) emotionale Empfindungen hervorzurufen.« Seine Unité in Marseille, das Kloster La Tourette und die Wallfahrtskirche in Ronchamp sind klassische Beispiele hierfür. Corbusier wird deshalb von einigen Architekturhistorikern als »Vater« des Brutalismus bezeichnet, obwohl er selber diesen Begriff nie verwandt hat.

Anfang der fünfziger Jahre wurde in den Londoner Architekturschulen viel über neue »ismen« diskutiert – den Neuen Empirizismus, den Neuen Humanismus, und es gab keine Architektenpersönlichkeiten, die der Suche der jungen Generation nach Vorbildern eine Orientierung gegeben hätten. Der von den Smithsons geprägte Begriff des Neuen Brutalismus und ihr provokatives Gebäude in Hunstanton waren in der Lage, dieses Vakuum zu füllen. Auch der Architekturtheoretiker Reyner Banham, der mit seinem umfangreichen Wissen und seinen kritischen Veröffentlichungen in der Lage war, dem Brutalismus eine geistige und ideelle Plattform zu schaffen, spielte eine wichtige Rolle.

Der Neobrutalismus beschränkte sich aber keineswegs nur auf die Verwendung und Behandlung von Materialien, sondern suchte auch andere Bezüge: vor allem zu Richtungen der bildenden Kunst, die sich in ähnlichen Gestaltungselementen ausdrücken, – wie die Art brut, Arte povera oder »une art autre«, wie Tàpies es nannte. Zu ihren Künstlern zählen Jean Dubuffet, Alberto Burri, Jackson Pollock, Edouardo Paolozzi, Antonio Tàpies oder der Fotograf Nigel Henderson.

Der Begriff »New Brutalism« ist schwierig zu interpretieren, denn er hat viele Aspekte, und die Smithsons selbst erweiterten und veränderten ihn im Laufe der Jahre. 1957 forderte Reyner Banham sie auf, eine Definition zu geben, um damit eine Klärung in die kontroverse Diskussion zu bringen und veröffentlichte sie in seinem Buch »Brutalismus in der Architektur«.

Unsere Überzeugung, daß der New Brutalism zu diesem Zeitpunkt die einzig mögliche Weiterentwicklung der Moderne darstellt, entstammt nicht nur dem Wissen, daß Le Corbusier (seit dem »beton brut« der Unité) ihn vertritt, sondern der Tatsache, daß im Grunde beide die der japanischen Architektur zugrunde liegende Idee, ihre Prinzipien und ihren Geist als Maßstab benutzt haben.

Die japanische Architektur verführte die Generation von 1900 und bewirkte bei Frank Lloyd Wright den offenen Grundriß und eine seltsame Art konstruierter Dekoration; bei Le Corbusier die puristische Ästhetik – verschiebbare Zwischenwände, kontinuierlichen Raum, die Kraft des Weiß und der Erdfarben; bei Mies das konstruktive Skelett und die Wandausfachung als Absolutum. Durch die japanische Architektur wurden die Sehnsüchte der Generation von Garnier und Behrens zur Form.

Für die Japaner war die Form jedoch nur Teil einer allgemeinen Lebensauffassung, einer Ehrfurcht vor der Welt der Natur und, daher resultierend, vor den Materialien der gebauten Welt.

Diese Ehrfurcht vor dem Material – eine Realisierung der Übereinstimmung, die zwischen Bauwerk und Mensch entstehen kann – ist die Grundlage des sogenannten New Brutalism.

Es ist gesagt worden, daß die Schule in Hunstanton, die der Existenz der japanischen Architektur vermutlich ebenso verpflichtet ist wie Mies, die erste Realisierung des New Brutalism in England sei.

Diese besondere Behandlung des Materials, nicht im handwerklichen Sinne Frank Lloyd Wrights, sondern in intellektueller Würdigung, ist in der Moderne immer gegenwärtig gewesen, und Kenner der frühen deutschen Architektur haben stets darauf hingewiesen. Das Neue des New Brutalism gegenüber anderen Richtungen ist, daß er seine enge Verbindung nicht zu vergangenen Architekturstilen, sondern zu bäuerlichen Wohnformen fin-

det. Er hat nichts mit Handwerk zu tun. Wir betrachten die Architektur als unmittelbares Ergebnis einer Lebensweise.

Das Jahr 1954 war entscheidend. Der Einfluß überlagerter Vorstellungen amerikanischer Reklame wetteiferte mit dem Dada; dieses Jahr sah das selbstfahrende Meisterwerk, den »Cadillac convertible«, die (mit vier Ansichten) parallel zum Boden liegende klassische Kiste auf Rädern; es sah den durch die CIAM bewirkten Beginn einer neuen Denkweise, die Neueinschätzung des Werkes von Gropius, die Übermalung der Villa in Garches?[2]

Abgesehen von dem etwas kryptischen letzten Absatz, fehlen in dieser Erklärung auch wesentliche Elemente des brutalistischen Programms, die von den Smithsons in späteren Äußerungen dargelegt wurden, vor allem in Bezug auf den Städtebau.

Als Anekdote sei noch eine ironische Worterklärung angemerkt, die in Studentenkreisen kursierte: Als Student wurde Peter »Brutus« genannt, weil er eine gewisse Ähnlichkeit mit diesem gehabt haben könnte. Daraus entwickelt man als »alternative« Definition: »Brutalismus = Brutus + Alison«.

AUSGEFÜHRTE BAUTEN

Das erste und entscheidende Projekt der Smithsons ist die schon erwähnte Hunstanton Secondary Modern School in Norfolk, die in der Zeit von 1949 bis 1954 entstand. Reyner Banham bestimmte die vier charakteristischen Merkmale, die diese Schule zu einem brutalistischen Gebäude machen:

ABB. 2

– formale Lesbarkeit des Lageplans
– klare Darstellung der Struktur
– Auswahl der Materialien entsprechen ihren natürlichen Qualitäten »as found« (wie vorgefunden) und »ehrliche Verwendung der Materialien«
– klare Darstellung der Funktionen.

Die verwandten Baumaterialien waren Stahl für das Skelett, Decken- und Dachplatten aus Stahlbetonfertigelementen und Sichtbeton für die Fassaden. Innerhalb des Gebäudes bleiben sowohl die Baustoffe als auch Leitungen, Rohre und andere technische Elemente sichtbar und ohne Anstrich oder Putz. *»Es ist ein – mit größter Zurückhaltung erfolg-*

ter – Versuch, aus der Verbindung unbearbeiteter Baustoffe Architektur zu schaffen [...] So scheint es, daß sie es waren, nicht Mies, der sagte: ›Ich möchte nicht interessant sein, ich möchte gut sein‹.«[3]

ABB. 3

In den fünfziger Jahren erhielten die Smithsons keine weiteren Aufträge außer einem kleinen Einfamilienhaus in Watford für den Ingenieur Derek Sudgen und seine Familie. Es ist ein Haus, das uns heute in keiner Weise besonders interessant vorkommt, aber zu seiner Entstehungszeit ungewöhnlich, wenn nicht sogar radikal erschien. Die Smithsons wollten hier das »ordinary«, das ganze Normale eines typischen Vorstadthauses demonstrieren, ohne Anspruch auf große architektonische Gesten. Das Sudgen-Haus wurde mit einfachsten Mitteln errichtet und entspricht in seiner geistigen Haltung dem ethischen Streben des Brutalismus nach Einfachheit und Wahrheit.

ABB. 5

1960 erhielten die Smithsons endlich die Möglichkeit, ihre während der fünfziger Jahre in verschiedenen Wettbewerben entwickelten städtebaulichen Ideen wenigstens teilweise zu verwirklichen. Sie wurden von der Economist Group beauftragt, die Hauptverwaltung in Londons St. James Street zu errichten. Die Abbildung zeigt, dass statt eines massiven Bürokomplexes die verschieden hoch gestaffelten Gebäude in den bestehenden städtischen Kontext eingefügt wurden. Gleichzeitig wurden die Gebäude durch eine höher liegende Plattform verbunden, so dass die Fußgänger von dem darunter fließenden Straßenverkehr ungestört blieben. Auf diese Weise entstand ein urbaner Raum, in dem moderne Skulpturen ihren Platz fanden. Die Architektur selbst kann nicht als brutalistisch bezeichnet werden; sie erinnert in ihrer Einfachheit eher an Mies. Peter Smithson bemerkte dazu: *Das Economist Gebäude ist ein didaktisches Gebäude, ein trockenes Gebäude – und das war die Absicht.*[4]

ABB. 4, 6

Versuchten die Smithsons bei dem Economist Gebäude eine innerstädtische Lösung zu finden, so handelte es sich bei dem nächsten Projekt, das zwischen 1964 und 1970 entstand, um eine Aufgabe des sozialen Wohnungsbaus im Londoner East End. Für Robin Hood Gardens sahen sie zwei leicht gekrümmte, sechs Stock hohe Blöcke aus Betonplatten vor, umrahmt von einem begrünten Erdhügel, der eine symbolische Anspielung auf vergangene Kulturen darstellen sollte. Die Wohnungen wurden vertikal über Laubengänge erschlossen.

2. Hunstanton Secondary Modern School in Norfolk (1949–1954).
3. Sudgen Haus in Watford (1956).
4. Robin Hood Gardens in London (1964–1970).
5. Modell der Robin Hood Gardens in London.
6. Economist Gebäude in London (1962–1964).

ALISON SMITHSON UND PETER SMITHSON

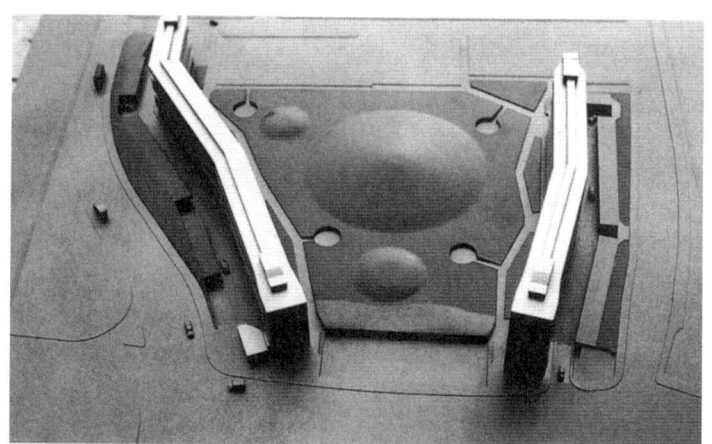

5

6

ALISON SMITHSON UND PETER SMITHSON

7. Gebäude »6 Ost« der Universität von Bath (1982–1988).
8. Wettbewerbsentwurf »Hauptstadt Berlin« (1958).
9. Gebäude der Kunstfakultät der Universität von Bath (1980).
10. Ausstellungsbeitrag »This is Tomorrow« (1956).

Dieses Konzept der »Straßen in der Luft« stammte aus ihren Entwürfen der fünfziger Jahre und hatte sich in der Zwischenzeit bei anderen Wohnungsbauprojekten sowohl in sozialer als auch praktischer Hinsicht als unbefriedigend erwiesen. Es ist schwer zu erklären, warum die Smithsons die städtebaulichen Theorien der sechziger Jahre, die besonders auch durch den Einfluss von »Team 10« bestimmt waren und die ein behutsames Eingehen auf vorhandene soziologische und historische Bezüge verlangten, in Robin Hood Gardens nicht berücksichtigten. Eine gewisse Kritik an ihrem ersten und letzten sozialen Wohnungsbau konnte deshalb nicht ausbleiben.

Etwa zur gleichen Zeit wie Robin Hood Gardens entstand von 1967 bis 1970 noch ein kleines Gartengebäude für St. Hilda's College in Oxford. Es folgte – soweit es die praktische Bautätigkeit betrifft – eine lange Pause. 1978 erhielt Peter Smithson eine Gastprofessur an der Universität von Bath, dem wegen seiner georgianisch-klassizistischen Architektur bekannten Badeort im Westen Englands. Die Universitätsleitung beauftragte ihn, einen Masterplan für die zukünftige Erweiterung des Universitätsgeländes anzufertigen.

Die Smithsons verwandten bei dieser Aufgabe Konzepte, die sie gemeinsam mit ihren Freunden vom »Team 10« entwickelt hatten. Sie gingen auf die landschaftlichen und architektonischen Gegebenheiten ein und verglichen den Campus mit einem Teppich, in den neue Gebäude wie »Flicken« eingefügt werden sollten. Für den Bau vier dieser »Flicken« erhielten sie die Aufträge, die in der Zeit von 1978 bis 1988 ausgeführt wurden: Das Clubgebäude für die Professoren, ein Haus für die Kunstfakultät, die Kunst-Scheune und das Gebäude mit der Bezeichnung »6 Ost«.

ABB. 7, 9

Bei der Gestaltung der Fassaden verwandten sie Materialien und Motive, wie sie im historischen Teil von Bath zu finden waren. Wenn auch die Bath-Gebäude auf den ersten Blick keine Verwandtschaft mit Hunstanton erkennen lassen, bei näherer Betrachtung zeigt sich auch hier in den Details die ethische Auffassung der Wahrhaftigkeit und Direktheit.

1964 wurden die Smithsons vom Außenministerium mit der Planung der britischen Botschaft in Brasilia beauftragt – eine öffentliche Anerkennung ihrer bisherigen Tätigkeit. Sie arbeiteten vier Jahre an dem Plan, um eine Form zu finden, die den speziellen Forderungen des

Klimas, des Gebäudes und des Programms entsprechen sollte. Der abgestaffelte Entwurf, der sich über den Kamm eines Hügels erstreckte, sah nach ihren eigenen Worten aus wie ein »zusammengedrücktes Krokodil«. Offensichtlich fand er nicht die Anerkennung der Administration, denn 1968 wurde ihnen der Auftrag entzogen – eine tiefe Enttäuschung für die beiden Architekten.

STADTPLANUNG

Ein wichtiger Aspekt des New Brutalism war die Reform des Städtebaus. In Aufsätzen und Wettbewerbsbeiträgen haben sich die Smithsons immer wieder mit diesem Thema befasst. Ein Beispiel hierfür ist die Idee der Cluster-City, die sie in einem Artikel in der »Architectual Review« 1957 beschreiben:

> *Der Cluster ist eine fest verbundene, verflochtene, häufig bewegliche Anhäufung, jedoch eine Anhäufung mit einer ausgeprägten Struktur. Hiermit kommt man vielleicht einer Beschreibung des neuen Ideals in Architektur und Stadtplanung am nächsten.*
>
> *Es ist herkömmlicherweise Aufgabe des Architekten, Symbole oder ›Images‹ zu schaffen, welche die Funktionen, die Sehnsüchte und die Überzeugungen der Gemeinschaft verkörpern, und sie auf solche Weise zu schaffen, daß sie ein verständliches Ganzes bilden. Die Cluster-Idee gibt uns die Möglichkeit, neue Images zu schaffen, indem sie Methoden anwendet, die entwickelt wurden, um das Problem der Massenproduktionsgesellschaft zu lösen, zum Beispiel Methoden aus dem Straßen- und Verkehrswesen.*
>
> *Bei der Cluster-Konzeption gibt es nicht nur ein »Zentrum«, sondern viele Zentren. Bevölkerungsverdichtungen stehen in Beziehung zur Industrie und zum Handel; diese stellen natürliche Punkte dar, an denen das Leben der Gemeinschaft seinen Ausdruck finden kann – strahlende Lichter und die Menge in Bewegung.*
>
> *Diese kommerziellen und industriellen Verdichtungszonen sind durch Autobahnen mit ausgesprochenen Schlafquartieren und als Schlafquartiere benutzten Dörfern verbunden. Es ist sinnlos vorzutäuschen, das Leben sei so simpel, daß wir alle ›leben können, wo wir arbeiten‹. Wir müssen die Bevölkerungsbewegung akzeptieren und ihr einen Schritt voraus sein,*

indem wir die Form, die sie annimmt, beherrschen. Wir schaffen neue Images sowohl für die neuen Elemente als auch für die alten, die verändert werden müssen.

Wir müssen für jeden Ort die Struktur finden, die sich erweitern kann und doch in jedem Stadium der Entwicklung erfaßbar ist. Das Wort Cluster verleiht einer solchen Struktur Leben, und die vorhandenen Planungsmethoden, etwa Kontrolle der Wohndichte, umfassende Sanierung und Zwangsankauf, sind die Mittel zur Durchführung (zumindest in England). Es ist kein Grund erkennbar, weshalb keine freier fließenden, vielfältigeren und nützlicheren Gemeinden gebaut werden können.[5]

Eine Anwendung der Cluster-Idee findet sich bei ihrem Entwurf für den Wettbewerb »Hauptstadt Berlin«, 1958, der viel Beachtung fand und für den sie den dritten Preis erhielten. ABB. 8

Die in dem Plan schraffierten Linien zeigen das System der Fußgängerstraßen auf erhöhtem Niveau. Reyner Banham schreibt dazu: »*Das ›Image‹ der Hauptstadt Berlin bestand jedoch nicht nur aus einem unregelmäßigen Netz von höherliegenden Fußgängerwegen, wie es auf dem Plan zu sehen war (obgleich dieses System oft kopiert worden ist), sondern auch aus den vertikalen Verkehrswegen, welche das alte Raster zu ebener Erde mit einem neuen darüberliegenden verbanden. Es sollte eine Rolltreppencity werden, in welcher der vertikale Verkehr in der Regel stärker war als der horizontale. Sowohl das Image der neuen als auch der alten Elemente war verwandelt worden, denn die urbane Bedeutung der Straßen zu ebener Erde würde sich nun, da der Hauptverkehr der Stadt in die Luft erhoben war, sichtbar verändern.*«[6]

Es muss jedoch gesagt werden, dass das Verkehrssystem des Entwurfs wenig Rücksicht auf die bestehenden historischen Stadtstrukturen Berlins nimmt. Im Gegensatz dazu zeigt die Planung für die Universität von Bath, dass 20 Jahre später der städtebaulichen Planung neue Erkenntnisse zugrunde gelegt wurden.

AUSSTELLUNGEN

Die Aktivitäten der Smithsons beschränkten sich nicht nur auf die traditionellen theoretischen und praktischen Gebiete der Architektur. Sie beschäftigten sich intensiv mit Kunst, aber nicht im klassischen akademischen Sinn, sondern sie initiierten und beteiligten sich an Ausstellungen, die auf viele Besucher provozierend wirkten.

1953 wurde im Institut für zeitgenössische Kunst in London (ICA) eine Auswahl von Photographien ausgestellt, die von Edouardo Paolozzi, Nigel Henderson und den Smithsons zusammengestellt wurde, unter dem Titel »Parallel of Life and Art«. Sie zeigten ein breites Spektrum, angefangen von aktuellen Reportagephotos, Bildern aus der Archäologie, Anthropologie und Biologie bis zu kritischen Studien aus dem Armenviertel des Londoner East End. Diese Szenen stammten von Henderson und waren bewusst in einer rauen, grobkörnigen Technik, analog zur Art brut aufgenommen worden. Die übrigen Motive reflektierten Gewalt, Trostlosigkeit, verwüstete Landschaften und Verfall. Sie verweigerten jeden Bezug zu herkömmlichen, ästhetisch-künstlerischen Vorstellungen ebenso wie zur abstrakten Kunst. Die Ausstellung war »anti-establishment, anti-art«. Sie beschönigte nichts und zeigte die Dinge, »wie sie sind«. In diesem Sinne war sie brutalistisch.

ABB. 10

Eine andere wichtige Ausstellung, an der die Smithsons beteiligt waren, fand 1956 unter dem Titel »This is Tomorrow« in der White Chapel Art Gallery in London statt. Auch hier arbeiteten die Smithsons wieder mit Paolozzi und Henderson zusammen. Ihr Beitrag bestand in der metaphorischen Inszenierung einer Hütte, die aus Brettern zusammengezimmert war und in einem Hinterhof stand. In dem kleinen Hof wurden ganz gewöhnliche, abgenutzte und weggeworfene Gegenstände des täglichen Bedarfs wie alte Fahrradreifen, zerbrochenes Spielzeug, nicht mehr funktionierende Fernsehapparate und Ähnliches wie zufällig verteilt. Dies war nicht als Kritik am aufkommenden Überfluss gemeint, sondern man akzeptierte die Verbreitung des Massenkonsums in der zukünftigen Gesellschaft. Reyner Banham sah noch einen weiteren Aspekt in dieser »garden-shed aesthetic« (Gartenlaubenästhetik):

> Man wurde jedoch die Empfindung nicht los, dass dieser besondere Gartenschuppen mit verrosteten Fahrrädern, einer verbeulten Trompete und anderem häuslichen Trödel nach der atomaren Vernichtung ausgegraben und als Teil einer europäischen Tradition der Bebauung entdeckt sei, die bis auf das archaische Griechenland und noch weiter zurückging.[1]

Mit diesen beiden Ausstellungen haben die Smithsons und ihre Freunde bereits sehr früh Elemente der Popkultur in England eingeführt. Die Zurschaustellung alltäglicher Gegenstände »as found« (wie vorgefunden), haben sie in den fünfziger Jahren vorweggenommen. Ihre Bedeutung auch auf dem Gebiet der bildenden Kunst – die zu ihrem Verständnis des New Brutalism gehörte – sollte bei der Betrachtung der heutigen Kunstszene nicht aus den Augen verloren werden. Zu dem Begriff »as found« hat sich Peter Smithson nochmals in einem Symposium geäußert, das im April 2001 in Eindhoven stattfand und in dem Arbeiten der Smithsons und Arbeiten von O. M. Ungers aus den frühen sechziger Jahren gegenübergestellt wurden. Smithson bemerkte, dass dem Begriff »as found« heute – in einer Zeit des Überflusses – eine völlig andere Bedeutung zukomme als 1956 – in einer Zeit des Mangels. Damals wurden banale Gegenstände in den Rang von Kunstwerken erhoben; heute müsse das Überflüssige kritisch in Frage gestellt werden.

TEAM 10

»Team 10« nannte sich eine Gruppe internationaler junger Architekten, die sich 1954 auf der CIAM-Tagung (Congrès Internationaux d'Architecture Moderne) in Aix-en-Provence zusammenfanden, um den ihrer Meinung nach erstarrten Dogmen des CIAM neue Konzepte entgegenzusetzen.
Zu dieser Gruppe »zorniger« junger Männer und Frauen gehörten die Smithsons, J. B. Bakema, Aldo van Eyck und Giancarlo di Carlo. Sie lehnten vor allem die vier fundamentalen Funktionen des Städtebaus, wie sie in der Charta von Athen 1933 festgelegt worden waren, nämlich Wohnen, Arbeiten, Erholung und Verkehr, ab, da sie die Probleme der ärmeren, nicht industrialisierten Länder nicht berücksichtigten. 1960 schrieben sie zu diesem Thema in Heft Nr. 3 des Magazins »Uppercase«: »*Es wurde deutlich, daß Stadtplanung mehr bedeutete als reines analytisches Denken – das Problem menschlicher Beziehungen fiel durch das Netz der vier Funktionen [...] Um das Muster menschlicher Beziehungen zu verstehen, müssen wir jede Gemeinschaft in ihrem speziellen Umfeld betrachten.*«[8]
Außerdem forderten sie mehr Einfluss und offene Diskussionen über ihre eigenen Beiträge.
Die Spaltung, die sich in Aix-en-Provence angedeutet hatte, vollzog

11. Schutzumschlag des Team 10 Primer (1969).

sich auf der 10. CIAM-Tagung 1956 in Dubrovnik, an der Le Corbusier, Gropius und van Esteren nicht mehr teilnahmen. Im Juli 1956 schrieb Le Corbusier einen Brief an Josep Lluís Sert, den Kenneth Frampton als Epitaph auf CIAM bezeichnete: »*Es sind diejenigen, die heute 40 Jahre alt sind, geboren um 1916 inmitten von Kriegen und Revolutionen, und diejenigen, die damals noch nicht geboren waren, heute 25 Jahre alt, geboren um 1930 während der Vorbereitung auf einen neuen Krieg und mitten in einer tiefen ökonomischen, sozialen und politischen Krise, die sich im Herzen der Gegenwart befinden – sie sind die einzigen, die in der Lage sind, aktuelle Probleme persönlich und zutiefst zu empfinden, die Ziele, denen zu folgen ist, die Möglichkeiten, sie zu erreichen, die fordernde Dringlichkeit der gegenwärtigen Situation. Sie verstehen sie. Ihre Vorgänger spielen keine Rolle mehr, sie sind ›out‹, sie sind nicht mehr von Bedeutung.*«[9] Diese Worte lassen zugleich Weisheit und Resignation erkennen.

Das endgültige Schicksal von CIAM wurde auf dem letzten Treffen 1959 in Ottawa besiegelt. »*Von den sterbenden Mitgliedern des CIAM trat Team 10 als autonome, aber ›lose‹ Organisation hervor, um die Aktivitäten der jüngeren Generation zu fördern. Die kleine, ausgewählte Gruppe von ›Team 10‹ traf sich regelmäßig bis 1981, als die offiziellen Zusammenkünfte wegen des Todes von Jacob Bakema aufgegeben wurden. Die Smithsons nahmen an jedem Treffen teil.*«[10]

Zu den Treffen wurden weder Zuhörer noch Journalisten zugelassen, um jegliche Effekte, die auf Publicity oder Öffentlichkeit spekuliert hätten, auszuschließen. Jeder Teilnehmer musste ein Projekt vorstellen, und die anschließende Beurteilung war konstruktiv, unter Umständen aber auch äußerst kritisch. In dem 1968 von Alison Smithson herausgegebenen »Team 10 Primer« beschreibt sie »das Ziel von Team 10«:

Das Ziel von Team 10 ist wie folgt beschrieben worden: Team 10 ist eine Gruppe von Architekten, die sich gegenseitig ausgesucht haben, weil jeder empfunden hat, daß die Hilfe der anderen für die Entwicklung und das Verständnis der eigenen Arbeit notwendig ist. Aber es ist mehr als das: Zunächst kamen sie zusammen, weil sie alle die Unzulänglichkeit der Entwicklung architektonischer Gedanken, die ihnen vom ›modern movement‹ überliefert worden waren, erkannt hatten; aber noch wichtiger ist: jeder spürte, daß der andere in gewisser Weise schon einen Weg zu einem neuen Anfang gefunden hatte. Dieser neue Anfang und der lange Weg, der folgte, war damit befaßt, im Lebensgefühl des Architekten Verständnis und Gefühl für die Sprache, die Bestrebungen, die Gegenstände, die Werkzeuge, die Transportmittel und die Art und Weise der Kommunikation der heutigen Gesellschaft zu wecken, so daß er zu der Selbstverwirklichung dieser Gesellschaft beitragen kann.

In diesem Sinne ist Team 10 utopisch, aber utopisch in bezug auf die Gegenwart. Folglich ist es nicht das Ziel zu theoretisieren, sondern zu bauen, denn nur durch das Bauen kann eine Utopie der Gegenwart realisiert werden.[11]

Die in dem Buch vorgestellten Projekte geben einen Überblick über die Teilnehmer: John Voelcker, Alison und Peter Smithson, Jacob Bakema, Shadrach Woods, Georges Candilis, Alexis Josic, Stefan Wewerka, Oswald Mathias Ungers, Charles Pologni, Giancarlo di Carlo, Brian Richards, Aldo van Eyck. Für die Smithsons war »Team 10« ein wichtiges Forum, das sie sehr ernst nahmen. Bezeichnenderweise nannte Alison den engsten Kreis »the family«. Sie war es auch, die maßgeblich bestimmte, wer als Gast eingeladen werden sollte, und sie sorgte für die Verbreitung der Gedanken durch ihre Veröffentlichungen. »Team 10« war keineswegs eine homogene Gruppe von Architekten; es war im Gegenteil eine äußerst pluralistische Gesellschaft, die besonders im Bereich des Städtebaus von völlig unterschiedlichen Ansätzen ausging. *»Paradoxerweise ist das, was heute noch von Bedeutung geblieben ist, nicht so sehr ihre architektonische Vision, als die suggestive Kraft ihrer kritischen Beurteilung der kulturellen Verhältnisse.«*[12]

»OHNE RHETORIK« – THEORETISCHE ANSÄTZE

Einige Gedanken zu Berlin:

Folgende Geschichte wird über Bertold Brecht erzählt: Er sagte einmal einem Dekorateur, er möchte eine Vorhangschiene in seiner Wohnung anbringen. Der Mann machte es wunderbar, alles verdeckt, so dass man nicht sah, wie es funktionierte. Brecht bat den Mann, es wieder abzunehmen und es so zu befestigen, dass Schiene und Schnüre zu sehen waren: »Ich will sehen, wie es funktioniert.«

Nein, ich würde gerne wissen, wie solch ein Ding funktioniert, aber ich möchte es nicht unbedingt sehen, denn meiner Ansicht nach ist die Erfindung der Form – d. h. alle Möglichkeiten, bei denen wir das Vorhandensein der Mechanismen, die unsere Gebäude tragen oder unterstützen zwar spüren oder ahnen, aber ohne Zurschaustellung oder Rhetorik – das eigentliche Wesen der heutigen Architektur. Unsere Technik mit unseren Räumen »sprechen« zu lassen ist unser zentrales Problem.

Darin liegt der Wechsel des Schwerpunkts von einer Zeit, in der es nur wenige Maschinen gab zu der Zeit, wo es viele gibt. Von der Zeit, in der viele Menschen in Städten leben, zu einer Zeit, in der es fast alle tun.

Wenn nur wenige Autos hatten, war es Zeit für Rhetorik über die Maschinen, von Geschwindigkeit als einem Ideal. Wenn wir alle Maschinen im Überfluss haben – Autos, Transistorradios und Licht –, dann ist die Zeit für Lyrik und Kontrolle gekommen, für Stille als einem Ideal: um den Traum von Virgil – den Frieden des ländlichen Lebens mit dem Selbstbewusstsein des Städters – in die Idee der Stadt selbst zu bringen.

Das war jedenfalls Le Corbusiers Traum […] Im Kapitol von Chandigarh gibt es die beiden kostbarsten Güter unserer Zeit – Raum und Stille […] Das ist es, warum man instinktiv weiß, daß eine Reduzierung der städtischen Verdichtung eine menschliche Notwendigkeit ist. Denn wir sind Tiere, die wissen, wenn sie zusammengepfercht sind – ganz gleich, wie schlau uns die Architekten übereinander stapeln.

Das ist es, warum wir zum Lafayettepark[13] zurückkehren – um wieder seine zurückhaltende Stille, seine Offenheit zu spüren, um zu lernen, wie man dem Auto seinen Platz zuweist. Es ist ohne Rhetorik.

Das ist es, warum man von der Chase Manhattan Bank fasziniert ist. Sie ist ruhig. Sie hat ihre Technologie und ihre Mechanismen unter Kontrolle. Es ist ohne Rhetorik. Das ist es, warum man immer wieder über die Hochschule für Gestaltung in Ulm[14] nachdenkt – über ihre Ausgeglichenheit, das Fehlen von Rhetorik, ihre Einfachheit. Sie hat eine Art von zurückhaltender Lyrik, die voller Möglichkeiten ist. Chandigarh / Lafayette Place / Chase Manhattan / Ulm sind für mich Bauten als Schlüsselerlebnisse.

Es ist fair zu fragen: Wie klar kann man diesen Wunsch, »ohne Rhetorik« zu bauen, in unseren eigenen Arbeiten sehen? Als Urbanisten können wir nicht den Sinn solcher Ideen wie der »Megaform« erkennen, in denen die Systeme der Massenzirkulation und der Wohnbereiche in einem »Monster«-Gebäude zusammengeworfen sind [...]

Wir würden sagen, daß die einzige sinnvolle Methode zur Entwicklung einer städtischen Struktur in der strategischen Anordnung der Zugangssysteme liegt. Die Zugangsmöglichkeit bestimmt die Intensität des Gebrauchs, sie beeinflußt die Art des Gebrauchs, sie kann Wachstum produzieren, sie kann Wachstum verhindern. Sie kann Gebiete völliger Ruhe erzeugen, sie kann Gebiete von maximalem Austausch und Intensität erzeugen. Sie kann den Charakter des Orts ändern [...]

Als Architekten haben wir uns für die »Methode aufgrund von Modellen« entschieden – d. h. wir sehen jedes Gebäude als ein einzigartiges Fragment, aber ein Fragment, das in sich selbst den formalen und organisatorischen Samen enthält, der zu einer sich selbst entfaltenden Gruppenform führen kann. Eine Methode, analog zur Entstehung der Stadt im Mittelalter.[15]

AUFZÄHLUNG VON PROBLEMEN, DIE IN DER GEGENWÄRTIGEN SITUATION DER ARCHITEKTUR ALS ZENTRAL ANZUSEHEN SIND

Allgemein: die Definition städtebaulicher Techniken, die geeignet sind, die Städte deutlicher als Gemeinwesen erfaßbar zu machen:

1. Die Entwicklung eines Straßen- und Verkehrssystems (städtische Infrastruktur-Autobahn) zu einer vereinheitlichenden Instanz. Die Erkenntnis der sich aus der Mobilität für die Architektur ergebenden Folgen.

2. Die Anerkennung des Streuungseffektes, der zum Begriff der Mobilität gehört, und die Überprüfung der in bezug auf Bebauungsdichte und Zonung allgemein angewandten Formeln im Hinblick auf die modernen Verkehrsverhältnisse.

3. Das Verständnis und die volle Anwendung der in der auf maximalen Güterkonsum ausgerichteten Technologie gebotenen Möglichkeiten; die Schaffung neuer Lebensverhältnisse in nach verschiedenen Funktionen unterschiedlich bemessenen Fristen.

4. *Die Entwicklung einer Ästhetik auf der Grundlage mechanisierter Bautechnik und mechanisierter Aufbauprozesse.*
5. *Die Überwindung der kulturellen Rückständigkeit im Massenwohnungsbau durch Lösungen, die in echtem Sinne der Technologie des 20. Jahrhunderts entsprechen und bequem, sicher und nicht pseudorepräsentativ sind.*
6. *Die Förderung von geistiger und körperlicher Gesundheit und Wohlbefinden. Die Wohnungsbaugesetze und Bebauungsweisen der Vergangenheit waren auf die Verbesserung der hygienischen Verhältnisse ausgerichtet; in Ländern mit gehobenem Lebensstandard sind diese Gesichtspunkte nicht mehr in Frage gestellt. Es sind Kriterien zu finden für die modernen Erscheinungen, die die Lebensverhältnisse verderben, wie zum Beispiel: Lärm, Luftverunreinigungen, Übervölkerung, Mangel an Raum für soziale Aktivitäten und alle Belastungen, die das Wohnen in gemeinschaftlicher Form dem einzelnen aufbürdet.*[16]

KRITERIEN FÜR DEN MASSEN-WOHNUNGSBAU
Der Begriff Massenwohnungsbau bezieht sich auf alle Wohnungen, die nicht aufgrund eines speziellen Auftrags durch ein Individuum erbaut werden; Häuser, über die der Bewohner keine Kontrolle hat, außer daß er sie ausgesucht hat, oder daß sie für ihn ausgesucht wurden: Häuser, für die der Architekt deshalb eine besondere Verantwortung hat. Die Kriterien sollen auf alle Häuser angewandt werden, unabhängig von der Zahl, der Bebauung, dem Typ des Zugangs, etc. etc. Die konventionellsten Häuser und Grundrisse sowie die kunstvollsten können gleichermaßen einer Prüfung unterzogen werden.

Das Haus
1. *Kann es sich verschiedenen Lebensweisen anpassen? Befreit es die Bewohner von alten Restriktionen oder zwingt es sie in neue?*
2. *Kann das Individuum seinem Haus ›Identität‹ hinzufügen oder wird er als ›Masse‹ behandelt?*
3. *Wird die Absicht der Architektur von den Deckenleuchten, den Vorhängen, dem Nippes beeinträchtigt? [...]*
6. *Gibt es einen angemessen großen, luftigen, sonnigen Raum, der sich direkt vom Wohnbereich des Hauses öffnet? Gibt es einen Platz an der frischen Luft, wo ein Baby schlafen kann? (0–3 Jahre alt)*
7. *Kann man sich an den Außenräumen der Wohnung (Garten, Patio etc.) von innen erfreuen?*

8. Kann man das Wetter genießen? Ist das Haus gegen kaltes Wetter isoliert und kann trotzdem bei gutem Wetter leicht geöffnet werden? [...]
10. Nimmt es Rücksicht darauf, daß 3–5 Jahre alte Kinder spielen können?
13. Ist das Haus so komfortabel wie ein Auto desselben Jahrgangs?
14. Können die Häuser so aneinander gefügt werden, daß eine Beziehung zwischen ihnen entsteht? [...]
Wenn Wohnungsbaupläne der Prüfung von Kriterien unterzogen würden, um positive Bedingungen zu schaffen, könnten negative Auswirkungen eliminiert werden. Aus diesem Grund haben wir die »Kriterien für den Massen-Wohnungsbau« entwickelt (denn gerade in großen, staatlichen oder spekulativen Wohnungsbauunternehmen ist die Notwendigkeit für einige neue Minimalanforderungen am offensichtlichsten und dringendsten).[17]

Auszüge aus einem Interview mit Peter Smithson von Fouad Samara am 23. Juni 1994:

F.S.: *Die Beziehung zwischen Ihren Schriften und den Bauten war wie ein Nachlaufspiel. In »Italienische Gedanken« erwähnen Sie diese Beziehung als eine historische Sache.*

P.S.: *Ja, natürlich, was es ausdrücken will ist, daß wir der Tradition von Francesco di Giorgio und Le Corbusier folgen, bei denen der Bau immer erst nachträglich folgt. Was wir zu tun versuchen ist, darüber zu schreiben, was wir als nächstes tun werden. Es geht nicht darum, darüber zu schreiben, was man getan hat. Jedesmal, wenn man etwas entwickeln will, ergibt sich daraus eine Reihe von Möglichkeiten. Das Schreiben ist ein Versuch, etwas hervorzubringen – in gewisser Weise ein Programm für das, was man als nächstes tun will [...]*

F.S.: *Die Prioritäten wechseln?*

P.S.: *Man konzentriert sich auf bestimmte Themen in einer bestimmten Periode [...]*

F.S.: *Unwillkürlich habe ich einige Elemente der Stadt in 6 Ost (Gebäude der Smithsons in Bath) entdeckt [...]*

P.S.: *Ja, das ist der Aspekt, den ich bis zu einem gewissen Grad in »Italienische Gedanken« behandelt habe. Sehen Sie, wir haben am Anfang zu Richard Hawditt, dem Bauherrn (der Universität zu Bath) gesagt, daß wir bei unserer Arbeit den Campus wie ein existierendes Dorf mit Straßen und so weiter behandeln würden. Darum, wie Sie sagen, behandelt man ihn wie eine kleine Stadt: die Gebäude und die Organisation des Ganzen*

12. und 13. Garden Retreat, 1985

fig. 110

ALISON SMITHSON UND PETER SMITHSON

werden zusammengebracht. Das Gegenteil einer solchen Annäherung ist das, was Norman Foster in East Anglia (dem Sainsbury Zentrum) getan hat – er hat eine Blech-Box gebaut und sagte, »zur Hölle mit Denys Lasdun« (britischer Architekt, 1962–68; baute Gebäude der East Anglia Universität in Norwich). Das ist einfach eine Nivellierung des Städtebaus auf kleinstem Nenner, nicht wahr? Die meisten Bauten werden in den Städten errichtet ohne Rücksicht auf die verschiedenen Gebiete der Stadt. Aber in unserer Generation war es sehr wichtig, eine unterbrochene Tradition wieder herzustellen.

F.S.: *Sehen Sie als Teil des Wechsels (»The Shift« – der Wechsel; 1982 erschienenes Buch der Smithsons) Ihre Abwendung vom klassisch-modernen, europäischen Standpunkt?*

P.S.: *Ja. Es ist ein Versuch, eine Richtung aufzubauen, die nicht überkommene, kompositorische Methoden benutzt. Sie versucht, überhaupt keine Komposition zu benutzen, was Mies nie getan hätte. Auch die Frage nach der richtigen Proportion im idealen Sinn stellt sich nicht. Das Beispiel, das ich benutze, ist Damaskus und in dem Buch (»Italienische Gedanken«) eine alte Form oder ein altes Haus. Sie sind nicht formal ausgearbeitet worden, sie sind einfach entstanden, und diese Eigenschaft ist schwer zu erreichen, denn Architekten neigen dazu, langweilig zu denken. Vielleicht heute, mit dem Computer, gibt es eine gewisse Möglichkeit, sich vom Entwurfsprozeß zu befreien. Aber es ist auch riskant, denn du hast nichts, auf das du zurückgreifen kannst. Jemand, der zu einem Vortrag von Frank Gehry ging, sagte: »Wenn Du auf einen Plan geschaut hast, kannst Du erkennen, daß sein Entwurf der eines banalen 60 Jahre alten Architekten war, und dann hat er ihn verbogen!« Gut, wir wollen nicht versuchen, das zu tun. Keine komischen Formen werden einem Plan übergestülpt, der einen anderen Ausgangspunkt hat. Es ist ein anderes Spiel. Gehry ist ein graphischer Architekt aus einer anderen Kultur. Gewissermaßen mag ich die Tatsache, daß es ihn gibt, denn die Kunstformen von Los Angeles sind anders, eher wie die eines afrikanischen Stammes – es ist anders [...]*

Ich war vor sechs Wochen in Tokio, wo sie sich um gar nichts scheren – sie reißen jedes Gebäude ab, um aus dem Grundstück Profit zu erzielen, ohne auch nur über ihre Motive nachzudenken. Das geschieht in Europa nicht mehr. Dort gibt es eine Bewegung, die sagt: »Dieser Ort hat bestimmte Eigenschaften, und wir können ihn nicht wieder so erbauen, deshalb ist es richtig, ihn nicht zu zerstören.« Es ist, wie wenn man sich um die Ausrottung des Rhinozeros sorgt. Denke ich.[18]

Mit der Vollendung der Gebäude in Bath war die Bautätigkeit der Smithsons beendet. Sie beschäftigten sich fortan hauptsächlich mit Schreiben, Vorträgen und der Lehre. 1985 kam ein Neues hinzu: das Entwerfen von Möbeln. Sie hatten den Inhaber der deutschen Möbelfirma Tecta kennen gelernt. Mit ihm entwickelten sie in enger Zusammenarbeit Tische, Stühle und kleine Konstruktionen, die vielleicht zunächst etwas »skurril« wirken; bei den Smithsons kann man aber davon ausgehen, dass eine Philosophie dahinter steht.

ABB. 12, 13

1993 starb Alison Smithson. Peter beschäftigt sich weiterhin damit, für Tecta Ausstellungen zu konzipieren und Möbel zu entwerfen und tut das mit der gleichen Sorgfalt und Akribie, mit der die Smithsons ihre großen Bauten geplant haben.

1976 erschienen in der »Review of Architecture and Art«, die von Peter Cook herausgegeben wurde, einige ironische, aber treffende Charakterisierungen verschiedener Architekten, darunter auch über THE SMITHSONS: »*Seltsam, oft reserviert, haben sie sich bewußt für eine Dekade von den englischen Studenten distanziert; ebenso von Leuten, die sie nicht kannten, und von anderen, möglicherweise überflüssigen Einflüssen. Dennoch bleiben Alison und Peter Smithson ein bewundernswertes Vorbild, das ein junger Architekt studieren sollte.*

Von ihrem italienisierten, abgeschiedenen Ort in der Nähe des Fulham Weges mit seiner fast unheimlichen Ruhe fahren sie fort zu denken: ohne den Wunsch zurückzublicken.

Frustriert und enttäuscht über den britischen Mangel an Wagemut, schreiten sie fort auf ihrem elitären, aber absolut wahrhaftigen und wirklich intellektuellen Pfad zu Wahrheiten mittels Ideen, mittels Orten und Dingen. Sie legen keinen Wert darauf, modisch zu sein, aber sie legen Wert darauf, sich mitzuteilen: wenn auch durch bestimmte Filter wie Mythos und Sprache. Sehr englisch. Sehr Beatrix Potter[19]«.[20]

Diese absolute Wahrhaftigkeit der Smithsons, ihre intellektuelle Integrität in allem was sie getan und gesagt haben, ist der hervorstechendste Charakterzug der Smithsons. »*Wenngleich es unter den jüngsten Architekturpolemikern umstritten sein mag – die Smithsons fallen in eine Kategorie von*

Architekten, angefangen von Alberti über Palladio und Viollet-le-Duc bis Le Corbusier und Aldo Rossi, für die Worte ebenso wichtig wie Bauten für die intellektuelle Entwicklung der Architektur sind. In der Tat, die Smithsons haben viel geschrieben, aber verhältnismäßig wenig gebaut. Ihre Schriften ebenso wie ihre Bauten waren stets provokativ, und sie haben nie aufgehört, für die progressiven Ideen des Modern Movement einzutreten.

Ihre Beteiligung an der »Unabhängigen Gruppe« und der Gründung des Team 10 begann in den fünfziger Jahren als Reaktion auf den offensichtlichen Verlust von Idealismus und einem Rückzug in ›Stil‹ bei den englischen Architekten und auf die Reduzierung städtebaulicher Theorien auf die Kriterien der ›Charta von Athen‹ des Congrès Internationaux d'Architecture Moderne. Ihre moralische und ethische Haltung war während ihrer ganzen Karriere konstant und drückte sich in ihrem Œuvre mit Überzeugung und einem fast religiösen Eifer aus. Ihr gebautes Werk ist faszinierend komplex und intellektuell kohärent. Das Interesse der Smithsons für das »Gewöhnliche« und »Häßliche« hat jedoch zu Gebäuden geführt, denen es an unmittelbarem Charme fehlt, und vielleicht ist das der Grund für das Ausbleiben des öffentlichen Beifalls, den sie zweifellos verdienen. Abgesehen davon könnte man behaupten, daß Alison und Peter Smithson mehr Einfluß auf zwei Generationen britischer Nachkriegsarchitekten ausübten als irgendein anderer Lehrer oder Praktiker dieser Periode.«[21]

Es ist erstaunlich, dass das erste und bisher einzige Buch, das einen Überblick über die Bauten und einen Einblick in die theoretische Arbeit der Smithsons gibt, erst 1997 erschien. Eine deutsche Übersetzung liegt bisher nicht vor.

ANMERKUNGEN

1 Smithson, zitiert nach Architectural Design 1955.
2 Smithson, zitiert nach Banham 1966, S. 45f.
3 Banham 1966, S. 19.
4 Peter Smithson, zitiert nach Webster 1997, S. 60.
5 Peter und Alison Smithson, zitiert nach Banham 1966, S. 73f.
6 Peter und Alison Smithson, zitiert nach Banham 1966, S. 74.
7 Peter und Alison Smithson, zitiert nach Banham 1966, S. 66.
8 Bloomsfield 1974, S. 105.
9 Le Corbusier, zitiert nach Frampton 1980, S. 271f.
10 Webster 1997, S. 49.
11 Alison Smithson 1968, S. 3.
12 Frampton 1980, S. 279.
13 Wohngebietsplanung von Mies van der Rohe in Chicago.
14 Architekt: Max Bill.
15 Peter Smithson, zitiert nach Ungers 1966.
16 Architectural Design 1967, S. 393f.
17 Webster 1997, S. 173–179.
18 Webster 1997, S. 173–179.
19 Bekannte englische Kinderbuchautorin.
20 Cook 1976.
21 Webster 1997, S. 8/9.

ROBERT VENTURI *1925
DENISE SCOTT BROWN *1931

Ähnlich wie Le Corbusier mit seiner Schrift »Vers une Architecture«, wurde Robert Venturi auf internationaler Ebene nicht durch seine zunächst wenigen und relativ kleinen Bauten bekannt, sondern durch das 1966 erschienene Buch »Complexity and Contradiction« (Komplexität und Widerspruch). Fast populär wurde das Buch, das er sechs Jahre später mit seiner Frau Denise Scott Brown und Steve Izenour verfasste mit dem Titel »Learning from Las Vegas« (Lernen von Las Vegas). Es würde deshalb nahe liegen, zunächst auf die theoretischen Positionen einzugehen, das aber wäre nicht im Sinne von Robert Venturi und Denise Scott Brown, die 1973 in einem Gespräch mit Heinrich Klotz und John W. Cook ausdrücklich formulierten:

> R.V.: *Unser Hauptproblem ist, daß wir nicht genug Arbeit und bisher nur wenig gebaut haben. Und ich wiederhole, daß ich meinen Ruf, ein verbaler Typ zu sein, ein Theoretiker, für den Bauen sekundär ist, nicht mag.*
>
> J.C.: *Das rührt daher, daß Sie zuerst eine architekturtheoretische Abhandlung schrieben.*
>
> R.V.: *Ja, weil ich geschrieben habe. Ich bin ein kritischer Architekt, denn ich finde, ein Architekt ist immer auch ein Kritiker, und ich pflichte T. S. Eliot bei, wenn er die Kritik als Teil der Kreativität bezeichnet. Ich glaube, einige der Architekten, die gerne reden, bauen, um zu beweisen, was sie sagen. Ich weiß, daß unsere Bauten in erster Linie Bauten sind, denn wir*

denken während des Entwurfs nicht sehr häufig über unsere Philosophie nach. Wenn wir anfangen zu entwerfen, so sehen wir die Bauten als Lösungen zu den jeweils gegebenen Problemen. Und dann, erst später, beginne ich zu merken, daß etwas, das ich vorher einmal gedacht habe, eng damit verkoppelt ist. Das ist der Grund, warum das Guild House nicht soviel Dekoration aufweist oder nicht soviel explizite Symbolik, wie man erwarten möchte.
D.S.B.: *Ein Gebäude ist nicht bloß die verkörperte Erläuterung einer Theorie.*
R.V.: *Es dient nicht als Vermittler der Theorie.*
J.C.: *Oft läuft es umgekehrt. Man entnimmt dem Gebäude die Theorie.*
R.V.: *Aber gewiß. Ich mache das auch. Ich finde das in Ordnung, weil man oft intuitiv zu einer Lösung kommt und dann erst realisiert, was man getan hat.*[1]

Wie in den übrigen Texten sollen deshalb zunächst Leben und Werk der beiden Architekten besprochen werden.
Robert Venturi wurde 1925 in Philadelphia geboren. Von 1943 bis 1950 studierte er Architektur in Princeton. Nach seinem Abschluss arbeitete er in verschiedenen guten Büros wie bei Oscar Stonorow, der schon mit Louis Kahn zusammen gearbeitet hatte, Eliel Saarinen und Louis Kahn. Seine Beziehung zu Louis Kahn schildert er in einem Vortrag anlässlich der Kahn-Ausstellung in Japan im Januar 1993:

Kahn war und ist ein großer Architekt; das soll heißen, er war gut und wahrhaftig. Er war auch ein großartiger Lehrer. Ich denke, ich spreche als ein wahrer Schüler von Kahn – das heißt nicht als Nachahmer, sondern als einer, der sich durch ihn und sein Werk entwickelt hat – der eher durch ihn befreit als beeinflusst wurde.[2]

Von 1954 bis 1956 war Venturi Mitglied der amerikanischen Akademie in Rom. Er nutzte die Zeit zu ausführlichen Studien, deren Ergebnisse in seine Schriften und Bücher einflossen. 1958 gründete er ein eigenes Büro in Philadelphia, zu dem 1964 John Rauch und 1967 Denise Scott Brown als Partner hinzukamen. Von 1957 bis 1965 unterrichtete er an der University of Pennsylvania und von 1966 bis 1970 an der Yale University. Danach nahm ihn seine Tätigkeit als Architekt durch zahlreiche, auch große Aufträge mehr und mehr in Anspruch. Von den vielen

Auszeichnungen, Medaillen und Doktorwürden, die ihm verliehen wurden, soll hier nur der Pritzker Preis genannt werden, den er 1991 in Mexiko-Stadt erhielt und der als Nobelpreis der Architektur gilt.

Denise Scott Brown wurde 1931 in Sambia, Südafrika, geboren. Sie studierte an der Architectual Association (AA) in London. Anschließend erwarb sie ihren Master-Titel in Architektur und Stadtplanung an der University of Pennsylvania. Hier lernte sie Venturi kennen, den sie 1967 heiratete. Im selben Jahr wurde sie Partnerin des Büros. Sie brachte vor allem soziologische und stadtplanerische Aspekte in die praktische und theoretische Arbeit der Partnerschaft ein. Sie ist nicht nur Ko-Autorin von Robert Venturi, sondern die Verfasserin zahlreicher Artikel und Schriften und hält Vorträge und Seminare. Trotz ihrer eigenständigen Tätigkeit wird sie als Architektin oft nicht entsprechend anerkannt. Diese Form der Diskriminierung beschreibt sie in dem Interview mit Heinrich Klotz und John W. Cook:

> J.C.: *Würden Sie akzeptieren, daß man Sie die Venturis nennt?*
> D.S.B.: *Ich verwende den Namen Scott Brown, wenn ich etwas veröffentliche, weil ich unter diesem Namen bekannt bin – und auch, um den Namen meines ersten Mannes fortbestehen zu lassen, der starb, bevor er sich selbst einen Namen schaffen konnte –, außerdem, um meine eigene Identität in der Karriere zu behaupten gegen den ziemlich starken Druck zur Verwischung der Unterschiede. Bob ist zum Beispiel aufgrund eines Artikels, den ich geschrieben habe, angeschuldigt worden, er bringe das Nixon-Regime in die Architektur. Immer heißt es »Venturis Artikel« und »Venturis Architektur« (anstatt die Architektur von Venturi und Rauch«), weil die Architekten männliche Chauvinisten sind und sich stets nach dem Primadonna-System richten – oder muß ich hier vielleicht Primouomo-System sagen?*[3]

ABB. 2   Das Vanna-Venturi-Haus, Chestnut Hill, Pennsylvania, 1961–1964: Das Haus, das Venturi für seine Mutter baute, ist zu einem der bekanntesten seiner Bauten geworden. Zentrum und auffälligstes Element ist der Kamin, der die Fassade überragt und gleichzeitig teilt. Das Haus ist komplex und widersprüchlich:

> *Dieser Bau wird der Forderung nach Vielfalt und Widerspruch gerecht: er ist sowohl komplex als auch einfach, offen und geschlossen, groß und klein;*

*einige Bauteile sind in bestimmter Hinsicht gut, schlecht in einer anderen. Sein Aufbau folgt den entscheidenden Grundregeln eines Hauses überhaupt, und ebenso verarbeitet er akzidentielle, nur hier wirksame Bedingungen. Er versucht, der schwierigen Einheit aus einer mittleren Anzahl verschiedener Elemente nahezukommen, nicht aber die einfache Einheit weniger oder vieler einprägsamer Teile zu verwirklichen.*⁴

Es ist zugleich eine Abkehr von einem der Grundprinzipien der Moderne – nämlich von innen nach außen zu entwerfen, entsprechend der Formel Sullivans *»form follows function«*. Beim Vanna Venturi Haus findet der umgekehrte Prozess statt – »Entwerfen von außen nach innen« oder *»form evokes function«*, wie Louis Kahn es nannte.

Guild House in Philadelphia, Venturi und Rauch, Altenwohnheim, 1960–1963: Auftraggeber für das Projekt war die Quäkergemeinschaft, die 91 Apartments unterschiedlicher Größe und einen Gemeinschaftsraum wünschte. Dies war das erste große Gebäude von Venturi, das Heinrich Klotz als den »ersten Großbau der Postmoderne« bezeichnete. Während die Rückseite ganz »gewöhnlich« mit quadratischen Fenstern versehen ist, hat Venturi, wie er schreibt, die Eingangsseite in der Art italienischer Palazzi gestaltet – mit Basis, Mittelteil und Attika.⁵ Dies aber nicht historisierend, sondern mit »außergewöhnlichen« Mitteln wie weißer Keramikverkleidung, einer über fünf Geschosse reichenden schweren Säule aus schwarzem Granit, überdimensionalen Buchstaben, einem Lünettenfenster und einer axial platzierten Skulptur in Form einer Fernsehantenne aus golden glänzendem Aluminium. Sie konnte – so Venturi – abstrakt als Skulptur gesehen werden oder als Symbol für die Hauptbeschäftigung der alten Menschen. *»Dieser Bau ist zu einer Art Markenzeichen der ›Position‹ von Venturi und Rauch geworden: Vorzeigebeispiel für eine Architektur, die einerseits auf Konventionen der klassischen Tradition zurückgreift, andererseits ›ugly and ordinary‹ sein will.«*⁶

ABB. 3, 5

Fire Station Nr. 4 in Columbus, Indiana, von 1966 und Dixwell Fire Station in New Haven, Connecticut, 1967–1974, sind zwei Feuerwehrhäuser von Venturi und Rauch. In seinem Buch »Iconography and Electronics« schreibt Venturi 25 Jahre später, um was es ihnen bei diesen kleinen, unspektakulären Zweckbauten ging:

ABB. 4

Wir arbeiteten hart daran, daß die Feuerwehrhäuser Nr. 4 in Columbus, Indiana, ebenso wie später das Dixwell Feuerwehrhaus in New Haven, Connecticut, wie Feuerwehrhäuser aussahen. Bewußt und ausdrücklich machten wir diesen immanent bürgerlichen, aber bescheidenen Bautypus nicht herrisch und originell: wir machten ihn »ordinary«, konventionell, vertraut in Bezug auf sein formales und symbolisches Image – entsprechend der ursprünglichen Idee, wie ein Feuerwehrhaus aussah – vielleicht wie ein Kind es sich vorstellen würde. Man kann sich kaum vorstellen, wie unmöglich diese Auffassung zu jener Zeit war …, weil in der damaligen Periode der späten Moderne der Architektur alles herrisch und etwas Besonderes sein mußte.[1]

ABB. 6   Trubek und Wislocki Houses, Sommerhäuschen auf Nantucket Island, Massachusetts, 1970. Coxe and Hayden Houses, Block Island, New York, 1978–82: Dieselbe Konzeption liegt auch den Entwürfen dieser vier kleinen Landhäuser zugrunde. Es werden traditionelle Materialien (z.B. Schindel) und Formen (z.B. die Dachneigung) übernommen und damit der Landschaft und der heimischen Bebauung einfühlsam angepasst. Die Details jedoch – besonders die Größe und Anordnung der Fenster – sind außergewöhnlich, so dass hierdurch eine gewollte Spannung entsteht. *»Wenn Venturi Spannung zwischen den Formen hervorruft, die eine Konsequenz seines Arbeitens mit und gleichzeitig eine Veränderung der Vergangenheit ist, so scheint er sich stets bewußt zu sein, daß es sich dabei um ein grundlegendes Thema handelt, das in der westlichen Zivilisation – und vielleicht besonders in Amerika – die Wechselwirkung zwischen den volkstümlichen und den klassischen Traditionen ist.«*[8]

ABB. 9   Best Products Catalog Showroom, Ausstellungsgebäude für Haushalts- und Einrichtungsartikel im Oxford Valley, Pennsylvania, 1977: Dieser einfachen Lagerhalle hat Venturi durch die plakative Dekoration innerhalb einer banalen Umgebung von Einkaufszentren, Gebrauchtwagenhändlern und Parkplätzen Aufmerksamkeit verschafft. Er hat sich dabei einiger Motive der Pop-Art bedient. *»Ein Lokaljournalist bezeichnete die Fassade als den ›häßlichsten Duschvorhang von Bucks County‹.«*[9] Dieses Projekt zeigt zudem, dass Venturi & Scott Brown auch weniger inspirierende Aufgaben durchaus mit Witz und Ironie bewältigten. Von den siebziger Jahren an erhielt das Büro Venturi, Rauch und Scott

2

3

2. Vanna-Venturi-Haus in Chestnut Hill, Pennsylvania (1961–1964).
3. und 5. Guild House in Philadelphia, Pennsylvania (1960–1963).
4. Fire Station Nr. 4 in Columbus, Indiana (1966).

6

7

6. Coxe-Hayden-Häuser auf Block Island, Rhode Island (1979–1982).
7. Gordon Wu Hall des Butler College in Princeton, New Jersey (1982–1984).
8. Entwurf des Whitehall Ferry Terminal in New York City, New York (1992)
9. Best Products Catalog Showroom in Oxford Valley, Pennsylvania (1977).

Brown große Aufträge, sowohl von Universitäten als auch von kommerziellen Bauherren und dies auch auf internationaler Ebene, zum Beispiel in England, Frankreich und Japan.

Gordon Wu Hall ist der Neubau des Gemeinschaftshauses für das Butler College der Princeton University, New Jersey, 1982–1984: Mit dem Gemeinschaftshaus sollte das College einen Mittelpunkt und zugleich ein Bindeglied zwischen verschiedenen Studentenwohnheimen erhalten. Die Architekten entwarfen einen lang gestreckten Baukörper, der an beiden Enden halbrunde, über zwei Geschosse reichende Vorbauten erhielt. Wie schon beim Guild House erhält auch hier der Eingang eine besondere symbolische Bedeutung. Er wird durch eine hohe, bis zur Dachkante reichende Tafel aus Marmor und grauem Granit aus der Backsteinfassade hervorgehoben. Stephen Kierau beschreibt das Wu Hall Portal als ein »*eklektizistisches, historisch angeordnetes Wörterbuch von Tormotiven. Während die Gesamtform sich auf einen gotischen Portaltyp bezieht, wie er auch anderenorts in der gotischen College-Architektur von Princeton ebenso wie in der englischen akademischen Architektur zu finden ist, muß man kreativ die Geschichte englischer oder amerikanischer Architektur nach typischen Assoziationen der Details durchforschen.*«[10] Venturi selbst möchte sie als Frührenaissance-Motive verstanden wissen. Zur Erläuterung zeigt er bei seiner Präsentation Abbildungen von gotischen Portalen. Er hat diese aber nicht wörtlich zitiert, sondern die Formen sind abstrahiert und verfremdet.

ABB. 7

Whitehall Ferry Terminal Station für den Fährverkehr zwischen Staten Island und Manhattan, Venturi, Scott Brown and Associates, Inc., Fertigstellung 1999: Anfang 1990 gewann das Büro Venturi einen Wettbewerb für die Station des Fährverkehrs zwischen Staten Island und New York City, der täglich von 70 000 Pendlern frequentiert wird. Da die Station zugleich das Eingangs- und Ausgangstor von Manhattan ist, entsprach es ihrem Verständnis von Symbolismus in der Architektur, das Gebäude als ein großes Portal in Form eines Tonnengewölbes zu gestalten. Es sollte der Skyline von Manhattan Monumentalität und der Vertikalität der Wolkenkratzer Horizontalität entgegensetzen. Das Ganze wurde überhöht durch eine riesige Uhr, die ursprünglich ein klassisches Symbol von Hafenfassaden war. Als

ABB. 8

Referenz an das technologische Zeitalter war die Uhr elektronisch gesteuert. An dieser Uhr entzündete sich ein böser Streit, der Venturi unbegreiflich war:

> *Warum ist diese Uhr ein Zeichen, das als banal oder bedrückend empfunden wird, wo sie so treffend die Skyline von Manhattan komplementiert und den Vorort Staten Island hervorhebt – sie sieht in Manhattan und von Staten Island her gut aus. Denn sie stellt sich als kraftvolles Zeichen dar, das von weither lesbar ist, und als ein Symbol, dessen modernes Zwanzigstes-Jahrhundert-Image mit dem kühnen Image, das so charakteristisch für das neunzehnte Jahrhundert ist – der Freiheitsstatue auf der anderen Seite der Bucht –, korrespondieren kann?*[11]

Am Ende behielten die Kritiker die Oberhand; die Uhr wurde gestrichen und die kommunale Behörde kürzte das Budget so, dass der Entwurf vereinfacht werden musste. Geblieben ist auf der Südfassade eine große, elektronische Bilderwand, deren Bilder abwechselnd Ornamente, Muster, Farben oder Informationen zeigen. Aber selbst der reduzierte Entwurf rief gemischte Reaktionen hervor, so dass sich Venturi fragte:

> *Kann es das Schicksal städtischer Architektur sein – wenn sie wirklich zeitgenössisch ist –, daß sie in ihrer Zeit nicht verstanden wird, sondern erst nach ihrer Zeit?*[12]

Er bezog sich dabei auf den Eiffelturm, der ebenfalls in seiner Zeit auf großen Widerstand in der Öffentlichkeit gestoßen war.

ABB. 10   Sainsbury Wing National Gallery, London, England, Venturi, Scott Brown and Associates, Inc., Fertigstellung 1991: Das Büro Venturi hatte in einem internationalen Wettbewerb den ersten Preis für die Aufgabe gewonnen, der Londoner Nationalgalerie einen neuen Flügel hinzuzufügen. Eine vorhergehende Platzierung war durch den Prince of Wales abgelehnt worden. Die Nationalgalerie besitzt eine der größten Sammlungen italienischer und nordeuropäischer Renaissancemalerei und zieht jährlich über vier Millionen Besucher an. In ihrem Entwurf übernahmen Venturi & Scott Brown von dem Original, das 1838 von William Wilkins erbaut worden war, die Höhe der Säulen und des Gesimses, stilistische Elemente und das Material – Kalkstein aus Portland. Entsprechend ihrer architektonischen Auffassung »stören« sie die klassizistische Ordnung durch die Einbringung eines modernen Vokabulars – wie extrem hohe Fenster, große quadratische Öffnungen und kleine

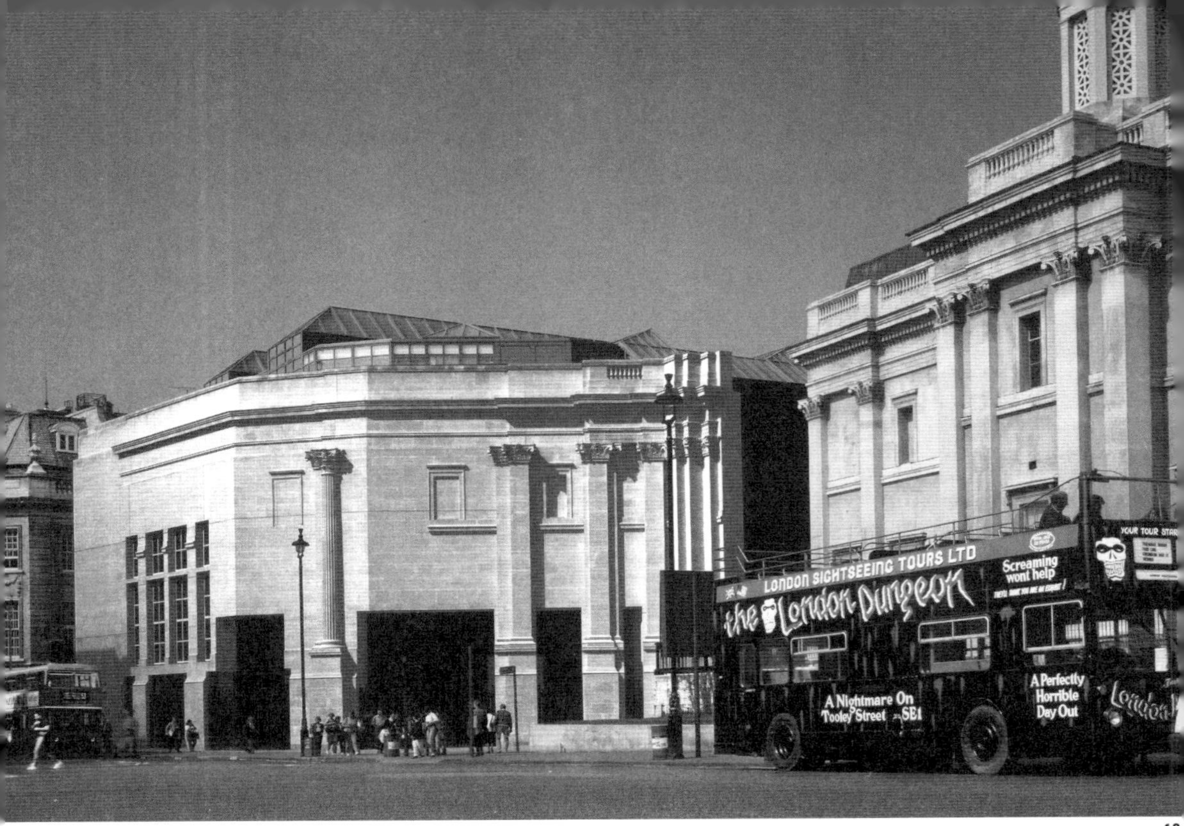

10

11

10. Sainsbury Wing der National Gallery in London (1991).
11. Entwurf für den Times Square in New York City, New York (1984).

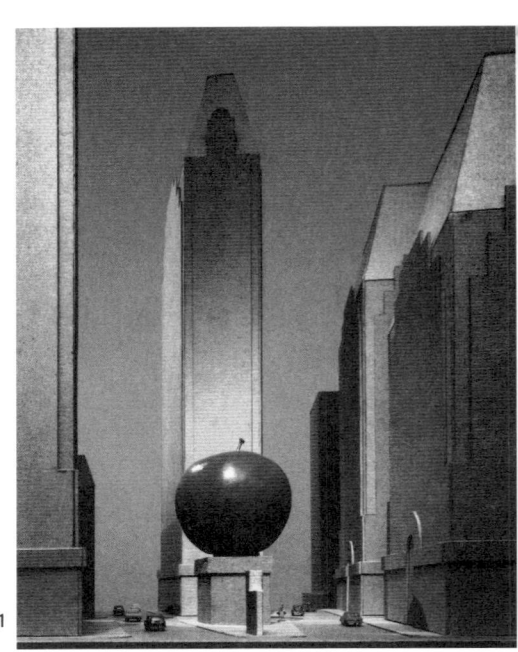

Metall-Säulen. Diese Art der Auseinandersetzung mit klassischer Architektur wurde als »ironischer Klassizismus« bezeichnet. Auch bei der Gestaltung der Ausstellungsräume findet sich eine Spannung zwischen der klassischen Enfilade und den überdimensionierten Säulen. Venturi & Scott Brown erhielten für diesen viel beachteten Entwurf sechs Auszeichnungen.

Wie viele andere Architekten befassten sich auch Venturi & Scott Brown mit Fragen der Stadtplanung. Zahlreiche Planungsstudien, Projekte für Gestaltungen von Plätzen oder Stadtzentren, für Sanierungen etc., finden sich in ihrem Werk, von denen einige realisiert wurden. Zwei vom Ansatz her unterschiedliche Projekte – ein frühes und das andere 16 Jahre später – sollen hier kurz vorgestellt werden.

South Street Projekt in Philadelphia, 1968: Ein Sanierungsprojekt, dessen Problematik Denise Scott Brown im Gespräch mit John W. Cook wie folgt beschreibt:

> J.C.: *Wenn Sie die bestehende Umwelt verteidigen, wie den Las Vegas Strip oder das neue Projekt South Street in Philadelphia, so geraten Sie doch auch an politische Probleme.*
>
> D.S.B.: *Unsere Arbeit an der South Street vereinigt soziale Überlegungen, soziale Analyse und Ästhetik. Wir wurden von einer hauptsächlich aus Schwarzen bestehenden Bürgergruppe gefragt, ob wir ihre Architekten und Planer sein möchten, um ihnen zu helfen, den Bau einer Schnellstraße durch die South Street zu verhindern. Mit ihrer Hilfe und gemäß ihren Angaben erstellten wir ein Bild dessen, was die South Street sein könnte. Ein Schnellstraßenring bedroht die Existenz dieser Straße. Der Bau einer Schnellstraße auf billigem Ghettoboden in der Innenstadt stellt nicht nur keine Lösung dar, sondern ist ein unmoralischer Akt. Als wir den Bewohnern von South Street einen Plan vorlegten, der in ihnen bildhafte Vorstellungen wachrief, wurden wir gewahr, daß wir damit bereits einen brisanten politische Vorstoß gewagt hatten. Das wissen wir genau, denn unser größter Gegenspieler, die Handelskammer, sah sich dadurch zu einer Gegendarstellung gezwungen.*
>
> *Für uns war von Bedeutung, daß eine Gruppe von Planern an uns herantrat, die schon mit dem Bürgerkomitee gearbeitet hatten. Sie sagten: »Wenn Sie den Las Vegas Strip mögen, so vertrauen wir auch darauf, daß*

Sie die South Street nicht einfach auf Kosten ihrer Bewohner sanieren werden.« Ich glaube, zwischen sozialen und formalen Ideen besteht in diesem Fall ein enger Zusammenhang, ein Zusammenhang, den wir gerne aufrechterhalten wollen.

Sowohl beim Las Vegas Strip wie beim South-Street-Projekt spielt Ironie mit: Es ist kein Geld da. Für die South Street mußten wir die ganze Arbeit ohne Entgelt leisten, weil einfach keine Mittel vorhanden waren. Für Las Vegas haben wir dann doch noch etwas bekommen, aber als wir uns das erstemal um das Projekt bewarben, sagte man uns, daß wir nicht genug Rücksicht auf die sozialen Probleme nehmen, während unser South-Street-Projekt verworfen wurde, weil es »zu politisch« sei.

Wir meinen wirklich, daß so etwas wie das South-Street-Projekt, mit all seinen Beschränkungen, die höchste Vorstellungskraft des Architekten beansprucht. Meist geht es darum, mit geringem finanziellen Aufwand bestehende schöne alte Läden wieder in Stand zu setzen. Wo etwas Neues hinzugefügt werden mußte, fanden wir, je weniger Architektur, um so besser. Und das verlangt meiner Ansicht nach ein hohes Niveau an architektonischer Kultur. Mir scheint, eine Architektur, die sozial von Belang sein soll, erfordert all unsere ästhetische Einbildungskraft.[13]

Times Square Plaza Design, Vorschlag einer Neugestaltung des Times Square in New York, 1984: Der Times Square sollte so gestaltet werden, dass er dieser besonderen Aura von New York und dem Maßstab der Stadt entsprechen sollte. Die Architekten interpretierten ihren Vorschlag wie folgt:

ABB. 11

Der Entwurf schlägt für den Times Square einen »Big Apple« (= Großer Apfel, amerikanisches Kürzel für New York) vor: eine gegenständliche Plastik, ebenso simpel in ihrer Form wie vielfältig in ihrer symbolischen Bedeutung [...] Ein Realismus voller verschiedenartiger Assoziationen: volkstümlichen und esoterischen. Ein »Big Apple«, der einerseits New York symbolisiert und andererseits ein surrealistisches Objekt, das an René Magritte erinnert oder an ein Pop-Art-Monument von der Art Claes Oldenburgs [...]

Maßstäbliche Kontraste und Doppeldeutigkeiten sind, zusammen mit ungewöhnlichen Gegenüberstellungen, traditionelle Mittel, mit deren Hilfe eine urbane Architektur Überraschung, Spannung und formalen Reichtum erzeugt. New Yorker Beispiele dazu sind die Freiheitsstatue, die kleine

Kirche um die Ecke sowie die Trinity Church an der Wall Street [...] Dieser im Durchmesser mehr als 30 m große Apfel ist das moderne Gegenstück zum barocken Obelisken, dessen Aufgabe darin besteht, die Identität des Platzes zu markieren.[14]

THEORETISCHE GRUNDLAGEN

Von den vielen theoretischen Schriften Robert Venturis und Denise Scott Browns können hier nur die beiden grundlegenden und bekanntesten vorgestellt werden. 40 Jahre nach Le Corbusier löste auch Venturi mit seinem Buch »Komplexität und Widerspruch in der Architektur« eine neue Architekturdiskussion aus, die auf der einen Seite Bewunderung und auf der anderen Seite heftige Kritik hervorrief. Vincent Scully schreibt 1966 in der Einführung: »*Es ist auch ein sehr amerikanisches Buch, es wurzelt in einer kompromißlos pluralistischen Grundhaltung und bedient sich einer Methode, die immer auf das konkrete Phänomen zielt; man erinnere sich an Dreiser, der ebenso unbeirrt seinen Weg ging. Wahrscheinlich ist dies die bedeutendste Schrift über das Bauen seit Le Corbusiers ›Vers une Architecture‹ von 1923. Auf den ersten Blick scheint Venturis Standpunkt dem Le Corbusiers genau entgegengesetzt zu sein; aber auch eine erste und zwingende Ergänzung über die Zeiten hinweg. Damit soll nicht behauptet werden, daß Venturi in Anspruch und Überzeugungskraft an Le Corbusier heranreicht, bzw. es tun wird. Nur wenige werden je wieder diese Höhe errreichen. Die Begegnung mit den Bauten Le Corbusiers hatte sicherlich keinen geringen Einfluß auf die Ausbildung der Gedanken Venturis. Dennoch aber sind seine Thesen das notwendige Gegengewicht zu denen Le Corbusiers, wie sie in dessen frühen Schriften ausgeführt sind und seither zwei Generationen von Architekten geprägt haben. Das vorangegangene der beiden Bücher forderte einen vornehmen Purismus in der Architektur, für den einzelnen Bau genauso wie für die ganze Stadt; das neuere bejaht die Komplexität und die Gegensätzlichkeit urbaner Formen in allen Bereichen.*«[15]

Dem widersprach der Architekturtheoretiker H.-W. Kruft: »*Mit einer solchen Qualifikation ist der Wert und das theoretische Niveau des Buches erheblich überschätzt. Dennoch kommt ihm durch einen grundsätzlichen Rekurs auf die Geschichte und die wesenhafte Zeichenhaftigkeit von Architektur, Distanzierung von Funktionalismus und Monumentalität eine signalhafte Wirkung zu.*«[16]

Venturis Buch ist reichhaltig mit Abbildungen historischer Gebäude illustriert, denen – ähnlich wie bei Corbusier – Beispiele aus der Industrie (technische Bauten oder Maschinen) oder aus der modernen Kunst gegenübergestellt sind.

Die Auswahl der Beispiele läßt meine Vorliebe für einige bestimmte Epochen der Kunstgeschichte erkennen: Manierismus, Barock und besonders das Rokoko.[17]

Und er schreibt weiter:

Als Künstler nehme ich mir die Freiheit, über das zu schreiben, was mir in der Architektur gefällt: Komplexität und Widerspruch. Von dem, was uns positiv berührt – von dem wir leicht angezogen werden – können wir viel über uns selbst lernen. Louis Kahn sprach oft von dem »was die Dinge sein wollen«, aber dieser Satz enthält auch sein Gegenteil: was der Architekt will, daß die Dinge sein sollen. In der Spannung und in der Balance zwischen diesen beiden Seiten liegt vieles, worüber der Architekt entscheiden muß.[18]

Venturi beginnt sein Buch mit einer Erklärung, die den Titel erläutert:

Ich freue mich über Vielfalt und Widerspruch in der Architektur. Die Zusammenhanglosigkeit und die Willkür nicht bewältigter Architektur aber lehne ich ab; ebensowenig mag ich die erkünstelten Raffinessen pittoresker oder expressiv übersteigerter Architektur. Im Gegensatz dazu will ich über eine komplexe und widerspruchsreiche Architektur sprechen, die von dem Reichtum und der Vieldeutigkeit moderner Lebenserfahrung zehrt, einschließlich der Erfahrungen, die nur in der Kunst gemacht werden. Überall wurde das Prinzip von Vielfalt und Widerspruch anerkannt, nur nicht in der Architektur: so durch Gödels Beweis letzendlicher Inkonsistenz in der Mathematik, durch T. S. Eliots Analyse ‚»schwieriger« Dichtung und durch Josef Albers' Bestimmung des paradoxen Charakters von Malerei. [...]
Die Architekten können es sich nicht länger mehr leisten, durch die puritanisch-moralische Geste der orthodoxen modernen Architektur eingeschüchtert zu werden. Ich ziehe eine Haltung, die sich auch vor dem Vermessenen nicht scheut, einem Kult des »Reinen« vor; ich mag eine teilweise kompromißlerische Architektur mehr als eine »puristische«, eine verzerrte mehr als eine »stocksteife«, eine vieldeutige mehr als eine »artikulierte«, eine verrückte genauso wie eine unpersönliche, eine lästig-aufdringliche genauso wie eine »interessante«, eine konventionelle noch mehr

> *als eine angestrengt ›neue‹, die angepaßte mehr als die exklusiv abgegrenzte, eine redundante mehr als eine simple, die schon verkümmernde genauso wie die noch nie dagewesene, eine in sich widersprüchliche und zweideutige mehr als eine direkte und klare. Ich ziehe eine vermurkste Lebendigkeit einer langweiligen Einheitlichkeit vor. Dementsprechend befürworte ich den Widerspruch, vertrete den Vorrang des »Sowohl-als-auch«.*
>
> *Ich stelle die Vielfalt der Meinungen höher als die Klarheit der Meinungen; die latenten Bedeutungen halte ich für ebenso wichtig wie die manifesten. Ich bevorzuge das »Beide-zusammen« vor dem »Entweder-oder«, das Schwarz und Weiß und manchmal auch Grau, vor dem »Schwarz-oder-Weiß«. Gute Architektur spricht viele Bedeutungsebenen an und lenkt die Aufmerksamkeit auf eine Vielzahl von Zusammenhängen: ihr Raum und ihre Elemente sind auf mehrere Weisen gleichzeitig erfahrbar und benutzbar. Eine Architektur der Komplexität und des Widerspruchs hat aber auch eine besondere Verpflichtung für das Ganze: ihre Wahrheit muß in ihrer Totalität – oder in ihrer Bezogenheit auf diese Totalität – liegen. Sie muß eher eine Verwirklichung der schwer erreichbaren Einheit im Mannigfachen sein als die leicht reproduzierbare Einheitlichkeit durch die Elimination des Mannigfachen. Mehr ist nicht weniger!*[19]

Mit diesem »Mehr ist nicht weniger« – »More is not less« nimmt Venturi Bezug auf die Mies'sche Formel *»Less is more«*, die von boshaften Geistern mit *»Mies is a bore«* (Mies ist ein Langweiler) karikiert wurde, aber nie von Venturi. In den folgenden Auszügen aus seinem Buch äußert er sich zu einzelnen Themen:

Über Komplexität und Widerspruch versus Simplifizierung und Flucht in das Pittoreske:

> *Eine Architektur der Komplexität und des Widerspruchs ist aber nicht zu verwechseln mit einer pittoresken Architektur bzw. einer Architektur subjektiv-expressiven Gestaltungswillens. Eine falsche Vielfalt war in jüngster Vergangenheit die Antwort auf die ebenso falsche Einfachheit der frühen modernen Architektur gewesen, die so einer Architektur des symmetrisch Pittoresken – Minoru Yamasaki nennt sie ›heiter‹ – Vorschub leistete. Aber dies bedeutet nur einen neuen Formalismus, der mit der Erfahrung ebensowenig vermittelt ist wie der vorhergehende Kult der Einfachheit. [...] Das Maßwerk der Gotik und die Rocaille des Rokoko waren wertvolle*

Ausdrucksmittel nicht nur in ihrer Bezogenheit auf das ganze Werk, sie entstanden darüberhinaus auch als unmittelbares Zeugnis handwerklichen Könnens, und sie drücken dies in einer Lebendigkeit aus, die direkt aus der Unmittelbarkeit und Individualität der Produktionsmethode selbst entspringt.[20]

Über das Phänomen eines »Sowohl-als-auch« in der Architektur:
Wenn der Ursprung des Phänomens des »Sowohl-als-auch« der Widerspruch ist, so ist sein Bewegungsfeld die Hierarchie der Bedeutungen. Aus der Verbindung von Elementen völlig unterschiedlicher Bedeutung erneuert sich diese Hierarchie stets. Sie kann Elemente enthalten, die sowohl gelungen als auch fatal mißlungen sind, groß und klein, geschlossen und offen, gleichförmig und ebenso von gesuchter Gestaltung, rund und eckig, sowohl konstruktives Element als auch räumliches Resultat. Eine Architektur, die verschiedenste Bedeutungsebenen umschließt, erzeugt das Mannigfaltige und Spannungsreiche.[21]

Über »Wechselseitige Angleichung und die begrenzte Ordnungsleistung von Strukturen«:
Wirkliche Ordnung gleicht die zufälligen Widersprüche in einer komplexen Realität einander an. Sie mag zwar belasten, aber sie vermittelt auch. Sie ermöglicht dadurch eine Kontrolle der Umwelt und zugleich Spontaneität des Verhaltens, »Korrektheit« und »Ungezwungenheit« – Improvisation im Rahmen des gesamten Getriebes. Sie schafft Spielräume für Wertungen und für Kompromisse. Es gibt in der Architektur keine »Gesetze«, trotzdem ist auch beim Bauen eines Hauses oder einer Stadt nicht alles erlaubt. Der Architekt muß Entscheidungen treffen, das behutsame Abwägen gehört zu seinen ureigensten Aufgaben. Er muß entscheiden, wo eine bestimmte Lösung unverzichtbar ist und wo ein Kompromiß möglich ist, wo also Unterschiedliches vereinbar wird. Er kann an strukturrelevanten Unstimmigkeiten des Raumprogramms oder der Konstruktion innerhalb einer Ordnung nicht vorbeisehen.
Mies beruft sich auf die Notwendigkeit, »gegen die verzweifelte Verwirrung unserer Zeit eine Ordnung zu schaffen«. Aber von Kahn stammt die Bemerkung, »mit Ordnung meine ich nicht Ordentlichkeit«. Sollten wir uns nicht dagegen wehren, Verwirrung zu beklagen? Sollten wir uns nicht eher darum bemühen, in den komplizierten Verhältnissen, in all den Wider-

sprüchlichkeiten unserer Zeit einen sinnstiftenden Zusammenhang aufzuspüren und im übrigen die Begrenztheit von Ordnungssystemen realistisch einzuschätzen? Dies sind auch, wie ich glaube, die beiden Rechtfertigungen für den Ausbruch aus Ordnungen: zunächst die Anerkennung der Vielfalt, ja des Durcheinanders, ob innen oder außen, im Zufälligen oder im Geplanten, auf allen Ebenen der Erfahrung; dann die Tatsache der Begrenztheit aller von Menschenhand geschaffenen Ordnungen. Wenn die Umstände der Ordnung trotzen, sollte diese Ordnung genügend flexibel sein oder aber zerbrechen: Anomalien und Unwägbarkeiten hauchen der Architektur erst Leben ein.[22]

Über die Verpflichtung auf das schwierige Ganze:

Eine Architektur vielfältiger Vermittlungen braucht den Anspruch auf das Ganze nicht aufzugeben. In der Tat habe ich ja auf die ganz besondere Verpflichtung für das Ganze hingewiesen, auch darauf, daß ihr nur schwer gerecht zu werden ist. Und ich habe auf der Vorrangigkeit der Einheit dieses Ganzen bestanden – nicht der Einheit qua Simplifizierung. Einer Kunst, »… deren Wahrheit in ihrer Totalität (liegt)«, ist dieser Vorrang unverzichtbar. Es ist die schwierige Einheit in der Vielfalt, nicht die bequeme durch Simplifizierung.[23]

Dieser humanistische Begriff von der »Einheit in der Vielfalt« findet sich schon in der frühen Renaissance bei Leon Battista Alberti und etwa zur gleichen Zeit sinngemäß bei Nikolaus von Kues, wenn er vom »Zusammenfall der Gegensätze« spricht. Über »falsche Vielfalt« und »falsche Einheit« äußert Venturi sich in einem früheren Kapitel und illustriert sie durch zwei extreme Beispiele:

ABB. 12, 13

Es scheint heute zu unserem Schicksal geworden zu sein, entweder mit dem endlosen Verhau von »Roadtown« oder mit der unendlichen Monotonie von »Levittown« (bzw. den Siedlungen, die Levittown gleichen wie ein Ei dem anderen und die überall zu finden sind; man vergleiche die Abbildung), dem totalen Stumpfsinn, konfrontiert zu werden. In »Roadtown« finden wir eine falsche Vielfalt; in »Levittown« falsche Einfachheit. Eines ist klar – aus einer derart trügerischen Einheitlichkeit können keine wahren Städte entstehen. Städte sind, wie die Architektur des einzelnen Bauwerks, vielfältig und widersprüchlich.[24]

Am Ende des ersten Teils seines Buches – im zweiten Teil stellt er eigene Werke dar – äußert Venturi den bekannten und oft aus dem Zusam-

12. Roadtown. 13. Levittown.

menhang genommenen Satz: »*Main Street ist almost allright.*« In späteren Schriften weist er häufig darauf hin, dass die Betonung auf dem »*almost*«, also auf dem »beinahe« liegt. Wörtlich heißt es:

> *In »God's Own Junkyard« verglich Peter Blake das Durcheinander der kommerzialisierten »Main Street« mit der Aufgeräumtheit der Universität von Virginia. Einmal ganz abgesehen von der Unerheblichkeit des gewählten Vergleichs: ist die Main Street nicht beinahe ganz in Ordnung? Ja, die Frage stellt sich tatsächlich, ist der »commercial strip« längs der Ausfallstraße 66 nicht fast in Ordnung? Wie ich schon gesagt habe, liegt unser Problem darin: welche Art geringfügiger Veränderung der Zusammenhänge würde dazu führen, daß die Main Street in Ordnung kommt. Vielleicht mehr Reklamezeichen, doch etwas enthaltsamer? In »God's Own Junkyard« werden Bilder von Times Square und des Stadtverhaus längs der großen Straßen Bildern von Dörfern Neu-Englands und anderer arkadischer Landschaften gegenübergestellt. Aber die Bilder dieses Buches, die doch abschreckende Beispiele zeigen sollen, sind oft einfach gut. Das scheinbar chaotische Nebeneinander verkommener Einzelheiten hat doch eine vertrackte Art von Leben und Ehrlichkeit in sich und erzeugt zumindest ansatzweise eine Art von Ganzheit.*[25]

Die klassische Moderne war in den fünfziger Jahren durch gleichförmige und kommerzielle Nachahmungen banalisiert worden, denen der Geist und die Qualität der Originale fehlten. Dies hatte zu Eintönigkeit und Charakterlosigkeit im Bild der Städte geführt, gegen die sich Venturi in seinem Buch mit Nachdruck wendet. Durch eine neue Sicht, eine Synopsis von Stilen und Epochen, die er mit historischen und aktuellen Beispielen aus Architektur, Kunst und Literatur veranschaulicht, will er der Architektur und der Architekturdiskussion neue Möglichkeiten eröffnen.

Heinrich Klotz schreibt über dieses Buch: »*Venturis Schrift liest sich über weite Strecken wie eine architekturgeschichtliche Formenanalyse. Seinen Ausführungen haftet etwas von kunsthistorischer Interpretation an.*«[26] Aber es ist mehr als das; es ist ein Infragestellen der orthodoxen, dogmatisch gewordenen Moderne und ein Plädoyer für die Akzeptanz widersprüchlicher Formen und für eine Vielfalt, die sich zu einer Einheit zusammenfügt.

War »Komplexität und Widerspruch« noch eine Art akademisches Traktat, so ist das sechs Jahre später mit Denise Scott Brown verfasste »Learning from Las Vegas« fast als Provokation zu bezeichnen. Jedenfalls wurde es von einem großen Teil der akademischen Welt an den renommierten Universitäten der Ostküste so aufgefasst. Dort waren die Klassiker der Moderne – Mies und Le Corbusier – nach wie vor die großen Vorbilder, und Venturis Buch wurde als Angriff auf sie verstanden.

Peter Cook, Mitbegründer der Gruppe »Archigram«, der in der Publikation »NET 2« einen ironischen Vergleich zwischen der Architekturszene in London und New York vornimmt, schreibt über Venturi & Scott Brown: »*Technisch betrachtet sind sie* nicht *Teil der New Yorker Szene. Aber genau wie O. M. Ungers in Bezug auf Berlin: Er ist nicht* da, *aber du spürst ihn überall. Die gewollte Nichtbeachtung der Venturis durch die New Yorker Kreise ist eigentlich eine gewisse Hommage. Die Behauptung der Venturis, daß die Tradition der Architektur und das Hinterwäldlerische in Amerika kulturell verwandt seien, war mehr als ein schlechter Scherz. Besonders im Gegensatz zu dem Selbstbewußtsein der New Yorker Elite, für die Architektur eine seriöse Kultur ist … Die Venturis haben offensichtlich mit dem Gedanken gespielt, von Philadelphia nach New York zu ziehen: Mit Sicherheit würde New York das als unkomfortabel empfinden, als Infragestellen ihrer Ernsthaftigkeit, ihr Amerikanismus angesichts ihrer magischen Verehrung Europas verunsichert.*«[27]

Ernsthafte Kritik übt der englische Architekturtheoretiker Kenneth Frampton, der selbst zum Ostküsten-Establishment gehört, in seinem Buch »Modern Architecture«: »*Mit der 1972 erschienenen Publikation ›Learning from Las Vegas‹, geschrieben von Venturi, Denise Scott Brown und*

Steve Izenour, verwandelte sich Venturis sensible und vernünftige Beurteilung der kulturellen Realitäten – die Notwendigkeit, Ordnung gegen Nicht-Ordnung und umgekehrt zu setzen –, (gemeint ist ›Komplexität und Widerspruch‹) – von der Akzeptanz von Firlefanz zu seiner Glorifizierung, von einer Würdigung der Hauptstraße als ›almost allright‹ zu einer Interpretation des ›billboard strips‹ als wahrhafte Utopie der Aufklärung, die dort wie eine verwirklichte science-fiction in der Mitte der Wüste liegt.
Diese Rhetorik, die uns A&P Parkplätze als die tapis verts von Versailles, oder ›Cesar's Palace‹ in Las Vegas als das moderne Äquivalent von Hadrian's Villa erscheinen lassen möchte, ist Ideologie in ihrer reinsten Form. Die ambivalente Weise, in der Venturi und Scott Brown diese Ideologie dazu benutzen, uns dazu zu bringen, den bodenlosen Kitsch von Las Vegas zu tolerieren, als exemplarischen Vorwand, die Brutalität unserer eigenen Umgebung zu verschleiern, belegt die beschönigende Absicht ihrer These.«[28] Worauf sich Kenneth Frampton hier bezieht, belegen die im Folgenden zitierten Absätze aus »Lernen von Las Vegas«:

Weite Räume in der historischen Tradition und weite Räume bei A & P
> *Der Parkplatz von A & P repräsentiert eine aktuelle Phase in der Entwicklung großer Freiräume seit Versailles. Der Raum dieser Parkplätze, der flache, locker verstreute Bauten vom tosenden Schnellverkehr der Highways trennt, hat keinerlei Halt durch stabile Grenzen und vermag auch selbst fast keine Orientierung zu vermitteln. Sich über eine Piazza zu bewegen bedeutet, zwischen einschließenden Formen zu verbleiben. Hier dagegen nur eine riesige, ins Weite verlaufende unsinnige Textur, die sich als Metastruktur über eine total kommerzialisierte Landschaft legt. Der Parkplatz ist das Parterre der Asphaltlandschaft. Die Parkmarkierungen geben Richtungen vor, wie die Muster der Gehwege, die steinernen Einfassungen, die Rinnsteine und die Tapis verts im Park von Versailles; das Raster der Lichtmasten ersetzt die Obelisken, die Reihen der Prunkvasen und der Statuen als die Fixpunkte von Identität und Kontinuität gegenüber dem riesigen Raum. Heute sind es vor allem die Zeichen am Highway, die durch ihre skulpturalen Formen, ihre malerischen Silhouetten, ihren besonderen Ort im Raum, durch ihre allen örtlichen Bedingungen angepaßte Perspektive und durch graphische Kunstgriffe die Megastruktur zusammenhalten und kenntlich machen. Über alle Entfernungen hinweg vermitteln sie getextete und symbolische Botschaften, kommuni-*

zieren einen Sinnkomplex aus Hunderten von Assoziationen in wenigen Sekunden durch weite Räume. Das Symbol beherrscht den Raum. Architektur wird da unzureichend. Da die wechselseitigen Verknüpfungen über den Raum hinweg eher durch Symbole als durch Formen realisiert werden, wird in dieser Landschaft auch die Architektur mehr und mehr zu einem Symbol im Raum, kann sie nicht mehr nur gestaltete Form im Raum sein. Architektur allein besagt nur noch sehr wenig. Entlang der Nationalstraße 66 gilt als Regelfall: große Zeichen, kleine Gebäude.

Der Vorrang des Zeichens vor der Architektur findet seinen Ausdruck auch in der Kostenrechnung des Unternehmers. Das Zeichen an der Vorderfront ist eine von allen mitgemachte Verschwendung, das Gebäude im Hintergrund bescheidene Notwendigkeit. Gespart wird an der Architektur. Manchmal wird das Gebäude selbst zum Zeichen. Der Verkaufsstand für gebratene Enten in der Form einer Ente und mit der Aufschrift »The Long Island Duckling« ist skulpturale Form und Architektur und schützende Hülle zugleich. Widersprüche zwischen dem Inneren und dem Äußeren waren für die Architektur vor der Moderne ganz normal, insbesondere bei städtischer und monumentaler Architektur. Die Kuppeln des Barock waren ebenso symbolische Formen wie räumliche Konstruktionen. Sie sind außen höher, von größerem Maßstab als innen, weil sie vor allem ihre städtische Umgebung dominieren und als Symbole ihre Botschaft verkünden sollen. Das gleiche gilt für die falschen Fassaden vor den Etablissements der Städte des mittleren Westens; sie waren größer und höher als das Innere, das sie deckten. Wollten sie einerseits die Wichtigkeit des dahintergeduckten Ladens herausstreichen, so überhöhten sie andererseits doch auch den Rang und die Einheitlichkeit des gesamten Straßenbildes. Allerdings gehören falsche Fassaden in den Kontext und Maßstab der »Hauptstraße«. In der Wüstenstadt am Highway des heutigen Westens können wir eine neue und lebensnahe Lektion über eine nicht-puristische Architektur im Dienst von Kommunikation lernen. Die kleinen Flachbauten, graubraun wie die Wüste selbst, haben sich von Straßen, die zu Highways wurden, zurückgezogen; von ihnen wiederum haben sich die falschen Fassaden abgelöst und sich als große, hoch aufragende Zeichen in den günstigsten Sichtwinkel zur Straße geschwenkt. Wenn man die Zeichen wegnimmt, gibt es keine Stadt mehr. Die Wüstenstadt Las Vegas besteht nur aus dieser verdichteten Kommunikation entlang dem Highway.

Von Rom nach Las Vegas:

Las Vegas ist die Apotheose der Wüstenstadt. Was in den späten vierziger Jahren der Besuch Roms, ist in der Mitte der sechziger der von Las Vegas. Damals kannten die jungen Amerikaner nur die autogerechte, rasterförmige Stadt und die aller Urbanität feindlichen Theorien der Architektengeneration vor ihnen. Die traditionsreichen Stadträume im Maßstab des Fußgängers, das Nebeneinander und die Kontinuität der Stile der italienischen Plätze bedeuteten für sie eine befreiende Erfahrung. Sie entdeckten die Piazza wieder. Zwei Jahrzehnte später sind die Architekten vielleicht wieder bereit, eine ähnlich faszinierende Lektion zu lernen, diesmal über weite freie Flächen, große Maßstäbe und hohe Geschwindigkeiten. Für das Phänomen des Strip ist Las Vegas, was für die Piazza Rom war. Es gibt noch weitere Parallelen zwischen Rom und Las Vegas. Beide sind sie umringt von rasch sich vergrößernden Siedlungen, in der Campagna und der Mojave-Wüste, die sich hier wie dort zu stilisieren und hervorzuheben suchen. Andererseits wurde Las Vegas gewissermaßen an einem Tag erbaut – zumindest der Strip wurde in sehr kurzer Zeit in eine jungfräuliche Wüste gesetzt. Er überlagert nicht eine ältere Struktur wie das für die Pilgermassen umgebaute Rom der Gegenreformation und die Geschäftsstraßen der Ostküste. Er ist deshalb auch wesentlich einfacher zu analysieren. Jede der beiden Städte ist eher Archetypus als Prototypus, ein Grenzfall, aus dem jedoch auch Lehren für den Typ an sich gewonnen werden können. Beide Städte stülpen der lokalen Bauweise bedenkenlos die Monumente supranationalen Bauens über: Kirchen in der Hauptstadt der Religion, Spielcasinos und ihre Signets in der Hauptstadt des Vergnü-

14. Modell der »Ente« aus »Lernen von Las Vegas«. 15. »Decorated Shed« aus »Lernen von Las Vegas«.

gens. Dies erzeugt ein gewaltsames Nebeneinander der Nutzungen und Maßstäbe in beiden Städten. Die Kirchen Roms an den Straßen und Plätzen sind dem Publikum weit geöffnet, die Pilger – die des Glaubens und der Kunst – können von Kirche zu Kirche wandern. Ganz ähnlich kann auch der Spieler oder der Architekturbeflissene in Las Vegas die ganze Reihe der Casinos längs des Strip besuchen. Die Casinos und die Foyers der Hotels von Las Vegas sind reich verzierte riesige Gebilde, die das rastlose Publikum halten wollen.[29]

Über den Strip von Las Vegas:

Ähnlich der unübersehbaren Ansammlung von Architektur auf dem Forum Romanum ist bei Tage, wenn nur die Formen, nicht aber ihr symbolischer Kontext wahrzunehmen sind, auch der Strip nur noch optisches Chaos. Wie der Strip war auch das Forum eine Kunstlandschaft mit verschiedenen Symbolschichten, deren Bedeutungen durch die Anlage der Straßen und der Bauten, durch Bauten als Ersatz und zur Erinnerung an vergangene Bauten und schließlich durch die Masse übereinander aufragender Statuen erschlossen werden mußte. Formal gesehen, war das Forum ein fürchterliches Durcheinander, symbolisch dagegen eine reiche Mischung.

Die Folge der römischen Triumphbogen ist der Prototyp der Folge von Reklametafeln (mutatis mutandis in Maßstab, Geschwindigkeit und Botschaft). Der architektonische Schmuck, von den Pilastern und Giebeln bis zu den Kassettenfeldern, ist in einer Art Flachrelief gehalten, das sich nur so ungefähr an die architektonischen Vorbilder hält. Diese Ornamente sind ebenso symbolisch wie die auf Prozessionen vorangetragenen Bildwerke und die Inschriften, mit denen sie sich um die Fläche streiten. Neben ihrer Funktion als Großtafeln, die Botschaften verkünden, waren die Triumphbogen des römischen Forums Marksteine im Raum, die in einer unübersichtlichen Umwelt die Wege der Menschenmassen bündelten. An der Nationalstraße 66 sind es die Reklametafeln, die in einem bestimmten Winkel gegen den herankommenden Verkehr gestellt und, in Reihen aufeinander folgend, eine analoge formale und raumgliedernde Funktion übernommen haben. Oft das Strahlendste, Sauberste und Bestgepflegteste industrieller Zonen, verdecken und verschönern die Reklametafeln und Plakatwände diese Landschaft. Wie die Reihe der Grabmonumente entlang der Via Appia (mutatis mutandis im Maßstab), markieren sie jenseits des städtischen Gewirrs den Weg durch die riesigen Leeren der Wüste.

Gleichwohl sind diese räumlichen Charakteristika von Form, Position und Ausrichtung sekundär gegenüber ihrer symbolischen Funktion. Die Werbung für das »Tanya«-Sonnenöl mittels glatter Graphik und den Formen einer gutgewachsenen Badeschönheit, ist hier am Highway wichtiger als die Abgrenzung von Räumen. Aber auch das ist nichts wirklich Neues: auch der Konstantin-Bogen auf dem Forum Romanum, seine Inschriften und Reliefs, hatten keinen anderen Zweck als die Verherrlichung der Siege Konstantins. [30]

Venturi & Scott Brown nehmen hier einen originär amerikanischen Standpunkt ein. Was dabei irritiert, sind die schwer nachvollziehbaren Vergleiche zwischen antiken und historischen Bauten und Plätzen mit rein kommerziellen Zwecken dienenden Gebäuden – wie etwa den Spielkasinos und Ausfallstraßen oder Strips.

Mehr als 20 Jahre später kommt Venturi in der Februarausgabe der japanischen Zeitschrift »a+u« noch einmal auf den umstrittenen Vergleich zwischen Rom und Las Vegas zurück:

Als Architekten schätzen wir Rom und Las Vegas, und aus beiden Quellen haben wir gelernt. Es ist der Vergleich zwischen der römischen Piazza und dem Vegas Strip – der sowohl überraschende Ähnlichkeiten wie auch deutliche Kontraste ergibt –, aus dem wir über Symbolismus in der Architektur lernten. [31]

Um ihre Argumentation zu erklären, haben sie zwei Begriffe geprägt, die zu Schlüsselbegriffen der postmodernen Architektur Amerikas geworden sind: den der *»duck«* (Ente), und den des *»decorated shed«* (dekorierter Schuppen). ABB. 14, 15

1. Da, wo die architektonischen Dimensionen von Raum, Konstruktion und Nutzung durch eine alles zudeckende symbolische Gestalt in ihrer Eigenständigkeit aufgelöst und bis zur Unkenntlichkeit verändert werden. Diese Art eines zur Skulptur werdenden Hauses werden wir »Ente« nennen – zu Ehren des entenförmigen Auto-Restaurants »The Long Island Duckling«, das Peter Blake in seinem Buch »Gods' Own Junkyard« abbildet.

2. Da, wo Raum und Struktur direkt in den Dienst der Nutzung gestellt und Verzierungen ganz unabhängig davon nur noch äußerlich angefügt werden. In diesem Fall sprechen wir von einem »dekorierten Schuppen«. Die Ente ist ein Bau spezifischer Nutzung, der als Ganzes Symbol ist; der dekorierte Schuppen ist ein normales, schützendes Gehäuse, das Symbole verwendet. Wir betonen, daß selbstverständlich beide Typen ihre volle Berechtigung haben – die Kathedrale von Chartres ist eine Ente (obwohl natürlich auch dekorierter Schuppen), und der Palazzo Farnese ist ein dekorierter Schuppen –, glauben jedoch, daß die Ente heute eine seltene Ausnahme bleiben muß, obwohl sie in der Architektur der Moderne immer wieder vorkommt. [32]

Aufgrund dieser Begriffsdeutung gelingt es den Venturis, Vergleiche und Zusammenhänge zwischen geistig und wesenhaft völlig unterschiedlichen Phänomenen herzustellen – nicht ohne beim Leser ein gewisses Unbehagen hervorzurufen. Ihrer Theorie liegt die Absicht zugrunde, den Symbolismus der amerikanischen Alltagsarchitektur aufzuwerten.

Von dem zu lernen, was uns überall umgibt, ist für den Architekten eine Form des revolutionären Avantgardismus. [33]

Es ist die Absicht des Buches, sich von der zu jener Zeit in Theorie und Praxis immer noch dominierenden europäischen Moderne zu distanzieren. Gegen ihren Heroismus setzten die Venturis das »ugly« und »ordinary« (das Hässliche und Gewöhnliche), so wie auch die Pop-Art die Banalitäten der Alltagswelt in die Kunst einbezieht.

Die Thesen von Venturi & Scott Brown haben die Architekturdiskussion neu belebt, und so wird »Lernen von Las Vegas« quasi als »Gründungsmanifest« (H.-W. Kruft) der Postmoderne bezeichnet. Ihre anspruchsvollen Bauten unterscheiden sich jedoch wesentlich von denen postmoderner Architekten wie Charles Moore, Michael Graves, Robert Stern und anderen, die sich beliebig der Elemente aus allen Stilepochen bedienten und diese als Versatzstücke in ihre Architektur einfügten. *»Die Arbeit dieser Architekten ist oft fälschlich als postmodern bezeichnet worden. Wenn Venturi auch als der philosophische Urheber dieser Bewegung gilt, so entfernt sich sein Œuvre, das schriftliche und das architektonische, von der inzwischen allgemein verbreiteten Richtung, die anderen Gesetzen als denen des Sichtbaren gehorcht. Der entscheidende Unterschied zur Postmoderne, diesem regelrechten System historischer Propaganda, das wahllos alle Traditionen miteinander vermengt, beruht auf jenem authentischen Sinn der Geschichte und des Sozialen, in dem Venturi die Hauptwurzel der angelsächsischen und der europäischen Kultur sieht. Dieser Authentizität wird auf traditionelle Weise nachgespürt: durch Analyse des Ästhetischen, Formalen und*

Sozialen in der Architektur, desjenigen also, das Bedeutungsinhalte hervorbringt.

Die Arbeit will durchaus keine ›logische‹ und ›ewiggültige‹ Theorie des Bauens bieten, sondern eher eine ›Methode‹ des Vorgehens und eine ›Anregung‹ dazu. Indem sie zwischen Freiheit und Notwendigkeit stehen, erscheinen seine Bauten gewöhnlich und geeignet, aber auch außergewöhnlich und überraschend.« [34]

ANMERKUNGEN

1 Klotz/Cook 1981, S. 268.
2 Venturi 1996, S. 87.
3 Klotz/Cook 1981, S. 268.
4 Venturi 1978, S. 187.
5 Venturi 1996, S. 134.
6 Venturi, zitiert nach Moos 1987, S. 282.
7 Venturi 1996, S. 137.
8 Mead 1989, S. 18.
9 Moos 1987, S. 282.
10 Stephen Kierau, zitiert nach Mead 1989, S. 97.
11 Venturi 1996, S. 216.
12 Venturi 1996, S. 217.
13 Klotz/Cook 1981, S. 273/74.
14 Venturi, zitiert nach Moos 1987, S. 137.
15 Scully, zitiert nach Venturi 1978, S. 9.
16 Kruft 1985, S. 511/512.
17 Venturi 1978, S. 16.
18 Venturi 1978, S. 17.
19 Venturi 1978, S. 23/24.
20 Venturi 1978, S. 28.
21 Venturi 1978, S. 37.
22 Venturi 1978, S. 61/62.
23 Venturi 1978, S. 136.
24 Venturi 1978, S. 82/83.
25 Venturi 1978, S. 160/161.
26 Venturi 1978, S. 217.
27 Cook Net 2, o.S.
28 Frampton 1980, S. 289.
29 Venturi 1979, S. 24f.
30 Venturi 1979, S. 138f.
31 Venturi, in: a+u 2001, S. 131.
32 Venturi 1979, S. 104f.
33 Venturi 1979, S. 12.
34 Vaccaro/Schwartz 1992, S. 16.

O. M. UNGERS *1926

TEXT VON MARTIN KIEREN

Mit dreißig Jahren habe ich alles ausprobiert, was mir zur Architektur eingefallen ist. Mit siebzig will ich alles weglassen, was zur Architektur gehört. Ich suche die reine, gegenstandslose Form.[1]

Diese Worte von Oswald Mathias Ungers können als Credo eines der kompromisslosesten Architekten der Gegenwart gelesen werden.

Oswald Mathias Ungers wurde 1926 in Kaisersesch, einem kleinen Dorf in der Eifel, geboren. Er wuchs in Mayen auf, das ebenfalls in der Eifel liegt, und besuchte dort von 1932 bis 1947 Volksschule und Gymnasium, unterbrochen von Militärdienst und kurzzeitiger amerikanischer Kriegsgefangenschaft. Von 1947 an studierte er in Karlsruhe Architektur und schloss sein Studium 1950 mit der Diplomprüfung bei Egon Eiermann ab. In das gleiche Jahr fiel die Gründung eines eigenen Architekturbüros in Köln, wo Ungers, mit Unterbrechungen, seither lebt. Er ist verheiratet mit Liselotte Ungers, die zugleich Gefährtin und Gesprächspartnerin ist; gemeinsam haben sie drei Kinder.

Oswald Mathias Ungers drängte es gleich nach dem Studium in die eigene Praxis, ohne Umwege über ein Angestelltendasein in einem Büro. Er wollte direkt über das Bauen zur Architektur; es ging ihm weder um schöne Pläne noch um unrealisierbare Ideen und Bauten, sondern um das konkrete Bauwerk, das sich behaupten muss in der Realität.

Seine Bauten der ersten Jahre sind deutlich von der Auseinandersetzung mit den Abstraktionsversuchen der klassischen Moderne und mit dem Bauen der Nachkriegsjahre geprägt. Bei der 1951 in Köln errichteten Kleiderfabrik und vor allem bei dem Kölner Zweifamilienhaus (1957) benutzt er, wie in der Moderne gefordert, konturierte Wandaufbauten und weiße, wie entmaterialisiert erscheinende Flächen mit scharf in die Baukörper eingeschnittenen Fensteröffnungen. Die Aufrisse und Baumassen folgen der Disposition der Grundrisse, pragmatisch organisiert, aber kompositorisch beherrscht in Bezug auf das Verhältnis zwischen Wand und Öffnung, zwischen Profil und Fläche, Textur und Rhythmus. Alle Elemente scheinen dem Formenfundus der ersten Generation der Rationalisten entliehen zu sein: In diesen Bauten erkennt man Anklänge an das Gestaltpotential des Neuen Bauens der zwanziger Jahre sowie Ungers' Versuch, dieses Formenvokabular aus der Sackgasse des Formalismus, aus seiner Erstarrtheit herauszuführen. ABB. 2

Zwischen 1953 und 1958 baute Ungers in Oberhausen das Institut zur Erlangung der Hochschulreife, ein für die Zeit außergewöhnlicher Komplex aus mehreren um einen Wohnhof gruppierten Gebäuden. Weitere Backsteinbauten folgten, wie auch das Wohn- und Geschäftshaus am Hansaring in Köln. Es sind allesamt sehr sachliche Gebäude, denen man die Auseinandersetzung des Architekten mit den plastischen Möglichkeiten des Backsteins und seinen materialbedingten ästhetischen Energien ansieht. Schon hier wird eine individuelle Note von Ungers sichtbar: nämlich das Gespür für architektonische Physiognomien, die aus der Balance zwischen Zweckerfüllung und der Suche nach den Ausdrucksmöglichkeiten der Architektur jenseits der Funktion erwachsen. Ungers experimentierte beispielsweise mit geschlossenen Flächen, die ihre Wirkung aus der Lage innerhalb der strengen Architektur und aus der Textur des Materials beziehen. Seinem Anliegen kam die Beschaffenheit des Ziegels sehr gelegen, mit dem sich Dauer und Festigkeit demonstrieren lässt, der Plastizität vermittelt und sich zur Massengestaltung eignet. Ungers widersetzte sich so der Tendenz der vermeintlichen Leichtigkeit der Architektur der Nachkriegsmoderne. Schon früh in seinem Schaffen wird es zu seiner Eigenart, gegen den Strom des herrschenden Zeitgeistes und Bauwillens zu schwimmen. ABB. 4 ABB. 3

Ungers betonte zu dieser Zeit den skulpturalen Charakter der Architektur – und somit ihr unendliches Formenpotential. Es entstanden charaktergeladene Gebäudemodulationen und Fassadenphysiognomien, die aufgrund der ihnen zugrunde liegenden konzeptionellen Strenge aus dem Einerlei der Gegenwartsarchitektur hervortraten. Dazu trug bei, dass Ungers elementare, klar linierte und in der Regel kubisch anmutende Formen verwendete.

ABB. 7   1958 entwarf er sein erstes eigenes Wohnhaus in der Belvederestraße in Köln, das zu einem Manifest des so genannten Brutalismus wurde. Dieser von Reyner Banham in den Diskurs eingeführte Begriff – verwandt mit den Bestrebungen von Art brut und Arte povera – bezieht sich auf die Verwendung von sichtbar belassenen Materialien wie Beton und rohem, unverputztem Ziegelmauerwerk. Das Haus Ungers – gefertigt aus ebendiesen Materialien – besteht aus Positiv- und Negativformen, die die Vielfalt der räumlichen Module und deren Anordnung im Innern des Gebäudes nachzeichnen. Um- und ausgebaut zu einem städtischen Labyrinth und in den achtziger Jahren erweitert um einen Bibliothekskubus, dient das Haus in der Belvederestraße dem Ehepaar Ungers bis heute als Wohn- und Bürohaus. Für Reyner Banham, der das Haus Ungers in den Kontext des europäischen Diskurses über das Erbe der Moderne stellt, ist es »*vielleicht das einzige qualitätvolle Bauwerk in Nordeuropa [...], das mit dem Werk der Vertreter der Neoliberty in Italien verglichen werden kann, obgleich jeder derartige Vergleich sicherlich zugunsten von Ungers ausfiele, da seine Bildung weit besser verarbeitet ist*«.[2]

Gemeinsam mit Reinhard Gieselmann arbeitete Ungers sein erstes architekturtheoretisches Manifest aus. 1960 erschien »Zu einer neuen Architektur« – eine Auseinandersetzung mit dem bauwirtschaftlichen Funktionalismus der Zeit und eine Verurteilung von Rasterfassaden, Einförmigkeit und Schematismus, die, dem Manifest zufolge, reinem Ökonomiedenken und engstirnig formulierten Bauvorschriften entspringen. Hier wurde erstmals klar, dass Ungers seine Tätigkeit in der Tradition des Metiers verankert, dass er sich der Geschichte der Architektur versichert:

> *Schöpferische Kunst ist ohne geistige Auseinandersetzung mit der Tradition nicht denkbar. Sie muß die bestehende Form zertrümmern, um reinen Ausdruck ihrer eigenen Zeit finden zu können. [...] Form ist Ausdruck des geistigen Gehaltes.*[3]

Schon in dieser Phase wird die Öffentlichkeit auf das Schaffen des Architekten aufmerksam. Hervorzuheben ist ein Beitrag Aldo Rossis

2

3

4

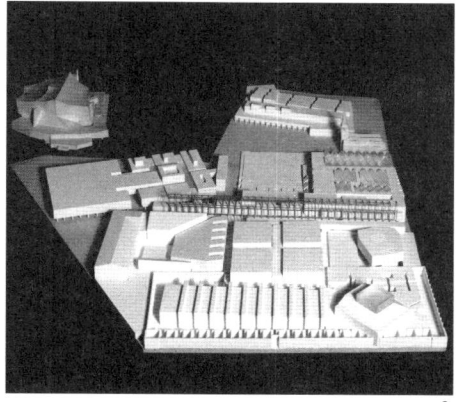

2. Kleiderfabrik Aachener Straße, Köln (1951).
3. Wohn- und Geschäftshaus Hansaring, Köln (1959).
4. Institut zur Erlangung der Hochschulreife, Oberhausen (1958).
5. Modell Studentenwohnheim Enschede, Niederlande (1964).
6. Modell Museum Preußischer Kulturbesitz, Berlin (1965).
7. Wohnhaus Belvederestraße, Köln (1958).

von 1960, in dem er das Werk von Ungers ausführlich dokumentiert und in den Kontext der Nachkriegsarchitektur einordnet.³ Rossi schreibt: »*Jenseits seines Interesses an Technik und Stil glaubt Ungers nicht, daß es heute noch Möglichkeiten gibt, die verschiedenen Ausdrucksformen auf einen einheitlichen Nenner zurückführen zu können, da die Probleme in der europäischen Kultur ziemlich unterschiedlich gelagert sind, zu widersprüchlich für eine universelle Idee. [...] In seinen Konzepten erklärt Ungers, daß seine Bauwerke weder romantisch noch rationalistisch, weder traditionalistisch noch modern seien, daß sie jedoch versuchen, sich beharrlich an der Realität eines Ortes zu orientieren, an der Realität derer, die an dem Ort leben und in der Geschichte dieses Ortes.*«⁴

In seinem 1999 erschienenen Traktat »10 Kapitel über Architektur« – eine Referenz zu Vitruvs »De Architectura Libri Decem« – schreibt Ungers über die Bedeutung der Realität und des Ortes für seine Arbeit:

*Ich lebe in verschiedenen Welten. Eine meiner Wahlverwandtschaften ist sicherlich die Welt Magrittes. Die Umkehrungen, Vertauschungen, das Spiel der Verwechslung der Begriffe, der Entfremdung der Bilder und Gegenstände, die Philosophie der verschachtelten Vorstellungswelt und die Verschiebung der Betrachtungsebenen, alles das ist sicherlich auch mein geistiges Zuhause. Ich will damit Realitäten aus ihren realen Zwängen befreien und sie zugänglich machen für die Phantasie. Wie bei Magritte sind auch meine Arbeiten ein Wechselspiel zwischen Rationalität und Phantasie, zwei an sich gegensätzliche Komponenten, die sich aber gegenseitig bedingen und ergänzen. Es geht nicht um das Absurde und Surreale, sondern darum, die Phantasie und ihre unbegrenzten Möglichkeiten auszuschöpfen. Sicherlich ist eine der wesentlichen Aufgaben der Architektur die Umsetzung und Sichtbarmachung von Ideen, Gedanken und Konzepten in eine gebaute Realität. Eine nicht weniger bedeutungsvolle Voraussetzung ist aber auch die Überhöhung und Verwandlung des Ortes, der Umgebung, von der die Architektur ein Teil ist, durch die sie ein neues Bewußtsein vorher nicht vorhandener Erfahrung vermittelt.*⁵

In diese Zeit der Orientierung und der ersten diskursfähigen Werke fällt auch Ungers Engagement in der internationalen Architekturszene: So beteiligt er sich intensiv an dem CIAM (Congrès Internationaux d'Architecture Moderne) 1953 in Aix-en-Provence sowie an den späteren Treffen von »Team 10«,⁶ das einige junge, radikale Architekten (Jacob Bakema, George Candilis, Peter und Alison Smithson, Aldo van Eyck) nach heftigen Auseinandersetzungen mit den Altvorderen des CIAM (Cornelis van Eesteren, Le Corbusier, Walter Gropius) in Aix gegründet hatten. Auf dem Kongress von 1953, als van Eyck Gropius mit einer Rotweinflasche attackierte, lokalisiert Ungers rückblickend den beginnenden Bruch der neuen Generation mit der Moderne der ersten Stunde. Den endgültigen Bruch siedelt er in der Veranstaltung in Otterloo an, wo Peter Smithson heftig gegen Ernesto Rogers Torre Velasca in Mailand argumentierte. Hier traten die Gegensätze offen zutage, die zeigten, dass es keinen gemeinsamen Weg einer Generation mehr geben werde.

In den sechziger Jahren beschäftigte sich Ungers dann zunehmend mit städtebaulichen Fragen und mit Projekten innerhalb von Großsiedlungen. Er wollte den viel kritisierten Massenwohnungsbau sozusagen nobilitieren, indem er ihn aus der Zwangsjacke der Ökonomie zu befreien suchte, die er für die uniformen, seriellen Fassaden bei den Siedlungen der sechziger Jahre verantwortlich machte. Zu seinen wichtigsten Arbeiten in diesem Zusammenhang gehören die Wohnbebauung »Neue Stadt« Köln-Chorweiler (1961), der Wettbewerb für den »Grünzug Süd« in Köln und die Mehrfamilienhäuser im Märkischen Viertel in Berlin (beide 1962), die lange Zeit von den Medien verteufelt wurden, bei den Bewohnern aber immer beliebter wurden und noch heute sind. Bei diesen Projekten arbeitete Ungers erneut mit Positiv- und Negativräumen, die sowohl die Grundrisse als auch die Außenräume definieren und dadurch vielfältige Kombinationen unterschiedlicher Raumqualitäten erlauben. Ungers ging es um Typologien und darum, sie in neuen Zusammenhängen zu interpretieren. Es ging ihm einmal mehr um das Gestaltpotential der Architektur jenseits soziologischer und ideologischer Diskussionen. Sein Wohnungsgrundriss im Märkischen Viertel zum Beispiel löst sich von den damals herrschenden Normen und Raumhierarchien, indem ein zentraler Wohn- und Essbereich geschaffen wird, um den herum die anderen Räume organisiert sind. Er suchte von nun an – ausgehend von typologischen Untersuchungen – nach Strategien und deren Regeln: dazu gehörte für ihn die Morphologie, die fortan als Verfahren zu einer dominierenden Konstante seiner Entwürfe wurde. Er schreibt darüber in seiner

Abhandlung »Entwerfen und Denken in Vorstellungen, Metaphern und Analogien«:

> *Offensichtlich vollziehen sich alle Denkprozesse in zwei verschiedenen Richtungen. Jede beansprucht für sich, der einzig richtige Weg zu sein, durch welchen Denkanstöße hervorgerufen werden, sowohl in der Wissenschaft, der Kunst und auch in der Philosophie. Die erste ist gemeinhin bekannt als empirische Denkweise. Sie beschränkt sich auf das Studium physischer Erscheinungen. Sie bezieht sich auf Tatsachen, die gemessen und beurteilt werden können. Die intellektuelle Sicht konzentriert sich auf getrennte Elemente und isolierte Tatsachen, die von direkten praktischen Erfahrungen abgeleitet werden. Das Denken ist strikt limitiert auf technische und praktische Prozesse, wie sie sehr deutlich formuliert sind in den Theorien und Methoden des Pragmatismus und der Verhaltenslehre.*
>
> *Die andere Richtung des Denkens sucht Erscheinungen und Erfahrungen, welche mehr beschreiben als nur eine Summe von Teilen und so gut wie keine Aufmerksamkeit auf die einzelnen Elemente verwendet, die ohnedies beeinflußt und verändert werden durch subjektive Anschauungen und umfassende Vorstellungen. Der Hauptbezug oder die wesentliche Bedeutung ist nicht die Betrachtung der Wirklichkeit, wie sie ist, sondern die Suche nach einer übergeordneten Idee, einem allgemeinen Inhalt, einem zusammenhängenden Gedanken oder einem Gesamtkonzept, das alle Teile zusammenbindet. Es ist bekannt unter dem Begriff der »Gestalttheorie« und wurde sehr deutlich entwickelt während der Zeit des Humanismus in den philosophischen Abhandlungen des morphologischen Idealismus.*[7]

Seine Berufung zum Professor für Entwerfen an die Technische Universität Berlin im Jahr 1963 leitete neben einer langjährigen Lehr- und Forschungstätigkeit eine Periode ein, während der er nicht baute, sondern theoretisch arbeitete. Ungers wollte theoretische und historische Grundlagen seiner Arbeit vertiefen, seine Strategien überdenken und sich selbst Werkzeuge schaffen, mit denen Architektur und Ausdruck jenseits von Modeströmungen, Bauherrenwünschen und ökonomischen Zwängen möglich ist. Zwingender als zuvor stellt sich ihm Architektur als ethisches und moralisches Anliegen dar:

> *Architektur ist partielle Schöpfung. Jeder schöpferische Vorgang aber ist Kunst. Ihm gebührt der höchste geistige Rang. […] Architektur ist Einhüllung und Bergung und damit eine Erfüllung und Vertiefung des Individuums.*[8]

ABB. 5
ABB. 6

Bei seinen Wettbewerbsbeiträgen für das Studentenheim der TH Twente in Enschede in den Niederlanden (1964) und das Museum Preußischer Kulturbesitz in Berlin (beide 1965) kommt das Prinzip der Morphologie in unterschiedlichen Modifikationen zur Anwendung. Dieses Prinzip erlaubt es Ungers, seine Bauten und die daraus entstehenden Bauensembles elastisch zu halten und nicht erstarren zu lassen. Bei den zwei genannten Entwürfen reduzierte er die einzelnen Räume auf ihren Wesenskern (Raumfigur, Funktion, Zuordnung im Gefüge), um diese dann miteinander zu kombinieren. Die Entwürfe bewegen sich fern jedweder Stilisierung und tragen nurmehr das Signum einer architektonisch thematisierten Bildsprache in sich. Dass dabei Primärformen zur Anwendung kommen – Kreis und Quadrat, Zylinder und Kubus und deren morphologische Verwandlung – ergibt sich aus der Notwendigkeit, die dem Programm inhärente räumliche Vielfalt zu ordnen. Zugleich sind die Primärformen Garant für Ungers' Forderung, dass alle Teile eines Gebäudes oder Ensembles in einen thematischen Dialog miteinander treten müssen.

Während seiner Professur an der TU Berlin hat sich Ungers aufgrund seines »wissenschaftlichen«,[9] positionsgebundenen und konzeptionellen Arbeitens großen Respekt erworben. Außerdem hat er die Universität als Ort des Austausches begriffen und entsprechend gepflegt. Ungers organisierte Kongresse und weitere Treffen des »Team 10« in Berlin, wo er selbst mit einem seiner legendärsten Entwürfe dieser Jahre auftrat – dem für das Studentenheim Twente in Enschede (Holland). An seinem Lehrstuhl und unter seiner Leitung entstanden die berühmten und längst zu Sammlerstücken gewordenen »Veröffentlichungen zur Architektur« (insgesamt 22 Hefte), in denen sowohl Aufgaben aus dem »Seminar Ungers« als auch allgemeine Aspekte der aktuellen Architektur thematisiert und dokumentiert sind.

Die Politisierung der Hochschullandschaft und die Entwicklung zu einer von wirtschaftlichen Interessen gesteuerten Architektur veranlassten Ungers 1968, aus dem Kurs der Hochschulen auszuscheren und einem Ruf als Chairman an die Cornell University, New York zu folgen. Die folgenden Jahre beschäftigte er sich in den USA mit theoretischen Aspekten von Architektur und Stadtplanung und mit der Lehre. In dieser Zeit interessierten ihn die Entstehung urbaner Typologien, die Ikonographie städtischer und städtebaulicher Bilder, operative Strategien im Kontext traditioneller Stadtstrukturen (Stichwort Kontextualismus) und die Rolle von Landschaftselementen im Hinblick auf ihr Zusammenspiel mit Architektur. Hieraus entstanden die Untersuchungen »The Urban Block«, »The Urban Villa« und »The Urban Garden«, an denen späterhin so berühmte Architekten wie Rem Koolhaas und Hans Kollhoff mitarbeiteten, die an der Cornell University im Staate N.Y. seine Schüler waren.

Die operative Strenge, die Ungers während dieser Zeit entwickelte, findet ihre Entsprechung in einem neuen Sehen, einem analysierenden Blick. Dieser Blick erkennt innerhalb unterschiedlichster komplexer Systeme analoge Strukturen. Ungers demonstrierte dieses Sehen 1976 anhand eines Ausstellungs- und Katalogbeitrages für das Cooper-Hewitt Museum of Design in New York, betitelt »Man transForms«: Hier stellte er Strukturen aus der Zoologie, Botanik und von Gebrauchsgegenständen ähnlich gearteten städtebaulichen Strukturen auf abstrakter, auf bildhafter Ebene gegenüber. Im Katalogtext, der 1982 in einer separaten Publikation erschien, heißt es:

Die Bedeutung des Denkens und Entwerfens in Bildern, Metaphern, Modellen, Analogien, Symbolen und Allegorien ist nichts anderes als der Übergang von rein pragmatischen Denkansätzen zu einer mehr kreativen Methode des Denkens. Es bedeutet einen Prozeß des Denkens in qualitativen Werten statt in quantitativen Daten, einen Prozeß, der mehr auf Synthese als auf der Analyse basiert – nicht so verstanden, daß analytische Methoden abgelehnt werden, sondern mehr in der Richtung, daß Analyse und Synthese alternieren, so natürlich wie das Einatmen und Ausatmen, wie Goethe es ausgedrückt hat. Es ist als ein Übergang der Denkprozesse vom metrischen Raum zum visionären Raum kohärenter Systeme zu verstehen, von Konzepten gleicher Beschaffenheit zu Konzepten der Gestaltfindung. All die unterschiedlichen Methoden, die hier beschrieben worden sind, sind Teil eines morphologischen Konzeptes, das als eine Studie der Formation und Transformation zu verstehen ist, seien es Gedanken, Tatsachen, Objekte oder Bedingungen, wie sie sich selbst in sensitiven Experimenten oder Erfahrungen ausdrücken.[10]

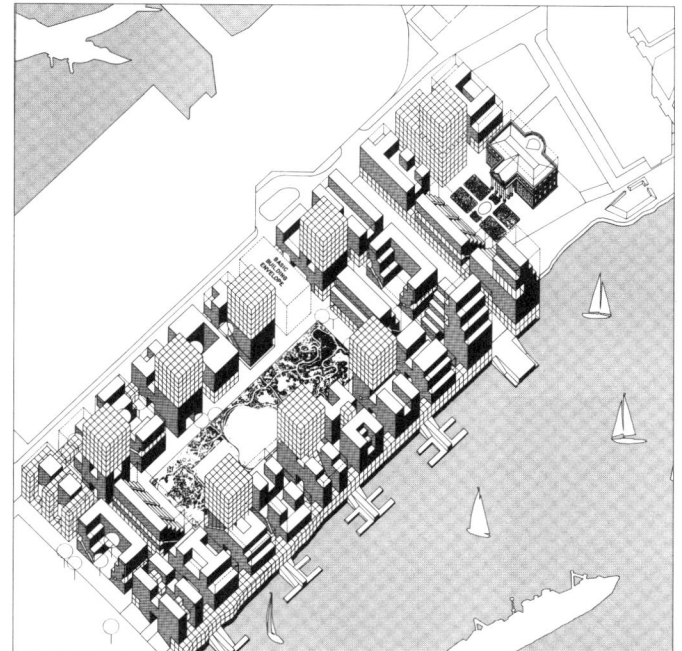

8. Bebauung in Roosevelt Island, New York (1975).

Parallel zu seiner Lehrtätigkeit entstanden in den siebziger Jahren eine Reihe von Wettbewerbsarbeiten und Projekten, in denen Ungers sein morphologisches Prinzip auf weiträumige Stadtstrukturen ausweitete: für das Landwehrkanal-Tiergartenviertel (1973), für das Wohnquartier Lichterfelde (1974), für die Friedrichstadt (1977) (alle in Berlin) und – eines der wichtigsten Projekte dieser Zeit – für Roosevelt Island in New York (1975).

In den gleichzeitig entstandenen Architekturentwürfen erkennt man, dass Ungers zunehmend von einer »absoluten« geometrischen Form ausging, was sich vor allem in der Anwendung geometrischer Figuren äußert. Die Planung für die Wohnbebauung Marburg (1976), die Wettbewerbsentwürfe für das Hotel Berlin (1977), das Hotel Budapester Straße (1978) und für das Pumpwerk Tiergarten (1978) (alle Berlin), verdeutlichen dies: In Marburg sind es Variationen des städtischen Wohnhaustypus und bei den Hotels in Berlin ist es die monumentale Steigerung der Grundfiguren Kreis und Quadrat, die einem ins Auge fallen. Das gemeinsame Grundthema sind die Transformationen städtischer Typologien.

9

10

9. Messehochhaus, Frankfurt am Main (1980–1983).
10. Galerie der Gegenwart, Hamburg (1986–1996).
11. Wohnhaus Glashütte, Bitburg (1986–1988).
12. Wohn- und Bibliothekshaus Kämpchensweg. Köln (1994–1996).

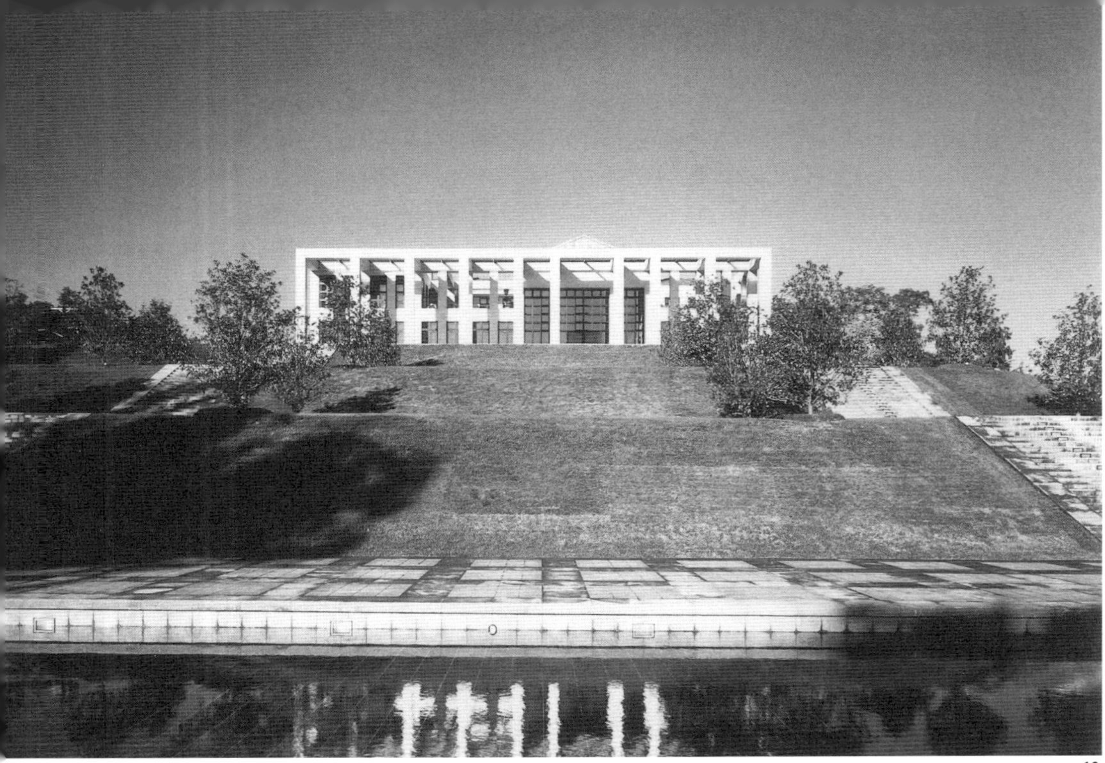

13

13. Residenz des Deutschen Botschafters, Washington (1995).

14. Wallraf-Richartz-Museum, Köln (2000).

14

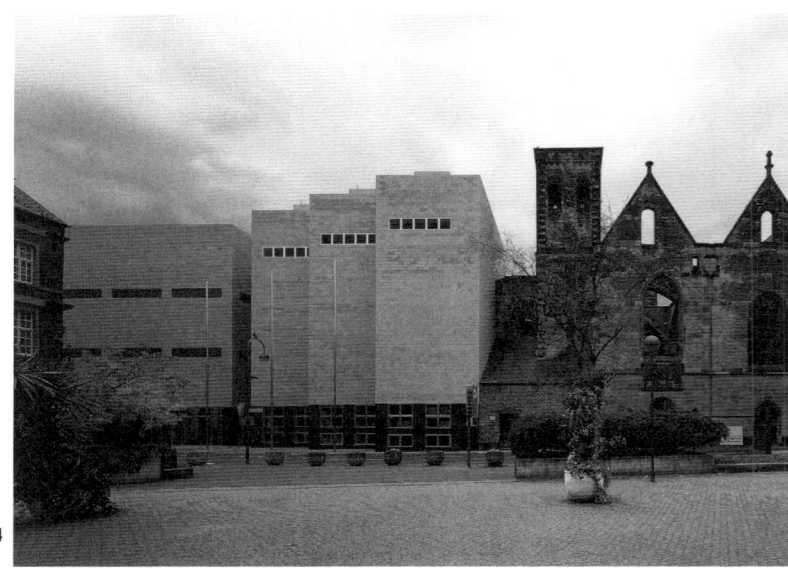

15. »Haus im Haus«,
Deutsches Architekturmuseum,
Frankfurt a. M. (1984).

Nach seiner Rückkehr aus den USA begann für Ungers eine Phase immenser baulicher Produktivität: Mit den realisierten Entwürfen der achtziger Jahre (Deutsches Architekturmuseum, Hochhaus Gleisdreieck, Messehaus und Galleria in Frankfurt, Alfred-Wegener-Institut für Polarforschung in Bremerhaven, Landesbibliothek und Bundesanwaltschaft in Karlsruhe) und der neunziger Jahre (Kunsthalle Hamburg, Wohnhaus Glashütte und Kubus-Haus in Köln, Botschaftsresidenz in Washington, DC, Familiengericht und Bebauung an der Köthener Straße in Berlin) schrieb sich Ungers unwiderruflich in den Rang eines der bedeutendsten Architekten in Deutschland ein. Den »Ideen zur Architektur«, in den siebziger Jahren entwickelt, formuliert und verfeinert, folgte nunmehr eine »Architektur der Ideen«. Alle genannten Projekte sind große, in sich geschlossene und rein aus der Geometrie geschaffene Gebäude. Mit ihnen dekliniert Ungers den Reichtum der Gestaltungsmöglichkeiten auf der Grundlage reiner Geometrien und typologischer Grundelemente durch und lotet aus, wie weit sich eine Idee in verschiedene Maßstäbe übertragen lässt, inwieweit sich mithin das Kleine im Großen und umgekehrt das Große im Kleinen abbilden lässt. Analog zu Ungers' Forderung sind diesen Gebäuden ihre Ideen gleichsam eingeschrieben:

> Im Gegensatz zur Landschaft, zur Natur, zum kosmischen Raum verlangt der architektonische Raum Abgrenzung, Einfassung, Umhüllung und Einbindung. Man erwartet hierfür ein rationales Konzept, eine Idee, einen gedanklichen Ausdruck. Es erfordert Sinngebung, einen Raum zu schaffen.[11]

In diesen Entwürfen gehen poetische und operative Strategien eine Symbiose ein und führen zu Bildern wie dem »Haus im Haus« im Architekturmuseum Frankfurt oder der ineinander gesteckten Figur von Torhaus und Hochhaus der Frankfurter Messe – einer Figur, die symbolisch und poetisch ist, aber auch architektonisch und mathematisch legitimiert wird. Gleichzeitig wird eine verstärkte Neigung zum Weglassen, zur formalen Reduktion erkennbar. Profile auf den Fassaden verschwinden, die Flächen werden glatter und strenger geordnet, und das Liniengefüge wird wie in der Renaissance, auf die sich Ungers bezieht, durch harmonische Proportionen erzeugt.

ABB. 9

Seine zentrale theoretische Schrift aus dieser Zeit ist »Die Thematisierung der Architektur« (1983), in der Ungers seine Entwurfsmethoden anhand von Beispielen Revue passieren lässt.

Eine Architektur, die nicht ihr Thema aus sich selbst bezieht, schreibt er,

ist wie ein Bild, das sich darauf beschränkt, fotografisches Abbild zu sein. Das Thema und der Inhalt der Architektur kann nur die Architektur selbst sein. [...] Ein Bauwerk ohne ein Thema, ohne eine tragende Idee, ist Architektur ohne einen Gedanken. [...] In diesem Zusammenhang gesehen, ist die Forderung nach einer Thematisierung der Architektur auch eine eminent menschliche Frage, da sie dazu beiträgt, die Umwelt aus der pragmatischen Realität in die metaphysische Welt der Ideen zu transformieren, das heißt die Alltagswelt zu sensibilisieren und aus der Trivialität herauszuheben.[12]

In anderen Publikationen dieser Zeit geht es Ungers um den Beleg seiner These, dass sich die Klarheit der architektonischen Form – und nur an Klarheit ist ihm gelegen – mathematischen und arithmetischen Gesetzen verdankt. Dabei zeichnet er die Traditionslinie nach, in der er gesehen werden will: Antike Bauten unbekannter Meister (Parthenon) tauchen in der Schrift »Quadratische Häuser« (1986) ebenso auf wie solche von Vincent Scamozzi, Andrea Palladio, Claude-Nicolas Ledoux, Karl Friedrich Schinkel, Le Corbusier und Mies van der Rohe. Ungers steckt das Terrain der Tradition der rationalistisch legitimierten Architektur noch einmal ab, um sein eigenes Anliegen zu verdeutlichen: eine gefühlsbefreite und dennoch poetische Architektur, Kalkül und Ordnung – mithin eine Sinn stiftende Rolle der Baukunst im Bilderreigen unserer Gegenwart.

In den neunziger Jahren verfeinert Ungers diese Haltung noch; sie wird rigoroser und kompromissloser. Sein Credo der letzten zehn Jahre zielt auf eine »vollkommene Abstraktion«: auf die Kunst des Weglassens all jener Momente in der Architektur, die sich nicht auf Zahlen, Proportionen und Maßordnungen zurückführen lassen. Mit seinem Kubus-Haus, dem schwarzen Kubus für seine mittlerweile legendäre Architekturbibliothek, angebaut an sein erstes eigenes Wohnhaus in der Belvederestraße in Köln, verwirklicht er erstmals diesen neuen und radikalen Gedanken der Reduktion, der reinen Formensprache aus dem Geiste von »Maß, Zahl und Ordnung«, wie ein Text von ihm in einem Ausstellungskatalog 1994 überschrieben ist.[13] Nach allen Experimenten will Ungers nun eine poetisch inspirierte Klarheit, definiert von Paul Valéry, den er immer wieder zitiert mit dem Gedanken: »*Was gibt es Geheimnisvolleres als die Klarheit.*« In »Maß, Zahl, Proportion« schreibt er:

> *Zumindest die klassische Architekturauffassung versteht sich als reine Wissenschaft, die das Absolute erreichen will und auf der platonischen Vorstellung vom Wahren, Guten und Schönen basiert. Deshalb auch zeigten die klassischen Bauten keine Materialität, denn nur die Form an sich, die Proportionsverhältnisse, die Klarheit der Geometrie waren wichtig. Mit der strengen Formgebung wurde ein Grad höchster Vollendung und Einfachheit angestrebt. Übersetzt in die heutige Architektursprache bedeutet dies die Kunst des Weglassens.*[14]

In Berlin entstanden in diesen Jahren das Familiengericht, die Friedrichstadtpassagen und das Messegelände nach seinen Entwürfen. In Hamburg wurde die Galerie der Gegenwart fertiggestellt – eine Reminiszenz an die französische Revolutionsarchitektur – und in Karlsruhe das Gebäude für die Bundesanwaltschaft. In Düsseldorf folgt nun der Kunstpalast, in Köln wurde 2000 das Wallraf-Richartz-Museum vollendet. Vor allem aber entstand Ungers drittes eigenes Wohnhaus in Köln, in dem er als unabhängiger Bauherr seine Vorstellungen – seine Ideen zur Architektur – ohne Kompromisse verwirklichen konnte: ein allseitig abgeschliffener Kubus aus dem Geiste der Mathematik, gefühlsbefreit, rein und klar wie ein Kristall im Licht.

In den Bauten der neunziger Jahre kommen die stereometrischen Körper reiner zum Ausdruck als zuvor: als exakt bemessene geometrische Flächen, als konkret in den Stadtraum gezeichnete Linien, Quadrate,

Kuben und Rechtecke. Diese geometrische Ordnung beruht einzig auf Maßen, Zahlen und Proportionen. Sie schafft eine architektonische Grammatik, die so alt ist wie die Baukunst selbst, betont Ungers und führt als prominente Vordenker antike Philosophen und Gelehrte sowie den Kirchenlehrer Augustinus an:

> »Ars sine sciencia nihil est.« Der französische Baumeister Jean Mignot hat mit diesem Satz das Kunstverständnis der Renaissance entscheidend geprägt. Die mathematische Regel und das geometrische Ordnungsprinzip waren in der Antike das Fundament der Architektur. Der antike Schönheitsbegriff bezog sich nicht allein auf die Erscheinung, sondern auf ein System von Regeln und Proportionen. »Artem sine scientia esse non posse«, sagt auch Cicero, und Platon schreibt: »Wenn jemand von allen Künsten die Lehre von Zahl, Maß und Gleichgewicht scheiden wollte, dann würde sprichwörtlich überall nur mehr ein kümmerlicher Rest übrig bleiben. Als Schönheit von Formen will ich nicht das bezeichnen, was wohl die meisten dafür halten, wie etwa die Schönheit lebender Wesen oder gewisser Gemälde. Als Schönheit bezeichne ich vielmehr etwas Gerades und Kreisförmiges und damit durch Zirkel, Richtscheit und Winkelmaß gebildete Flächen und Körper, denn diese sind immer, und an und für sich, schön, und führen in sich gewisse, ganz eigentümliche Kunstgefühle.«
>
> Die Pythagoräer waren der Auffassung, das Wesen aller Dinge sei die Zahl. Die göttliche Weltordnung sei mathematischer Natur und darauf beziehe sich das Wesen der gebauten Realität. Diesen Gedanken greift der frühchristliche Philosoph und Kirchenlehrer Augustinus auf, indem er den Spruch des Weisen Salomons zitiert: »Du hast alles geordnet nach Maß, Zahl und Gewicht.« Gott ist der Ursprung aller Schönheit, ihr liegen Maß, Zahl und Harmonie zugrunde. Für Augustinus ist das Bauen eine Wissenschaft, die auf der Wendung geometrischer Gesetze beruht.[14]

Unserer architektonischen Kultur ist diese Haltung fremd, denn in der Regel setzen die Architekten auf dekonstruierte und deregulierte Bildeffekte, mithin auf Täuschung und Verwertung und nicht auf Klarheit und Ordnung wie Ungers. Er setzt auf theoriefähige Konzepte, auf Tradition.

Bei dem Haus am Kölner Kämpchensweg, dem Haus Ungers – es ist der radikalste und in diesem Sinne auch der poetischste und romantischste Bau von Ungers –, zählen ausschließlich die Fläche und die

ABB. 12

Ordnung der Form, die aus der Geometrie und der Mathematik erwachsen. Äußerlich zelebriert Ungers »das Haus als reines Kunstobjekt«,[15] indem er einen Sockel schafft, auf der seine »Kiste«, wie er sie selbst nennt, steht, die das Notwendigste anzeigt, nämlich Wände und Fensteröffnungen. Präzise in den Raum gezeichnet, hart, schmucklos, elementar, rein, eine Grundform:

> *Kein Ausdruck von etwas, kein Synonym für etwas, heruntergeschliffen auf den absoluten Kern, so pur, so eindeutig wie möglich. [...] Alles, was gemeint ist, wird sichtbar, wird unvermittelt gezeigt.*[16]

1999 erarbeitete Ungers sein bislang letztes schriftlich fixiertes Manifest, »10 Kapitel über Architektur«, das als Begleitbuch zu einer breit angelegten Ausstellung seines Werkes, seiner Buch- und Kunstsammlung erschienen ist. Ausgehend von einem weiten Referenz-Bogen, den er im Prolog von Sokrates bis Ludwig Wittgenstein schlägt, zieht Ungers eine Bilanz seines Schaffens. Die Kapitelüberschriften erscheinen als thesenhafte Verdeutlichung seiner Gedanken: Sie klingen wie ein wissenschaftliches Lexikon (»Von der Geometrie regelmäßiger Körper«, »Von der vielfältigen Teilung gleicher Kuben« etc.) und zeigen eine Position, die einerseits nach individueller Erfüllung und andererseits nach überzeitlicher Wahrheit der Baukunst sucht. Dem Buch vorangestellt ist das Motto »*Kunst ist Kunst als Kunst und alles Andere ist alles Andere*« (Ad Reinhardt);[17] es könnte ebenso lauten: »Architektur ist Architektur als Architektur und alles Andere ist alles Andere.«

ANMERKUNGEN

1 Ungers 1994, S. 8.
2 Banham in Joedicke 1966, S. 126.
3 Gieselmann/Ungers 1975, S. 158f.
4 Rossi 1960, S. 22–35.
5 Ungers 1999, S. 852f.
6 Das »Team 10« konstituierte sich aus Anlass der Vorbereitung des 10. CIAM-Kongress in Dubrovnik 1956.
7 Ungers 1982.
8 Gieselmann/Ungers 1975.
9 Rückblickend spricht Ungers selbst von »Pseudowissenschaftlichkeit«; ein Blick in die entsprechenden Veröffentlichungen aber zeigt das ernste Bemühen, jedem Entwurf Prozesse und Analysen vorzuschalten, die sich aus dem Kontext und den Randbedingungen ergeben; er knüpft damit an das Bauhaus Dessau an, an die Baulehre, die Hannes Meyer zwischen 1927 und 1930 entwickelte.
10 Ungers 1982, S. 14.
11 Ungers 1985.
12 Ungers 1985.
13 Ungers 1994.
14 Ungers 1994, S. 10
15 Ungers 1999b, S. 29.
16 Ungers 1999b, S. 38.
17 Ungers 1999a.

ALDO ROSSI *1931 – †1997

Im gleichen Jahr, in dem das Buch von Robert Venturi »Komplexität und Widerspruch« erschien, veröffentlichte Aldo Rossi ein Traktat mit dem Titel »L'Architettura della Città« – die »Architektur der Stadt«. Er hatte bereits 1960 mit der Niederschrift begonnen, weil er der Ansicht war, »*mit dreißig Jahren sollte man etwas Endgültiges anfangen, mit dem man seinen eigenen Bildungsgang klärt*«, und so wollte er »*ein endgültiges Buch schreiben.*«[1] Es wurde zu einer einflussreichen »Theorie des Urbanen« und war schon nach kurzer Zeit vergriffen, so dass bereits 1969 eine Neuauflage erschien.

Bis zu diesem Zeitpunkt hatte er wenig gebaut und sich vor allem als Redakteur verschiedener Zeitschriften wie »Casabella-Continuità«, »Il Contemporaneo« und anderen betätigt.

Aldo Rossi wurde 1931 in Mailand geboren. Seine Schulzeit absolvierte er in katholischen Lehranstalten. 1949 begann er mit dem Studium am Polytechnikum in Mailand, das er 1959 mit der Promotion abschloss. Während seiner Studienzeit reiste er nach Prag und in die Sowjetunion. Seine Eindrücke beschreibt er in seiner »Wissenschaftlichen Selbstbiographie«, die er 1981 in Harvard verfasste:

> *Als Zwanzigjähriger wurde ich in die Sowjetunion eingeladen. Das war eine besonders glückliche Zeit und verband meine Jugend mit einer damals einmaligen Erfahrung. Von Russland liebte ich alles, die alten Städte gleichermassen wie den sozialistischen Realismus, die Leute und die Landschaft. Das Interesse für den sozialistischen Realismus diente mir*

dazu, mich von der ganzen kleinbürgerlichen Kultur der modernen Architektur zu befreien: Ich zog die Alternative der grossen Strassen Moskaus vor, die weiche und provozierende Architektur der Metro und der Universität auf den Leninhügeln. Ich sah, wie sich das Gefühl mit dem festen Willen verband, eine neue Welt zu bauen. Nun fragen mich viele, was diese Zeit für mich bedeutete. Dazu glaube ich vor allem dies sagen zu müssen: Ich wurde mir bewusst, wie stark die Architektur mit dem Stolz eines Volkes verbunden ist. Wer immer mir die Schulen und Häuser zeigte, liess diesen Stolz spüren, die Studenten Moskaus ebenso wie die Bauern des Don. Ich bin nicht mehr in die Sowjetunion zurückgekehrt, doch bin ich stolz, die grosse Architektur der Stalinzeit verteidigt zu haben, die sich zu einer wichtigen Alternative zur modernen Architektur zu entwickeln vermochte, dann jedoch ohne klare Absicht aufgegeben wurde. Meine Verteidigung der sowjetischen Architektur brachte mir stets Polemiken ein, aber ich habe sie nie aufgegeben. Ich verstehe, dass darin auch ein sozusagen privater oder streng selbstbiographischer Zug liegen kann.[2]

Es war nicht der Stil der stalinistischen Architektur, der Rossi beeindruckt hatte, sondern die »monumenti«, die einer Stadt ihre Identität geben.

Nachdem er Assistent bei Ludovico Quaroni in Arezzo und später bei Carlo Aymonino in Venedig war, war er von 1965 bis 1972 Professor am Polytechnikum in Mailand. Danach unterrichtete er drei Jahre an der ETH in Zürich. 1975 erhielt er den Lehrstuhl für Entwurf an der Universität Venedig. 1976 lud ihn O. M. Ungers als Gastprofessor an die Cornell University in Ithaca ein; von da an hielt er Vorträge und Vorlesungen an vielen großen amerikanischen Universitäten.

Aufgrund seiner frühen Schriften und Entwürfe gilt er als Begründer oder wichtigster Vertreter des italienischen Rationalismus.

Als er 1973 Direktor der Internationalen Architekturabteilung der 15. Mailänder Triennale wurde, gab er ihr den Titel »Architettura Razionale«. Die dazu erschienene Publikation mit dem gleichen Titel enthält Rossis theoretische und historische Begründung des Rationalismus und kann als Manifest des Rationalismus gesehen werden.

In diesem Dokument nennt und zeigt er die Architekten und Bauten, die für seine architektonische Entwicklung wichtig waren. Dazu gehören der Schweizer Architekt Hans Schmidt und O. M. Ungers, wie Heinrich Klotz schreibt: »*Eine ganz andere Quelle der Anregung war neben*

ABB. 2

den Arbeiten Schmidts das Werk des Kölners O. M. Ungers Rossi hatte sich während seines Besuchs bei Ungers im Jahre 1960 mit den Bauten des deutschen Architekten vertraut gemacht und vor allem das 1957 entstandene Haus Müller in Köln eindringlich studiert. Er hatte diesen Bau mit seinen tiefen Wandeinschnitten nicht nur im Triennale-Katalog wieder abgebildet, sondern sich auch als bauender Architekt mit dem Entwurf seiner ersten, bisher noch unpublizierten Häuser, die Anfang der sechziger Jahre entstanden sind, an Ungers' Haus Müller angeschlossen. Sucht man nach Quellen des Rationalismus, so muß man die Ergebnisse dieses frühen Dialogs zwischen Rossi und Ungers mitberücksichtigen.«[3]

Wie auch Venturi sich vom Funktionalismus distanzieren wollte – dabei jedoch zu völlig anderen Ergebnissen als Rossi kommt –, so greift dieser in der Einleitung des Mailänder Katalogs auf den Architekturtheoretiker der Moderne, Adolf Behne, zurück und zitiert aus dessen 1923 erschienen Buch »Der moderne Zweckbau« die klare Unterscheidung zwischen Funktionalismus und Rationalismus: »*Spitzt nämlich der Funktionalist den Zweck am liebsten zum Einmalig – Augenblicklichen zu – für jede Funktion ein Haus! – so nimmt ihn der Rationalist breit und allgemein als Bereitschaft für viele Fälle, eben weil er an die Dauer des Hauses denkt, das mehrere Generationen mit vielleicht wechselnden Ansprüchen sieht und deshalb nicht leben kann ohne – Spielraum. Der Rationalist ist nicht gleichgültiger gegenüber dem Zweck als der Funktionalist, steht nicht auf der Seite zweckverachtender Barockgenies, aber er meidet die Tyrannei des selbstherrlich gewordenen Zweckes. Sucht der Funktionalist die größtmögliche Anpassung an den möglichst spezialisierten Zweck, so der Rationalist die beste Entsprechung für viele Fälle. Jener will für den besonderen Fall das absolut Passende, die Norm. Jener ist nur Anpassung, Relation, Gestaltlosigkeit aus Selbstlosigkeit, Mimikry, dieser auch eigene Wille, Selbstbesinnung, Spiel, Form.*«[4]

Zum Rationalismus von Rossi, wie er sich in seinen Arbeiten ausdrückt, kommen jedoch noch ästhetische und metaphysische Qualitäten hinzu, die besonders in den Aquarellen und Zeichnungen – mit denen er seine Projekte begleitete – deutlich wurden.

Die ersten rationalistischen Entwürfe entstanden 1962 und 1965. Bei beiden handelte es sich um Gedenkstätten für die im Zweiten Weltkrieg gefallenen Widerstandskämpfer. Das erste, für Cuneo geplante, wurde nicht gebaut; das zweite Denkmal wurde 1965 in der Nähe von Mailand, in Segrate, errichtet. Das Thema erlaubte Rossi, seine Vorstellungen ohne Kompromisse zu verwirklichen und mit klaren geometrischen Formen zu arbeiten.

Für Cuneo sah er einen Kubus von zwölf Meter Seitenlänge vor, zu dessen Plattform eine steile Treppe führte, deren tiefgezogene Decke eine bedrückende Wirkung hervorrufen sollte. Nur ein schmaler Schlitz erlaubte einen Durchblick in die Landschaft.

In Segrate gestaltete er den Rathausplatz, dessen dominierender Teil das Denkmal für die Partisanen ist. Es besteht aus einem Brunnen und einer Tribüne und »*setzt sich aus verschiedenen architektonischen Elementen und Stücken zusammen.*«[5] Hier kommt jedoch noch ein Element hinzu, das für Rossi ebenso wie für andere Architekten – wie Etienne-Louis Boullée, Le Corbusier oder Louis Kahn – von entscheidender Bedeutung ist: Licht und Schatten. »*Auf den Plätzen Italiens sind die Schatten Teil der Architektur, sie zeigen die Jahreszeiten ebenso an wie die Stunden des Tages.*«[6] Beide Denkmäler vermeiden jegliches Pathos, aber durch ihre Klarheit und Einfachheit vermitteln sie eine starke Symbolkraft.

Das nächste Werk Rossis befasst sich ebenfalls mit dem Thema Tod. 1971 gewann er zusammen mit Gianni Braghieri einen Wettbewerb für die Erweiterung des neoklassizistischen Friedhofs in Modena, der erst 1983 vollendet wurde. Er gehört zu den bekanntesten und wegen seiner archetypischen Formensprache zu den suggestivsten Arbeiten Rossis, die an die *Pittura Metafisica* von Giorgio de Chirico erinnern. Seine Vorstellung von dieser Architektur beschreibt Rossi selbst:

ABB. 3

Ich dachte daran, den Friedhof in einer rationalen Auffassung des Todes zu gestalten, als eine Unterbrechung des Lebens. Deswegen versuchte ich, ein verlassenes Haus mit leeren Fenstern darzustellen, eine Fabrik mit einem Schlot, wo die Arbeit unterbrochen wurde. Gleichzeitig konzipierte ich den Friedhof als städtisches Element. Deswegen legte ich auf die kollektiven Gebäude besonderes Gewicht. Der Friedhof befindet sich in der näheren Umgebung der Stadt, in einer Grünzone, die jedoch schon ziemlich stark verbaut ist. Die typologische Form des Friedhofs ist gekennzeichnet durch gradlinige Durchgänge mit Portiken: diesen entlang sind die Gräber angeordnet. Die Teile, die den Friedhof bilden, können folgendermaßen beschrieben werden:
– dem Perimeter entlang und unter der Erde befinden sich auf zwei Geschossen die Kolumbarien
– im Zentrum steht das Ossarium (Gebeinhaus)

2. Haus Müller von Oswald Mathias Ungers in Köln (1957).
3. Friedhof in Modena (1971).
4. Wohnblock in Gallaratese (1969–1973).
5. Grundschule in Fagnano Olona (1972–1976).
6. Skizze des Studentendorfes in Chieti (1976).
7. Titelblatt des »Libro azzurro« (1981).

ALDO ROSSI

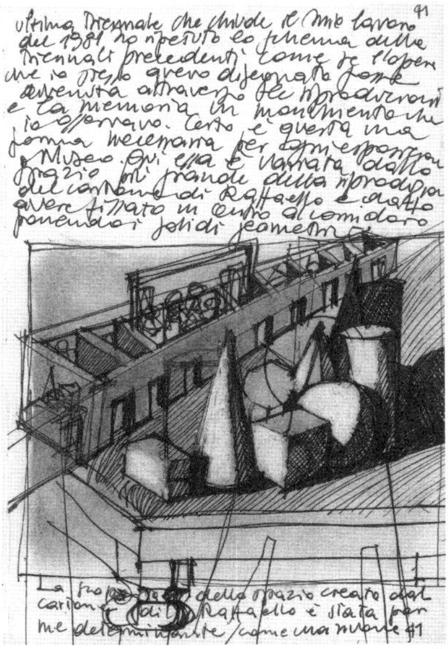

8. Teatro del Mondo in Venedig (1979).
9. Wohnbebauung Südliche Friedrichstadt Wilhelmstraße in Berlin (1981, zusammen mit Gianni Braghieri).
10. Bonnefanten-Museum in Maastricht (1990).
11. Verwaltungsgebäude der Disney Development Company in Orlando, Florida (1995).
12. Quartier Schützenstraße in Berlin (1994–1998).

10

11

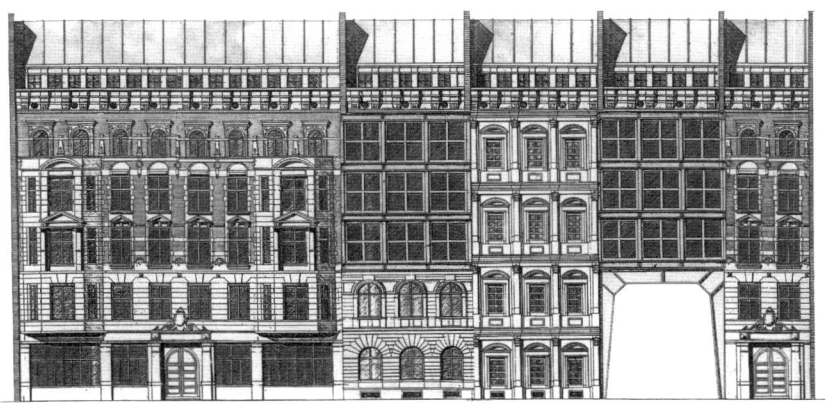
12

- *im Grünen die Erdgräber*
- *das Sacrarium*
- *der Konus stellt die Fossa Comune dar.*[7]

Es ist ein Friedhof ohne Ornamente, ohne Allegorien: Allein durch die Ausdruckskraft der geometrischen Körper und ihrer Beziehung zueinander ist er zu einem würdigen Memento mori geworden. Gleichzeitig ist er paradigmatisch für die Autonomievorstellung der Architektur.

Das erste größere Projekt, das zwischen 1969 und 1973 entstand, war der Wohnblock in Gallaratese bei Mailand, der Teil einer von Carlo Aymonino geplanten Siedlung war. In Anlehnung an italienische Laubenganghäuser in Mailand, wie er sie in seiner »Wissenschaftlichen Selbstbiographie« abbildet, wählte Rossi für sein 182 Meter langes Gebäude diesen Typ. Da ein so langes, aus Beton bestehendes Haus nicht ohne Dehnungsfuge auskommt, benutzte er das technische Detail als Kunstmittel.

ABB. 4

Das zweigeschossige Gebäude steht auf Pfeilern, die nur an der Fuge durch vier kräftige, trommelartige Stützen abgelöst werden. Dieses Motiv der Rundstütze kehrt in späteren Arbeiten immer wieder, ebenso wie die Andreaskreuze vor den Treppenhausgittern. Mit einfachen Mitteln hat Rossi aus einem Wohnblock ein Kunstwerk geschaffen, das zur Ikone der *Architettura Razionale* wurde.

Diese Leidenschaft für die Technik ist in meinen Entwürfen oder für mein Interesse für die Architektur sehr wichtig. Ich glaube, daß mein Gebäude im Mailänder Gallaratese-Quartier vor allem wegen der Einfachheit seiner Konstruktion wichtig ist und in diesem Sinne wiederholt wird.[8]

Das nächste Projekt, ein Studentendorf in Chieti (1976), ist Entwurf geblieben. Es ist jedoch von Bedeutung, weil Rossi hier einen Typ verwandt hat, der in vielen seiner Zeichnungen wiederkehrt und der, wie er selber sagt, zum Vorbild für die Studentenhäuser in Chieti wurde: Le cabine dell' Elba. Jeder der Studierenden erhält ein eigenes Haus, das auf die Grundform reduziert ist: ein Raum mit Bad und im Giebel des Spitzdaches ein Rundfenster, einen Okulus. Es ist ein Archetyp, wie er nicht nur in den provisorischen Strandhäuschen, sondern in unterschiedlichen Formen des gesellschaftlichen Zusammenlebens zu finden ist:

Diese kleinen Häuser erläutern ebenso wie das lange städtische Gebäude, das ich etwa zehn Jahre vorher für das Gallaratese-Quartier entworfen hatte, einen einzig wichtigen Gedanken zur Stadt und zu unseren Wohnungen, nämlich, sie als Teil unserer Lebenswirklichkeit aufzufassen. Sie sind wie Kopien verschiedener Beobachtungen zu unterschiedlichen Zeitpunkten: die jugendliche Aufmerksamkeit für die langen Laubengänge in den Arbeiterwohnhäusern, für die Höfe voller Stimmen und Begegnungen, die ich in meiner bürgerlichen Kindheit geradezu furchtsam beäugte – sie übten dieselbe Faszination auf mich aus wie die Kabinen oder besser die kleinen Häuser, die mir bei anderen Situationen und Orten in den Sinn kamen: bei den Mönchshäusern in der Certosa di Pavia zum Beispiel oder den endlos aneinandergereihten Häuschen der amerikanischen Suburbs. [9]

Der Lageplan ist einfach: Die Studentenhäuser sind in Zeilen aneinander gereiht und umschließen das Gemeinschaftshaus, das ebenfalls mit einem Giebeldach versehen ist und im vorderen Teil aus einer offenen Loggia besteht, die in einem geschlossenen Haus fortgesetzt wird. Der Schornstein für die Heizung des Gebäudes ist entsprechend der Typologie Rossis konusartig ausgebildet. Dieses kleine Projekt hat er in verschiedenen idealisierten Zeichnungen in seinem Skizzenbuch »Il Libro azzurro« dargestellt.

ABB. 6

In den siebziger Jahren baute Rossi zwei Schulen, die zu seinen ersten öffentlichen Bauten gehören: Die Grundschule in Fagnano Olona, 1972 bis 1976 und eine Mittelschule in Broni, 1979 bis 1981.

ABB. 5

Der Lageplan beruht jeweils auf einer einfachen Anlage, bei der die Unterrichtsräume um einen Zentralraum gruppiert sind. In Fagnano Olona ist es ein Rundbau, der die Bibliothek beherbergt; in Broni ein Oktogon, das als kleines Theater und als Ort für andere kulturelle Aktivitäten dient. Beide Schulen wurden als kleine Städte konzipiert mit »Straßen«, »Häusern« und einem geistigen Zentrum – früher die Kirche, später das Rathaus –, in dem das gemeinschaftliche Leben die wichtigste Rolle spielt. Der Bedeutung des Gebäudes entspricht auch architektonisch die dominierende Position.

Il Teatro del Mondo – das Welttheater in Venedig, 1979: Das Teatro del Mondo war ein provisorisches Projekt und für die Theater- und Architektur-Biennale in Venedig konzipiert. Im 18. Jahrhundert gab es in Venedig während des Karnevals solche schwimmenden Theater für Aufführungen vor der vorbeigleitenden Kulisse der Stadt.

ABB. 8

Das Theater besteht aus stereometrischen Grundformen und einfachen Materialien und fügt sich dennoch – oder vielleicht gerade deswegen – vollkommen in die prachtvolle Kulisse Venedigs ein, wie das Foto (von der Landspitze Bogana aus gesehen) zeigt.

In seinem 1983 erschienen »Libro azzurro« beschreibt Rossi das kleine Kunstwerk selbst:

> *Das Theater besteht aus zwei Teilen, die dem Parkett und dem Balkon entsprechen. Von außen beschreiben diese ein Polygon und ein Quadrat. Das Quadrat ruht auf einem Rost aus Holz und Eisen. Holz und Eisen sind die Materialien des schwimmenden Theaters – weniger, weil es provisorisch ist, sondern weil dies Materialien des Meeres sind: der Barken und Schiffe. Entsprechend verhielt sich das Theater während der Vorstellungen – ein ständiges knarrendes Auf und Ab genau so wie auf einem Schiff oder einer Barke. Der venezianische Rahmen bedeutet die Vision des Theaters in dieser besonderen venezianischen Präsenz. Diese Türme, Kuppeln oder Minarette kehren auf jeder Zeichnung dieses Theaters wieder.*[10]

Das Gebäude ragt 25 Meter über das Floß hinaus, der Würfel misst auf jeder Seite 9,50 Meter und ist 11 Meter hoch; darauf erhebt sich das Oktogon mit 6 Meter Höhe. Es konnte 250 Personen Platz bieten, aber das Theater war eine solche Attraktion, dass der Andrang bei jeder Vorstellung viel größer war. Durch die Anordnung der Fenster wurde die Architektur Venedigs in das Bühnenbild mit einbezogen.

Bis 1980 hat Aldo Rossi relativ wenig gebaut, wie er in seiner 1981 beendeten Selbstbiographie schreibt:

> *Hier müßte ich von meinen gebauten Entwürfen sprechen; es sind zwar wenige, dafür aber stellen sie den vielleicht zentralen Punkt dieser Biographie oder Selbstbiographie dar, wenn ich sie mit einem Teil meines Selbst identifiziere.*[11]

In den achtziger Jahren begann jedoch eine unglaublich produktive Zeit. Rossi wurde in Italien und international zur Teilnahme an vielen Wettbewerben aufgefordert, und die Zahl seiner Entwürfe ist beeindruckend. Viele Projekte wurden auch ausgeführt, die meisten in Italien, aber auch weltweit – von Berlin bis Tokio, von Toronto bis Paris, von Kuala Lumpur bis Maastricht – die Reihe ließe sich fortsetzen. In seiner Rede anlässlich der Verleihung des Pritzker-Preises 1990 macht er deutlich, dass er diese Entwicklung zur Internationalisierung der Architektur als positiv empfindet:

> *Ich war stets der Meinung, daß ein jeder Beruf untrennbar mit Kultur ver-*

bunden ist [...], und die Möglichkeit, in verschiedenen Städten und Ländern zu bauen, fasziniert mich. Es ist als ob die unterschiedlichen Kulturen dieser Länder gemeinsam meine Architektur ausmachten und hier zu einem Ganzen verschmölzen – einer Einheit, die die Fragmente dessen, was einst verlorengegangen ist, neu zusammenfügen kann. Wie viele Architekten unserer Zeit arbeite ich an mancherlei Orten auf der ganzen Welt – in Italien, Deutschland, England, Amerika und Japan. Dies deutet darauf hin, daß eine neue Architektur den Stil und die persönliche Eigenart verdrängt: die universale Architektur.[12]

Aus der Fülle der Arbeiten, die nicht nur quantitativ, sondern auch vom Volumen her erheblich zugenommen hatten, können hier nur einige dargestellt werden, die einen Eindruck aus dieser Schaffensperiode vermitteln.

ABB. 9 Das erste Projekt außerhalb Italiens entstand in Berlin im Rahmen der »Internationalen Bauausstellung«. Hier hatte Rossi zusammen mit Gianni Braghieri 1981 den ersten Preis für eine Wohnbebauung in der Südlichen Friedrichstadt Wilhelmstraße / Kochstraße gewonnen. Für diesen Entwurf hatte er sich intensiv mit dem Bauen inmitten einer Großstadt beschäftigt. Seine Gedanken zur Situation in Berlin, aber auch allgemein zum Thema »Städtebau« beschreibt Rossi:

Das Problem, in Berlin, mitten in Friedrichstadt, ein Häuserviertel zu bauen, ist ein städtebauliches Problem. Das bedeutet, daß die eigene Idee und gute Architektur im Rahmen des Privaten nicht für die architektonischen und städtischen Belange einer großen Stadt gelten. Auch Hegemann kritisiert den großen Schinkel, weil er die stadtplanerischen Probleme Berlins nicht in einem einzigen Projekt gelöst hat. Er zitiert Weinbrenner, der zwar nicht die Größe Schinkels hatte, aber ein urbanistisches Projekt anbot, in dem die Architektur Bestandteil des gesamten Stadtbildes war. Die Architektur Berlins, so gesehen, bietet den Ansatz für die wichtigsten Daten des Entwurfs. Es handelt sich im wesentlichen um Bauen auf städtischer Ebene, wo das Verständnis der Stadt Prämisse oder Teil des Entwerfens ist.

Der Fehler mancher moderner Architekten ist, nicht den großen Straßenachsen entlang gebaut zu haben, wodurch der Stadt Leben und Kompaktheit genommen wird. Die Straße ist ein städtisches Element erster Kategorie, vor allem an den belebtesten Punkten der Stadt.

Die Beispiele der europäischen Städte und New Yorks sind zu offensichtlich:

in Frankreich, Italien und Spanien hat man Galerien gebaut, die ganze Stadtteile durchziehen. Die Galleria Vittorio Emanuele von Mailand, die von den Architekten der Moderne kritisiert wurde, ist heute allgemein als eines der bedeutendsten Beispiele für die Verbindung zwischen Stadt und Architektur anerkannt. Sie ist städtische Architektur.

Ein wesentlicher Punkt beim Entwerfen war also, Rücksicht auf die Anordnung der Straßen zu nehmen und die Häuser auf den Grundstücken entlang den Straßen zu bauen und so Friedrichstadt wiedererstehen zu lassen. Dort, wo man dieses Prinzip nicht befolgte, war das Ergebnis immer negativ. Gerade in Berlin wird das im Hansaviertel demonstriert, und keine Architektur kann so gut sein, um diesen städteplanerischen Fehlansatz zu korrigieren. In Le Havre geschah das Gegenteil: Die Bauten wurden entlang von Straßen und Arkaden konzipiert, was positiv ist, wenn auch die Architektur von Perret nicht zu seiner besten zählt. Dieses Prinzip zu bauen bietet die Möglichkeit, die vorhandenen Gebäude aufzuwerten und eine Kontinuität zwischen Neuem und Altem zu schaffen.

Eine der Straße entlang fortlaufende Fassade bedeutet ja nicht, daß es keine Durchlässigkeit von außen nach innen gibt. Passagen und Öffnungen gestatten durchaus, die Grünanlagen im Innern zu sehen.

So wurde es auch bei den großen Gebäuden und Häuservierteln der alten Städte gehandhabt. Der Hof wird zum geschützten Garten, und seine Schönheit kann von Spaziergängern auf der Straße bewundert werden. In den großen Städten muß für die öffentlichen und privaten Grünflächen dieser Mittelweg gefunden werden; die Grünanlagen werden praktisch zu einem architektonischen Faktor.

Entlang der Wilhelmstraße, gegenüber der Anhalterstraße, öffnet sich die Fassade zu einem großen Portal. An anderen Stellen lockern Bäume das Bauwerk auf, oder Öffnungen erlauben einen Blick auf die Seiten der Gebäude, auf die Backsteinwände, die für Berlin typisch sind. Andererseits bringt diese Gestaltung den Charakter Berlins zum Ausdruck. Die Bäume haben wie bei den Bildern der deutschen Romantiker einen umfassenden Wert und drücken auch das aus, was die Architektur nicht sagt.

All das ist in der Kontinuität der Wohnarchitektur eingeschlossen, die im Erdgeschoß immer einen portalähnlichen Vorbau hat und zum Garten und zu den innern Gebäuden hin offen ist:

Sie besteht aus Backsteinen und Glas, aus grünen Kupferdächern und Aufbauten wie spitze Türme für die Fahrstühle. Das Anknüpfen an die

Werke der großen Meister von Berlin und an die langen Gebäude des Belle-Alliance-Platzes sowie eine bestimmte Art von Stadtverständnis haben eine einheitliche Architektur hervorgebracht. Diese Architektur wird an den beiden Enden der Wilhelmstraße von zwei großen Säulen gekennzeichnet. Sie haben den Wert von Bezugspunkten in der Stadt und können wie die Säule von Filarete in Venedig oder wie ein Obelisk als charakteristische Punkte der Stadt verstanden werden.[13]

Hier erscheinen die Säulen wieder, die schon im Wohnblock in Gallaratese ein charakteristisches Element waren. Ein gleichfalls städtebauliches Projekt war der Auftrag für das Hotel Il Palazzo in Fukuoka, Japan, 1987 bis 1989. Es sollte eine Überleitung zwischen dem Geschäftsviertel und dem Vergnügungsbereich der Stadt bilden und gleichzeitig der Wasserseite des Gebiets – das an einem Kanal liegt – einen Akzent verleihen. Es galt also, zwischen modernen Bürohäusern und traditionellen, leichteren Baukonstruktionen eine Architektur zu entwickeln, die praktisch ein Wahrzeichen für das ganze Quartier werden sollte.

Rossi und sein Mitarbeiter Morris Adjmi stellten das Gebäude auf eine durch Stufen zurückversetzte Piazza, die ein großstädtisches Element in der Umgebung darstellt.

Das Gebäude besteht zur Piazzaseite aus rotem iranischem Travertin, kräftigen rötlichen Marmorsäulen und Architraven aus grün gestrichenem Eisen. Die quadratischen Fenster befinden sich in den Seitenbändern, die aus einfachem, rotem Backstein sind.

ABB. 10

1990 erhielt Aldo Rossi den Auftrag für ein Stadtmuseum in Maastricht in den Niederlanden – das Bonnefanten-Museum. Der Name stammt von einem Kloster, das einst an dieser Stelle stand, und das den »bons enfants« – den guten Kindern – ein Heim bot.

Rossis Entwurf besteht aus einem viergeschossigen, U-förmigen Baukörper, dessen Höfe sich zur Maas hin öffnen. »*An die Flußseite setzte Rossi einen Kuppelbau von sonderbarsten Proportionen: unten ein kreisrunder Raum, der als Caféteria dient, darüber ein achteckiger Kuppelsaal, in den das immaterielleste Licht fällt, das man sich denken kann.*«[14] Das Museum soll Künstlern für Ausstellungen oder Installationen dienen. Der obere Teil des Kuppelbaus ist mit Zinkblech überzogen, an dessen beiden Seiten zwei seegrün gestrichene Treppenzylinder stehen. Ein langer Treppenaufgang führt vom Erdgeschoss zwischen steilen, ungegliederten

Ziegelwänden in die oberen Stockwerke zu den Ausstellungsräumen. Das Museum würde an einen Industriebau erinnern, wäre da nicht die große, fast pathetische Geste des Rundbaus, durch die es für Maastricht zur Attraktion geworden ist.

Die Disney Development Company (DDC) beauftragte Aldo Rossi mit der Planung ihres Verwaltungsgebäudes für eine neue Stadt in der Nähe von Orlando, Florida, die sich über mehrere Quadratkilometer erstrecken und den vielsagenden Namen »Celebration« erhalten sollte. Da etwa 34 000 Quadratmeter Bürofläche gefordert waren, wurde der Komplex in mehreren Bauabschnitten errichtet. In der ersten Phase entstand das Direktionsgebäude, das durch drei zehngeschossige Bürotürme charakterisiert ist. Danach folgten die übrigen Gebäude einschließlich der »Follies«. ABB. 11

Optisch werden die verschiedenen Baukörper durch eine einfache Rasenfläche zusammengefasst, ebenso durch die wiederkehrende Farbgebung und gleiche Materialien – wie roter Kalkstein oder mit grünem Kupfer verkleidete Bauteile. Auch hier finden sich die für Rossi typischen geometrischen Formen: Quadratische Fenster, kräftige runde Säulen, ein Oktogon, eine Pyramide. Durch die Anordnung der unterschiedlichen Bauten zueinander entsteht der Eindruck einer Piazza.

Eines der letzten Projekte Rossis entstand wieder in Berlin – ein großer Block für Läden, Wohnungen und Büros an der Schützenstraße in Berlin-Mitte. Auf Wunsch des Bauherrn sollte entsprechend den historischen Parzellen der Block in kleine Einheiten aufgeteilt werden. Betrachtet man ein Foto der Schützenstraße aus der Vorkriegszeit, so lässt sich verstehen, was Rossi bei seinem Entwurf bewogen haben mag. Es entstand eine architektonische Collage mit Zitaten historischer Architektur und Bauten, darunter auch der im 16. Jahrhundert von Antonio da Sangallo erbaute Palazzo Farnese. Die Fassaden leuchten in unterschiedlichen, kräftigen Farben, so dass das Ensemble sich deutlich von seiner Umgebung abhebt. Es erübrigt sich fast zu erwähnen, dass die Meinungen über dieses späte Werk Rossis geteilt sind. Sie reichen von Bewunderung bis zu einer leichten Wehmut über dieses Spätwerk eines Protagonisten des Rationalismus. ABB. 12

THEORIE

Rossis Buch »L'Architettura della Città« ist der wichtigste Beitrag zur Urbanistik der Nachkriegszeit. Ebenso wie Venturi wendet er sich gegen die Vereinfachung und Banalisierung des Funktionalismus der Moderne, nur kommt er zu einem völlig anderen Schluss als dieser. Venturi möchte der Architektur Symbole wiedergeben und sie auf der anderen Seite in die Gewöhnlichkeit der alltäglichen Umgebung einfügen; Rossi ist der Meinung, dass die Stadt – sei sie historisch oder modern – von ihren Monumenten oder Baudenkmälern definiert wird, die religiöser, politischer, gesellschaftlicher oder kollektiver Natur sein können. Entscheidend aber ist immer die »Schönheit der Bauwerke«.

> *Auch an den romantischen Sozialisten und ihren verschiedenartigen Versuchen mit sich selbst genügenden Städten und Phalanstères ist aus meiner Sicht der Stadt Kritik zu üben. Denn sie gehen davon aus, daß die moderne Gesellschaft weder sie transzendierende noch überhaupt gemeinsame, sie repräsentierende Werte zum Ausdruck bringen könne, und kommen von diesem Ausgangspunkt einer Reduktion der Stadt auf ihre rein funktionellen Nutzwerte. Ihre »moderne« Alternative zu den früheren Städten ist deshalb eine Stadt, die lediglich aus Wohngebieten und Dienstleistungsbetrieben besteht. Nach einer wirklich progressiven Auffassung stellen hingegen, weil es sich bei der Stadt um ein Kollektivphänomen handelt, gerade Bauwerke von ausgesprochen kollektivem Charakter ihre wichtigsten Bezugspunkte dar. Denn diese Bauwerke sind zwar ursprünglich der Anlaß zur Stadtgründung, werden aber durch ihre Schönheit, die sowohl auf den Gesetzen der Architektur als auf ihrer Bedeutung für die Gemeinschaft beruht, alsbald zu den wichtigsten Strukturelementen der Stadt.*[15]

Athen ist für ihn die älteste Stadt mit einer Stadtidee.

> *Es mag seltsam anmuten, daß dieses der Geschichte gewidmete Kapitel mit der Erwähnung eines Mythos endet, auch wenn dieser Mythos die Stadt betrifft, die wir nicht länger mit Schweigen übergehen können: Athen. Denn Athen in seinem Übergang von Natur zu Kultur, wie er sich in seiner Tempel-Architektur und dem ihr entsprechenden Mythos darstellt, ist die älteste Stadt, deren Stadtidee für die Wissenschaft faßbar wird. Das Bewußtsein der Stadt reicht deshalb bis ins alte Griechenland zurück, wo das Werden der Stadt sich mit der Entwicklung des Denkens*

deckt und die Imagination zu Geschichte und Erfahrung wird. Die Stadt als eine konkrete Individualität, die wir analysieren können, ist deshalb griechischen Ursprungs. Wenn Rom allgemeine städtebauliche Prinzipien entwickelt und in der gesamten römischen Welt aufgrund logischer Prinzipien Städte gebaut hat, so entdecken wir in Griechenland die Grundlagen für die Stadtwerdung. Griechisch ist auch das Schönheitsideal, dem die römischen, arabischen, gotischen und modernen Städte bewußt nacheifern, ohne es jemals auch nur annäherungsweise zu erreichen. Denn die historischen Umstände, auf denen alle kollektiven und individuellen Elemente ebenso wie die ästhetischen Bestrebungen der griechischen Stadt beruhten, sind unwiederholbar.[16]

Die Bedeutung antiker Stadtgestaltung und Architektur ist für ihn von unverzichtbarem Wert:

Damit erweist sich, daß es immer etwas geben muß, auf das Architektur sich bezieht. Aber während Architekten heute jederzeit bereit sind, sich selbst, ihren Tätigkeitsbereich und ihre Ideale in Frage zu stellen, neigen sie zugleich dazu, diese Grundvoraussetzung aller Gestaltung zu vergessen. Dagegen schreibt Adolf Loos: »Wenn wir im walde einen hügel finden, sechs schuh lang und drei schuh breit, mit der schaufel pyramidenförmig aufgerichtet, dann werden wir ernst, und es sagt etwas in uns: Hier liegt jemand begraben. Das ist architektur.« Dieser sechs Schuh lange und drei Schuh breite Grabhügel ist reine Architektur, weil wir hier aus dem Phänomen seine Bedeutung ablesen können. Das ist nur durch die Geschichtlichkeit der Architektur möglich, für deren Formen die Antike auch noch heute gültige Lösungen gefunden zu haben scheint. Deshalb haben sich die großen Architekten aller Zeiten immer wieder mit der antiken Architektur auseinandergesetzt, als gebe es unveränderliche Beziehung zwischen den Formen und ihrer Bedeutung, während diese Beziehung in Wirklichkeit jeweils eine individuelle Lösung findet.[17]

Und etwas weiter fährt er fort:

Bereits in Athen erweisen sich also genau die Bauten, die wir als primäre städtebauliche Elemente bezeichnet haben, als stadtbildend.[18]

Damit meint er nicht nur die Tempel, sondern auch die Bauten für die politischen Institutionen (Senat, Volksversammlung und Ältestenrat) und die Gymnasien, das Theater und das Stadion – also alle Institutionen, die dem gesellschaftlichen Leben dienen. In diesem Zusammenhang stehen auch seine Äußerungen zur Architektur als städtebauliches Phänomen, in denen er der reinen Planung von Funktionen die Möglichkeit der erforderlichen Flexibilität abspricht.

> *Diese Theorie, die sich aus der Analyse der städtebaulichen Realität ergibt, widerspricht der verbreiteten These, daß durch bloße Planung von Funktionen automatisch eine Gestalt entstehe. In Wirklichkeit sind es vielmehr die Formen (und zwar nicht nur insofern sie eine Funktion erfüllen), die eine Stadt entstehen lassen. In diesem Sinn ist der einzelne Bau ein wesentlicher Bestandteil der städtebaulichen Realität. Er erhält damit eine Bedeutung, die sich aus seiner Konzeption als abstraktem Behälter für wechselnde Funktionen nicht ergibt. Ich weiß wohl, daß diese Alternative zu der heute üblichen funktionalen Konzeption der Stadtplanung schwer zu definieren ist und ihre Realisierung auf vielfältige Schwierigkeiten stößt. Gleichwohl bin ich fest davon überzeugt, daß wir die mißlichen Folgen des Funktionalismus nicht überwinden werden, solange wir uns nicht klarmachen, wie wichtig die Form und die logischen Prozesse der Architektur sind. Daß die architektonische Form dabei ihre Bedeutung und ihren Zeichencharakter verändern und einer unterschiedlichen Nutzung dienen kann, habe ich am Beispiel des Amphitheaters in Arles und des Kolosseums dargelegt. Dabei zeigte sich, daß die Gesamtheit dieser Bedeutungen, einschließlich des Erinnerungswertes, die Struktur einer Stadt bildet und nichts mit den Grundrissen und deren Funktionen zu tun hat. Allerdings bin ich der Auffassung, daß die Beziehung zwischen Grundriß und – nur unter zwingenden Umständen sich verändernden – Funktionen durch die Gestalt hergestellt wird. Bei einem städtebaulichen Konzept insgesamt kann im übrigen von einer eindeutigen Funktion ohnehin keine Rede sein. Flächennutzungspläne sind deshalb für die Analyse einer Stadt nur von begrenztem Wert.*[19]

An anderer Stelle erwähnt er als Beispiel einer sich über Jahrtausende verändernden Funktion die an der Adriaküste liegende Stadt Split:

> *Die Stadt Split, die innerhalb des Diokletian-Palastes entstand und dabei für unveränderliche Formen eine neue Nutzung und eine neue Bedeutung fand, hat für dieses Wesen der Architektur und deren Beziehung zur Stadt emblematische Bedeutung erlangt. Denn äußerster Prägnanz der Form entspricht hier ein Höchstmaß von Anpassungsfähigkeit an verschiedenartige Funktionen.*[20]

ABB. 13 Was er genau damit meint, zeigt ein Stich von Arles aus dem Jahre 1686, den er in seinem Traktat abbildet. Rossi geht es aber nicht nur um historische Beispiele; er bezieht sich auch auf die heutigen Architekten, wenn er sagt:

Wenn wir uns selber vornehmen, »Baudenkmäler« zu errichten, können wir das nur durch eine stilistisch definierbare Architektur. Denn der Baustil kennzeichnet die konkreten städtebaulichen Phänomene und ermöglicht dadurch jene Entscheidungen, die zu einer Stadterweiterung führen.[21]

Es können und sollen also auch heute noch Großformen oder Solitäre geplant und gebaut werden, weil sie eine wesentliche Bedeutung für das Stadtbild oder die Stadtgestalt haben. Mit diesen Behauptungen forderte Rossi die Kritik der Funktionalisten heraus, für die nach wie vor die Funktion der bestimmende Faktor des Entwurfs ist.

Rossi schließt das Nachwort zur deutschen Ausgabe von 1975 wie folgt:

Das vorliegende Buch ist ein Architekturentwurf. Wie bei jedem Entwurf kommt es auch bei ihm weniger auf das verwendete Material als darauf an, Beziehungen zwischen vorgegebenen Sachverhalten herzustellen. Insbesondere geht es dieser Untersuchung um die wichtige Beziehung zwischen der Einmaligkeit einer Gestalt und der Vielfalt ihrer Funktionen. Heute bin ich der Auffassung, daß diese Beziehung das Wesen der Architektur ausmacht. Einige in diesem Buch analysierte Grundprobleme sind

13. Stich von Arles aus dem Jahre 1686.

> in der Folge zu Grundbegriffen einer Entwurfstheorie geworden. Das gilt
> für die Topographie der Stadt, das Studium der Typologie und das Ver-
> ständnis der Architekturgeschichte als Voraussetzung des heutigen Bauens.
> Dabei durchkreuzen räumliche und zeitliche Aspekte sich fortwährend.
> Topographie, Typologie und Geschichte werden so zum Maßstab für eine
> sich verändernde Wirklichkeit. Damit tragen sie gemeinsam zur Entwick-
> lung eines Architektursystems bei, in dem es für beliebige Erfindungen kei-
> nen Platz gibt. Das heißt, daß diese Theorie den Kampf gegen das Chaos
> in der heutigen Architektur aufnimmt.[22]

Die »Architektur der Stadt« ist ein wissenschaftliches Traktat, in dem Rossi sich mit historischen und zeitgenössischen Theorien auseinander setzt und dabei seine eigene Philosophie entwickelt.

Ganz anders ist die »Wissenschaftliche Selbstbiographie«, an der er zehn Jahre gearbeitet hat und die er 1981 beendete, »damit daraus keine Memoiren werden«. Sie gibt einen sehr persönlichen Einblick in seine Entwürfe, in seine Beobachtungen, seine Gedanken, die Bücher, mit denen er sich beschäftigt hat, und die Architekten, die ihn beeinflussten. Die folgenden Zitate wollen zum Verständnis von Rossis Gedankenwelt beitragen und ihn als wahren Homme de Lettres ausweisen.

> Und dennoch, als ich »Die Architektur der Stadt« schrieb, empfand ich
> gerade Viollet-le-Duc gegenüber eine tiefe Bewunderung. Es war wie ein
> Spiel, eine Herausforderung an die Geschichte, ein vollständiges Vertrauen
> ins Zeichen, ein Zeichen ohne Drama und Schmerz, den Schlössern Ludwigs
> nicht unähnlich. Die moderne Architektur hat diese Dinge in schwachsin-
> niger Weise behandelt, auf der Suche nach irgendwelcher Reinheit für
> irgendwen; aber das war unsere Tradition. Tatsächlich war alles so tief
> gesunken, dass es nicht wieder zurückzuholen war. Ich spreche nicht als
> Kritiker, aber ich glaube, dass es nach Schinkels Pavillon in Berlin-
> Charlottenburg nur noch formale Schlaumeiereien gab, die es auf die
> Industrie abgesehen hatten. Wenn es andere große, an das Volk oder an die
> Nation gebundene Architekten gegeben hat, dann sind das Gaudi oder
> Antonelli gewesen und viele Ingenieure, deren Namen wir nicht kennen.[23]

Nach einem kurzen Exkurs über Le Corbusier, »mit dessen Beurteilung ich mich stets zurückhielt«, fährt er fort:

> Mein besonderes Interesse galt selbstverständlich dem Werk von Adolf
> Loos, dessen Lektüre und Studium ich jenem Mann verdanke, den ich
> auch meinen Lehrer nennen darf: Ernesto N. Rogers. In den Jahren um

1959 las ich erstmals Adolf Loos, und zwar in der schönen Originalausgabe des Brenner Verlags, die mir Ernesto N. Rogers geschenkt hatte. Vielleicht war Loos der einzige Architekt, der eine Verbindung zu den grössten Problemen herstellte: die österreichische und deutsche Tradition von Fischer von Erlach und Schinkel, die örtliche Kultur, das Handwerk, die Geschichte und vor allem das Theater und die Poesie. Diesem Studium verdanke ich zweifellos die tiefe Verachtung, die ich stets für das »industrial design« und die Vermischung von Funktion und Form empfunden habe. Mit Loos entdeckte ich Karl Kraus, Arnold Schönberg, Ludwig Wittgenstein und vor allem Georg Trakl – aber auch die große römische und klassische Architektur und ein Amerika, das ich erst später verstehen lernen sollte.[24]

Sein besonderes Interesse galt ebenfalls Etienne-Louis Boullée, dessen Traktat er 1967 aus dem Französischen übersetzte und zu dem er eine Einführung schrieb. Hier bezeichnet er Boullée als Rationalisten, und zwar mit folgender Begründung:

Boullée ist ein rationalistischer Architekt, und zwar in dem Sinne, daß er seine verschiedenen Werke ständig an den in seinem logischen System der Architektur festgelegten Behauptungen überprüft: die Rationalität eines jeweiligen Werkes liegt darin, daß es einem solchen System entspricht.[25]

Er schließt seine Reflexionen mit folgenden Gedanken ab:

So lernte ich, mit archäologischem und chirurgischem Auge die Städte zu sehen, so wie auch jedes formalistische Revival. Deswegen sagte ich, dass mein Erleben der sowjetischen Architektur dazu gedient hatte, jeden kleinbürgerlichen Rest der modernen Architektur wegzuwischen. Es bleiben einige große Architekten wie Adolf Loos oder Mies van der Rohe, die im wesentlichen die sozialdemokratischen Illusionen überwanden.

Die Architektur in ihrem wahren Wesen zu zeigen, bedeutete, das Problem in wissenschaftlicher Weise zu stellen und sie von jedem Überbau, jeder Emphase und Rhetorik zu säubern, die sich in den Jahren der Avantgarde angesammelt hatte. Es bedeutete also, einen Mythos immer mehr aufzulösen und die Architektur wieder zwischen die bildende Kunst und die Kunst des Ingenieurs zu stellen.[26]

Schließlich sei nochmals das kleine, kostbare Werk erwähnt, das 1983 als Faksimile bei der Galerie Jamileh Weber erschienen ist und das Rossi »Il libro azzurro – I miei progetti« – »Das blaue Buch – Meine Entwürfe« genannt hat. Es enthält Zeichnungen und Aquarelle, mit denen er seine Projekte begleitet hat; es sind keine simplen Abbildungen, sondern poetische Bilder, in denen seine Eindrücke und seine Formen auf neue Weise kombiniert und verfremdet werden. Es ist praktisch ein visuelles Tagebuch.

ABB. 7 Das Titelblatt zeigt geometrische Grundformen, die für ihn von so großer Bedeutung waren:

> *Der Bezug zu Geometrie und Geschichte, d. h. die geschichtliche Verwendung der geometrischen Formen bildet eine konstante Eigenart der Architektur.*[27]

Rossi hat in den letzten Jahren seines Lebens weltweit gebaut und geplant, da er häufig zu Wettbewerben aufgefordert wurde. Die Aufgaben reichen von Verwaltungskomplexen bis zu Einkaufszentren, Flughäfen, Wohnanlagen – es handelt sich also zumeist um Großprojekte. In allen Entwürfen finden sich bekannte Gestaltungselemente wieder, die diese Werke unverkennbar als Arbeiten von Rossi ausweisen, und doch fehlen ihnen die Kraft, die Authentizität und die metaphysische Aura der früheren Werke. Vielleicht ist es das schiere Volumen der späteren Arbeiten, das Rossi nicht bewältigen konnte, wie Dieter Hoffmann-Axthelm vermutet,[28] vielleicht war es eine gewisse Routine, die sich bei der Fülle der Aufträge einstellte, oder waren es die kommerziellen Interessen der Bauherren, die ihn zu Kompromissen veranlassten? Und dennoch besitzen auch die späteren Werke Rossis eine Qualität, die von vielen zeitgenössischen Architekten nicht erreicht wird.

Es sind jedoch die Frühwerke und seine theoretischen Arbeiten, die Aldo Rossi zur Schlüsselfigur des italienischen Rationalismus machten. Seine rationalistischen Mitstreiter, die in Italien zahlreicher waren als in irgendeinem anderen Land, waren Giorgio Grassi, Vittorio Gregotti, Carlo Aymonino, Adolfo Natalini und andere. Kenneth Frampton schreibt über Aldo Rossi und Giorgio Grassi: »*Wenngleich sie darauf bestanden, daß die täglichen Erfordernisse erfüllt werden müssen, so wiesen beide Männer das Prinzip zurück, daß die Form der Funktion folgen müsse – Ergometrie – und bestanden stattdessen auf der relativen Autonomie der architektonischen Ordnung.*«[29]

Zehn Jahre später veröffentlicht der Mitarbeiter und Partner Aldo Rossis – Morris Adjmi – das Vorwort zu seinem Buch »Aldo Rossi – Bauten und Projekte 1981–1991« unter dem Titel »Ein neuer internationaler Stil«, das er mit den Worten beendet: »*Rossis archaische Vor-*

stellung von Architektur lehnt beides ab, die prosaische Wiederbelebung historischer Stile und die hektische Suche nach Neuem; sie orientiert sich wieder an der Stadt. Architektur dient bei ihm als auslösendes Moment der Erinnerung und der Imagination und sollte nicht bestimmte Ereignisse untermalen oder beeinflussen. Die konstante Szenerie ist wichtig, eben weil sie konstant ist, während Aufführung und Zuschauer vor ihr vorübergehen. Und das meinte Rossi wohl auch als er schrieb: ›Um groß zu sein, muß sich die Architektur vergessen.‹«[30]

Als Begleittext zu einer Ausstellung seiner Bauten schreibt Rossi:

> *Was meine Arbeiten, die hier ausgestellten Projekte angeht, so hätte ich sie wohl gerne genau analysiert, denn je mehr ich baue und je unterschiedlicher die Standorte der Bauten sind, je mehr Zeit ich auch deswegen verliere, um so mehr wächst das Bedürfnis, die Bauten eines Tages zu beschreiben, wenn ich alt bin und mich nicht mehr nach den Dingen selbst verlangt, sondern danach, von ihnen zu berichten. Wann der Zeitpunkt gekommen sein wird, ist schwer vorauszusagen.*[31]

Tragischerweise ist ihm die Erfüllung dieses Wunsches versagt geblieben: Aldo Rossi starb im September 1997 an den Folgen eines Autounfalls. Er wurde auf einem kleinen Friedhof beerdigt, der auf einem Hügel über dem See von Mergozzo liegt.

ANMERKUNGEN

1 Rossi 1988, S. 9, S. 29.
2 Rossi 1988, S. 65f.
3 Klotz, 1984, S. 214.
4 Behne 1926, S. 62f.
5 Rossi, zitiert nach Klotz 1988, S. 238.
6 Rossi, zitiert nach Klotz 1988, S. 247.
7 Rossi, zitiert nach Klotz 1984, S. 246/247.
8 Rossi, zitiert nach Klotz 1984, S. 60.
9 Rossi, zitiert nach Klotz 1984, S. 69.
10 Rossi 1981.
11 Rossi 1988, S. 100.
12 Rossi, zitiert nach Adjmi 1991, S. 9.
13 Rossi, zitiert nach Braghieri 1981, S. 126-128.
14 Pehnt 1995.
15 Rossi 1973, S. 111f.
16 Rossi 1973, S. 118f.
17 Rossi 1973, S. 94.
18 Rossi 1973, S. 120.
19 Rossi 1973, S. 104.
20 Rossi 1973, S. 174.
21 Rossi 1973, S. 112.
22 Rossi 1973, S. 173.
23 Rossi 1988, S. 80.
24 Rossi 1988, S. 81.
25 Rossi, zitiert nach Madec 1989, S. 49.
26 Rossi 1988, S. 130.
27 Rossi, zitiert nach Klotz 1984, S 264.
28 Bauwelt Nr. 5, 1996.
29 Frampton 1980, S. 290.
30 Adjmi 1991, S. 15.
31 Adjmi 1991, S. 271.

ANHANG

BIBLIOGRAFIE

Diese Auswahlbibliografie enthält die abgekürzt zitierte Literatur zu den einzelnen Kapiteln sowie weiterführende Literaturhinweise.

ALBERTI

SCHUMACHER 1898
Fritz Schumacher, »Leon Battista Alberti und seine Bauten«, in: *Die Baukunst,* II. Serie, Heft 1, Berlin/ Stuttgart: Spemann 1898.

ALBERTI 1912
Leon Battista Alberti, *Zehn Bücher über die Baukunst,* ins Deutsche übertragen, eingeleitet und mit Anmerkungen und Zeichnungen versehen durch Max Theuer, Wien/ Leipzig: Hugo Heller & Co. 1912.

Hubertus Günther, *Deutsche Architekturtheorie zwischen Gotik und Renaissance,* Darmstadt: Wissenschaftliche Buchgesellschaft 1988.

BERLAGE

BERLAGE 1894
Hendrik Petrus Berlage, *Grundlagen & Entwicklung der Architektur.* Vier Vorträge gehalten im Kunstgewerbemuseum zu Zürich von H. P. Berlage, Rotterdam: Brusse o. J. [1894].

SITTE 1901
Camillo Sitte, *Der Städte-Bau nach seinen künstlerischen Grundsätzen. Ein Beitrag zur Lösung moderner Fragen der Architektur und monumentalen Plastik unter besonderer Beziehung auf Wien,* Wien: Carl Graeser 1901.

BERLAGE 1904
Hendrik Petrus Berlage, *Gedanken über Stil in der Baukunst,* Leipzig: Julius Zeiterl 1905.

BLASER 1965
Werner Blaser, *Mies van der Rohe. Die Kunst der Struktur,* Zürich: Verlag für Architektur 1965.

SINGELENBERG 1972
Pieter Singelenberg, *H. P. Berlage. Idea und Style,* Utrecht: Haentjens Diekkers Gumbert 1972.

BENEVOLO 1978
Leonardo Benevolo, *Geschichte der Architektur des 19. und 20. Jahrhunderts,* München: dtv 1978.

POLANO 1991
Sergio Polano, *Hendrik Petrus Berlage. Complete Works,* New York: N.Y. Rizzoli 1991.

BOULLEE/LEDOUX

Emil Kaufmann, *Von Ledoux bis Le Corbusier,* Wien: Passer 1933.

KAUFMANN 1952
Emil Kaufmann, »Three Revolutionary Architects, Boullée, Ledoux and Lequeu«, in: *Transactions of the American Philosophical Society,* Philadelphia: 1952.

LEDOUX 1983
Claude-Nicolas Ledoux, *L'Architecture,* Princeton: Architectural Press 1983.

VOGT 1971
Adolf Max Vogt, *Revolutionsarchitektur: Boullée, Ledoux, Lequeu,* (Ausst.-Kat.) Staatliche Kunsthalle Baden-Baden: 1971.

ROSENAU 1976
Helen Rosenau, *Boullée & Visionary Architecture,* London/New York: 1976.

Michel Gallet, *Claude-Nicolas Ledoux,* Stuttgart: DVA 1983.

VIDLER 1983
Anthony Vidler, *C. N. Ledoux, L'Architecture,* Paris: Edition Raumée/ Princeton Architectural Press 1983.

BOULLÉE 1987
Etienne-Louis Boullée, *Architektur – Abhandlung über die Kunst,* Zürich/München: Artemis 1987.

MADEC 1989
Philippe Madec, *Etienne-Louis Boullée,* Basel/Boston/Berlin: Birkhäuser 1989.

LE CORBUSIER

LE CORBUSIER 1926
Le Corbusier. Kommende Baukunst, hg. von Hans Hildebrandt, Stuttgart/ Berlin/ Leipzig: DVA 1926.

CIAM 1928
CIAM: Internationaler Kongress für neues Bauen 1, Die Wohnung für das Existenzminimum 2, Nendel/ Liechtenstein: Kraus Reprint 1979.

ZÜRICH 1938
Le Corbusier. Œuvre plastique 1919–1937, (Ausst.-Kat.) Kunsthaus Zürich, Zürich: 1938.

Le Corbusier, *Grundfragen des Städtebaues,* Stuttgart: Hatje 1945.

LE CORBUSIER 1946
Le Corbusier, *Propos d'Urbanisme,* Paris: Bourrelier 1946.

Le Corbusier, *The City of Tomorrow and its Planning,* London: Architectural Press 1947.

LE CORBUSIER 1947
Le Corbusier, *When the Cathedrals were White,* New York: Reynal & Hitchcock 1947.

BOESIGER 1948
Willy Boesiger (Hg.), *Le Corbusier et Pierre Jeanneret – Œuvre complète de 1910–1929,* Zürich, Erlenbach 1948.

BOESIGER 1953
Willy Boesiger (Hg.), *Le Corbusier. Œuvre complète 1946–1952,* Zürich: Girsberger 1953.

LE CORBUSIER 1953
Le Corbusier, *Der Modulor,* Stuttgart: Cotta 1953.

HENZE 1956
Anton Henze/Le Corbusier, *Ronchamp: Le Corbusiers erster Kirchenbau,* Recklinghausen: Paulus 1956.

HENZE 1957
Anton Henze, *Le Corbusier,* Berlin: Colloqium 1957.

Le Corbusier, *Von der Poesie des Bauens,* Zürich: Arche 1957.

BLAKE 1963
Peter Blake, *Le Corbusier. Architecture and Form,* o. O., Pelican Books 1963.

BOESIGER 1965
Willy Boesiger (Hg.), *Le Corbusier. Œuvre complète 1957–1965.* Editions d'Architecture, Zürich 1965.

BASEL 1971
Le Corbusier, Peintre, (Ausst.-Kat.) Galerie Beyeler, Basel: 1971.

WALDEN 1977
Russel Walden (Hg.), *The Open Hand,* Cambridge/Mass./London: MIT Press 1977.

FRAMPTON 1980
Kenneth Frampton, *Modern Architecture,* London: Oxford University Press 1980.

Le Corbusier, *Ausblick auf eine Architektur,* Brauschweig: Vieweg 1985.

KRUFT 1985
Hanno Walter Kruft, *Geschichte der Architektur-Theorie,* München: C.H. Beck 1985.

Martin Riehl, *Vers une Architecture. Das moderne Bauprogramm des Le Corbusier,* München: Scaneg 1992.

Adolf Max Vogt, *Le Corbusier, der edle Wilde,* Braunschweig/ Wiesbaden: Vieweg 1996.

FISCHER VON ERLACH

ILG 1895
Albert Ilg, *Leben und Werke Johann Bernhard Fischer's von Erlach des Vaters,* Wien: Carl Konegen 1895.

SEDLMAYR 1925
Hans Sedlmayr, *Fischer von Erlach der Ältere,* München: Piper 1925.

KUNOTH 1956
George Kunoth (Hg.) *Johann Bernhard Fischer von Erlach, Entwurf einer historischen Architectur,* Düsseldorf: L. Schwann 1956.

Andreas Kreul, *Die Barockbaumeister Fischer von Erlach: Bibliographie zu Leben und Werk,* Wiesbaden: Harrassowitz 1988.

Hellmut Lorenz, *Johann Bernhard Fischer von Erlach,* Zürich: Verlag für Architektur 1992.

Hans Sedlmayr, *Johann Bernhard Fischer von Erlach,* Stuttgart: 1997.

GINZBURG

Walter Gropius (Hg.), *Internationale Architektur, Bauhausbücher 1,* München: Albert Langen 1925.

LISSITZKY 1929
El Lissitzky, *Bauwelt Fundamente 14,* S. 14.

LISSITZKY 1967
El Lissitzky, *Maler, Architekt, Typograf, Fotograf,* Dresden: VEB Verlag der Kunst 1967.

Adolf Max Vogt, *Adolf Max Vogt, Russische und französische Revolutionsarchitektur 1917–1789,* Köln: DuMont 1974.

GINZBURG 1982
Moissej Ginzburg, *Style and Epoch,* Cambridge/Mass./London: MIT Press 1982.

CHAN-MAGOMEDOW 1983
S. O. Chan-Magomedow, *Pioniere der sowjetischen Architektur,* Dresden: Verlag der Kunst 1983.

LISSITZKY 1989
El Lissitzky, *1929 Rußland: Architektur für eine Weltrevolution,* Braunschweig/Wiesbaden: Vieweg 1989.

Die Große Utopie. Die russische Avantgarde 1915–1932, (Ausst.-Kat.) Schirn Kunsthalle , Frankfurt a. M.: 1992.

JEFFERSON

Ihna T. Frary, *Thomas Jefferson Architect and Builder,* Richmond: Garrett and Massie 1931.

PLACZEK 1968
Adolf K. Placzek, *Thomas Jefferson as Architect,* New York: DaCapo Press 1968.

MAYO 1970
Bernard Mayo (Hg.), *Jefferson Himself,* Virginia: University Press of Virginia 1970.

Thomas Jefferson, *Writings: autobiography, a summery view of the rights of British America,* New York: Library of America 1984.

JEFFERSON 1989
Hartmut Wasser (Hg.), *Thomas Jefferson. Betrachtungen über den Staat Virginia,* Zürich: Manesse 1989.

KAHN

JOEDICKE/NEWMAN 1961
Jürgen Joedicke/Oscar Newman (Hg.), *Dokumente der Modernen Architektur,* Stuttgart: 1961.

SCULLY 1962
Vincent jr. Scully, *Louis I. Kahn,* New York: Braziller 1962.

Richard Saul Wurmann/Eugene Feldmann, *The Notebooks and Drawings of Louis I. Kahn,* Philadelphia: Falcon 1962.

Scully 1963
Vincent jr. Scully, *Louis I. Kahn,* Ravensburg: Maier 1963.

BANHAM 1966
Reyner Banham, »Brutalismus in der Architektur«, in: Jürgen Joedicke (Hg.), *Dokumente der Modernen Architektur,* Stuttgart/ Bern: Krämer 1966.

KLOTZ/COOK 1973
John W. Cook/Heinrich Klotz, *Conversations with architects,* New York: Praeger 1973.

Heinz Ronner/Jhaveri Sharad/ Alessandro Vassell, *Louis I. Kahn. Complete Work 1935–74,* Institute for the History and Theory of Architecture, Basel/Stuttgart: 1977.

WITTKOWER 1983
Rudolf Wittkower, *Grundlagen der Architektur im Zeitalter des Humanismus,* München: dtv 1983.

BROWNLEE/DE LONG 1991
David Brownlee/David De Long, *Louis Kahn: In the Realm of Architecture,* New York: Rizzoli 1991.

KAHN 1991
Louis I. Kahn, *Writings, Lectures, Interviews,* New York: Rizzoli 1991.

BÜTTIKER 1993
Urs Büttiker, *Louis I. Kahn. Licht und Raum,* Basel/Berlin/Boston: Birkhäuser 1993.

Eugene Johnson/Michael Lewis, *The Travel Sketches of Louis I. Kahn,* Cambridge: MIT Press 1996.

BROWNLEE/DE LONG 1991
David Brownlee/David De Long, *Louis I. Kahn,* London: Thames and Hudson 1997.

Klaus-Peter Gast, *Louis Kahn. Das Gesamtwerk,* Stuttgart: DVA 2001.

LOOS

Adolf Loos, *Ins Leere gesprochen 1897–1900,* Paris/Zürich: Edition Georges Crès 1921. Enthält u. a. die folgenden Essays:

LOOS 1903
Adolf Loos, in: *Die Zukunft,* Berlin 1903.
LOOS 1908
Adolf Loos, *Ornament und Verbrechen,* 1908.
LOOS 1909
Adolf Loos, *Architektur,* 1909.

LOOS 1931
Adolf Loos, »Die moderne Siedlung« in: *Trotzdem 1900–1930,* Innsbruck: Brenner 1931.

MÜNZ/KÜNSTLER 1964
Ludwig Münz/Gustav Künstler, *Der Architekt Adolf Loos,* Wien/München: Schroll 1964.

RUKSCHCIO/SCHACHEL 1982
Burkhardt Rukschcio/Roland Schachel, *Adolf Loos. Leben und Werk,* Salzburg/Wien: Residenz 1982.

Adolf Loos 1870–1933. Raumplan – Wohnungsbau (Ausst.-Kat.), Akademie der Künste Berlin, Berlin: 1983.

BENEVOLO 1964
Leonardo Benevolo, *Geschichte der Architektur des 19. und 20. Jahrhunderts,* München: Callwey 1964.

Burkhardt Rukschcio (Hg.), *Adolf Loos* (Ausst.-Kat.), Graphische Sammlung Albertina Wien u.a., Wien: 1989.

MIES VAN DER ROHE

MIES 1922
Mies van der Rohe, in: *Frühlicht,* Heft 4, Berlin: 1922.

MIES 1924
Mies van der Rohe, in: *Der Querschnitt,* Nr. 4, Berlin: Propypläen 1924.

MIES 1927a
Mies van der Rohe, in: *Die Form,* Heft 8, 1927.

MIES 1927b
Mies van der Rohe, in: *Bau und Wohnung,* 1927.

MIES 1932
Mies van der Rohe, Vortrag auf der Werkbundtagung in Wien 1930, in: *Die Form,* 1932, S. 306.

Philip Johnson, *Mies van der Rohe,* New York: Simon and Schuster 1947.

DREXLER 1960
Arthur Drexler, *Ludwig Mies van der Rohe,* Ravensburg: O. Maier 1960.

BLAKE 1962
Peter Blake, *Drei Meisterarchitekten,* München: Piper 1962.

BLASER 1965
Werner Blaser, *Mies van der Rohe. Die Kunst der Struktur,* Zürich/Stuttgart: Verlag für Architektur 1965.

MIES 1968
Mies van der Rohe in einem Interview/RIAS Berlin, abgedruckt in: *The Architectural Review,* Berlin: 1968.

Von Schinkel bis Mies van der Rohe, (Ausst.-Kat.) Kunstbibliothek Berlin/Neue Sammlung München, Berlin: 1974.

BLASER 1977
Werner Blaser, *Mies van der Rohe. Lehre und Schule,* Basel/Stuttgart: Birkhäuser 1977.

FRAMPTON 1980
Kenneth Frampton, *Modern Architecture. A Critical History,* London: Oxford University Press 1980.

GIEDION 1984
Sigfried Giedion, *Raum, Zeit, Architektur,* Zürich/München: Artemis 1984.

BLASER 1986
Werner Blaser, *Mies van der Rohe. Less is more,* Zürich: Waser 1986.

KOLB 1986
Otto Kolb in: *Der »vorbildliche« Architekt. Mies van der Rohes Architekturunterricht 1930-1958 am Bauhaus und in Chicago,* Berlin: Nicolai 1986.

NEUMEYER 1986
Fritz Neumeyer, *Mies van der Rohe. Das kunstlose Wort. Gedanken zur Baukunst,* Berlin: Siedler 1986.

Mies van der Rohe. *Vorbild und Vermächtnis,* Frankfurt: Klett-Cotta 1987.

SPAETH 1994
David Spaeth, *Mies van der Rohe. Der Architekt der technischen Perfektion,* Stuttgart: DVA 1994.

UNGERS 1998
Oswald Mathias Ungers, in: *Dreißig Jahre Neue Nationalgalerie Berlin* (Ausst.-Kat.), Neue Nationalgalerie Berlin: 1998.

Josep Quetglas, *Der gläserne Schrecken. Mies van der Rohes Pavillion in Barcelona,* Basel: Birkhäuser 2001.

Mies in Berlin: Ludwig Mies van der Rohe – die Berliner Jahre 1907-1938, (Ausst.-Kat.) Staatliche Museen Berlin, München: Prestel 2002.

PALLADIO

BURCKHARDT 1913
Jakob Burckhardt, *Die Geschichte der Renaissanc in Italien*, Berlin 1913.

FORSSMANN 1965
Erik Forssmann, *Palladios Lehrgebäude*, Stockholm: Almquist + Wiksell 1965.

WITTKOWER 1983
Rudolf Wittkower, *Grundlagen der Architektur im Zeitalter des Humanismus*, München: dtv 1983.

PALLADIO 1984
Andrea Palladio, *Die vier Bücher zur Architektur*, Darmstadt: Wissenschaftliche Buchgesellschaft 1984.

KRUFT 1985
Hanno Walter Kruft, *Geschichte der Architektur-Theorie. Von der Antike bis zur Gegenwart*, München: C. H. Beck 1985.

Lionello Puppi, *Andrea Palladio. Das Gesamtwerk*, Stuttgart: DVA 2000.

Andrea Palladio. Bildatlas zum Gesamtwerk, München: Hirmer 2002.

ROSSI

Gottfried Semper, *Die Textile Kunst für sich betrachtet und in Beziehung zur Baukunst*, München: Bruckmann 1878.

BEHNE 1926
Adolf Behne, *Der moderne Zweckbau*, Frankfurt: Ullstein, Bauwelt Fundamente 10, 1964 (Reprint von 1926)

ROSSI 1973
Aldo Rossi, *Die Architektur der Stadt. Skizze zu einer grundlegenden Theorie des Urbanen*, in: Bauwelt Fundamente 41, Düsseldorf: 1973.

Vittorio Savi, *L'Architettura di Aldo Rossi*, Mailand: Angeli 1976.

FRAMPTON 1980
Kenneth Frampton, *Modern Architecture. A Critical History*, London: Oxford University Press 1980.

BRAGHIERI 1981
Gianni Braghieri, *Aldo Rossi*, Zürich: Artemis 1981.

ROSSI 1981
Aldo Rossi, *Il libro azzurro – i miei progetti*, Zürich: Jamileh Weber 1981.

KLOTZ 1984
Heinrich Klotz, *Moderne und Postmoderne. Architektur der Gegenwart 1960-1980*, Braunschweig/Wiesbaden: Vieweg 1984.

Charles Jencks, *Die Postmoderne. Der neue Klassizismus in Kunst und Architektur*, Frankfurt: Klett-Cotta 1987.

KLOTZ 1988
Heinrich Klotz, *The History of Postmodern Architecture*, Cambridge/Mass.: MIT Press 1988.

ROSSI 1988
Aldo Rossi, *Wissenschaftliche Selbstbiographie*, Bern/Berlin: Gachnang & Springer 1988.

MADEC 1989
Philippe Madec, *Etienne Louis Boullée*, Basel/Boston/Berlin: Birkhäuser 1989.

ADJMI 1991
Morris Adjmi, *Aldo Rossi. Bauten und Projekte 1981–1991*, Zürich/München: Artemis 1991.

PEHNT 1995
Wolfgang Pehnt, in: *Frankfurter Allgemeine Zeitung*, März 1995.

BAUWELT 1996
Dieter Hoffmann-Axthelm, in: *Bauwelt*, Nr. 5, 2. Februar 1996.

Alberto Ferlenga (Hg.), *Aldo Rossi. Das Gesamtwerk*, Köln: Könemann 2001.

SCHINKEL

STAHL 1912
Fritz Stahl, *Schinkel*, Berlin: 1912.

GRISEBACH 1924
August Grisebach, *Carl Friedrich Schinkel: Architekt, Städtebauer, Maler*, Leipzig: Insel 1924.

POENSGEN
Georg Poensgen, *Karl Friedrich Schinkel, seien Bauten und Entwürfe für den königlichen Hof in Berlin*, von der Akademie des Bauwesens vorbereitete Schinkelausgabe.

PESCHKEN 1979
Goerd Peschken, *Das Architektonische Lehrbuch*, München/Berlin: Deutscher Kunstverlag 1979.

Karl Friedrich Schinkel, 1781-1841 (Ausst.-Kat.), Staatliche Museen zu Berlin, Altes Museum, Berlin: 1980.

FORSSMANN 1981
Erik Forssmann, *Karl Friedrich Schinkel – Bauwerke und Baugedanken*, München/Zürich: Schnell & Steiner 1981.

Karl Friedrich Schinkel. Architektur, Malerei, Kunstgewerbe, (Ausst.-Kat.) Verwaltung der Staatlichen Schlösser und Gärten, Orangerie des Schlosses Charlottenburg, Berlin: 1981.

UNGERS 1981
Oswald Mathias Ungers, *Werke und Wirkungen*, Berlin 1981.

SCHINKEL 1982
Karl Friedrich Schinkel (Ausst.-Kat.), Bauakademie der DDR, Berlin und Hamburger Kunsthalle, Berlin Ost: Henschel 1982.

SEMINO 1993
Gian Paolo Semino, *Karl Friedrich Schinkel*, Zürich/München/London: Artemis 1993.

SMITHSON

ARCHITECTURAL DESIGN 1955
Peter Smithson, in: *Architectural design*, London: Wiley Academy Jan. 1955.

CIAM 59, *Dokumente der modernen Architektur,* Ottawa/Stuttgart: 1969.

BANHAM 1966
Reyner Banham, »Brutalismus in der Architektur« in: Jürgen Joedicke (Hg.), *Dokumente der Modernen Architektur,* Stuttgart/Bern: Karl Krämer 1966.

UNGERS 1966
»Peter Smithson«, in: *Veröffentlichungen zur Architektur,* O. M. Ungers (Hg.), TU Berlin, Heft 2, Februar 1966; Heft 3, Juni 1966.

ARCHITECTURAL DESIGN 1967
Peter Smithson, in: *Architectural design,* London: Wiley Academy Januar 1967.

SMITHSON 1968
Alison Smithson (Hg.), *team 10 primer,* Cambrigde/Mass.: MIT Press 1968.

BLOOMFIELD 1974
Julia Bloomfield, »A Biography of Alison and Peter Smithson«, in: *Oppositions 2,* New York: Institute for Architecture and Urban Studies, Jan. 1974.

COOK 1976
Peter Cook (Hg.), *Architecture and Art,* London: Art Net London 1976.

FRAMPTON 1980
Kenneth Frampton, *Modern Architecture,* London: Oxford University Press 1980.

WEBSTER 1997
Helena Webster (Hg.), *Modernism without Rhetoric,* London: Academy Editions 1997.

Bruno Krucker, *Komplexe Gewöhnlichkeit: The Upper Lawn Pavillion von Alison und Peter Smithson,* Zürich: gta 2002.

UNGERS

ROSSI 1960
Aldo Rossi, in: *Casabella,* Nr. 244, Mailand 1960.

JOEDICKE 1966
Reyner Banham, »Brutalismus in der Architektur – Ethik oder Ästhetik«, in: Jürgen Joedicke (Hg.), *Dokumente der Modernen Architektur,* Stuttgart: Verlag 1966.

GIESELMANN/UNGERS 1975
Reinhard Gieselmann/Oswald Mathias Ungers, » Zu einer neuen Architektur« (1960), zitiert nach: Ulrich Conrads (Hg.), *Programme und Manifeste zur Architektur des 20. Jahrhunderts,* Braunschweig 1975.

UNGERS 1982
Oswald Mathias Ungers, »Entwerfen und Denken in Vorstellungen, Metaphern und Analogien«, in: ders.: *Morphologie,* Köln 1982.

UNGERS 1983
Oswald Mathias Ungers, *Die Thematisierung der Architektur,* Stuttgart: 1983.

UNGERS 1985
Oswald Mathias Ungers, »Das Janusgesicht der Architektur«, in: ders.: *Sieben Variationen des Raumes über die sieben Leuchter der Baukunst von John Ruskin,* Stuttgart 1985.

UNGERS 1994
Oswald Mathias Ungers, »Mass, Zahl, Proportion«, in: *O.M. Ungers – Architekt,* (Ausst.-Kat.) Hamburger Kunsthalle, Hamburg 1994.

UNGERS 1999a
Oswald Matthias Ungers, *10 Kapitel über Architektur – Ein visueller Traktat,* Köln: DuMont 1999.

UNGERS 1999b
Oswald Mathias Ungers, *Aphorismen zum Häuserbauen,* Braunschweig: 1999.

VENTURI

Peter Blake, *God's own Junkyard,* New York: Holt/Rinehart and Winston 1963.

Robert Venturi, *Complexity and Contradiction in Architecture,* London: Architectural Press 1977.

VENTURI 1978
Robert Venturi, *Komplexität und Widerspruch in der Architektur,* Bauwelt-Fundamente 50, Braunschweig: Vieweg 1978.

VENTURI 1979
R. Venturi/D. Scott Brown/St. Izenour, *Lernen von Las Vegas,* Bauwelt Fundamente 53, Braunschweig/Wiesbaden: Vieweg 1979.

FRAMPTON 1980
Kenneth Frampton, *Modern Architecture,* London: Oxford University Press 1980.

KLOTZ/COOK 1981
Heinrich Klotz/John W. Cook, *Architektur im Widerspruch,* Zürich: Artemis 1981.

KRUFT 1985
Hanno-Walter Kruft, *Geschichte der Architektur-Theorie,* München: C.H. Beck 1985.

MOOS 1987
Stanislaus von Moos, *Venturi, Rauch & Scott Brown,* München: Schirmer/Mosel 1987.

MEAD 1989
Christopher Mead (Hg.), *The Architecture of Robert Venturi,* Albuquerque: University of New Mexico Press 1989.

VACCARO/SCHWARTZ 1992
Carolina Vaccaro/Frederic Schwartz, *Venturi, Scott Brown und Partner,* Zürich/München/London: Studio Verlag für Architektur 1992.

VENTURI 1996
Robert Venturi, *Iconography and Electronics upon a Generic Architecture,* Cambridge, Mass.: MIT Press 1996.

VITRUV

Cesariano (Cesare di Lorenzo) (Hg.), *Di Lucio Vitruvio Pollione De Architectura,* Libri Decem, Como: Gotardo da Ponte 1521.

Daniel Barbaro, *I dieci libri dell'architettura di M. Vitruvio,* Venedig: Francesco Senese und Giovanni Chrieger 1567.

Daniel Barbaro, *I dieci libri dell'architettura di M. Vitruvio,* Venedig: Francesco de' Franceschi Senese 1584.

BURCKHARDT 1913
Jakob Burckhardt, *Die Geschichte der Renaissanc in Italien,* Berlin: 1913.

VITRUV 1964
Vitruvii. De Architectura Libri Decem /Vitruv Zehn Bücher über Architektur, übersetzt und mit Anmerkungen versehen von Curt Fensterbusch, Darmstadt: Wissenschaftliche Buchgesellschaft 1964.

Beat Wyss (Hg.) *Vitruv. Baukunst,* Band I: Bücher I–V und Band II: Bücher VI–X, übers. v. A. Rode, Zürich/München: Artemis 1986.

Heiner Knell, Vitruvs *Architekturtheorie. Versuch einer Interpretation,* Darmstadt: Wissenschaftliche Buchgesellschaft 1991.

SENNETT 1995
Richard Sennett, *Fleisch und Stein,* Berlin: Berlag Verlag 1995.

WREN

Christopher Wren, *Parentalia, or Memoirs of the Family of Wrens,* London: 1750 (Reprint Gregg Press 1965).

PLUTARCH 1954
Plutarch, *Von großen Griechen und Römern,* Zürich/München: 1954.

Johannes Dobai, *Die Kunstliteratur des Klassizismus und der Romantik in England, 1700 – 1750,* Band I, Bern: Benteli 1974.

DOWNES 1982
Kerry Downes, *The Architecture of Wren,* London: Granada 1982.

Rudolf Wittkower, *Palladio and English Palladianism,* London: Thames and Hudson 1983.

WRIGHT

WRIGHT 1908
Frank Lloyd Wright, »In the Cause of Architecture«, in: *Architectural Record,* New York: 1908.

Frank Lloyd Wright, *Ausgeführte Bauten und Entwürfe von Frank Lloyd Wright,* Berlin: Wasmuth 1911.

WENDINGEN 1925
Sonderhefte *Wendingen,* sieben Hefte über *Frank Lloyd Wright,* Santport: C. A. Mees 1925.

WRIGHT 1932
Frank Lloyd Wright, *An Autobiography,* London: Faber & Faber 1932.

Frank Lloyd Wright, *The Disappearing City,* New York: 1932.

WRIGHT 1939
Frank Lloyd Wright, *An organic Architecture. The Architecture of Democracy,* London: Lund Humphries 1939.

Frank Lloyd Wright, *Usonien. When Democracy builds,* Berlin: Mann 1950.

WRIGHT 1952
Frank Lloyd Wright. 60 Jahre Architektur, (Ausst.-Kat.) Haus der Kunst, München 1952.

WRIGHT 1954
Frank Lloyd Wright. Sixty Years of Living Architecture, Los Angeles: The Municipal Art Patrons and Art Commissions of Los Angeles 1954.

WRIGHT 1958
Frank Lloyd Wright, *Ein Testament,* München: 1958.

Frank Lloyd Wright, *The Living City,* New York: Bramhall House 1958.

The Guggenheim Museum 1960
The Solomon Guggenheim Museum, (Ausst.-Kat.) The Solomon R. Guggenheim Foundation, New York: Horizon 1960.

DREXLER 1962
Arthur Drexler, *The drawings of Frank Lloyd Wright,* The Museum of Modern Art, New York: Horizon 1962.

WRIGHT 1963
Frank Lloyd Wright, *Schriften und Bauten,* München/Wien: Langen/Müller 1963.

EL LISSITZKY 1967
El Lissitzky, Maler, Architekt, Typograf, Fotograf, Dresden: Verlag der Kunst 1967.

Frank Lloyd Wright, *Frank Lloyd Wright,* Köln: Taschen 2000.

BILDNACHWEIS

Wenn nicht anders vermerkt, stammen die Vorlagen aus dem Ungers Archiv für Architekturwissenschaft, Köln. Nicht in allen Fällen war es möglich, die Rechteinhaber der Abbildungen ausfindig zu machen. Berechtigte Ansprüche werden selbstverständlich im Rahmen der üblichen Vereinbarungen abgegolten.

PALLADIO
Abb. S. 42 o. r. aus: Rudolf Wittkower, *Architectural Principles in the Age of Humanism,* London 1962, S. 73. Abb. S. 47 u., o., 48, 49 aus: Lionello Puppi, *Andrea Palladio,* Mailand 1973.
Abb. 48 u.: © Phyllis Dearborn Massar, Cambridge, Mass.

WREN
Abb. S. 59, 64 u., 65, 66 u. aus: Christopher Wren (Hg.), *Parentalia or Memoirs of the Family of Wrens,* Farnborough 1965 (Nachdruck der Ausgabe von 1750).

ERLACH
Abb. S. 75 u.: ©Graphische Sammlung Albertina, Wien
Abb. S. 74: ©Agram Universitätsbibliothek
Abb. S. 75 l. o.: ©A. Chemollo, Venedig
Abb. S. 75 r. o.: ©Fürstlich Schwarzenbergisches Archiv
Abb. S. 76 u.: ©Museum Carolino Augustinum

LEDOUX/BOULLÉE
Abb. S. 86 o.: aus: Jean Marie Pérouse de Montclos, *Etienne-Louis Boullée. 1728–1799,* Paris 1969

JEFFERSON
Abb. S. 106 u.: ©John Hewlitt, Courtesy Phaidon Press
Abb. S. 106 Mitte: ©University of Virginia
Abb. S. 106 u.: ©Courtesy Phaidon Press
Abb. S. 106 Mitte: The Albert and Shirley Small Special Collections Library/University of Virginia Library

SCHINKEL
Abb. S. 114 o.: ©Staatliche Museen zu Berlin – Preußischer Kulturbesitz, Nationalgalerie, Foto: Jörg P. Anders
Abb. S. 118 u.: ©Walshaw
Abb. S. 118 o., 119: ©AKG-images/Erich Lessing
Abb. S. 124 u.: ©Staatliche Museen zu Berlin – Preußischer Kulturbesitz, Kupferstichkabinett, Foto: Reinhard Saczewski
Abb. S. 124 o.: ©Staatliche Museen zu Berlin – Preußischer Kulturbesitz, Kupferstichkabinett, Foto: Jörg P. Anders

BERLAGE
Abb. S. 138 u., S. 139 o.: aus: Sergio Polano: *H. P. Berlage. Opera completa,* Electa, Mailand 1987

WRIGHT
Abb. S. 154 o., Mitte, u.: ©VG Bild-Kunst, Bonn 2001
Abb. S. 160: ©Chicago Historical Society, HB-04414-A3, Foto: Hedrich Blessing

LOOS
Abb. S. 169, 175: ©VG Bild-Kunst, Bonn 2001
Abb. S. 172: ©VG Bild-Kunst, Bonn 2001, Foto: Photoatelier Gerlach
Abb. S. 172 u.r.: ©Archiv Rukschcio/Schachel
Abb. S. 173: ©Johanna Fiegl, Wien
Abb. S. 174 o.l.: ©Franz Glück, Wien
Abb. S. 174 o.r.: ©Martin Gerlach, Wien/VG Bild-Kunst, Bonn 2001

MIES VAN DER ROHE
Abb. S. 188: ©»BERKO«
Abb. S. 190 o.l., o.r., 196 o.r.: ©VG Bild-Kunst, Bonn 2001
Abb. S. 195 o.: ©Chicago Historical Society, HB-23939, Foto: Hedrich Blessing
Abb. S. 196 o.: ©Collection Centre Canadien d´Architecture/Canadian Centre for Architecture, Montréal/VG Bild-Kunst, Bonn 2001
Abb. S. 194 o. r.: ©Jean-Louis Cohen
Abb. S. 197 u.: ©Chicago Historical Society, HB-18506-P3, Foto: Hedrich Blessing
Abb. S. 197 o.: ©Chicago Historical Society, HB-14490-H, Foto: Hedrich Blessing
Abb. S. 204 o. r. : Ezra Stoller ©Esto
Abb. S. 204 u.: ©Balthazar Korab

LE CORBUSIER
Abb. S. 216: ©FLC L4(1)130/VG Bild-Kunst, Bonn 2001
Abb. S. 236 o.: ©FLC L2(13)2/VG Bild-Kunst, Bonn 2001
Abb. S. 237 o.: ©FLC L1(2)37/VG Bild-Kunst, Bonn 2001
Abb. S. 238 o.: ©FLC L1(7)40/VG Bild-Kunst, Bonn 2001
Abb. S. 236 u., S. 237 u., S. 238 u., S. 239 o. r., S. 240 o., S. 240 Mitte, S. 240 u., S. 242: ©FLC/VG Bild-Kunst, Bonn 2001

KAHN
Abb. S. 267, S. 273 o. S. 274 o.: ©Louis I. Kahn Collection, University of Pennsylvania und Pennsylvania Historical and Museum Commission
Abb. S. 272 o., S. 273 u., S. 274 u., S. 275: ©Urs Büttiker

SMITHSON
Abb. S. 289, 294 u. l., 294 u. r., 295 o., 296 o., 296 u., 297 o., 309: ©Alison and Peter Smithson Architects, London

VENTURI
Abb. S. 318 o., S. 321 u., S. 321 o., 9, S. 324 u.: ©Venturi, Scott Brown and Associates
Abb. S. 319 u.: ©Venturi, Scott Brown and Associates, Foto: George Pohl
Abb. S. 319 o.: ©Venturi, Scott Brown and Associates, Foto: David Hirsch
Abb. S. 320 o., S. 320 u.: ©Tom Bernhard
Abb. S. 336: ©Robert Venturi

ROSSI
Abb. S. 360: ©Ned Matura
Abb. S. 364 o. r.: ©Barbara Burg & Oliver Schuh, Palladium Photodesign
Abb. S. 364 u., S. 365 u. l., S. 365 u. r., S. 367 u.: ©Aldo Rossi Associati
Abb. S. 365 o.: ©Luigi Ghirri
Abb. S. 366 o.: ©Antonio Martinelli
Abb. S. 366 u.: ©Uwe Rau
Abb. S. 367 o.: ©Mario Carrieri
S. 367 Mitte: Peter Aaron ©Esto

PERSONENREGISTER

Adjmi, Morris 373, 381
Albers, Josef 269
Alberti, Leon Battista 7, 13, 24, 30–9, 45, 54, 62, 153, 331, Abb. S. 30
Alberti, Lorenzo 30
Alexander der Große 63
Alexander I., Zar 98
Alexandra von Russland, Zarin 121
Aymonino, Carlo 361, 368, 381

Bakema, J. B. 148, 302, 304, 347
Balzac, Honoré 241
Banham, Reyner 270, 290, 291, 300, 343
Barbaro, Daniele 26, 285
Barshch, M. 258
Bartoli, Cosimo 38
Beethoven, Ludwig van 180
Behne, Adolf 362
Behrens, Peter 189, 191, 192, 217–18
Benevolo, Leonardo 135
Berg, Alban 171
Berlage, Hendrik Petrus 133–46, 189, Abb. S. 133
Bernini, Gianlorenzo 68
Beuth, Peter Christian 110, 123
Blake, Peter 201, 203
Blaser, Werner 208
Blondel, Jacques-François 84, 93, 112
Borromini, Francesco 80
Boullée, Etienne-Louis 8, 13, 14, 83–92, 100, 104, 363, 380, Abb. S. 83
Braghieri, Gianni 363
Bramante, Donato 68
Braque, Georges 247
Brecht, Bertolt 304
Brentano, Clemens von 115
Breuer, Marcel 200
Bronfman, Samuel 204
Bruhn, Ada 190
Brunelleschi, Filippo 31
Burckhardt, Jakob 28

Burlington, Richard Boyle Earl of 103
Burri, Alberto 291

Campbell, Colin 103
Candilis, Georges 221, 304, 347
Carlo, Giancarlo di 302, 304
Cheney, Mahma 153
Chiattone 251
Chirico, Giorgio de 363
Choisy, Auguste 228
Cicero 28
Clérisseau, Charles-Louis 107
Colbert 242
Cook, Isaac 104
Cook, John W. 286, 313, 315, 325
Cook, Peter 333
Cret, Paul 267

D'Alembert, Jean 72
Dante, Alighieri 30
Dermée, Paul 219
Descartes 227
Diderot, Denis 72, 88
Donatello 31
Doshi, Balkrishna 277
Downes, Kerry 69
Drew, Jane 244, 248
Drexler, Arthur 214
Dubarry, Madame 93, 98
Dubuffet, Jean 291
Durand, Jean-Nicolas-Louis 8, 84
Dürckheim, Graf von 214
Dürer, Albrecht 7, 24

Eiermann, Egon 341
Eisenmann, Peter 10
Elisabeth II. 214
Entenza, John 213
Esteren, Cornelius van 302, 347
Esters, Jürgen 193
Eyck, Aldo van 302, 304, 347

Farnsworth, Edith 203
Fichte, Johann Gottlieb 112, 115
Fischer von Erlach, Johann Bernhard 62, 71–82, 117, Abb. S. 71
Fischer von Erlach, Joseph Emanuel 80
Fischer, Karl von 117
Fischer, Theodor 217

Frampton, Kenneth 245, 302, 334, 381
Frank, Josef 177, 192
Friedrich der Große, König von Preußen 126
Fry, Maxwell 244

Gabo, Naum 265
Gallis, Yvonne 220
Garnier, Tony 228
Gärtner, Friedrich von 111, 117
Gelder, Van 137
Giedion, Sigfried 202
Gieselmann, Reinhard 343
Gilly, David 112, 130
Gilly, Friedrich 112, 121
Ginzburg, Moissej J. 250–65, Abb. S. 251
Giorgio, Francesco di 24
Goethe, Johann Wolfgang von 41, 54, 199
Gogh, Vincent van 189
Golossov, Ilja 254
Gontard, Karl Philipp Christian von 116
Gonzaga, Lodovico 39
Grassi, Giorgio 187, 381
Graves, Michael 339
Greenwald, Herbert 202
Gregotti, Vittorio 187, 381
Gropius, Walter 189, 191–92, 199, 200, 203, 217, 269, 302, 347

Häring, Hugo 177, 190–91, 205
Haussmann, Baron Georges-Eugène 243
Havelaur, J. 145
Henderson, Nigel 291, 300–1
Heraeus, Karl G. 72
Hilberseimer, Ludwig 191, 192, 200, 255, 269
Hitchcock, Henry-Russell 204
Hitler, Adolf 200
Hoffmann, Josef 193, 217, 234
Hoffmann, Werner 180
Hoffmann-Axthelm, Dieter 381
Hohl, Reinhold 247
Howe, George 268
Hugo, Victor 148
Humbold, Friedrich von 115

Ilg, Albert 73
Israeli, Esther 268
Izenour, Steve 313

Jeanneret, Charles Edouard *siehe* Le Corbusier
Jeanneret, Pierre 219, 244
Jefferson, Thomas 13, 88, 103–10, Abb. S. 103
Johnson, Philip 200
Jones, Inigo 59
Josic, Alexis 304

Kahn, Louis 267–87, 314, 363, Abb. S. 267
Kahn, Sue Ann 268
Kaiser Augustus (Octavian) 6, 11, 14, 108
Kandinsky, Wassily 200
Karl VI., Kaiser 72
Kaufmann, Emil 83–4
Klenze, Leo von 111, 117
Klerk, de 140
Klotz, Heinrich 286, 313, 315–6, 333, 361
Kokoschka, Oskar 171, 180
Kolb, Otto 212
Kollhoff, Hans 350
Königin Luise 115
Koolhaas, Rem 7
Kraus, Karl 172, 180
Kruft, H.-W. 327, 339

L'Eplatenier, Charles 216–7
Ladovskij, N. 253
Lambert, Phyllis 204
Lambeth, William A. 109
Langhans, Carl Gotthard 112
Le Corbusier (Charles Edouard Jeanneret) 6, 9, 134, 179, 189, 192–3, 199, 200, 203, 214, 216–249, 255, 259, 265, 278, 290, 302, 313, 327, 333, 356, 363, 379, Abb. S. 216
Le Pautre 68
Ledoux, Claude-Nicolas 83–4, 92–101, 104, 356, Abb. S. 83
Lenin 252, 254
Lenné, Peter Josef 117

Leonardo da Vinci 24, 26
Leopold I. 73, 78
Leonidov, I. 254, 255
Liebknecht, Karl 192
Lissitzky, El 190, 252, 254, 255, 258, 263
Lohan, Dirk 214
Long, De 277
Loos, Adolf 169–87, Abb. S. 169
Loos, Claire 179
Ludwig XV. 93
Luxemburg, Rosa 192

Magritte, René 247, 326, 346
Malewitsch, Kasimir 251
Mansart, François 68
Masson, André 247
May, Ernst 134, 258
Medici, Cosimo de 31
Melnikov, K. 253
Mendelsohn, Erich 177, 191
Meyer, Adolf 189, 217
Michelangelo, Buonarroti 42, 68
Mies van der Rohe, Ludwig 7, 136, 177, 188–215, 217, 269, 293, 329, 333, 356, Abb. S. 188
Mignot, Jean 358
Milanof, Olgivanna *siehe* Olgivanna Wright
Milinis, I. F. 253
Miljutin, Nikolai 255
Miró, Juan 247
Moholy-Nagy, László 265
Mondrian, Piet 205
Moore, Charles 339
Moser, Werner 234
Mumford, Lewis 204
Muthesius, Hermann 217

Napoleon, Bonaparte 112, 243
Natalini, Adolfo 381
Newton, Isaac 90
Nietzsche, Friedrich 186, 189
Nikolaus von Kues 62, 153, 331
Noel, Miriam 155
Norberg-Schulz, Christian 211

Oud, Jacobus Johannes Pieter 146, 192
Ozenfant, Amedée 218, 246

Pacassi, Nikolaus 81
Pacioli, Luca 31
Palladio, Andrea 7, 24, 26, 41–57, 59, 60, 103, 107, 109, 271, 285, 356, Abb. S. 41
Paolozzi, Edouardo 291, 300
Paracelsus 72
Paul, Bruno 188
Perikles 11, 15
Perret, Auguste 217–8, 228
Persico, E. 133
Persius, Ludwig 120
Peruzzi, Baltassare 42
Pestalozzi, Johann H. 89
Peterhans, Walter 200
Petrarca, Francesco 30
Pevsner, Nikolaus 211
Phaidros 11
Piranesi, Giovanni Battista 88
Plinius 72
Plutarch 72
Poelzig, Hans 191–3
Pollock, Jackson 291
Pologni, Charles 304
Prinz Eugen 80
Prinz Karl 117, 120
Prinz von Wales 323
Prinz Otto von Bayern 121

Quaroni, Ludovico 361

Raffael 68
Rauch, John 314, 316–7
Reich, Lilly 193–200
Reinhardt, Ad 359
Richards, Brian 304
Richter, Hans 190
Riehl, Alois 189
Rietveld, Gerrit Thomas 134, 146
Rode, August 15
Rogers, E. 347
Romano, Giulio 44
Rossi, Aldo 7, 187, 343, 360–82, Abb. S. 360
Roth, Alfred 221
Rousseau, Jean Jacques 88, 100
Rufer, Josef und Maria 176
Ruskin, John 148
Ryff (Rivius), Walter 26

Saarinen, Eliel 314
Salk, Jonas 276
Samara, Fouad 308
Sangallo, Giovanni da 25
Sangallo, Giuliano da 42
Sanmicheli 46
Sant'Elia, Antonio 251
Sartoris, Alberto 134
Scamozzi, Vincenzo 42, 45, 59, 356
Scharoun, Hans 192
Scheerbart, Paul 9
Schinkel, Karl Friedrich 13, 81, 111–31, 356, Abb. S. 111
Schlegel, Friedrich 115
Schmidt, Hans 361
Schönberg, Arnold 171, 180
Schumacher, Fritz 200
Schwarz, Rudolf 9–10, 211
Schwitters, Kurt 190
Scott Brown, Denise 313–40, Abb. S. 313
Scully, Vincent 280, 327
Semper, Gottfried 9, 133, 148
Sennett, Richard 23
Serlio, Sebastiano 42, 44, 45, 60
Sert, José Luis 221, 302
Silpicius, Johann 26
Sitte, Camillo 140
Smithson, Alison und Smithson, Peter 289–312, 347, Abb. S. 289
Soane, John 9
Sokrates 11, 359
Soltan, Jerzy 221
Stalin 265
Stam, Mart 134, 192
Stern, Robert 339
Stonorow, Oscar 268, 314
Sudgen, Derek 293
Sullivan, Louis Henry 134, 148, 170, 201, 316

Tacitus 72
Tàpies, Antoni 290–1
Taut, Bruno 9, 190, 192, 265
Taut, Max 192
Tessenow, Heinrich 200
Tigerman, Stanley 279
Trissino in Cricoli, Graf 42
Tugendhat, Fritz und Grete 199

Tyng, Anne 276
Tzara, Tristan 177, 179

Ungers, Oswald Mathias 7, 187, 304, 341–59, 361, Abb. S. 341

Valéry, Paul 357
Vasari, Giorgio 42
Velde, Henry van de 189
Venturi, Roberto 313–40, 360, 362, Abb. S. 313
Vergil 6
Vesnin, Alexander 253–4
Vesnin, Leonid 253
Vesnin, Victor 253
Vignola, Giacomo Barozzi da 7, 42, 45
Viollet-le-Duc, Eugène Emmanuel 217, 228
Vitruv 6–7, 13–30, 32, 45, 50, 54, 60, 72, 89, 109, 126, 346, Abb. S. 13
Voelcker, John 304

Wagner, Otto 9, 217
Webb, John 59
Weber, Jamileh 380
Weinbrenner, Friedrich 111
Wewerka, Stefan 304
Whitman, Walt 148
Wilhelm IV., Friedrich 120, 123
Wilkins, William 323
Wittgenstein, Ludwig 171, 359
Woods, Shadrach 221, 304
Wren d. J., Christopher 60
Wren, Christopher 7, 13, 59–69, 71, 79, 103, Abb. S. 59
Wren, Stephen 60
Wright, Frank Lloyd 8, 134, 147–68, 189, 201, 203, 214, 218, 243, 255, Abb. S. 147
Wright, Olgivanna 155

Erste Auflage 2002

© 2002 DuMont Literatur und Kunst Verlag, Köln

Lektorat, Layout und Koordination:

Gimlet & Partner, Köln, mit Anna Wesek

Umschlagentwurf: Rothfos und Gabler, Hamburg

Reproduktionen: mc kommunikationsmedien gmbh, Hürth

Gedruckt auf säurefreiem und chlorfrei gebleichtem Papier

Druck und Verarbeitung: B.o.s.s Druck und Medien GmbH, Kleve

Printed in Germany

ISBN 3-8321-7218-1

Vorsatz: J. N. L. Durand, »Précis des Leçons d'Architecture«, 1819.